THE REAL ROMNEY

真实的罗姆尼

【美】迈克尔·克拉尼奇　斯科特·赫尔曼 著
荣丽亚　朱宪超 译
文艺　朱伯辉　邓春燕 译校

中国民主法制出版社

迈克尔·克拉尼奇

谨以此书献给《波士顿环球报》的所有记者

斯科特·赫尔曼

谨以此书献给乔纳斯和伊莱，
祝他们在未来生活中，书写更加精彩的人生。

目录

CONTENTS

出版说明

《真实的罗姆尼》由《波士顿环球报》记者迈克尔·克拉尼奇和斯科特·赫尔曼共同撰写，由环球报周日版和主要新闻版面的副总编辑马克·S. 莫罗（Mark S. Morrow）负责编辑。该书的出版离不开环球报众多编辑、记者的共同努力。为撰写这些文章，这些编辑、记者不辞辛劳，对米特·罗姆尼的个人生活和职业生涯进行了长达数十年的跟踪研究，其间曾出版了有关米特·罗姆尼生活与职业经历的各种文章。其中前所未有的是在米特·罗姆尼发起首次总统竞选活动时出版的、介绍其生平的分为七个部分的人物传记系列文章。这些长期研究米特·罗姆尼的资深记者与编辑包括：采访记者布莱恩·C. 穆尼（Brian C. Mooney，曾对罗姆尼担任马萨诸塞州州长时的职业生涯及其在州医疗改革中的突出贡献进行了深入报道），商务专栏记者贝丝·希利（Beth Healy，曾对罗姆尼早年在资本风险投资与杠杆收购公司的专业经历进行过报道，为我们研究罗姆尼的专业背景提供了重要的参考资料），体育专栏记者鲍勃·科勒（Bob Hohler，曾经以锐利的眼光对罗姆尼在犹他州奥运会上大胆投入和逆转进行过报道），前环球报宗教专栏记者、如今在纽约时报任编辑的迈克尔·保尔森（Michael Paulson，曾首次对罗姆尼早年的传教经历进行过深入报道），特约撰稿人尼尔·斯维迪（Neil Swidey，曾参加 2007 年出版的介绍罗姆尼生平的系列丛书的撰写与编辑，起到了关键作用）以及皮特·S. 加尼罗斯（Peter S. Canellos，曾担任环球报华盛顿分部总编并参加了2007年出版的介绍罗姆尼生平的系列丛书的编辑工作，如今负责该报的社论版）。其他对该系列丛书做出重要贡献的人士还包括：环球报编辑或记者斯蒂芬尼·阿尔伯特（Stephanie Ebbert）、罗伯特·加文（Robert Gavin）和萨沙·普发（Sacha Pfeiffer，目前为波士顿国家公共电台WBUR radio主持人）。本书作者在此向他们表示真诚的谢意。

序　　言

当他终于步入会场时，听众席上先前还在窃窃私语的人们，突然猛地从座位上弹起来，接着一阵雷鸣般的掌声淹没了整个会场。人们欢呼雀跃，振臂高呼。口哨声、欢呼声不绝于耳。同时，照相机的闪光灯闪烁不停。整个会场沉浸在一片欢乐的海洋中。只见他手握话筒，黑色头发已有些斑白。面对欢呼的人群，他显得镇定自若，脸上始终洋溢着轻松的笑容。“开始吧，米特！”人群中有人发出呼喊。他以温和的方式谢绝了人们的恭维，示意大家坐下。这是米特·罗姆尼在这个风和日丽的秋日阳光下，在他熟悉的新罕布什尔州举行的一次总统竞选活动。这位即将向权力顶峰发起挑战的勇士对未来充满了信心，并将沉着应战。在这方面他已是久经沙场的战士。他今天一改以往西装革履的拘谨装束，转而换上了卷边卡其裤。在他身上看不到一点矫揉造作的痕迹，有的只是呈现在公众面前的最真实的自我。他不像在出席一场总统竞选活动，倒像是在出席一场庄严的市政厅会议，随时准备接受那些认为有权参加这种政治活动的选举人作出的评判。他用排比句以慷慨激昂的爱国热情开始了他的演讲，其中不乏“要在全美掀起一场完美竞选，展现强大的美国”这样的豪言壮语。他想让众人明白：米特·罗姆尼热爱美国，并对其人民充满了信心。

现任总统巴拉克·奥巴马第一届任期即将到期，米特·罗姆尼的这些话无疑是一种里根式的赞美诗，迎合了共和党人的共同心理，那就是把现任总统巴拉克·奥巴马拉下马，并找一个令人信服的候选人取而代之。今天，罗姆尼站在新罕布什尔州曼彻斯特圣·安塞姆（Saint Anselm）大学大礼堂中心的一举一动，努力向公众表明，他已经做好了一切准备。如果他现在就可以接管，他将毫不犹豫地付诸行动。只需把白宫的钥匙交给他，他就敢接管。还等什么呢？他一直在期待着这一刻。为了这一刻，他已付出了毕生的精力。很多政治家都说自己做好了充分准备，也许别人也这么说。但是就米特·罗姆尼而言，在很大程度上，他确实做好了充分准备。

罗姆尼在辩论、演讲以及巡回演说中喜欢说，目前，美国迫切需要一位能力挽狂澜的领导人来领导这个国家，而自己正是这样一个人选，他是一个妙手回春的高手。他的故事是，奥巴马总统在破坏这个国家，而他米特·罗姆尼才是真正的救世主。天将降大任于斯人，此人来矣！他已经树立了一个自信、机智的形象，因为他明白，2008 年其之所以竞选失败就在于仓促上阵，自乱阵脚。一位在圣·安塞姆大学竞选现场的官员直截了当地说，比起四年前，他已经羽翼丰满，其他竞选者根本不是他的对手。对于靠经济实力说话的竞选活动，他早已驾轻就熟、胸有成竹。如果说上次竞选他只是一个初次登台亮相的演员，那么，这次他似乎动了真格。

今天，他站在新罕布什尔州政治学院的校园内，周围墙上挂满了历届总统的照片，有身着红色夹克衫的乔治·H. W. 布什（George H. W. Bush），站在缅因州海边，与其支持者在一起；有比尔·克林顿（Bill Clinton），站在“空军一号”旁边；也有吉米·卡特（Jimmy Carter），与新罕布什尔州最著名的政坛明星比尔·沙欣（Bill Shaheen）夫妇在一起。除了这些成功问鼎白宫权力宝座的人物外，墙上还有另外一些在竞选活动中功亏一篑、败走麦城的人物。如身穿粗呢外套，打红色领带，正在投篮的比尔·布兰得利（Bill Bradley）；身穿黄色外套，蓝色牛仔裤的阿尔·戈尔（Al Gore），从照片上看当时他还很年轻，正站在一家人门前的台阶上，房主人的脸上看不出有多么惊喜。然后顺着过道走下去，在一个无人的角落，墙上写着更加尖刻的警示语：“仕途变幻，多有风险。”

在与视线平行的位置上，有一个镶木制框边的简易黑色框架，上面挂了一幅竞选活动的海报，这是 1968 年米特·罗姆尼的父亲乔治·罗姆尼（George Romney）参加竞选活动的海报。当时他是共和党中的温和派，正是由于他退出了总统竞选，使理查德·尼克松（Richard Nixon）才一路过关斩将，顺利地登上了总统宝座。该海报保持了当时那个时代的特色，给人一种奇妙的感觉，上面有一排用花样字体写成的文字：“1968 年，我支持罗姆尼。”这跟吉米·亨德里克斯（Jimi Hendrix）音乐会传单上的文体风格正好一致。黑白海报上乔治·罗姆尼英俊的脸上露出灿烂的笑容，他的牙齿白得出奇，他的头发梳理得特别整齐，像戴了一顶头盔。在今天这种场合下，挂出这样一幅画像，不可思议地让人觉得合拍。它既是一种鼓舞，也是一种警示。

米特·罗姆尼的政坛成名之路非比寻常又全在意料之中，这本书是第一本独立发行的并介绍其生平的人物传记。追溯到几十年前，其先辈可能怎么也想不到他会竞选总统。但过去70年间曾经与罗姆尼有着各种联系的人们都得出过这样的结论：这人可能会入主白宫，登上总统宝座。我们作为环球报记者，在撰写《真实的罗姆尼》的过程中，花了数年时间跟踪研究主人公的生平和职业生涯，我们在写作过程中力求对其整个人生经历进行一次系统的梳理，并通过不同的章节真实反映其个性、观点、动机和内在矛盾。

罗姆尼的故事以信仰为主线，围绕家族历史而展开，这是一个曾经边缘化并让人生畏的宗教信仰——摩门教（Mormonism）的故事。它是基督教的一个分支，起源于美国，也是罗姆尼及其先辈不断努力推向美国主流社会的一个宗教派别。书中还介绍了20世纪60年代的反主流文化运动以及当时自豪、守旧的主人公在面对这场动乱时的不屑和厌恶。这本书还揭示了当今世界人们以私募股权投资与杠杆收购为手段疯狂攫取财富的贪婪本质，向人们展示了一个以不正常手段，甚至有时以损人利己的方式获取并积累财富的真实世界。这本书还描述了信念与野心之间不可调和的矛盾，以及放弃信仰以投机取巧代替实干精神对政治理想的扼杀作用。当然，这本书也讲述了乔治·罗姆尼与米特·罗姆尼父子之间的故事，以及他们在人生道路上的分歧与一致。

尽管如今离乔治·罗姆尼竞选失败已经过去40多年，离其逝世也已过去16年，但他树立的精神榜样时刻在鼓励着他的儿子勇往直前。在新罕布什尔州的一次聚会上，一位年轻女郎曾经问米特·罗姆尼，如果要他对她班上那些对政治感兴趣的同学说些话，他会说些什么？他首先面无表情地回答："什么也别说，不要接近政治，离得越远越好。"但接着又严肃地说："不要把政治当饭吃……去干点实事吧。如果某天你发现你在仕途上能真正有所作为时，再去从政吧。"这是罗姆尼最关键的论调，也正是这句话曾鼓励他在20世纪80年代和90年代在商界叱咤风云，出尽风头。如今，他已腰缠万贯，赚得盆满钵满。他确信，同他父亲所做的一样，过去国家为他提供了一席之地，现在是他回报这个国家的时候了。

早在孩提时代，米特·罗姆尼就被笼罩在家族的光环之下。他的祖上是先驱，即早期的摩门教徒。为了传播其教义，保护其传统，他们不辞辛苦，跋涉千里，四处迁徙。他父亲由一个来自墨西哥的风尘仆仆的流民，一跃成为政治与经济舞台上光彩照人的角色。米特·罗姆尼出生在底特律（Detroit），是全家四个孩子中最小的一个，医生曾说他的出生原本几乎是不可能的。和许多战后美国人一样，他家庭的命运也与汽车有着不解之缘。由于家族中有那么多优秀男女在基因上的传承，他从小就继承了家族在领导能力上的突出优势，这种优势在他身上得到了进一步深化和提炼。多亏他父亲的干劲和努力，米特·罗姆尼的成长环境与之前罗姆尼家族的孩子完全不同，他从小就是在优越条件下长大的，住在宽敞的城郊居所，接受的是私立学校的一流教育。这一切归功于摩门教徒所崇尚的亲密无间的社区氛围，在这个多元化的社会，摩门群体逐渐获得了认可。在美国“二战”后生育高峰期出生的一代人中，在这片曾经对其祖先充满敌意的土地上，他多少也算是一个成功人士。

如果说罗姆尼家族早年是靠闯劲和开拓者的勇气生存，那么米特·罗姆尼则可能练就了另外一套本领。他从小养成的世界观是在不断地观察与分析过程中形成的，他学会了以内敛的方式面对纷繁复杂的世界。他见证了兄弟姐妹的成长历程，他目睹了父母为家庭建设，为树立他将努力为之奋斗的信仰而辛勤工作的过程。在大学，他亲历了20世纪60年代席卷全国的社会动乱，并选择了与众不同的道路，由于天性顺从，他倾向于站在当局一边。他也见证了父亲三次赢得密歇根州州长竞选，然后在总统竞选中落败的整个过程，对人世间的风云变幻，潮起潮落有了深刻的认识。

在他的职业生涯中，他表现出了国家精英教育课程中重点强调的超凡智慧与分析能力。罗姆尼研究并详细分析了全世界的各大公司，最后利用其数据提炼的结果，创造了难以想象的巨大投资回报。当他终于在商界取得重大突破时（无论是在私募股权投资交易上的飞跃发展，还是在担任马萨诸塞州州长时颁布了创新的全民医疗计划），他都始终坚持一项可靠原则，即“数据领先，分析跟进，不断试验，密切观察”。由于从小生活在汽车城的耳濡目染，他养成了爱车一族所固有的思维模式，即在他的信念中，任何东西都可以像汽车一样分拆开来，进行研究和重组。无论做什么事，他都强调战略决策的重要性。他是一个能化腐朽为神奇的人物。即使普通的豆腐生意，他也能做得风生水起，财源滚滚。他曾在机场接受记者采访时说，他只喜欢吃松饼的上层表面，这样就可以避免吃到下层在烘焙过程中遇热溶化的黄油。

然而，尽管罗姆尼在私募股权投资方面做得声势浩大，但他会发现同样的战略冲动在官场上并不可靠，因为官场上所起作用的往往是无形资产。他知道，并不是所有东西都可以轻易地量化。竞选策略可以让一个候选人一路过关斩将、长驱直入，有时候也可能让人误入歧途、一败涂地。目前，罗姆尼已参加过无数竞选活动，其中的失败次数多于成功的次数，其原因之一就在于他未能以更大的战略眼光来拓展自己的视野。

最近需要引人关注的例子，当然是他在2008年所参加的竞选活动。当时他被推到了国家政治舞台的前沿，但同时也暴露了他为了能赢而可以采取任何一种政治形象的倾向。在竞选开始时，两个家喻户晓的人，约翰·麦凯恩（Mc Cain）和鲁迪·朱利安尼（Rudy Giuliani）占据了共和党政治中心的主要位置。在右翼派别这边，出现了真空地带，罗姆尼主动占据了这一真空地带，积极地向社会保守派、金融保守派、宗教保守派以及任何能够见到的保守派别发出了持久的示好信息。这样做的麻烦是，这看起来太像是一场机会主义的表演，或者说得更难听点，像是一种伪善。因为其政治观点一向与党内的温和派一致。在描述罗姆尼的观点时，其前助手曾说过："我们可以对任何事情进行扭曲、加工、改造并处理。他没有想到，在涉及核心原则的问题上，有些人会对他说：'嗯，三年前，你这样说过。'"由于对其权宜之计的洞察以及对摩门教挥之不去的偏见，使他失去了赢得大选的希望。

尽管罗姆尼竭力征服这些质疑，但它们一直没有因为时间的推移而有所减弱。今天，对于不熟悉他的人来说，他仍然有些高深莫测，就像各部分都不能完整配合的拼图，让人摸不着头脑。很多人在他身上看到了他们想要看到的东西，他们在他身上看到的是一个左右逢源的中间派议员或保守派分子，一个经济奇才或贪婪的投资商人，一个八面玲珑的领导者或一个工于心计、削尖脑袋往上爬的精明政客。他承认他已经改变了对一些主要问题的观点，他把自己的改变归结为自己头脑灵活、善于审时度势、随机应变的结果。他对新罕布什尔州的选民说，如果想了解他的立场，请阅读他最近出版的新书。他说："我对我自己的现状和我相信的事物都感到很满意。"甚至他说话时所使用的措辞都意味着他的信念就是他的目标。他一直在说，无论这条道路是多么的艰难曲折，他对他过去取得的成绩都感到满意。

这是一条他父亲可能都难以理解的道路。他与父亲在很多方面都有相似之处，他们对政治都有着清醒的认识。乔治·罗姆尼以固执和坦率而著称，他宁愿由着性子干自己想干的事情。从这一点来说，他是一个理想主义者，而不是实用主义者。他在 1964 年的共和党全国代表大会上指控了该党在民权问题上迟疑不决的态度。他坦率地狂批政府的越南政策，因而葬送了自己在 1968 年参加总统竞选的希望。他竭力主张不分种族的住房政策（这是他热心关注的事业），因而在担任理查德·尼克松内阁幕僚期间惹怒了自己的主子。乔治·罗姆尼是个固执己见的人，只要他认为对的事情，他就会义无反顾地去做，即使八头牛也拉不回来。他曾经说："没有合理的原则，就不会有好的领导。原则比人更重要。"[1]

如果说乔治·罗姆尼做事鲁莽，他的儿子则会在他做事之前仔细研究目标，做好准备，有的放矢，甚至可能先试验几次。米特·罗姆尼看到了他父亲做事的弱点，因此，往往会先确认他想要的结果，然后再决定怎样去实现这个结果。在政界，这些方法的运用往往因竞选活动的不同而变化无穷。在当前的竞选活动中，人们对这些年来其政治形象的明显转变提出疑问，罗姆尼则希望其在经济领域内无可争议的专业实力和在商界与政界的成功记录可以掩盖这些问题。而且完全可能还有另外一种结果，即始终如一的美德在面对居高不下的失业率和普遍蔓延的经济不确定性时，将无足轻重。

目前，罗姆尼也赞成这一点，他知道他会接受来自各方的批评，他更知道怎么应对这些批评。这是一场他很乐意投入的交易，在这场角逐中，他会挽回他父亲曾经在总统选举中落败的损失，并一举成为美国的第45任总统。罗姆尼的母亲丽诺尔曾经说过："政治就像洗尿布，你爱孩子，你就不怕洗尿布。"[2]

米特·罗姆尼就是一个肯为了孩子洗尿布的人。

有人说跟他交流像是隔着一堵墙，他仿佛躲在壳里，也仿佛戴着面具。有各种各样的说法，但是，认识罗姆尼或与其一起工作过的很多人都同样反映，他是一个深藏不露的人。有时他与人似乎都没什么眼神交流，而把眼睛看向一边。在政治环境下，这种超然的处世之道使他能够在仕途道路上做到深谋远虑，藏而不露，并随时保持清醒的头脑，甚至罗姆尼的一些密友也总是不能够看透他的想法。

这对他生活圈子中那些人（他的妻子、家人以及密友）来说，是一件令人伤透脑筋的事情。他们眼中的罗姆尼如此不同，他们难以想象为什么就不能让他领导这个国家。他们所了解的这个人对人热情、充满爱心。他首先是人，也有犯傻的时候。虽然有时候他想表现出幽默的一面，但却流于陈腐或怪异，但是，他仍然是一个有趣的人。当别人遇到困难时，他会不吝时间和金钱鼎力相助。凡是认识他的人，几乎都能说出他乐善好施、帮助他人的事例。无论是默默无闻地资助慈善事业或帮助修建运动场以纪念邻居朋友逝去的孩子，他都不遗余力。作为丈夫和父亲，他忠于家庭。而政客们往往不以不忠为耻，反以此为荣。

罗姆尼所面临的挑战是，在他参选的问题上存在两种人所持有的两种不同看法。了解他的人是一种看法，而不了解他的人却是另一种看法。他必须在两者之间进行调和，拉近他们在看法上的距离。尤其是在竞选活动出现意想不到的人身攻击时，他必须向公众表明：他心系人民、关注民生；除了家产殷实外，他就是他们其中的一员，和他们没什么分别；他能激发选民的热情，或者说，他至少需要让他们看到他感觉舒服，能够接受他当总统。

精心定制的参赛工具肯定对参赛结果能起到促进作用；四年前他的竞选班子，紧跟在他身后吹吹打打，像是送亲的队伍，有些招摇过市的味道，让人感觉很不爽。所以，罗姆尼及其参选顾问团作出了放开手脚、不拘泥于形式的竞选策略（在新罕布什尔州市政厅会议上奏效）。在这次会议上，第一个发言的人提出了一个独特的问题，他说："我发现你相信提高税收会抑制经济增长的这种谬论。"然后向罗姆尼大讲公司经营以及如何让华尔街证券交易商和银行总裁多缴税的问题。在整个过程中，罗姆尼像是一个出席宴会的客人，只是点头和傻笑，他在等待奋起反击的那一刻。然后，他突然发起攻势，他问这位提问者："你考虑过担任美国民主党的总统候选人吗？"顿时，笑声充满了圣·安塞姆会议厅。"你可以考虑考虑。"这是一种挑战，四年前它本来可能会让罗姆尼大伤脑筋，但如今他轻松地应付了过去。

在巡回演讲的过程中，罗姆尼喜欢用二分法来形容政治。他把2012年的竞选活动概括为强者与弱者之间的争斗，停滞与繁荣之间的较量，加强领导与放任自由之间的抉择。这是他惯用的概括方法。竞选活动总是抓住对方的弱点，进行放大，而罗姆尼也乐意参与其中，即使有时并不完全以事实为依据。但是，他的批评大多是清醒的预言，并经过精心策划，以引起中间派的注意。所以，当他攻击环境监管部门毁掉人们的就业机会时，也愿意说他相信全球变暖部分是因为人类活动造成的；当他称赞美国有强大的军事传统时，也愿意说应该削减部分国防开支；当他抱怨民主党及其宽松政策时，也愿意说民主党也热爱美国。这些温和主义立场的调整在党内的总统候选人竞选中有点赌博的味道。但是，罗姆尼希望这种立场的调整会在大选中吸引独立选民的注意。他的核心宣传语很简单，却很迷惑人。他说："我懂经营之道，我知道怎样增加就业并减少失业人口。"

鲍勃·萨顿（Bob Sutton）坐在前排，他身穿长袖蓝白色条纹的衬衣，上衣兜里插满了一组不同类型的笔。如同很多热情的支持者一样，他也戴了一枚罗姆尼贴标，向众人骄傲地显示，他坚决支持站在他前面的这个人，因为他承诺要医治他那个病魔缠身的国家。当发言开始时，他抓住了机会。

他一把抓住话筒，然后说："我来自密歇根州，我曾经三次投了你父亲的票，现在我要投你的票。"萨顿说有些人认为罗姆尼不像他的父亲，他没有核心信念，但他不相信这些人的话。"我该怎么反击这些人呢？"

罗姆尼开起了玩笑："我给你一副拳套，肯定管用。"接着他问："你来自密歇根州哪个地方？"

"马斯基根（Muskegon）。"

罗姆尼说："密歇根州马斯基根是一个美丽的地方，我的岳父家以前有一座农庄就在马斯基根的北部。"

萨顿然后解释道：他已年满 77 岁，目前是新罕布什尔州一家软件公司的所有人，现在公司在经济危机的打击下，受到了重创。罗姆尼是他唯一相信能够改变现状的人，他也了解罗姆尼的身世，他说："他的父亲是一个好人，一个忠于家庭的人，也有领导力，你可以相信他。"

罗姆尼当着众人回答了萨顿的提问，他说他不抱怨别人对他的攻击。他一直都清楚那是不可避免的，他早已领教过了。他回顾道："我亲身经历了我父亲的竞选过程，太棒了，不是吗？我见证了父亲参加的三次竞选活动，他也参加过总统竞选。你们多数人都不记得乔治·罗姆尼了，他以前是密歇根州的州长。"此时会场上响起一片掌声，打断了他的讲话。接着他讲："你们记得吗？有几个人，好的！能代表州或国家参加竞选，那是一种极大的荣幸。"他说，为信仰而奋斗，这一点很重要。

最后，罗姆尼讲了一大堆华丽的词藻，然后结束了发言。他的发言起到了很好的效果。欢呼声渐渐退去。他被拥护者簇拥着匆匆离去，人们纷纷争着跟他握手并抢拍最佳镜头，有些人则抢着要他签名留念，想跟他握手或者哪怕短暂跟他接触一下也好。媒体记者紧随其后，周围到处是照相机、话筒、录音机和笔记本组成的"围墙"。罗姆尼现在正处于人们关注的中心，这是他喜欢的位置，因为他喜欢面对挑战，解决问题。他迫切地需要一次机会来重振旗鼓，大干一场。

上帝保佑

我从小就崇拜他，他说的每句话我都感兴趣。[1]

——米特·罗姆尼谈到父亲时如是说

乔治·罗姆尼和丽诺尔·罗姆尼（Lenore Romney）一直想有一个大家庭，虔诚的摩门教徒相信家庭兴旺、儿孙绕膝是上帝的旨意，而非个人的喜好。他们已经有了两个女儿和一个儿子，但以后在长达五年的时间内都未再生育。现在（1946 年），看来是再生一个孩子的最佳时机，此时第二次世界大战的硝烟已经散去，国家又恢复了和平。[2] 整个底特律的汽车工业呈现出一片繁荣的景象，工厂里的生产线送出的不再是坦克和吉普车，取而代之的是家用汽车。在这里，乔治·罗姆尼成了一颗冉冉升起的新星。罗姆尼一家住在一幢宽敞的房屋里，属于当地（密歇根州）和教会中有声望的家族。岁月在无声无息地流逝，一切显得那么平静和完美，但唯一遗憾的是，丽诺尔如果怀孕会危及生命安全，而且，很可能根本就不会怀孕。

她的医生非常肯定地说，她的健康状况不允许再生小孩了，她必须尽快做手术[3]。他们最终接受了这一残酷的事实，但仍然不放弃扩建家庭的计划。他们夫妇准备了很多收养所需的相关证件和资料，目标是瑞士出生的孩子，而且他们始终没有放弃希望。

当罗姆尼一家在度假时，确切地说是在达科他州（Dakotas）的游艇上，他们首次发觉医生的判断可能有误。丽诺尔感觉她可能怀孕了，顿时乔治·罗姆尼想起了医生在医院说的话，他一直在为这件事担心，现在他的心又提到了嗓子眼，他对丽诺尔的健康很不放心。他们的一个孩子简·罗姆尼多年后说：

"我记得我父亲当时的表情，他非常焦虑，我以前从未见过他那样。"[4]

乔治毕竟是一个乐观主义者，这是他长期养成的性格。他是一个皮肤红润、身材高大、目光坚毅、留着黑色分头的英俊汉子，看起来像电影明星一样。他出生在摩门教徒集中的墨西哥，五岁时来到美国，经过多年打拼建立起了自己的幸福生活。而这种生活离不开眼前这个女人，其健康正面临着严重威胁。

早年在犹他州，当乔治还是一个毛头小伙子时，就已经开始追求丽诺尔。她不仅聪慧、美丽，而且思想独立。她有着精细的皮肤和突出的个性，她梦想成为好莱坞的明星，而她也拥有实现梦想的本钱。同时，乔治也开始了他事业发展的道路。他首先来到乔治·华盛顿大学（George Washington University）就读，大学还没毕业，他先是给担任美国马萨诸塞州民主党议员的大卫·沃尔士（David Walsh）做打字员，然后做政策助理。后来他又利用参议院的各种关系在美国铝制品公司（Aluminum Company of America）谋了一份推销员的职务。丽诺尔于 1929 年毕业于乔治·华盛顿大学，并受聘于一家好莱坞电影制片厂。据乔治的一位传记作家描述："乔治得知这一消息时非常吃惊，他与丽诺尔进行了长时间的激烈争吵，最后丽诺尔占了上风，她不顾乔治的反对，做了自己想做的事情。"[5] 乔治因为极其迷恋丽诺尔，他决定退学，并劝说美国铝制品公司派他到西部去，这样他紧随丽诺尔来到了加利福尼亚州。但是，就在他刚刚到达加利福尼亚州与丽诺尔团聚后，他们之间暴发了一场大战，差点闹到分手的地步。丽诺尔反对乔治粗暴地干涉她的个人生活，并声言她绝不嫁给他。[6] 但是，两人又很快和好了。这样，他们之间几十年充满恩爱与争吵的婚姻生活就这样拉开了序幕。

丽诺尔的事业发展得很快，她曾在葛丽泰·嘉宝（Greta Garbo）和珍·哈露（Jean Harlow）等电影界传奇人物担任主角的影片中扮演角色。她进入了一个包括克拉克·盖博（Clark Gable）等明星在内的社交圈子，使得热恋中的乔治更加惶恐不安，生怕失去她。在 20 世纪 30 年代美国经济大萧条时期，丽诺尔无论在教育程度，还是收入水平上都超过了乔治，在当时妇女教育程度普遍不高，收入水平偏低的情况下，她应该算是相对比较独立的女性。一家电影制片厂发行了一部关于她的宣传片，片中有一个妙龄女郎穿着一件短袖裙，戴着漂亮的礼帽，与一只狗同台亮相。屏幕上打出了一排字幕："米高梅电影公司（Metro-Goldwyn-Mayer）的演员丽诺尔小姐向大家证明强迫明星狗'巴斯特（Buster）'表演是徒劳无益的。"[7] 片中，丽诺尔怀抱小狗，抬头露出迷人的微笑。这有点像引诱观众的电影宣传。当然，这与狗没有任何关系，这一切只是为了提高丽诺尔的知名度，为将来把她打造成电影界的明星做好准备。她的好运要来了。

乔治很快得知米高梅公司与丽诺尔签订了一份为期三年，价值五万美元的合同。他随即提出了一个不容商量的提议：叫她放弃好莱坞，然后回家与他一道永远过着摩门教规定的传统的婚姻生活。乔治后来称其为“这是他一生中做出的最大的一笔买卖”。[8] 丽诺尔起初不愿放弃她的事业，但在几年之后，她坚称因为有几个月都在演小角色，于是准备结婚，并且“绝不后悔放弃电影事业”。[9] 他们于 1931 年结婚，搬到了华盛顿州，当时美国铝制品公司已提升乔治为公司的联络官，负责说服国会成员和政府部门支持行业生产。罗姆尼家的一个孩子简·罗姆尼说：“这就是我们家传奇故事的开始。父亲开始交好运，他先是调整工作，从华盛顿调到洛杉矶，然后劝说母亲放弃演出合同，与他结婚。这是典型的童话故事。”[10]

正如丽诺尔放弃了她的演艺事业，乔治也放弃了他的两个梦想。他决定退学，并放弃了上哈佛大学工商管理学研究生院的机会。但是，即使没有这些金字招牌，他实际上也已经干得很不错了。他辞去了联络官的工作，成为了汽车制造商协会（Automobile Manufacturers Association）底特律分会的会长，并在“二战”期间负责组织汽车工业对大型工业项目的捐赠。[11]

1946 年，随着战争的结束和汽车工业的繁荣，罗姆尼一家看起来已经应有尽有了。乔治和丽诺尔搬进了底特律一片富有的绿色生活区，住在一幢悠闲的三层小楼里。他们生育了三个孩子：玛尔戈·林恩（Margo Lynn）和简（Jane）以及后来于 1941 年出生的斯科特（Scott）。在后来的四年中，罗姆尼一家一起期盼另一个孩子出生，但被告知没有希望。后来，在达科他州的游船上，丽诺尔向乔治透露，出乎所有人的意料，她相信自己怀孕了。

罗姆尼一家回到家里，尽管很激动，但心里仍然很担忧，他们再次去看了医生。丽诺尔立即被收进医院，医生的结论是“应采用手术，不能采取自然生产”。乔治后来在书中说，这就是说必须采取剖腹产并采取相应措施。手术的前景让罗姆尼一家更加担心。丽诺尔的姐姐埃尔希（Elsie）两年前曾做过这样的手术，“几乎要了她的命”。乔治在后来的书中是这样写的。但是，当时别无选择，只能做手术，但却苦了丽诺尔。过后，医生告诉乔治，“我不知道她是怎么怀孕的，或者说，是怎么保住孩子的”。不过，她确实保住了这个孩子，而且居然生了一个 6 磅重的胖儿子。乔治后来写道，他“太神奇了”，甚至第一天出生时头上的黑发都是显得那么与众不同。他们一家人真是乐坏了。

乔治拿出一张信笺，给朋友和同事写了一封信。

乔治·罗姆尼于 1947 年 3 月 13 日在汽车制造商协会的信笺抬头上这样写

道："伙计们，目前，尽管你们大多数人已经知道了我儿子威拉德·米特·罗姆尼出生的消息，但对于还不知道这一重大消息的人，我现在向你们郑重宣布，我的儿子威拉德·米特·罗姆尼于 3 月 12 日出生了。"由于乔治详细描述了他妻子怀孕的危险性，很显然，他的通知，即孩子降生的通知中肯定包含了某些让人惊奇的东西。他把这件事的前前后后都告诉了家里的朋友们：丽诺尔"具有坚强的信念"。乔治在他的书中写道，"我们认为这是神的旨意，因此，我们必须感谢万能的主。"[12] 从那时起，丽诺尔称米特·罗姆尼是她的神奇宝贝。

当时他的姐姐玛尔戈·林恩和简分别接近 12 岁和 9 岁，他的哥哥斯科特也才 6 岁不到。他们很快就为给这个新出生的孩子取名"比尔"还是"米特"发生了争论。取名"威拉德"是为了纪念家族的朋友——同属摩门教信徒并在后来成为酒店业巨头的 J. 威拉德·马里奥特（J. Willard Marriott）；取名米特是为了效仿密尔顿（Milton），他是乔治的堂兄，也是前芝加哥熊橄榄球队的四分卫。

从出生开始，米特就是乔治寄出的"家庭简报"中的主要角色。乔治骄傲地写道，当米特还不到两岁并第一次出去见到圣诞老人时，"他径直走过去，像大人一样跟他握手"！在同一封信中，他强调米特"胆子很大，并有点莽撞——喜欢爬上高高的椅子并说'小心，小心，小心！'"整个孩提时代，米特经常是坐在他父亲的膝盖上，看着他读报度过的。当乔治翻阅报纸时，从眼前一扫而过的大标题在向他传达各种信息的同时，也把他对广阔世界的深刻认识传达给了他的儿子。

1953 年[13]，在米特大约 6 岁时，罗姆尼一家从底特律搬到了布卢姆菲尔德·希尔斯（Bloomfield Hills）的边缘。这是美国最富裕的飞地之一。罗姆尼一家住在布卢姆菲尔德·希尔斯乡村俱乐部附近的一套现代化住宅里。这座城市只有几千人，房屋建筑不规则地四处蔓延，到处是绿色的草坪，私立贵族学校很多。这个地方比起附近的底特律来简直是另外一个世界。乔治成为了地区摩门教"教区"的领袖，负责好几个分区的工作。当时在布卢姆菲尔德·希尔斯还修建了一座礼拜堂。一位《时代周刊》（Time）的记者曾经在米特的童年时代到过他家，他对他们特有早间的活动进行了描述，其中一个场景是乔治在早餐前围着高尔夫球场进行的慢跑，有时也可能打一局快速的高尔夫球比赛。

米特出生后不久，乔治被聘为纳许·凯文纳特公司（Nash Kelvinator）的一名执行官，该公司后来与哈德逊汽车公司（Hudson Motor Car Company）合并，组成了美国汽车公司（American Motors Corporation）。乔治在该公司担任执行副总裁。1954 年，美国汽车公司总裁去世后，乔治成为了董事长和总裁。他是在公司濒临倒闭的边缘时临危受命的。正如米特后来回忆的那样，他的父亲用变卖底特律房产的钱购买了公司股份。米特多年后这样写道：“他完全豁出去了，不惜倾家荡产，背水一战。”米特记得与父亲走在工厂的地面上时，他说的一句话：“我们要把这个公司做大。”[14] 当时有一家公司已经收购了美国汽车公司的股份，并摆出一副要变卖公司资产获利的架势。乔治要保持胜利果实就必须击败这个对手。[15]

乔治预测美国会采用燃油经济型汽车，以代替当时大型汽车制造商以及他自己公司生产的“油老虎”汽车。因此，他采纳了集中生产节能汽车的方案，这可能是他一生中作出的最重要的商业决定，甚至米特·罗姆尼都怀疑他的决定。

“如果‘漫步者（Ramblers）’汽车是辆好车，为什么买的人不多呢？”[16] 他有一天这样问他的父亲。

根据米特的兄弟斯科特的回忆，他父亲回答说：“人们不可能总是知道什么是最好的。”

乔治走在了时间前面。20 世纪 50 年代中期，乔治生产的“漫游者”汽车受到了热捧，据说每加仑汽油可跑 30 英里（1 英里 =1.6093 公里。——译者注）。[17] 几十年后美国联邦政府才规定乘用车辆的燃油经济性应基本达到这个标准。生活在每加仑汽油 30 美分（相当于 2010 年的 2.41 美元）的美国人开始意识到紧凑型汽车的经济效益。[18] 由于乔治采纳“漫步者”汽车的生产方案，使美国汽车公司扭亏为赢，走入正轨，同时，也使他发家致富，走上了成功的道路。这一重大决策对米特产生了长远的影响，因为他把与父亲讨论汽车和业务当成了他生活中的一大爱好。米特首次宣布参加总统竞选时，特别安排了一辆“漫步者”牌汽车，放在他发表演讲的讲台上，位于他的身后。他要强调他的家庭对技术创新所做的贡献。

米特在后来的书中说，听他父亲说话好像不是在听一个商人说话。“好像他是在率领美国汽车公司去完成一项伟大的使命，即通过汽车产业的技术革新，推动节能增效，改善人民的生活水平。对我父亲来说，工作的目的绝不仅仅是为了挣钱。工作是一种使命和召唤，那就是为人民谋福利。”[19]

除了谈论汽车和商业外，另一个话题就是摩门教的生活。罗姆尼一家在摩门教信徒中属于名门望族，乔治继承了家庭传统，并经常在当地的摩门教教堂中以及餐桌前发表讲话。与犹他州不同的是，密歇根州的摩门教徒相对较少，而且被当地人广泛排外。所以，针对摩门教是一个靠劝导别人加入，以扩大影响的宗教，乔治鼓励其孩子在坚持耶稣基督后期圣徒教会传统上树立一个良好的榜样。丽诺尔也是一个坚定的信徒，她出生于犹他州一个富裕的摩门教家庭，但作为一个女人，她不能在教堂中起领导作用。

米特从小在摩门教信仰的熏陶下长大，从一开始人们就期待他将来能出来担任领导职务，因此，在他还是一个十多岁的少年时，就经常让他接触神学并参加布道活动。当米特长到 14 岁时，《底特律自由新闻报》(Detroit Free Press）发表了一篇关于密歇根州摩门教的报道，他和他的父母成了其中的主角。[20] 其中一张照片展示了一个摩门教教师在罗姆尼家中讲课的情景，当时米特正坐在父母身边聚精会神地听讲。该报道强调摩门教是“底特律地区规模最小，被了解程度最低的宗教之一”，仅有 4000 名摩门教徒居住在密歇根州西南部，其他地区则少之又少。这篇报道发表于乔治竞选州长前的几个月，这是米特首次通过宗教的关系与广大观众见面。

乔治一遍又一遍地向他的孩子们讲述，罗姆尼家庭的成员一个个是如何依靠遵守其信仰的教义而变得出类拔萃，出人头地的。为了强调这一点，他要求米特遵守他称之为“成功与快乐的三大原则”。这是他最喜欢的一条警言，直接来源于摩门教的教义：“辛勤探索、不断祈祷、坚定信念，则事事通达、诸事皆顺。”乔治过世后，米特和家族的其他成员将这句话刻在了他的墓碑上。

乔治也这样劝导他的儿子：“好男儿要胸怀大志，如果你有远大的目标，你就会不辞辛劳地去努力奋斗，如果你坚持自己的信仰并不断祈祷，你的目标就会实现。”[21] 这句话是他父亲传下来的。父亲在商业、领导能力以及信仰上树立了良好的榜样，对米特的一生有着积极的影响，让他努力实现父亲对他的期望。米特后来在书中这样描述他的父亲，“我从小就崇拜他，他说的每句话我都感兴趣”。很小的时候，他就在《时代周刊》等全国发行的杂志封面上看到过他父亲那张长着方形下巴的脸，并听到过他父亲被捧为产业界“年度风云人物”的故事。尽管名气很大，乔治仍然设法多抽些时间与米特待在一起（相比过去与哥哥姐姐们)。米特的姐姐简说：“爸爸待在家里的时间都要多些了。”[22]

在米特的整个一生中，他与父亲在很多方面有明显相似的地方，他们都喜欢把头发梳理得很整齐，他们在商业与政治上的兴趣也非常相似。但是，米特也体现了他母亲的很多优点，他继承了她的机智，甚至性格（这是她直率、热情的丈夫所没有的品质)。她曾经是她那个年代少有的女大学生和独立女性，她在好莱坞做过短时间的演员，后来献身家庭和宗教事业，但始终保持着其特有的豪爽性格。当人们向罗姆尼家的孩子们讲述他们母亲这段故事时，他们都听得津津有味。乔治被选为州长时，丽诺尔向公众展示了她豪放不拘的性格。她告诉《时代周刊》的记者，她打算发挥她作为密歇根州第一夫人的作用，将大家很好地组织起来，实现“在人类关系上的真正突破（这也是乔治所倡导的）。妇女在这方面能够起到很大的作用，而我不想成为没有意义的休闲茶会活动的社会领导”。[23]

米特的姐姐简多年后谈到她母亲时，说她给他们留下了难以磨灭的印象，因为她是一个“敢想敢干”的女人，“简直是勇猛过人，所向披靡，她就是我们家的主宰，她快乐，所以我们也快乐，她热爱生活，所以我们也热爱生活”。

家庭的主调既有爱，也有冲突。乔治努力每天给丽诺尔带一枝玫瑰回来，这是他珍爱妻子的象征。但他们也经常争吵，所以他们的孙子们都叫他们“老冤家”[24]。但对乔治来说，像他这样天不怕，地不怕的人（当然跟他的强势的个性有关），幸好有丽诺尔很适合她。她不但不怕这样的个性，反而还被之吸引。她曾经说过她当年就是受乔治“强烈个性”的感染，才拒绝了其他追求者。乔治是这样一种人，在与别人争论时，他会说“注意”，然后毫不犹豫地直接向反对他的人发起攻势，并以此控制别人。《生活》（Life）杂志的记者明确称他为一个“独行侠”[25]，一个只对一个人（丽诺尔）亲近的人。正是这种亲密关系使他们在争吵后能够很快握手言和，但都是丽诺尔设法给狂暴的丈夫降温的结果。然而，这种争执是米特决心从其生活中消除的东西，他学会了他母亲的外交手腕。他在家庭里都尽量避免争吵，尽管有时在商场上和政界难以避免。他的妻子安·罗姆尼后来说他们只争吵过一次，但声音不大，结婚后就再也没有争吵过。米特不想在他这一代复制“老冤家”。[26]

据米特的姐姐简讲，丽诺尔对米特的影响显而易见。她说：“米特更像我的母亲。[27]他很有交际手腕，知道怎样平息事情。”不过，在事业志向方面，米特以他能干的父亲为榜样，而他们之间的关系将成为他人生的主线。事实上，《生活》杂志的评价可能不够准确。独行侠乔治的密友圈还包括米特，而这一决定的影响持续了一生。青年时期的米特渴望像父亲一样经营一家汽车公司，后来又试图追随父亲走上政治道路。夏季的周末，乔治总是和家人一起待在安大略（Ontario）休伦湖（Lake Huron）畔的农庄，他和米特之间的纽带便可见一斑。米特和他最好的朋友汤姆·麦卡弗瑞（Tom McCaffrey）常常偷翻父亲的公文包，好抢先一睹新一年度车型的照片。

在农庄前的板网球场上，乔治常常和他的孩子们一决高下直打到筋疲力竭为止。米特的哥哥斯科特（Scott）是最强劲的挑战者。他像父亲一样好胜，在运动能力方面还胜过父亲。米特像父亲一样，没什么运动天赋，但即便这一点似乎都对他有利。尽管斯科特在常见的青春期阶段不时和父亲顶嘴，米特却始终和父亲保持着和谐的关系。斯科特总是惊奇地发现他的小兄弟能自信得几乎以同辈人的口吻与父亲交谈。当乔治召开“家庭会议”讨论他正在思考的重大决定时，[28]斯科特和他的姐妹们总是说：“哇，听上去太好了！”而米特总是插嘴说：“嗯，你考虑过这个吗？”

七年级时，米特进入克瑞布鲁克学校（Cranbrook School），他家乡布卢姆菲尔德·希尔斯的一所寄宿学校。学校315英亩的校园被描述为“美国最具魅力的建筑环境之一”。[29]男孩子们在以英国寄宿学校为蓝本的优雅建筑里上课。女孩子们去往按工艺美术风格设计的不同设施里学习。在这片整洁划一的风景中有一所世界级的艺术学校，周围环绕着由雕塑家卡尔·米勒斯（Carl Milles）创作的奇妙的雕塑作品，包括其名作的复制品——俄耳甫斯（Orpheus）喷泉，有九座青铜像从一池清水中直插云霄。

米特周围同学都来自有钱有势的家庭，所以他并不显得突出。“在很多方面，他跟他现在被描绘的形象截然相反，”他的同学吉姆·贝利（Jim Bailey）如是说，“他个头很高，身形瘦削，比较笨拙，皮肤不太好。”[30]一份季度成绩单显示这是个聪明的男孩，但是还需要更用心一些。“他能表现得更好。”他的英语老师写道。“他倾向于少花时间在学习上，所以最后一次考试得分不高。在课堂上他浪费了太多的时间。”他的代数老师这样写道。他的生物老师写道：“他的遗传学学得不太好。”他的成绩最差的一科是法语，得了个C。按照其他课的模式，米特开始情况还不错，但是随后他就“麻木了”。法语老师预言米特会进步的，事实证明米特后来在法国生活时法语很流利。在1961年成绩单的底部，一位老师加了一条手写的批注：“米特表现不错。[31]今年他成为了更有责任心的公民。”在克瑞布鲁克学校的六年时间里，他从未展现出他的领袖气质，贝利而非米特成为了他们班的班长。

前三年米特走读，下课后就回家。但当他父亲成为州长后，父母亲在密歇根州首府兰辛（Lansing）待的时间更长了，米特就在学校住宿了。因此，他在学校的后三年中日益独立，从而更深入地投入到预备学校的生活中去。他因爱搞恶作剧而为大家所知。有一次，他在一条繁华大道的中央分隔带里举行了一场正式精美的晚宴。而另一个恶作剧，米特就算没有过界，也几乎有点过分了。他穿上制服，打扮得像一个警官，在他的车顶上放了一盏闪烁的红灯，驾车追赶一辆载有他两位男性朋友和女伴的车。按事先商量好的，他的朋友在行李箱里藏了啤酒，而且知道罗姆尼会装成警官来追赶他们。但女伴们可不知道这个计划。

按计划的那样，罗姆尼追上了他朋友的车。“他来到车前，假装是名警察。……他叫我下车，打开行李箱，在行李箱里发现了啤酒。”他的朋友，也是车中一员的格雷汉姆·迈克唐纳（Graham McDonald）回忆道。[32] 罗姆尼叫迈克唐纳和另一个朋友跟他走一趟，“于是我们就开车走了，”迈克唐纳回忆道，“这样做太可怕了。我们很快就返回了。我们没有让女伴们不知所措。”回想起来，州长儿子假冒警官这个点子真是惊世骇俗。但是迈克唐纳讲述这个故事的意图是为了说明，“当我读到说他刻板，无幽默感这样的描述时，我感到惊奇，我对他的印象完全相反。他那么的擅长搞笑”。

尽管学校的氛围考究，它依然是所中学，所以运动员总是最受欢迎的。米特担任了拉拉队队长，穿上校服，在橄榄球赛的边线活动，大声喊出传统的拉拉队口号。克瑞布鲁克队被称为鹤队，但没人能找到一只鹤作为吉祥物。于是，拉拉队买了一只鸭子。因为家中有一个池塘，米特便自告奋勇照顾这只鸭子。可是几天后米特去取这只家伙的时候，他只发现了一堆羽毛。显然附近一只狐狸饱餐了一顿。另一位拉拉队队长格雷格·德斯（Gregg Dearth）说，米特“由衷地感到伤心，因为他负责保护这只鸭子。你可以想象这样的情况，米特对鸭子负有责任，现在鸭子不在了。米特觉得他辜负了大家”。[33]

米特试图转型成为运动员的情况甚至更加让他难堪。他加入了越野赛跑队，参加了 2.5 英里的越野跑。这项比赛通常在橄榄球赛期间举行。开始中场休息时，他和其余选手一起出发。但是因为他太认真了，所以没能调整好步伐。除米特之外所有人都在下半场开始前返回。最后，几百位观众看到米特满脸痛苦地一步步向煤渣跑道接近。“他不停地跌倒，站起来，跌倒又站起来，最后简直就是爬过线的。”迈克唐纳回忆道。这可能算是他年轻时最丢脸的时刻之一。但是人们很快就站起身来，为米特所做的努力长时间地鼓掌。“显然人们钦佩这种人格的体现。其他人肯定就退出了。”[34] 另一位同学，小西德尼·巴斯威尔（Sidney Barthwell, Jr.）如是说。米特的参赛伙伴们意识到发生了什么：他在一开始时跑得太快了，没准备好跑那么长，腿抽筋了。[35]

同样参加了比赛的德斯确信这次比赛给了米特一次教训，使他在日后的政治生涯中都谨记在心。米特以短跑的速度开始了耐力赛跑。“在他有生之年，这件事一直提醒着他——要调整好自己的步伐，要跑完全场，用理性控制住你的热情。”德斯说道。[36]

根据家族史，这场比赛有可能在家中激起了一番讨论。乔治对此津津乐道，称他自己高中的教练从未看到有人这么缺乏运动能力还“如此努力”。在以后的岁月里，乔治大部分早上都晨跑，即使变老以后，乔治也走得飞快，以至于许多同行者几乎不得不跑起来才跟得上他。米特也努力改善运动方面的表现。2008 年竞选总统时，有段广告展现了他奔跑穿过新罕布什尔州森林的身影。[37]

虽然米特的世界局限于克瑞布鲁克和布卢姆菲尔德·希尔斯相对质朴封闭的区域，但距有城市问题和种族问题的底特律仅有半小时车程之遥。乔治常常回家讲述那一事件中令人不安的细节。底特律的负责人曾恳求乔治帮忙牵头改善该市的学校。乔治答应与称为学校需求公民顾问委员会（Citizens Advisory Committee on School Needs）的机构合作，协助通过了 6000 万美元的教育公债，然后他参与牵头复兴密歇根州的经济。[38] 在 20 世纪五六十年代晚期爆发的双重经济衰退使得该州和其他州的经济深陷困境。乔治很快就得出结论，帮助该州的最佳办法就是在 1962 年竞选州长——如果他的家人支持这个主意的话。一天，他走下楼梯进入饭厅，问了米特和其他家人一个问题："你们知道吗，我想竞选州长。我应该以共和党的身份还是民主党的身份参选呢？"[39] 乔治决定以共和党的身份参选，米特是对这场竞选最兴致勃勃的人之一。[40]

15 岁的米特对政治越来越感兴趣，从一开始他就参与了父亲的竞选。在乔治作竞选声明时，他站在乔治的身旁。他在县集市发表演讲，乘坐选举宣传车行遍了全州。他为竞选接听电话，还设立了"罗姆尼当州长"的展台。"我向路人介绍自己，向他们大喊，'您应该投我爸爸的票，选他当州长。他是一个真正伟大的人。你们应该支持他。他会把事情做得更好。'"[41] 多年后他这样写道。然后他说："我真的相信。我们都相信。因为是真实。"

乔治以自由派偏中间派的共和党选手的身份参选，减弱了他的共和党立场，竭力赢得那些不总是支持大老党（GOP=Grand Old Party，共和党的别称。——译者注）的群体（包括黑人和工人）的选票。选举日的前一个月，约翰·F. 肯尼迪总统前来为民主党的候选人，现任州长约翰·斯文森（John Swainson）宣传造势。肯尼迪和斯文森在底特律和周围地区绕行 12 英里进行宣传，总统的车队受到了约 10 万人的欢迎。肯尼迪嘲笑共和党的候选人想方设法赢得选举，却没有公开声明他们是共和党人，但他没有点罗姆尼的名。他说道："你们在他们的宣传资料中找不到'共和党'这个词。"[42] 总统的出现肯定影响了米特，他清楚地知道肯尼迪的介入有可能会让父亲的机会变得渺茫。但即便是肯尼迪总统也不能阻止乔治的势头，他终于险胜。[43]

通过对父亲的观察，米特发现乔治能成功化解并驳回反对他的意见。有时乔治将自己置身于他的党派之外，以颇有共鸣的口吻阐述对手的观点来达到这一效果。例如，乔治曾被工人群体抨击，其中一个群体发布了一本题为“谁是真正的乔治·罗姆尼？”的小册子。[44] 它指责罗姆尼故弄玄虚。例如：他曾说密歇根州需要 10 万个新的工作机会，后来又宣称他从未承诺过能提供这么多机会。但是基于乔治与美国汽车公司工会的复杂关系，他有时听起来很同情他的工人对手，比如，他曾哀叹共和党被过多地视为“商业化的党派”。[45] 直言不讳就是乔治·罗姆尼的方式。它奏效了，至少这一次是。他很轻松地再次当选，终于获得足够的势力使该州的首个所得税得以通过。对于米特而言，这些早期经验教会了他共和党人如何在民主党占上风的州赢得胜利。

在克瑞布鲁克校园，尽管米特轻描淡写家族的知名度，但他人却没有显示出克制。《底特律新闻》(Detroit News) 在报道克瑞布鲁克发生的一起小火灾时用了这样的标题：“罗姆尼的儿子协助学校灭火。”[46] 文章靠后的段落显示，原来米特的英雄行为只是打开了大楼的前门，然后为消防人员指引起火的地方。

米特更看重的是他可以凭借州长办公室实习生的身份和父亲一起了解到政府工作的许多内幕。1963 年，米特 16 岁那年，一个很晚的晚上，他和父亲一起在兰辛的州议会大厦里。当时罗姆尼州长正竭力想在午夜的最后期限前通过一项法案。一位美联社（Associated Press）的记者观察到一个“又高又瘦的男孩”正在向父亲提供如何对付顽固的立法者的建议。

“爸爸，进去和他们谈谈吧。”米特对父亲说道。

“我不认为这样做会有用。”乔治回答他的儿子。

但是这样做的确奏效了，凌晨 1 点 30 分的时候，终于达成决议。在那一时刻，美联社记者上前找到米特和他的父亲。“在他们让记者进来前还更有趣些。”米特说道。这也许暗示着当他自己成为候选者时，他对媒体的缄默态度。[47] 这篇报道出现在头版的位置，标题为“快到点时，米特·罗姆尼还在守夜、聆听父亲辩论并赢得立法议员的支持”。

12 月在兰辛的这个夜晚是成长的时刻。

约翰·F. 肯尼迪总统遇刺后三个星期，举国上下一片混乱，都在寻求新的领导。当时他父亲迅速脱颖而出，成为共和党中的闪耀之星。父子俩之间的纽带，米特和政界的联系反而越来越稳固。

令时任罗姆尼新闻秘书的迪克·米利曼（Dick Milliman）印象深刻的是当他那十几岁的儿子陪伴在身旁时，州长是那么的高兴。“他们在见面时会紧紧拥抱，不是寻常的拥抱，”他回忆道，“他会给米特一个大大的熊抱和一个亲吻。”对米利曼而言，这无疑已完全超出了父子情，而几乎是“伙伴关系”了。在办公室时，就像在家里一样，米特很少踌躇。“他会插嘴说，‘你考虑过这个吗？’”米利曼说道。他也承认：“有时候你不免会想说‘那个小毛头应该住嘴！’不过，他在我们那儿时，我们都感觉很好。”[48]

米特的姐姐简把他们处在政治漩涡之中的成长比作“生活在戏剧之中”[49]。她说，那是一段美好的时光：总有些有趣的人前来拜访，记者时常出现在门阶上，还有晚餐时分关于那个时代所关注的话题的讨论。乔治·罗姆尼在密歇根州取得的成功引发了人们关于他在1964年会成为总统候选人的讨论。这并没有发生。但是那年夏天，他像明星般出现在共和党在旧金山举行的全国代表大会上，并邀请米特随行。老罗姆尼因候选人巴里·戈德华特（Barry Goldwater）反对民权立法而在关键时刻弃他而去，成为头版头条人物。在后来写给戈德华特的信中，罗姆尼写道：“某些人的权利不应建立在剥夺他人的权利的基础上。”[50] 罗姆尼拒绝支持戈德华特的候选资格，使党内的保守派心存怨恨，同时也加固了罗姆尼自由派打破旧习者的名声。

当戈德华特抱怨罗姆尼没能支持他时，罗姆尼写了一封言辞激烈的回信——很快就被透露给了《纽约时报》。在信中他直击戈德华特的右翼观念。在后来相当于“罗姆尼宣言”的信中，这位州长写道：“充满教条思想的党派倾向于分裂国家的政治、社会结构，导致政府危机和僵局，阻挠和解，而和解常常是保护自由、取得进步必不可少的条件。”[51] 多年后，米特以中间派的身份参选并赢得了马萨诸塞州州长一职，但他又是以保守派的身份竞选总统。在他的职业生涯中，人们指责米特常根据当时的政治情况而改变立场。他抵制机会主义的指控，但他父亲的直率、在民权问题和其他一些有争议问题上的坚定是他不会完全仿效的品质。乔治更轻松地、甚至颇为骄傲地接受了一些人视为理念冲突的看法。杨百翰大学（BYU）将其管理学院下属的一个研究所以乔治的名字命名，并立了一块牌匾夸耀对其精神的广泛拥护：“对待同胞们时是自由主义者，对待他人钱财时是保守主义者。”[52] 乔治常说他讨厌贴政治标签，因为它们常常将一位政客的角色僵化而排斥了潜在的支持者。作为企业和宗教领袖，人们假定他的行为是保守的，但在种族平等和社会公正方面人们又总是记得他的自由派观点。

乔治在种族方面的激进立场不仅遭到党内右翼人士的批评，教会最高阶层对此也颇有微词。当时教会规定黑人可以加入但不能成为神职人员。1964年，摩门教一位权威人物写信给罗姆尼，称民权法案为“邪恶的立法”，并警告罗姆尼将主“对黑鬼的诅咒”（他这样定义）消除不是人应该做的事情。罗姆尼拒绝让步。在摩门教对待黑人这一问题上，米特对父亲情愿与自己的教会持不同观点而感到格外骄傲。当后来米特被问及对教会直到 1978 年才同意让黑人完全参加摩门教仪式有何看法时，他引用了父亲在民权方面的努力以证明他们家族在这一问题上与教会所持的立场有多么不同。[53]

不过，在米特位于布卢姆菲尔德·希尔斯的专属小区里并没有多少黑人。米特与黑人的主要接触来自于他家备受爱戴的管家博蒂·雷林（Birdie Nailing）和同学小西德尼·巴斯威尔，其父曾和乔治·罗姆尼一起修订了该州的宪法。从底特律来克瑞布鲁克上学后，巴斯威尔进入了一个完全不同的世界。“学校里基本上都是盎格鲁撒克逊系的白人新教徒。[54] 我是毕业班中唯一的一位非洲裔美国学生。”巴斯威尔说道。虽然米特和西德尼并非密友，但他们相处融洽，一起度过了六年校园生活。留给巴斯威尔的印象是罗姆尼一家反对摩门教不准黑人担任神职的这一禁令。在他印象中米特似乎是个“很好的人”，虽然“并不是个很出众的学生”。在米特父亲竞选某一次州长期间，米特和他的哥哥斯科特被送去与底特律一个社区的非洲裔美国人交谈，虽然他们走的时候并未获得投票的保证，但他们发现他们的父亲颇受黑人尊敬，为此他们深感高兴。[55]

在克瑞布鲁克待的最后几年，米特给人们的印象更为庄重，而且是个美少年。除了一堆优点外，他还有一头浓密的头发。小时候，米特常听人们评价他父亲的头发又黑又密，向后梳得一丝不苟，鬓角有些斑白。但是自十一二岁起，米特仿效一位名叫埃德温·琼斯（Edwin Jones）的人设计了自己的发式。埃德温·琼斯在米特父亲管理摩门教底特律分会时曾担任他的首席助手。米特多年后回忆道：“他笔直地坐在前侧的桌子边做着记录。”“我记得他有着乌黑的头发，黑得发亮，从前到后可以看到清晰的分界线。你看到我的头发了吗？是的，就像他差不多 40 年前那样。”

毕业典礼来临时，发言人正是乔治·罗姆尼。他演讲的主题让人颇为惊讶。这位州长告诉 76 位即将毕业的男孩，女朋友“在你们构建人生的过程中所起的作用可能比其他任何人都大。……如果你喜欢的女孩没有使你比没有认识她时更为努力，那么你最好环顾四周，另找一位”。

米特就像他父亲那样曾环顾四周，在较早的年纪就已发现了他想娶的女孩。她名叫安·戴维斯（Ann Davies），漂亮、聪明，有自己的想法。显然她与米特的母亲颇为相似。但有个不同点却是个大问题：安不是摩门教徒。她来自主流的新教家庭。

米特第一次遇见安时，他们都在布卢姆菲尔德希尔斯念小学。[56] 他穿着童子军制服，看到安正骑马跨过铁轨。多年后他回忆道，他捡起些石头扔向她。后来几年他们失去了联系，再后来他们念的预备学校离得很近。安念的是克瑞布鲁克的姐妹学校——金斯伍德（Kingswood），在校园的另一边。米特刚满 18 岁，安 15 岁，和他父母相遇时的年龄几乎相仿。一天，米特去参加一个朋友的生日聚会。在房间的另一端，他偷偷看到了安。“哇，她变了好多！”米特说他当时这样想。然后他走到安和她的伙伴跟前，提议开车送她回家。

20 世纪 60 年代的克瑞布鲁克仍然遵从严格的男女有别。女孩们只能在运动比赛上、舞蹈课上和每周一次在健身房举行的夜场电影中才能和男孩们见面。除此之外，他们之间的交流大多局限于写信，所以金斯伍德的女孩们每天都要排队取信。他们在聚会上邂逅后不久，米特就邀安出来约会。那天是 1965 年 3 月 21 日，他们一起去看了电影《音乐之声》(The Sound of Music)。“我引起了他的注意，然后他就再也不放我走了，”安多年后回忆道，“我的意思是，他紧追不舍。”[57] 他们陷入“热恋之中”，她说道，但是“我们没有告诉任何人，因为没人会相信的”。米特后来说道：“我第一次看到她时就爱上她了。”[58]

安刚到金斯伍德学校时对学习并不感兴趣，后来她才开始喜欢学习。她更喜欢骑马，打曲棍球、长曲棍球、篮球和网球。米特学着跟上她。[59] 他们漫步走过宽阔的克瑞布鲁克校园，绕过湖泊，享受校园青翠的景色、喷泉的水池和众多的雕塑。米特教安怎样滑水，只要天气允许，他们几乎每天都去。她教他滑雪。她发现米特很有趣，和他在一起很开心，“不管他身处何地，活动都挺多的”。[60] 其他男孩也在追求她。米特不在的时候她也会和他们约会，但她说米特“从一开始就偷走了我的心”。

和米特一样，安在布卢姆菲尔德·希尔斯长大。她的父亲爱德华·R. 戴维斯 (Edward R. Davies）是该市的前任市长，曾是生产海洋机械的加莱德工业公司 (Jered Industries）富有的总裁。[61] 他还有些发明天赋。有一次，她父亲发现她和她的两个兄弟忘关滑动门了，为此很生气。于是他制作了一个滑轮系统可自动关上门。安认为他是“创意天才”[62]。对于安，米特所不知道的是她在一个父亲没有什么宗教信仰的家庭长大，年轻时，她就一直在寻求精神依靠。她父亲出身于威尔士的一个采煤家庭。安的兄弟说他把他童年时期的宗教——他觉得像威尔士气候一样阴郁的威尔士公理教会——和苦差事，和废话连篇联系在一起。在他们父亲娶他们母亲洛伊斯·戴维斯（Lois Davies）之前，他坚持要她放弃有组织的宗教。安的哥哥罗德里克·戴维斯（Roderick Davies）说道："爸爸认为信仰宗教的人膝盖处都是软的。"[63]

但是和米特一样，安和她父亲的关系非同一般。所以他偶尔会纵容他唯一的女儿提出的要求，让全家参与某一新教教会或其他教会的宗教仪式。他不为传道所左右，并且相信她的女儿最终会醒悟的。至于她的恋爱史，安的父亲知道米特要去加利福尼亚州上大学而安还有两年高中要读。所以想当然地认为他们怎么会认真呢?

他们是认真的。一天晚上，米特去接安参加毕业舞会，他开着他看起来笨笨的 AMC 马林汽车，一辆两门的有着斜坡式后车身的汽车。他们在庆典中待了一会儿后，他紧张地把他的 16 岁女友拉到一旁，然后不太正式地问她有一天是否愿意嫁给他。安回答说愿意。这是无把握的愿意，因为两个人都清楚随着米特去上大学，他们不久就将分开。多年后他们记得这一时刻不仅仅是因为当时的浪漫，还因为当时的欢喜。米特，这个喜爱汽车的人，居然忘了加油了。他归咎于太紧张了。他开车送安回家时，马林车扑扑地开了一会儿就停了下来。不管怎样，米特和他刚刚求过婚的穿着盛装的女孩还是想方设法将车弄回了家。

按米特的观点，他们的道路已然设定。但是还有一个悬而未决的关键问题。他们刚开始约会时，有一次米特俯下身想吻安，可安却在想其他事儿。

她问道："摩门教徒信什么呢？"[64]

米特突然有些不安。他知道他的宗教使他多少有点像个局外人。他不想仅仅因为他而让安考虑改变宗教信仰。这必须发自她的内心。现在他正在和校园里最漂亮女孩中的一个约会。他知道她来自主流的新教派，而她居然要求他给她讲解摩门教会?

"我当时可没心情谈宗教，"他日后说道，"我更感兴趣的是用身体表达我的爱意。"

米特看着安的眼睛，想着怎么回答她这一问题。他求助于教会的"信经"(Articles of Faith)。它由教会的创始人约瑟夫·史密斯提出，由追随者专门背诵。米特从引用第一条开始。"我们信上帝，永恒天父，信上帝之子，耶稣基督，信圣灵。"他说完时，他发现安已经开始哭了。

当然关于这个鲜为人知的信仰还有更多需要解释、需要讲述的故事。在这个故事中，罗姆尼一家本身就与之有着错综复杂的关系，从该教最初创立的日子到罗姆尼家族在教会中担任领导地位的现代岁月。这是一个关于圣典和启示的故事，也是关于一夫多妻制的故事。在摩门教徒这一早期习俗中，罗姆尼一家发挥了关键的作用。这还是考验勇敢的移居者艰苦西进的旅程的故事。这一信仰的来历，在很多方面证明是罗姆尼一家的故事。它始于一个多世纪前的英国村庄，在那里米特的曾曾祖父从一位坚称自己是圣徒的美国来访者那儿听到的惊人传说。

使　　命

迈尔斯兄弟，我想让你再娶个妻子。

——杨百翰在1867年对米特·罗姆尼的曾祖父说道

“我信仰摩门教，这是我终生的信仰。[1] 我的信仰也是我先辈们的信仰。”2008年竞选总统期间，罗姆尼在面临严峻的政治危机的时刻曾这样说过。当时，他陷入了这样的困境：他需要基督教福音派信徒的支持，但现实却是许多人对摩门教持怀疑态度或怀有敌意。“我将忠于我的先辈，忠于我的信仰，”罗姆尼继续说，“有些人认为如此坦诚地告白我的信仰将削弱我作为总统候选人的地位。如果真如他们所说，那也没什么。”罗姆尼早在42年前就热切地向他的恋人解释过他的信仰，虽然这一宗教已诞生近两百年，但仍然有必要向美国人，或者至少部分美国人解释摩门教并为其辩护。罗姆尼在进入公共生活领域以后，长时间（可能太长时间）以来一直回避这种事情，后来他不得不承认有必要站出来澄清和说明。他只是泛泛地进行了一些解释，但态度却很诚恳，因为他担心如果触及备受争议的摩门教信仰和早期习俗的核心话题，可能会引起进一步的偏见。事实的确如此。很多人对摩门教的情况仍然只有一知半解，甚至一无所知。除了教会以外，了解罗姆尼家族在这一宗教中的核心地位的人更少。

主观认识与现实脱节造成了人们的误解，其原因之一是米特很少谈及其先辈们传承下来的这种特殊的精神财富。他把它隐藏在自己的内心深处。但是，作为摩门教重要家族成员之一，他的自豪感是显而易见的，凡是去过罗姆尼位于马萨诸塞州贝尔蒙特（Belmont）府邸的人都能清楚地看到这一点。他在门厅的墙上挂了五位摩门教重要人物的肖像。他们都姓罗姆尼。这几幅肖像就像几扇打开的窗户，透过这些“窗户”，可以进入米特·罗姆尼难以捉摸的内心世界。

墙上肖像中的第一张面孔看起来又长又瘦，额头较高。他是迈尔斯·阿奇博尔德·罗姆尼（Miles Archibald Romney），正是他将罗姆尼这一姓氏带到美国。他是罗姆尼家族中最早响应天主的召唤，带着神圣使命来到美国的人。

伊利诺伊州的纳府市（Nauvoo）是一座沿密西西比河上一个马蹄形的河湾向前延伸的新兴城市，地势由低向高逐步抬升，跨过泥泞的平原，最后到达远处的悬崖峭壁。到1841年时，满载移民及其家当的马车吱吱嘎嘎地驶过熙熙攘攘的街道。长满青草的山丘上正在修建一座巨大的白色教堂。装满了更多新移民的轮船在河坞靠岸。移居者来到这里都抱着一个共同的目标：为一个成长中的新教及其信徒建造一个避风的港湾。这个新教就是摩门教，它有着新的圣徒、新的福音书和关于耶稣的新故事。在这支移民大军中，有一个几乎一无所有的家庭，这家人姓罗姆尼。他们来自英格兰靠近利物浦市下彭威仁姆（Lower Penwortham）的一座安静村庄。多年来，罗姆尼一家都在不断地迁徙之中。其中一位名叫乔治·罗姆尼的曾远去伦敦，后成为18世纪著名的肖像画家。但家族中的大多数人家境一般。其中一位名叫迈尔斯·阿奇博尔德·罗姆尼的木匠和他的妻子伊丽莎白的家境便是如此。1837年的一天，罗姆尼夫妇在一个小镇的广场上听了一队摩门教传教士的传道，他们深受吸引，从此信奉摩门教，成为英国首批皈依该教的家庭之一。

首次接触摩门教之后四年，迈尔斯和伊丽莎白已成为该教的狂热信徒，他们不惜一切移民到美国。他们带着五个孩子[2]，按照别人的指引，一路来到纳府。他们几乎身无分文，对他们即将面临的生活也缺乏清楚的认识，他们只是听从先知的召唤。他们很快了解到在纳府的北角有一座小石头房。据家族流传，他们用一条佩斯利细毛披巾换取了这座房屋。

其间，当摩门教领袖获悉迈尔斯精于木工和建造时，不禁欣喜万分。他们分配给他市内最重要的一份工作，封他为建造教堂的“总技师”[3]。不久之后，罗姆尼家的另一个孩子又要降临人间。他将被起名为迈尔斯·帕克·罗姆尼（Miles Park Romney）。正是这个大家都称之为“迈尔斯·帕克”的儿子，将在这一信仰中发挥关键的作用。他就是大家后来熟知的米特·罗姆尼的曾祖父。他基本见证了罗姆尼家族在美国的经历和他们的信仰所经受的考验。他的肖像和罗姆尼家族其他前辈的肖像被挂在米特·罗姆尼家的墙上，他排在第二位。

罗姆尼一家抵达纳府两年后，当迈尔斯在1843年8月18日降生时，纳府爆发了骚乱。四年前在摩门教徒遭其他地方驱逐之后，摩门教的创始人约瑟夫·史密斯选择了纳府作为该教信徒的避难所。但是，这一信仰在被更多人接受的同时，也受到了一些人的攻击。史密斯是最早对摩门教的来历进行解释的人。他生于佛蒙特州（Vermont），后迁到纽约州。他在那儿的农场工作，寻找财富。他说，1820年他在树林里祷告的时候，突然看见“一束光照在我的头上”[4]。他说两位“圣人”出现在他的面前，告诉他其他教派“全都错了”，并敦促他走上重塑真正的基督教信仰的道路。史密斯说一位名叫莫罗尼（Moroni）的天使后来让他去纽约州西部找金片。他将金片翻译为《摩门经》（Book of Mormon），描述了基督如何来到美国，美洲原住民如何出身于以色列不为人知的部落。史密斯告诉他的追随者这就是真正的、重塑的基督教信仰。在纳府生活期间，史密斯娶了好几房妻子。一些信徒称这一做法为“神圣的决定”[5]，认为这是对早期圣经时代习俗的恢复。后来一些历史学家计算出史密斯曾娶了至少几十个妻子。[6]

由于史密斯宣称其他宗教是错误的，加上有人担心他将领导神权“独裁”[7]体制，该地区摩门教以外的信徒对他很反感。由于他号召建立新宗教秩序，引起了暴力和成群迁徙的连锁反应。他的信徒被驱逐出俄亥俄州和密苏里州。如今，他建议把纳府建成一个半独立的州。

他责骂传统的基督教信仰、伊利诺伊州当局和联邦政府，他甚至宣布他要参加美国总统竞选。史密斯在演讲方面颇有天赋，吸引了数以千计的听众，但同时也使无信仰的人心生厌恶。

暴民定期聚集在一起袭击摩门教徒。

随后一家当地报纸《纳府评论员》（Nauvoo Expositor）刊印了声讨史密斯的檄文，指控他是一名暴君和多配偶论者。报纸上这样说：“我们真心希望推翻约瑟夫·史密斯的邪恶理论，驳斥那些作出相同的令人反感的行为和乱性行为的人。”[8]形势一下子紧张起来，一系列的抱怨也指向了时任纳府市市长的史密斯。在史密斯的命令下，纳府市议会投票决定应将该报的印刷机摧毁。[9]

该镇执法官及手下将印刷《纳府评论员》报的印刷机拖到大街上，用大锤将它砸碎。

史密斯被控煽动暴乱，因而被捕。1844年的夏天，被关押在附近城镇迦太基（Carthage）的史密斯被一群袭击监狱的暴民枪杀，死时年仅38岁，距他接收他所称的上帝指令之时过去了二十载。

该教教徒开始逃离纳府，但是罗姆尼一家留下来没走，部分原因是老罗姆尼需完成他在教堂的工作。暴民动用武力逼迫摩门教徒远离该市时，教堂勉强完工。[10] 不久，破坏分子在教堂放火，老罗姆尼多年的心血毁于一旦。纳府不再是避难所了，约两万[11] 多名摩门教徒逃离了该市。曾几何时，该市的人口堪比芝加哥。罗姆尼一家实在太穷，无法跟随移居者的大部队前往摩门教领袖所言的新乐土，也就是后来的犹他州。相反，罗姆尼一家逃往爱荷华州的伯灵顿，然后前往密苏里州的圣路易斯市。[12] 他们加入了行踪不定的一群人，从一个营地迁往另一个营地，几乎没什么补给品。这些摩门教徒中有很多人病了，营养不良，需要照顾。四年之后罗姆尼一家才有了足够的钱坐上一辆牛车，踏上了西行的路程。

迈尔斯·帕克·罗姆尼踏上这段长达1300英里的艰辛旅程时，年仅七岁。旅途中道路崎岖，天寒地冻，还有可能遭到反摩门教暴民、印第安人和野兽的攻击。罗姆尼一家途经爱荷华州、内布拉斯加州和怀俄明州，沿着前人开辟的小径上的路标，如庞大的独立石（Independence Rock）和斯威特沃特河（Sweetwater River）上魔鬼门（Devil's Gate）的巨型石柱等，一路前行。最后，他们穿过回声峡谷（Echo Canyon）和移民峡谷（Emigration Canyon）向下行，便看到了大盐湖山谷（Great Salt Lake Valley）。在沃萨奇岭（Wasatch Range）参差不齐的山峰的遮蔽下，大盐湖山谷绵延数英里，一片片由溪流分隔的荒地一直延伸到面积达1700英里的大盐湖（Great Salt Lake）。在这段穿越平原、山脉、峡谷和盆地的旅程之后，罗姆尼一家在盐湖城（Salt Lake City）安顿下来。起初他们住在一辆小车上，在旅途中他们就是用的这类小车。老罗姆尼很快就凭他的工具和手艺找到了一份新差使，他开始参与修建盐湖城的新教堂。罗姆尼一家终于开始有些积蓄，过上体面的生活。[13]

盐湖城四面环山，距其他人口中心较远，看起来像是个避难所，无家可归的摩门教徒似乎可以在此安定下来兴旺发展。但是当迈尔斯步入少年时期，摩门教徒又面临了新的危机。1856年，共和党发表宣言，公开抨击一夫多妻制和奴隶制度，谴责这两项制度是“野蛮行径的一对余毒”[14]。次年，华盛顿担心摩门教徒将其教义置于对联邦政府的忠诚之上。于是，派出美国军队前往犹他州镇压摩门教徒，以确保联邦政府对该区域的控制。迈尔斯，时年14岁，仓促中也加入了战斗，但他收到的命令是留在盐湖城，而他的哥哥乔治却加入了约两千人的摩门教部队，驻守在邻近的回声峡谷。这场冲突各有输赢，僵持不下。最后，联邦军队主动撤退，有些士兵则四处逃散。[15]

人们指责的焦点主要集中在摩门教徒的一夫多妻制，亦称多婚制。在米特·罗姆尼宗教信仰中的各个方面，只有这项制度是他演讲和著作中涉及最少的——他有他的道理。在他的家族中只有他前三代的人才实行一夫多妻制，而且在美国这一制度长期以来都是非法的。他是位很专一的已婚男人，认为一夫多妻制让人难以启齿、令人讨厌。罗姆尼曾经这样说过："他们打算在沙漠中繁衍一代人，所以他（迈尔斯·帕克·罗姆尼）按照教会的指令娶了好几房妻子。但是我必须承认没有比一夫多妻制更糟糕的事了。"[16]

这是与旧的传统彻底决裂的态度，但是看看他在竞选演讲中对"其父辈的信仰"所作的描述，我们会再次发现，这种表白是那样的苍白无力。要找到问题的实质，理解米特·罗姆尼与其祖先漫长血统发生契合的关键点，需要更深入地进行研究。因为迈尔斯·帕克·罗姆尼的人生经历与教会的一夫多妻制历史，以及教会从一夫多妻制向一夫一妻制过渡的历史紧密交织在一起，这种紧密关系达到了惊人的程度。他是位值得信赖的领导者，在经受了摩门教徒早期习俗这种血腥的巨变后，勉强存活下来。

迈尔斯成长为最激烈地捍卫其信仰的摩门教徒之一，也成为罗姆尼家族中最有魅力的成员之一。[17]一位家庭成员描述他"情绪上易紧张激动"，爱"痛斥"与他持不同意见的人。脾气狂躁、个性强势的迈尔斯有着家族传统的长脸形和高额头。他精力充沛，常去舞厅跳舞或参加剧院的表演，尤其爱扮演哈姆雷特，因此让人印象深刻。

迈尔斯 18 岁时，摩门教的领袖杨百翰要求见他。杨百翰是约瑟夫·史密斯的继任者，担任教会会长。因他率领其大批追随者从纳府迁到盐湖城，而被称做摩门教的摩西。

杨百翰问迈尔斯："您结婚了吗？"

"还没有。"迈尔斯回答。

杨百翰说："你必须尽快结婚。"

迈尔斯是位听话的信徒。当时也巧，他正处在热恋之中。一位名叫汉娜·伍德·希尔（Hannah Hood Hill）的"漂亮的苏格兰少女"[18]吸引了迈尔斯的目光。她时年 19 岁，生于加拿大靠近多伦多的地方。在抵达纳府时，她才一岁，而当时迈尔斯刚刚出生。与迈尔斯暴躁的脾气相反，汉娜很少生气，让人觉得沉静而又坚定。

于是，1862 年 5 月 10 日，在摩门教徒举行仪式的盐湖城天赐堂（Endowment House），迈尔斯·帕克·罗姆尼迎娶了汉娜。她为他生养了十个孩子，她就是后来众所周知的米特·罗姆尼的曾祖母。夫妇俩结婚一个月后[19]，教会就把他俩分开了。汉娜收到这个消息的时候已经怀孕了。杨百翰早已指派迈尔斯前往英格兰去传教，这一去他将与他的新婚妻子分别三年。汉娜后来回忆道："我们的婚礼上没有表演，我们的蜜月也不够长，但我俩深深相爱，都为双方的结合而高兴。"分别时，汉娜觉得仿佛她"唯一的朋友"离开了她。迈尔斯走后，她"每天为了赚取一美元，从日出到日落整天地"[20]洗衣来养活自己。

婚礼后两个月，即1862年7月8日，亚伯拉罕·林肯总统签署了《莫里尔反重婚法》(Morrill Antibigamy Act)，旨在禁止犹他州和其他摩门教徒定居地内的一夫多妻制。但此时美国内战已开始一年，林肯真正优先考虑的是确保摩门教徒不会卷入这场内战。总统通过摩门教信使传达了以下信息："你回去告诉杨百翰，如果他不惹我，我也就不惹他。"[21]反重婚法几乎没有得到执行。此时此刻，迈尔斯正尽心尽力地在英格兰传教，鼓动皈依者前来美国，在一篇题为《迫害》的犀利文章中为他的宗教辩护。

罗姆尼写道："现在有很多人想知道我们为什么被如此轻视。""同样，还有很多人会辩称如果我们掌握了真理，我们就不会被人类的绝大多数如此轻视了。"但是罗姆尼坚守他的信仰，他写道："从人类历史的最早阶段开始，真理以及那些严格遵守真理原则的人就一直受到排斥。"[22]

1865年的10月，罗姆尼回到了犹他州，第一次见到了他两岁的女儿伊莎贝拉，然后与他的妻子重新熟络起来。在许多方面他都是位出色的养家者，他是一位布道专家，他还是位技艺娴熟的木匠，但是在拓荒方面他的实践经验却并不多。他的一个儿子日后写道：迈尔斯"从未给奶牛挤过奶，从未砍过柴或杀过一只鸡"。[23]相比之下，汉娜却正是个"既实用又机智"的人，更善于适应早期的创业生活。迈尔斯和汉娜开始在一起生活的时候只有很少家当，最特别的就是一个小炉子、一张床、三把椅子和一张桌子。迈尔斯终于买了些地，罗姆尼一家搬进了一座有两间房间的木屋。汉娜再次怀孕，然后生下第二个女儿。多年后汉娜回忆道："我们很高兴，我们有两个甜美的小女孩来保佑我们的家。"[24]

然后正是在1867年，迈尔斯和杨百翰之间又有了一次决定他命运的会面。杨百翰说道："迈尔斯兄弟，我想让你再娶个妻子。"[25]迈尔斯面临遵守美国法律还是服从耶稣基督后期圣徒教会会长指示的两难选择。他决定忠于一夫多妻制。一部家庭传记这样描述道："只因坚信多婚制《启示录》的神圣起源，迈尔斯·帕克·罗姆尼才会另娶一房。"[26]他服从了杨百翰的指示。

汉娜心慌意乱起来，在她80岁时私底下写给她家人的回忆录中她讲述了她的绝望。这本回忆录后来发表在一部不知名的《拓荒者故事选集》中。它用最感人、最直观的方式描述了一夫多妻制让摩门教女人付出的情感代价。汉娜这样写道："让他将他的时间和他的爱进行分割，我觉得我无法忍受这样的安排。……我常常在地板上走来走去，流下伤心的泪水……如果有什么事会让一个女人心痛，那就是她的丈夫又娶了一个妻子，但是我将我的信任寄托给天父，我祈祷，请求他赐予我力量来承受这一考验。"[27] 于是汉娜履行了职责：她为她丈夫的新婚妻子准备了一间房间。由于她丈夫跟很多人一样，最忠实地坚守"一夫多妻"的习俗，这样的准备就成了一种习以为常的行为。尽管她感到绝望，汉娜写道："我可以忍受一夫多妻制的教规，让我的丈夫娶多房妻子。"

因此，在汉娜产下又一个女儿伊丽莎白三个月后，迈尔斯开启了其家族的另一分支。他娶了第二位妻子，卡洛琳·兰伯恩，20岁，"非常漂亮"的苏格兰移民。杨百翰随后给了罗姆尼和他的两位妻子一项新的使命，要他们卖掉房子，然后搬到犹他州南部圣乔治市去。杨百翰选中迈尔斯的原因是他掌握了被称为罗姆尼专有技术的一整套技能：他全身心地忠于他的信仰和领袖，他是一位技能娴熟的木匠，他具备从头修建社区的经验。他自己就成为了一名领导者。新居住区位于盐湖城南面约三百英里处，是巨大沙漠中一片几乎没有树木的空地，四周是红色调的山脊。在该地区，夏天温度常常超过华氏100度。

可是在杨百翰的眼里，这是个充满美好希望的地方。他已预言"在这些火山脊之间还将修建一座带有尖塔、塔楼和尖顶的城市，它将成为众多居民的家园"。[28] 罗姆尼一家亏本售出了在盐湖城的家，搬到了圣乔治市。迈尔斯、他的几个女儿和他的两位妻子开始住在"一个小棚屋里、一间小板房里和一节车厢里"，汉娜这样写道。[29] 在圣乔治市，迈尔斯的父亲也加入进来，他成为了摩门教圣殿的建筑师和修建者。圣殿带有尖塔，用红砖砌成。老罗姆尼保留了他在英国学到的手艺，他的工作包括修建两个精美的木质螺旋楼梯。随后，父子俩帮忙修建了圣乔治市的摩门教白色大教堂，比圣殿更大，用于举行最神圣的仪式。杨百翰还雇佣罗姆尼一家帮忙为其修建在圣乔治市的冬屋。父子俩充满热情地承担了这一差事，建成了那个时代犹他州最豪华的住宅之一。[30] 这是一座用泥砖和砂岩建成的房屋，房间空间很高，房前有一个漂亮的红绿相间的门廊。

虽然迈尔斯的建筑事业很兴旺，可他在处理两个妻子的关系方面麻烦越来越多。汉娜写道：卡洛琳"很妒忌我，她想要得到我丈夫的全部关注。如果她的愿望不能得到满足，她就会兴风作浪，弄得家里不得安宁。迈尔斯是个公平的人，不会因她发脾气就作出让步"。[31] 其间，迈尔斯和卡洛琳已育有两个小孩，汉娜同意照料他们。但是卡洛琳因"多婚制带来的考验"[32] 以及生活在偏僻的圣乔治市的艰辛而深感沮丧，迈尔斯的一个儿子后来写道。她请求杨百翰准许她回到盐湖其父母身边。杨百翰同意了，迈尔斯和卡洛琳最终以离婚收场。她是迈尔斯妻子中唯一一位离他而去的人。

迈尔斯在教会的地位越来越高，他被赋予了新的责任：由于国会再次尝试执行反重婚法，他必须协助挫败国会的这一行动。许多摩门教徒害怕这一立法将剥夺他们的公民权。这一措施已经众议院通过，正由参议院审议。罗姆尼和其他四位摩门教领袖负责努力阻挠这一措施的实施。1870 年，他们共同签署了一份文书，声明“反重婚法是……排斥性法案，从未听说过共和政府中有这样的法案，通过横向比较，在最绝对的专制主义中也难以发现这种法案，它剥夺了 20 万名自由、忠诚的公民的权利，让他们负罪，只因他们的宗教信仰中有特别的教义”。[33] 这一游说活动获得了成功，该法案在参议院不了了之。

在短暂的一段时间里，因为卡洛琳的离去，迈尔斯和汉娜又重归一夫一妻制的婚姻。然后在 1871 年，汉娜生下了加斯克尔（Gaskell），也就是米特·罗姆尼的祖父。“他是个典型的好孩子，总是健康活泼、无忧无虑的样子。”汉娜写道。

加斯克尔出生后两年，迈尔斯邂逅了皮肤白皙的凯瑟琳·科塔姆（Catharine Cottam），她有一头顺滑的头发，脸上带着恬静的笑容，被描述为“圣乔治市最漂亮的女孩”。[34] 凯瑟琳的父亲是出名的家具巧匠，杨百翰家中的椅子都是他做的。凯瑟琳当时写过一封信，对迈尔斯的情况进行了粗略的介绍。她告诉她的父母她有多爱迈尔斯，让他们相信他已经有了巨大的“转变”，以及“他坚信在我的爱、我的影响和我的协助下，他将会变成一个更好的男人”。凯瑟琳和迈尔斯的后代，一位家族史学家曾写道：这一转变是指迈尔斯“喝酒的嗜好”。[35] 无论如何，自我改进的保证似乎已经奏效。1873 年 9 月 15 日，迈尔斯在盐湖城迎娶了凯瑟琳。

汉娜不得不第二次让自己坚强起来，她又得和另一个女人分享她的丈夫。由于身怀六甲已七个月，她没有参加婚礼。但她为凯瑟琳准备好了房间，她认为凯瑟琳是“一个有节操的好女孩，一个虔诚的后期圣徒”。她让人粉刷了家，涂上漆，贴上墙纸，还把一堆旧布缝成了一块地毯。她觉得她应该“尽到自己的职责”，尽管“她的心确实很痛”。一直以来汉娜都很担心这位新婚妻子是否会像离开的卡洛琳一样难以相处。凯瑟琳果然不一样。她“体谅我的感受，对孩子们也好”，于是两位妻子在余生中一直相处得很好。可是在同一屋檐下接受另一位妻子依然困难。当迈尔斯感谢汉娜欢迎凯瑟琳进门时，这番话只带走了她的部分绝望。“很多夜晚我都是哭着入睡。”她写道。

在一段短暂的时间里，迈尔斯和他的妻子汉娜和凯瑟琳生活在一起，他习惯了这样的平淡生活。他继续和父亲一起参与和教会有关的建筑工程。然而悲剧再次发生。在1877年5月3日凌晨5点30分，70岁高龄的老罗姆尼正在圣乔治市圣殿的高窗上工作，骤然跌落到地面。在离开英格兰36年后，罗姆尼家族的族长过世了。《德瑟雷特新闻》（Deseret News）歌颂他为“上帝最杰出的作品之一，一位可靠的男人”。[36] 如今留下与他同姓的人迈尔斯·帕克作为家族领袖继续他的未竟事业。

四个月后，迈尔斯觉得是时候再娶一房了，他选择了安妮·玛丽亚·伍德伯里(Annie Maria Woodbury)，她是一位教师。于是他和三位妻子生活在一起，满心以为他们将一直在圣乔治市住下去。当时圣乔治市的人口已达1800余人。然而教会发布了新的号召。在盐湖城的教会领袖已拟订计划，打算在整个美国西部建设摩门教社区，呈弧线形分布。1881年，迈尔斯受命举家迁往亚利桑那州圣约翰斯（St. Johns）小镇。在那里，摩门教最初一批移居者与当地墨西哥人、印第安人和非摩门教移民之间相处困难，迈尔斯受命协助调停。罗姆尼一家被要求离开目前的家，前往约四百英里以外的地方，穿过荒野去往只有少数定居者的领地。汉娜就这一远行提出了一个条件：只有带上他们珍爱的风琴她才肯走，因为罗姆尼的孩子们正在学弹风琴。“我说我就得带上它，如果我必须走的话，”汉娜写道，“所以我们就把它带上了。”[37]

罗姆尼一家乘着马车向东南方向前行，马车队在崎岖不平的小路上行驶，围绕大峡谷（Grand Canyon）的北缘环行。由于大峡谷，他们不得不绕行两百英里，直到格兰峡谷（Glen Canyon）的渡口处出现了一个大豁口。这一路，他们穿越群山，在红崖（Vermilion Cliffs）下穿行。之后，罗姆尼一家按每辆马车两美元的价格向摆渡看管人付费渡过了科罗拉多河。马和车都由渡船运过河之后，罗姆尼一家站在了一片三角形红岩的峭壁下。在河的上方，峭壁消失，取而代之的是称为“李的脊梁”（Lee’s Backbone）的岩石层，它像一条通天的云梯，朝着远处依稀可见的高原延伸。凯瑟琳写道：“从这儿你可以看到在你脚下几百英尺之处，科罗拉多河在由坚固岩石构成的陡峭两岸间蜿蜒流淌，两岸没有一棵树，也没有任何植被。”[38]

在经过约四百英里的旅程之后，罗姆尼一家终于抵达亚利桑那州的圣约翰斯。这里是西部荒原（Wild West）各民族的汇聚点，既有随身携带枪支的移居农民，又有美洲原住民和墨西哥人，他们中的许多人都看不起摩门教徒。这些人各种抱怨，不仅针对新来者的宗教习俗，还质疑他们是否支付了其土地所有权的费用。罗姆尼一家搬进了一个小木屋、多间帐篷和一个车厢里，靠面包、豆类和肉汁维生。汉娜写道："整个家噪音不断、混乱不堪，我常常觉得我都要疯了，但实际上我依然保持理智。"她怀了一对双胞胎但却流产了。随着冬天的来临，群山将他们封锁在内。汉娜写道：这是一个"艰苦、寒冷的乡村"。[39]

罗姆尼一家终于找到了更舒适的居所，搬进了一座两层楼的农舍。农舍有一个陡峭的坡屋顶，屋中央还有楼梯。[40] 可是他们不断遭到骚扰。1882 年颁布了新的反重婚法，它比先前的更为强硬，而且各联邦执法官均接到命令必须强制执行，而先前的反重婚法几乎没有得到实施。

执法官扫荡了摩门教徒密集的区域，而罗姆尼一家很快就成为了目标。一家当地报纸《阿帕奇酋长》(Apache Chief) 在 1884 年怂恿镇民用"猎枪和绳索"驱逐摩门教移居者。那时，迈尔斯与摩门教在该区域的权威人物大卫·尤德尔（David Udall）主教合作密切。"绞死几个一夫多妻论的领袖人物，比如尤德尔和罗姆尼等……这件事就会结束了。"[41] 该报这样评论道。该报的主编乔治·麦卡特（George A. McCarter）恶意地攻击罗姆尼，描述他"脸上疙里疙瘩，满是脓疮；像一只长着狒狒脸庞的黄鼠狼，有着虱子般的德行，秃鹰般的口气，作过伪证还经常喝醉"。[42] 这一长串指控充斥着西部荒原常见的在酒吧谩骂的风格。此外，尽管迈尔斯早在七年前就承诺改掉喝酒的嗜好，可是他并未成功。[43]

罗姆尼在一家他主编的名为《猎户时代》(Orion Era) 的报纸上为摩门教徒辩护。这份报纸有大约五百名订户。可是根据尤德尔的家族史，罗姆尼的这一行为却进一步地激怒了镇民，他们发泄"憎恨到罗姆尼身上"[44]。当地机构企图以重婚罪将罗姆尼收监时，紧张局势进一步升级。这种威胁是真实的。当时，迈尔斯的哥哥乔治，曾任盐湖城市议会议员，根据反重婚法被捕入狱六个月。其他摩门教领袖也被捕了，被送去监禁在教会某些成员称之为"美国的西伯利亚"[45] 的地方——密歇根州的底特律。

为了避免因重婚指控而被定罪，罗姆尼将他三位妻子中的两位——凯瑟琳和安妮藏了起来。起初她们白天藏在玉米田里，晚上待在一些邻居家中。后来，她们藏到了新墨西哥州的山中。由于"因为证据不足"，罗姆尼规避了重婚罪的指控，他的儿子托马斯后来写道。假如迈尔斯被定罪，他将会被送往底特律专门关押重婚者的监狱，将被禁止"在关押期间的任何时候除耳语外的大声说话"。[46]

但是当局又提出了新的指控，宣称罗姆尼在土地所有权方面撒了谎。一个晚上，执法官在后半夜来到迈尔斯的家，要求交出迈尔斯。“执法官一手拿着枪，一手拿着手铐。”汉娜写道，“我告诉他罗姆尼先生不在家。他说迈尔斯最好自动现身，省得国家花钱，还给自己找更多的麻烦。”[47] 罗姆尼早已乘马车逃跑了。他藏在被单下以免执法官拦住随行人员。当迈尔斯寻求安全的新避难所时，教会领袖提出了一个解决办法。他们让迈尔斯去墨西哥修建摩门教徒聚居区，在那儿一夫多妻制将得到允许。迈尔斯同意了这一计划。由于执法官的追捕，迈尔斯决定只带其中一位妻子安妮走最为安全。“他乔装打扮得很彻底，甚至家中的成员都认不出他来。”[48] 他留下汉娜、凯瑟琳和他们的孩子，希望几个月后他们能重新团圆。

米特·罗姆尼在他的自传《逆转》中引述了他曾祖父这一戏剧性的旅程故事，但却略去了大部分细节，没有提到迈尔斯的多房妻子或他穿过边境为多妻者创建避难所的艰险任务。相反，他含糊地写道：“最后迈尔斯受命在墨西哥北部安顿下来。”[49]

乘火车和马车之后，迈尔斯抵达了墨西哥山脉中一片可俯瞰四周、风景美丽的高地，这里距美国边境向南约九十英里。在皮德拉斯·弗迪斯河（Piedras Verdes River）的两岸，一座山谷延伸数英里，豆科灌木和仙人掌　类的植物遍布平原，一丛丛矮栎为河岸遮阴。谷底海拔五千英尺，气候足够凉爽，适合桃树和苹果树的生长。在褐色山丘之外，马德雷山脉（Sierra Madre）高耸入云，布满松树的群峰掩蔽了山谷，堵截了冬雪，为灌溉提供了足够的水源。太阳照到山顶时，沙漠草地披上一抹金色，在风中飘扬，看起来像草做的套索。这里将成为华雷斯（Juárez）摩门教徒的聚居区：华雷斯聚居区（Colonia Juárez）。[50]

迈尔斯没什么准备就要开始新的生活。他一贫如洗还要供养一个庞大的家庭，他先是住在车厢里，然后又住进一个简陋的棚屋。1885 年 12 月 27 日，在帮助建立聚居区后不久，迈尔斯对他的困境感到绝望了。他担心美国执法官会来墨西哥抓捕他。他不清楚他的妻子汉娜和凯瑟琳的命运如何。他在给一位家庭成员的信中写道：“有时候我想现在的我对于我的家庭和朋友来说，不过是一种伤害。”“我借了朋友的钱，我的家人得不到我的赡养，我的前途一片黯淡，就像坠入了无底深渊。”[51] 此时此刻，汉娜仍试图从亚利桑那州逃走。[52] 拖着八个孩子，又担心遭到印第安人的袭击，她肩负着一项危险的任务。她们途经亚利桑那州山脉，穿越了亚利桑那州纽特里奥索（Nutrioso）的暴风雪（罗姆尼一家曾在纽特里奥索建过好几个家），赶着马车队穿过了新墨西哥州的北部群山。

几个月后，汉娜终于抵达了墨西哥。她发现迈尔斯住在一座临时搭成的泥顶木房子里。汉娜写道："一下雨，屋里就漏泥水。我们用两个箱子拼成一张桌子，把一些圆木锯成椅子，屋里的地面是泥土地。这是个非常简陋的家，与我以前住惯的完全不同，但是我很感激有这样一个家，让我和我亲爱的孩子们可以和他们的父亲住在一起，我们可以平静地生活，再没有执法官来骚扰我们或将我们再分开来。"[53] 随后，在罗姆尼来墨西哥后一年多，凯瑟琳与他们团聚了。迈尔斯、他的三位妻子和孩子们像过节般地庆祝了这次大团圆。凯瑟琳在给她父母亲的信中写道："我们一共有 21 个人，举行了非常棒的晚餐。我觉得我有一个最好、最善良的丈夫。"[54]

同时，在很大程度上由于加斯克尔的参与，这个小镇也开始初具规模。加斯克尔后来成为米特·罗姆尼的祖父，在米特·罗姆尼家中墙上的肖像中列在第三位。[55] 虽然出身于满是高个子英俊男人的家族，加斯克尔却只有五英尺五英寸（一米六五）高。但他有着移居者常见的粗糙脸孔，目光锐利，在亚利桑那州和墨西哥经历多年日晒后面色像鞣革一样黝黑。15 岁的加斯克尔已参与修建了用于灌溉农田的水渠，后来在家族农场的修建中发挥了关键作用。农场位于群山之中，可俯瞰华雷斯聚居区，被称为克里夫农场（Cliff Ranch）。

到 1890 年，聚居区已相当繁荣。罗姆尼一家建成了许多漂亮的小镇砖房，还为一条铁路修建了多个火车站，为移居者销售农产品提供了更多机会。然而罗姆尼一家的世界再次坍塌。远在犹他州，曾怂恿迈尔斯冒着极大的个人风险为一夫多妻制创建避难所的摩门教领袖中的一些人如今改变观点，开始反对这一习俗。1890 年 9 月 24 日，教会会长维尔福特·伍德拉夫（Wilford Woodruff）在美国政府的施压下，发布了宣言："本人兹宣告本人建议后期圣徒避免缔结国家法律所禁止的婚姻形式。"[56] 这篇宣言言辞谨慎，或许给了罗姆尼一家些许安慰。他们或许以为伍德拉夫所指的是美国法律，而非墨西哥的法律。他们比以前更孤立地延续了一夫多妻的习俗。1897 年，宣言发布后第七年，53 岁的迈尔斯娶了名叫艾米丽·汉丽埃塔·艾林·斯诺（Emily Henrietta Eyring Snow）的有钱寡妇。家族传记描述道："四位妻子的儿女们相处和睦"，"所有人都说有 30 个孩子"。[57]

渐渐地，责任转交给了勤劳坚毅的加斯克尔。家庭传记这样描写道：他成了父亲的"顶梁柱"。但是他十几岁时的一天，他向父亲宣布他要离开家去盐湖城上学。"行啊，见鬼去吧，像你哥哥那样。"[58] 迈尔斯说道，借指另一个接受教会任务远去法国的儿子，他回来时带了一身"怪习气"。加斯克尔还是走了。1895 年，在盐湖城学成之后，他回到了墨西哥，娶了安娜·阿米莉亚·普拉特（Anna Amelia Pratt），也就是米特·罗姆尼的祖母。安娜的家族是摩门教最重要的家族之一。她的祖父帕雷·普拉特（Parley Pratt）有12位妻子，曾被摩门教的创始人约瑟夫·史密斯选为早期使徒之一。[59]

到20世纪之交，罗姆尼一家苦尽甘来，迎来了在墨西哥的富裕生活。汉娜写道：在那段“美好的时光”里，家族“积累了大量财富”[60]。罗姆尼一家拥有很多牲畜和鸡仔，耕种了大片田地，在靠近最初聚居地的小镇里建成了好几座坚固的房子。孩子们去新修的红砖砌成的学校上学，参加棒球队，有时还向东北方向旅行150英里去往得克萨斯州的艾尔帕索（El Paso）打球。[61]

1904年3月初的一天，60岁的迈尔斯向他的农场望去，赞叹它是多么的美丽。当晚，他读报纸时，将汉娜叫了过来，又要求将他所有的妻子、孩子和孙辈召集在一起。汉娜握住他的手片刻，然后他“咽下了最后一口气”，多年后她回忆道。[62] 迈尔斯的一生跨度很大，他出生时，纳府正演绎着教会的传奇，他经历了沿摩门教信徒开辟的小径前往犹他州的大迁移，为了维护一夫多妻制他穿越边境到达墨西哥，当教会寻求更广泛的社会接纳时他又步入了更为现代的时代。

如今领导家庭的重担更进一步地转移到了加斯克尔的身上。正如他所钦佩的父亲那样，加斯克尔代表了教会的新气象，而且他和他妻子在婚姻中只忠于彼此。在迈尔斯打下的基础上，加斯克尔经营着一个养牛场和一家制门厂，积聚了大片土地和生意，变得“非常富裕”。他的财富让他得以修了一座两层楼的红砖房，在他的社区被认为是最漂亮的房屋之一。[63] 就是在这座房里，1907年，加斯克尔的妻子安娜产下了乔治·维尔根·罗姆尼（George Wilcken Romney）[64]。乔治继续展现着家族的许多显著特征：勤劳、聪明，不知疲倦地努力工作，但同时他又像迈尔斯一样脾气暴躁、为人强势、直言不讳。乔治比他身材矮小的父亲高出一大截，他高挑的身形遗传给了他的儿子——米特·罗姆尼。五年来，乔治·罗姆尼在墨西哥过着田园般的生活。他富裕的家族，他稳定而牢固的家庭，与迈尔斯所经历的流浪和贫困形成了鲜明的对比。但是，好景不长，幸运再次从他们身边溜走。

加斯克尔清楚当地墨西哥人一直在谈论着闹革命。国内的各个派系打来打去，而摩门教聚居区试图保持中立。曾有那么一刻，小乔治坐在家中的门廊上时听到了枪炮声。[65] 1912年7月，罗姆尼一家得知数百名革命分子就在附近。叛乱者无视摩门教徒保持中立的坚决主张，他们要求罗姆尼一家交出枪支和马匹。加斯克尔的同父异母兄弟尤尼乌斯（Junius）宣布他“宁死也不会命令我们的人缴械”。[66] 由于叛乱者明显在人数上占了上风，罗姆尼一家，包括五岁的乔治，将财物打包，加入了其他摩门教徒在附近火车站的队伍，在等候了数小时之后，搭乘一辆满载的火车去往得克萨斯州的艾尔帕索。三天之内，4000 名摩门教徒中有 2300 人撤离。[67]

在迈尔斯逃脱美国政府的暗探追捕在墨西哥避难后的第 27 年，罗姆尼一家回到了美国。几天之间，加斯克尔一家从拥有一座墨西哥大农场骤然变得几乎赤贫。乔治后来评价道，他的家族属于“20 世纪首批流离失所的人群”。[68] 对于这场突如其来的流亡，乔治的心里永远充满苦涩。“我五岁的时候被踢出了墨西哥，就因为墨西哥人嫉妒我们的人……变得富裕起来。”[69] 多年后乔治如是说。他还指出：“墨西哥人认为如果他们能从摩门教移居者手上拿走这片区域，它将成为天堂。这样做当然是不行的。”

对罗姆尼一家而言幸运的是，曾因一夫多妻制而将迈尔斯逐往墨西哥的美国政府如今欢迎罗姆尼一家和其他摩门教徒回到美国。国会设立了 10 万美元的救济金，帮助罗姆尼一家和其他摩门教流亡者获取食物和住所。起初，罗姆尼一家只打算在美国土地上稍作停留。《艾尔帕索先驱报》(El Paso Herald) 于 1912 年 10 月 25 日报道加斯克尔·罗姆尼和他的家属，包括小乔治，已去了洛杉矶“准备等局势安稳后就举家回到在墨西哥的聚居地”。[70] 可是加斯克尔一家再也没有回到聚居地居住，他们只是在多年后进行了一次怀旧之旅。[71] 要是他们真的一去不返了，米特·罗姆尼就可能永远不会有机会竞选总统。

罗姆尼一家不停地搬家，从加利福尼亚州到爱达荷州再到犹他州，他们要重建他们的生活。加斯克尔再次变富，在盐湖城修建了几座最好的房屋，并成为教会最富裕分区的主教，监管着约五百名成员。但是根据家族传记，在大萧条期间，他“失去了所有财富甚至亏得更多”。罗姆尼一家离开三层楼的豪宅，搬进了一间租来的平房。关于加斯克尔，乔治写道：“即便爸爸被赶出墨西哥时身无分文……他都没让我感到贫困。”“他从未申请过破产，尽管好几次他都可以这样做。”[72]

加斯克尔重新打下经济基础，而帮助的来源让人意想不到——墨西哥。就其失去的家庭财产，他从未放弃从墨西哥政府获得经济赔偿的努力。1938 年，罗姆尼一家被迫离开墨西哥后的第 26 年，加斯克尔·罗姆尼和墨西哥合众国的官司在盐湖城作出裁决。加斯克尔请求了 26753 美元的赔偿金。[73] 法庭记录显示，他获赔 9163 美元。在大萧条后的那些年这是笔相当可观的财富了。记录表明加斯克尔打算将一半赔偿金给他的儿子乔治，把家族在美国的经济底子再打得厚一点。

从1841年迈尔斯·阿奇博尔德·罗姆尼开始笃信摩门教真理并扬帆远航美洲以来，罗姆尼一家已经历了翻天覆地的变化。他的儿子迈尔斯·帕克把他的一生都献给了他的信仰、他的家庭和宗教救赎，在墨西哥了却余生，但他却以一种迂回的方式，使得他们家随后的几代人有机会追逐他们的美国梦。他做梦也想不到他的孙子日后会成为密歇根州州长，参与竞选总统，更想不到他的曾孙日后会成为马萨诸塞州的州长，现在也参与总统竞选。但是家族的血统一直传承下来：不仅仅是瘦削的外形特征，也不仅仅是对摩门教信仰的忠诚，还包括在家族先辈们逃亡、遭受迫害后重建家园的家族史中凝聚而成的世界观。罗姆尼家族经历了从赤贫到巨富的几轮循环，但他们可能会说这么多年以来，他们的共同点一目了然，即他们都是建造者，从木匠到政客，每个儿子都竭力完成父亲的未竟事业。

如今，罗姆尼家族还有约四十人留在华雷斯聚居区，他们中的很多人住在其祖先修建的砖房里，在摩门教会资助的华雷斯学院上学。他们是一些家族成员的后代。罗姆尼家族中有部分人在革命期间逃到得克萨斯州，后来的确又回归了墨西哥。迈尔斯·帕克·罗姆尼多年前第一次看到的山脉依然耸立在那里，在它们的荫蔽之下，小学生们蹦蹦跳跳地穿过走廊和一个足球场。小山顶上伫立着一座摩门教堂，教堂顶上镶有镀金的莫罗尼天使形象，到了晚上灯光闪耀。

这么多人中有一位叫做迈克·罗姆尼（Mike Romney）的，他的一生与米特·罗姆尼的一生有着惊人的相似点。他们都是迈尔斯·帕克·罗姆尼和汉娜·罗姆尼的曾孙。他们的祖父是兄弟。米特年长迈克一岁。迈克·罗姆尼如今居住在墨西哥，是一所知名学校的管理人员，而米特·罗姆尼居住在美国，两次参选总统。这似乎仅仅是命运的捉弄。迈克尊重家族史，他特别自豪的是他找回并修复了陈旧的风琴，当年罗姆尼举家穿越美国西南部前往墨西哥时汉娜坚持要带上它。

迈克一直关注着米特·罗姆尼的事业，认为米特将成为伟大的总统。但是截止到2011年上半年，他还从未与他的堂兄见过面或说过话，他只能希望米特以家族非同寻常的历史为荣，尤其以早期的先祖为荣。“迈尔斯·帕克从各个方面来讲都是一位先驱。他对美国的发展做出过贡献，对墨西哥的发展也做出过贡献。他忠于教会、忠于上帝、诚实守信。他是个好人，我不知道还有什么可要求的。”[74]

在贝尔蒙特米特家中墙上挂着的第四幅和第五幅肖像当然是乔治和他的宝贝儿子米特。米特·罗姆尼很少谈论其家族先辈的细节，但当他详细论述他的信仰时，他毫不否认家族传统的重要性，即便他一直强调如果他当选总统，他绝不会让教会领袖影响到他。他拒绝了一些人提出的让他与他的宗教保持一定距离的建议。

他的信仰随着时间的流逝，在逐年加深。在米特离开布卢姆菲尔德·希尔斯与世隔绝的世界，离开安，前去上大学时，他仍然在思索这样一个问题：作为一名摩门教徒他是怎样被排斥在美国主流生活之外的。与许多摩门教徒不同的是，他没有本能地去往犹他州的杨百翰大学或其他与摩门教有关的学院。他觉得他有许多东西需要去探索、去发现，于是他进了位于加利福尼亚州的斯坦福大学，离旧金山的反主流文化避难所不远。米特开始了新的旅程，他的信仰和从小生活的环境带给他的思维方式会在新的征程中接受新的考验。

远离纷争

当时我并未打算参军，我不想去越南打仗。

——米特·罗姆尼在谈到自己的大学生活时如是说

1965年秋，米特·罗姆尼搬到了斯坦福大学的一栋充满教会复兴风格的新生公寓的三楼。在这所因占地辽阔而被戏称为“农场”（The Farm）的大学校园里，一切看上去都是那么的安详宁静——道路两旁排列着高大的棕榈树；带红瓦屋顶的砂岩建筑密集又不失整齐地簇拥着足有285英尺高的胡佛塔（Hoover Tower）[1]——此塔是以从斯坦福大学毕业的美国前总统胡佛的名字命名，塔顶有48个排钟。当时该大学已经开始大量吸收美国东部权势集团（the eastern establishment，指美国东北海岸上层阶级家族所控制的支配美国政治、经济和社会生活的机构网，由位于美国东北部各工业大州的重要城市如纽约、芝加哥、波士顿、费城等一系列财团组成，其中以洛克菲勒财团为首。——译者注）的子女入学，形成了加利福尼亚州庞大的学生人群。米特正是其中一员，他身穿运动夹克衫，系着领带，看起来很得体。他的个子已经长高了不少，脸上的轮廓更加突出，看上去更加英俊潇洒。他正值青春年少、意气风发的时候，对未来充满了无限的期待。

然而，最初的宁静只是一种假象。新生们刚开始的大学生活就如同封闭在一个与世隔绝的气泡里，但这样的日子没有持续多久。“校园生活过于脱离现实社会，”罗姆尼的大学室友韦恩·布雷兹（Wayne Brazil）说道，“但随着时间的流逝，气泡里的气就开始一天一天地往外漏。”[2]住在公寓一楼的一位名叫大卫·哈里斯（David Harris）的住校导师开始愤慨地对美国在越南的战事升级发表不满观点并组织抗议活动。学生们跑到哈里斯的房间里或去他的讲座上听他大肆指责美国政策的种种问题。躁动不满的情绪开始在人群中酝酿。

与此相比，米特在林科纳达公寓（Rinconada）三楼的房间仿佛一个世外桃源——至少刚开始是的。他在书桌上放了一张父亲的相片，挂起驼绒大衣，把书堆码在书架上。他的室友马克·马奎斯（Mark Marquess）[3] 是个典型的美国人。马克出身自邻近的斯托克顿市的一个中产阶级下层家庭，是家里的第一位大学生，以当时最优秀的运动员之一的身份进入了斯坦福大学，既是橄榄球队的四分卫——在海斯曼杯（Heisman Trophy，美国大学橄榄球联盟最高奖项。从 1935 年开始，每年美国体育记者从美国大学橄榄球队中投票评选出最优秀的队员并授予其海斯曼杯。——译者注）得主吉姆·普朗科特（Jim Plunkett）出现前——也是棒球队的一垒手和外场手。马奎斯是一个非常传统的天主教徒，他很快便了解到米特有个叫安的女朋友，还知道米特是个摩门教徒——不过马奎斯对此教一无所知。米特和马克，一个是州长的儿子，一个是四分卫，虽然走的路不同，但在大学里都是响当当的人物。

米特虽然不是运动员，却一心想要融入马奎斯的世界。据马奎斯回忆，米特总是忙于各种组织活动，其中最为慎重的一次便是在“斯坦福斧委员会”（Axe–Com 或 Axe Committee）里负责保护一项宝贵的校园传统。在斯坦福大学与加州大学伯克利分校之间的橄榄球比赛开始的前一周，篝火用的材料要集中堆放在学校里的一个干涸的湖床上。这是一项庞大的工作，木材像电线杆似的堆码在一起，准备在大赛开始前点燃。可是，加利福尼亚州的学生们还有这样的一项传统：在比赛开始之前数日便想方设法偷偷溜进来点燃篝火并且盗取要在仪式上用的斧头——装在饰板上的一把红色宽刃刀，比赛胜出者便可得此斧；罗姆尼所在的委员会的名字便来源于此。马奎斯负责训练球队参赛，而保护篝火场地和斧头的任务则落在了米特头上。于是，米特开始日夜在校园里巡视。

当米特听说伯克利大学里准备举行一次集会时，他觉得盗取斧头这件事肯定会被对方提出来讨论，于是决定乔装前往探听虚实。他一改穿大衣、打领带的装束，穿得像个反战示威者，希望能借此悄然混进伯克利的人群里。[4] 他穿着一条褪色的李维斯牛仔裤、一件厚重的羊毛工装夹克衫加一双旧的印第安软皮鞋，就这样悄悄混入了对方学校。他的一位同窗回忆说，罗姆尼当时是借了大卫·哈里斯的衣服，不过哈里斯自己却想不起来是否有借出全套衣服这件事。这两人当时关注的世界各不相同：哈里斯投身于反战运动，认为自己的使命便是阻止美国陷入战争泥沼；而罗姆尼则致力于一项校园传统，提防斧头被盗。不过，对当时的罗姆尼而言，这项任务同样重要。[5]

“现在看来有点蠢，”一位同窗迈克·罗伊克（Mike Roake）说，他当晚曾陪去伯克利大学的罗姆尼走过一段。“不过，在那样单纯而美好的青春岁月里，这件事在我们眼中就像神圣使命一样重要。”[6]

罗姆尼的奉献精神给马奎斯留下了深刻印象。马奎斯回忆说：“我想那傻瓜（当然，这里的‘傻瓜’只是戏称）足足有四天都没有睡觉。”篝火和斧头都保住了，这给众人留下了深刻印象。“不管米特加入哪一个社团或委员会，他都会成为其中的领军人物。”[7]

罗姆尼和马奎斯像其他的斯坦福新生一样学习，常常谈论女孩子，不过米特明确表示自己不会与安以外的任何女孩子约会。两人一起参加各种聚会。马奎斯总是很快就厌倦了聚会，但他发现，虽然米特从不吸烟喝酒，却喜欢跟同学们谈论当下时事，所以往往一待就是好几个钟头。训练或比赛回来的马奎斯常常累得精疲力尽，而米特却会离开房间到公寓前厅去与人继续聊上更长时间。“他是个保守的人，同时又乐于表达自己。”[8] 同窗詹姆斯·巴克斯特(James Baxter)评论道。米特也会到很远的地方参加教会活动。经过一年时间，室友们慢慢熟悉了彼此，关系变得亲密起来。“他从不在任何事情上摆架子或装腔作势，”马奎斯说，“这就是我喜欢他的地方。”[9] 有几次，马奎斯与罗姆尼开车回距离学校 90 英里的斯托克顿的老家。每次两个男孩子一到家，马奎斯的母亲就会为他们精心烹饪美味菜肴。两人一起去当地体育馆打篮球，晚上就住在家里。马奎斯家有三间卧室，装饰朴素。米特是在布卢姆菲尔德·希尔斯长大的，这里的生活与他老家的生活截然不同，但他似乎很乐意融入这样的平凡生活。

回到公寓后，罗姆尼发现公寓里很多男生的父亲也在共和党内任要职，他开始跟他们亲近起来。阿兰·阿尔伯特（Alan Abbott）来自得克萨斯州的艾尔帕索县，其父亲是该县的共和党主席，因为这个特殊身份，他在数月前还曾去火车站迎接过罗纳德·里根（Ronald Reagan)。在学期开始的第一天，阿兰无意中走到了罗姆尼的房间，发现里面围满了学生。他看到米特书桌上放了一张乔治·罗姆尼的相片，于是告诉众人这位密歇根州州长是自己的偶像，结果所有人哈哈大笑，笑他还不知道眼前这个房间里住的就是乔治的儿子。就这样，米特和阿尔伯特从第一次见面起便成了莫逆之交。

与米特同住一层楼的还有小罗伯特·马迪安（Robert Mardian, Jr.)。小罗伯特的父亲曾为 1964 年竞选总统的巴里·戈德华特（Barry Goldwater）主持在西部四州的竞选活动，虽然乔治·罗姆尼在提名时没有支持戈德华特，不过，两家的儿子还是成了亲密的朋友[10]。他们一起参加橄榄球比赛，还常常彼此搞些恶作剧。马迪安老爱在罗姆尼是如何进的斯坦福这件事上开玩笑，说罗姆尼在预科学校时本来有几科成绩并不出色，之所以能进斯坦福，是因为他父亲乔治当时是美国汽车公司的董事长，这是以汽车换来的入学名额。马迪安也曾在其他场合说过："就算在人前我也会说：'这小子不是个合格的学生，我都厌烦替他写论文了。'[11]"当然，这都只是开玩笑，罗姆尼自己也乐在其中。"他总是以玩笑的心态面对我的调侃，"马迪安说，"这点我记忆犹新。他是个有趣的家伙。"当这两人真正严肃认真地交谈时，所谈论的话题都是共和党政策以及两人都不喜欢的激进主义。

随着大学第一年时光的过去，学校里开始分成不同的政治阵营，各阵营之间的分界线愈发清晰。罗姆尼及其周围的共和党人代表了斯坦福大学里传统保守的一方。但大卫·哈里斯的反正统言论也得到了很大的追捧，吸引了越来越多的追随者；他向追随者们痛斥在美国南方的种族冲突以及令美国越陷越深的越南战争。斯坦福这座"象牙塔"里的纯净空气在开始一点一点地往外泄漏。

激进主义在反政府的言论自由运动的推动下开始在邻近的伯克利大学蔓延。旧金山的嬉皮区则被穿着充满乡土气息的裙子和花里胡哨的衣服并且推崇自由性爱的嬉皮士们视为圣地。但对于传统守旧的斯坦福大学来说，激进主义是一种令人不安的新事物。当罗姆尼上完一年级新生必修的英文和西方文明课程回来时，发现路上到处都能闻到大麻的气味，每扇窗户里都传出震耳欲聋的迷幻摇滚乐。一些学生组织了献血点，号召人们为北越共产主义（North Vietnamese Communist）战士献血。甚至还有人在室外搞"兴奋剂实验"（acid test）——这个名字来源于在《飞越布谷鸟巢》的作者肯·克西[12]（Ken Kesey，他是本地人，曾在斯坦福大学的创意写作班里进修过）的推动下流行一时的集会。"整个旧金山湾区（Bay area）都涌现出了这种文化思潮[13]，"哈里斯说，"对于像罗姆尼这样出身背景的一个人来说，我想，当时学校里肯定有些东西令他感觉不安。"

到了橄榄球赛季开始时，斯坦福大学彻底分裂成了"传统"与"革命"两大阵营。对于依循严格的摩门教生活方式长大，后来又在克瑞布鲁克学校过着封闭生活的米特来说，眼前的这个世界越来越挑战他的认知。数月之前，他曾回过位于密歇根州的老家，约安去看电影《音乐之声》(The Sound of Music)。而如今，"感恩而死"乐队（Grateful Dead）却红遍了他此刻所在之地。一个秋日，在一条两旁栽有棕榈树的宽阔大道上，一队抗议示威者举着标语走来，上面写着：越南——事关良心。其中很多人穿着外套大衣、系着领带，或者穿着宽松衬衫和裙子。其中有个身形矮小的老太太举着一面几乎比她人还高的标牌，上面画有一只大手抓着象征和平的标志，还写着“和平[14]”。一个年轻男子举着的标牌上则写着：法国佬杀了 100 万人，我们还要杀多少人？抗议示威活动仿佛滚雪球一般愈演愈烈。至少 6000 人在伯克利与奥克兰之间游行示威，参与其中的斯坦福学生人数上百。一到晚上，哈里斯与其他抗议示威者们就在公寓房间里聚会，吸大麻、听琼·贝兹[15]（Joan Baez）的歌——哈里斯后来与这位反战女歌手结了婚。

抗议示威活动影响了整个美国，对罗姆尼家族也不例外。在斯坦福爆发反战示威游行三周后，米特的父亲乔治前往越南想亲自了解那里的真实情况。美军的将军们对这位密歇根州州长一再保证，说这场战事最终一定会对美国有益；听了这样的话，州长安下心来。“越南之事与我国建国之初衷如出一辙[16]，”乔治在与将军们会面后这样说道，“为保持独立自由起见，越南需要美国。”但在斯坦福的那些抗议示威者们口中所说的却与此截然相反——乔治很快便会知道。从越南回来后，乔治于 1965 年 11 月 12 日在旧金山的一家希尔顿酒店停留了一晚。[17]据米特的两位同窗回忆，短暂停留的乔治还到斯坦福大学探望了米特。州长的到来令整个学校沸腾了，他还与米特公寓里的一些朋友共进晚餐。据米特的同窗皮特·达芬波特（Peter Davenport）回忆，老罗姆尼与米特和一帮学生在公寓里共进晚餐。“他聊起了越南之行，”达芬波特说，“现场气氛相当压抑。”[18]

除了国家大事，身为父亲的乔治还关心着另一件事——他为儿子的私生活感到担忧。米特常常在周末偷偷乘飞机回老家见年仅 16 岁的女朋友安；甚至有一次还从加利福尼亚州一路不停地开车到密歇根州，浑身是汗地出现在安的家门口，然后连衣服也不脱就直接跳进她家的泳池里。米特仿佛在从事什么秘密军事行动一般，专挑父母留在密歇根州州府兰辛市处理州长公务的时候返回布卢姆菲尔德·希尔斯。“他不想让父母知道，”多年后安回忆道，“他们完全不知道他周末回家的事。”不过有一次，米特和安去参加一个聚会，去了之后却吃惊地看到米特的父母也在那里。“一看到他们，我们掉头就跑。”[19]安说。

但这件事最终还是被乔治知道了，他很担心儿子会因为频于奔波而影响了学业。米特的哥哥斯科特本来已在斯坦福大学读了一年，就是因为学习跟不上而不得不转去了密歇根州。[20]乔治不想同样的事情在米特身上重演。所以，趁着这次去斯坦福看儿子，乔治就找到了米特的朋友阿兰·阿尔伯特，问他：“你能不能帮我留意这小子的举动？”看到自己的共和党偶像向自己请求帮忙，阿尔伯特激动不已，他一口就答应了。于是，乔治就把自己对米特的担忧告诉了阿尔伯特。“他说很担心米特周末回密歇根州会浪费时间。”阿尔伯特回忆道。乔治打算“削减”米特的经济来源，希望借此让儿子多花点儿时间在学习上。[21] 但完全被爱情迷住了的米特并未放弃，他冒出了一个大胆的念头，决定瞒过父亲。他对朋友们说自己要举行一次拍卖，他的几乎所有的衣服都要拿出来卖。阿尔伯特到米特的房间一看，吓了一跳，发现米特居然连他最宝贝的驼绒大衣都要割舍。“他用卖衣服的钱买了张机票去看安。”阿尔伯特回忆道。就在斯坦福的大多数男学生们都忙着不停地换约会对象时，罗姆尼却对远在老家的女朋友一往情深，这给大家留下了难以磨灭的印象。

米特的朋友们还注意到了另一件事——米特与其父亲的关系，尽管在米特周末回家这件事上两人间稍有摩擦，但他依然把父亲视为英雄和可信任的朋友。同学们都能看出这对父子之间的深厚感情。“这一点尤为有趣，”罗姆尼的同窗迈克·罗伊克说，“因为当时我们都是大学一年级新生，正是处于急欲摆脱父母、追求自我的时期。”[22]

然而，尽管米特常常不在学校，却依然无法避开由哈里斯和其他反战激进主义分子挑起的这场不断升级的骚乱。颇具影响力的学生非暴力协调委员会的新任全国会长斯托克利·卡迈克尔（Stokely Carmichael）领头召开校园集会[23]，把美国在越南展开军事行动与对美国南方黑人处私刑相提并论。当罗姆尼过完一年级生活后，斯坦福的反战运动也从在公寓房间里的偷偷谈话逐渐演变成了大型集会。哈里斯成了炙手可热的人物，支持者们鼓动他竞选学生会主席，于是他发起了极富冒险精神的竞选活动。他越来越高调的姿态令大学负责人和像罗姆尼这样的学生越来越不安。哈里斯认为自己在这个保守的学校里获选的几率为零，他只是想要传达自己的信念。“你根本不可能赢，”一个朋友对他说，“这是在斯坦福。”[24] 身穿皱巴巴的衬衫、黄褐色印第安软皮鞋和蓝色牛仔裤，还留着炫耀似的小胡子的哈里斯要与六个西装革履并且与校方和各个大学生联谊会都有往来的对手竞争。有一次，为了举行集会，哈里斯用一盎司大麻从来自旧金山的一支新乐队“杰斐逊飞机”（Jefferson Airplane）手中换取了乐队音响设备的使用权。在另一次活动中，当被问到对大学生联谊会的看法时，哈里斯答道：“我认为大学生联谊会就是一堆屎。”

哈里斯在演讲中呼吁大学停止对战争的支持、废除大学理事会并且使大麻合法化。他反对征兵，不过也提出，如果要征兵，就应该对包括大学生在内的所有人征兵。他质问道：“为什么穷人必须上战场，为什么穷人就不能像学生一样享受延期入伍的待遇？”然而，令校方甚至连哈里斯自己都大大出乎意料的是，他最终居然以 56% 的得票率打败大学生联谊会的候选人赢得了选举。[25]《斯坦福日报》(Stanford Daily) 当时写道：主席竞选——激进主义之声。这场竞选轰动全国。如果连被视为保守派的斯坦福学生都能选一个激进主义分子当学生会主席，那么，对于整个国家而言，这又意味着什么呢？竞选结果一出，校友捐献暴跌。这不仅仅是对校方权威的否定，也是对像乔治·罗姆尼这样的政客甚至是对像他儿子这样的极端保守分子的否定。当时罗姆尼已经是大学共和党团体的领军人物，但他的很多同学都站到了相反的阵营中。

米特和很多同学之间的分歧越来越明显。一个名叫自由大学斯坦福委员会（Stanford Committee for a Free University）的团体以“新时代学生——大麻和/或政治”为名，陆续开展了一系列主题活动，涉及的主题包括性、迷幻药、激进分子和“无意识形态的政治”。对战争的不满与对征兵的担忧愈演愈烈。就在哈里斯成功当选后不久，《斯坦福日报》援引美国兵役局（Selective Service）官员的话说，征兵管理处会对学生延期入伍进行严格把关，并且还说各班垫底的学生可能会失去延期入伍的资格。对梦寐以求的延期入伍可能无法实现的恐惧在学校里蔓延开来。在有 850 名学生必须接受兵役局检查从而可能对身份状态产生影响的消息传出时，紧张的气氛达到了顶点。[26] 兵役局的人一出现在学校里，就掀起了一番新的骚乱。哈里斯和数百名学生在怀特广场（White Plaza）举行了抗议示威活动，随后抗议队伍步行至大学校长华莱士·斯德林（Wallace Sterling）的办公室。24 名学生（哈里斯不在其中[27]）当晚占领了校长办公室，进行了在斯坦福大学的第一次静坐示威。

米特被激怒了。当时正值春季，他所在的西方文明课程学习小组正在研究列宁与马克思的书。米特匆忙离开小组活动，直接套上一件运动夹克衫，在一根高杆上打出标语：有话就说，别搞静坐。[28] 当时供职于《帕罗奥图时报》(the Palo Alto Times) 的摄影师吉恩·塔普（Gene Tupper）用手中的相机记录下了永久的一幕——罗姆尼身穿白衬衫和黑夹克衫，额头上的浓密头发梳向一侧，手里挥舞着标语，似乎正在训斥一个示威者。第二天，这张照片就上了报，用的标题是“州长之子与抗议示威者对抗：密歇根州州长乔治·罗姆尼之子米特·罗姆尼是今天支持斯坦福大学管理当局、反对静坐示威者的人之一”。米特活跃在一支有大约 350 名成员的反抗议示威队伍的最前沿。他们对反战阵营喊道：“拒绝暴民统治！”[29]“滚出去！滚！”“要讲理，不要高压！”当学校的一名官员宣布参加静坐示威的学生将被给予处分时，米特高喊道：“离开办公室，让学校恢复正常运转！”[30]

多年以后，当被问及当年的这场对抗时，罗姆尼回忆说哈里斯的确是在对立的一方，并且说："我们在政治问题上有过激烈争论。"[31] 然而，在哈里斯看来，罗姆尼"什么也不是[32]"，在学校里没有任何影响。不过，在认识米特而且欣赏他父亲的人看来，米特为自己赢得了杰出组织者的声誉，并且开始凭自己的实力往政界发展了；那个在反抗议示威活动中高举标语的形象永久地留在了同学们的记忆中。童年时看着父亲大胆表达自己意见和担任领导角色，这样的经历明显对米特产生了潜移默化的影响。如果说他在离开家时还曾有过一些与父母及其政治立场保持距离的想法，这种状态都已经过去了。那天他向静坐示威人群打出的标语，就已经是一个标志，暗示了他未来会选择仕途。

反战抗议示威者们有一句口号的确说到了罗姆尼的要害。米特和斯坦福大学的其他学生一样享有延期入伍的权利，这就意味着他无需担心被征兵。但是，他打算在大学读完一年级后便暂时停学离开学校，按摩门教传统到国外传教 30 个月，然后再回校继续修完学业。这就有了一个潜在的问题，大部分到国外传教的摩门教徒被教会称为"传教士"，根据教会与兵役局达成的协议，这些传教士无需服兵役。不过，这份协议并不是绝对的。

到了 20 世纪 60 年代末，摩门教传教士的这种延期入伍的特权越来越受到争议，尤其是在犹他州，导致摩门教会和政府当局限制了可以延期服兵役的传教士的数量。根据那份协议，每个教区可以每六个月免除一名男性在传教期间的兵役义务。在像犹他州这样的州，摩门教徒人数众多，这意味着传教士的数量有时候会多于免除义务的名额，因此，在这样的地方要想延期入伍就变得更困难了。不过，既然罗姆尼是住在摩门教徒人数较少的密歇根州，那么，他拿到针对传教士的 4D 类免服兵役资格的几率就会比较大。密歇根州教区（罗姆尼在这里的教堂做礼拜）的副主教巴里·梅耶（Barry Mayo）说，米特的延期入伍一直都没有什么太大的问题。"在某些教区，多数是在西部，会众人数众多，年轻人的数量也多，"梅耶说，"那种情况就很难办。不过，我们这里的会众人数不多，年轻人也少。据我所知，我们这里从未有过在同一年里有两个以上的年轻人想要外出传教的情况。"[33] 他还提到，关于当时罗姆尼的延期入伍是如何办理的，现在找不到任何记录。不过，成为传教士又被批准延期入伍，这便保证了罗姆尼在 1966 年 7 月到 1969 年 2 月期间都不会被征兵。从那时候开始，罗姆尼的兵役记录上就写着"传教士或神学学生"。

随着战事的升级和征兵需求的扩增，摩门教徒享有的延期入伍权利成为了众矢之的。1968 年，犹他州的一些非摩门教徒的人向州政府起诉，[34] 认为摩门教徒只凭着传教 30 个月就能享受为自己所信奉的宗教奉献一生的其他宗教教徒所享受的延期入伍权利是不公平的。提起诉讼的律师理查德·利迪（Richard Leedy）说，他之所以这么做，是因为“如此众多的传教士延期入伍，使得我们非摩门教徒的这些人上越南战场的可能性大大地增加”。[35]

罗姆尼否认自己是刻意逃避服兵役。多年后，当被问及此事时，他说：“我支持我的祖国。[36] 从许多方面来讲，我都非常希望能去越南，真正代表我们的国家。有时候，感觉自己不是在越南作战的部队里的一分子，我觉得很沮丧。”但是，他在另一个场合说的话却又似乎自相矛盾：“当时我并未打算参军，我不想去越南打仗，但是我也没有刻意做什么事情来逃避征兵，我没有采取任何手段故意把自己排除在符合征兵要求的年轻人以外。”[37]

当罗姆尼以学生和传教士身份获得的延期入伍到期后，他的名字被加入了按照每个人的出生日期进行的征兵抽签。他被分到的数字是 300，但是这一次，分到高于 195 的数字的人都不会被征兵。[38] 无论是否自愿，他永远都不会服兵役。

数年后，罗姆尼在斯坦福大学的一些同窗都很想知道他发生了什么事。自从大学一年级结束后，他便与他们中的大多数人失去了联系，其中有些人根本不知道他离开学校是为了去做摩门教的传教士。不过，米特所走的路早已注定。在他所信奉的宗教里，几乎所有年满 19 岁的男孩子都会被要求到国外传教两年，他也不例外（如果是女生，则是在年满 21 岁时传教，只是传教时间会更短）。在他离开斯坦福大学的这段日子里，学校里爆发了大量的抗议示威活动，有时甚至会演变成暴力冲突。他后来再也没有以学生身份返回斯坦福大学。

读完大学一年级后，米特离开校园，回到位于密歇根州的老家与家人和安一起度过了一段时光。在那里，他曾经也短暂地想过与自己的家庭和宗教传统脱离关系，不去传教了。他说，其中一个缘由就是当时他的摩门教信仰“根基薄弱[39]”。在他的朋友戴恩·麦克布莱德（Dane McBride）看来，他的意思显然是说，密歇根州的摩门教徒人数太少，所以他与该宗教之间的联系并不像在大多数人都是摩门教徒的犹他州那样。麦克布莱德后来见证了罗姆尼的宗教信仰的发展历程，他说，虽然罗姆尼的父母都是非常虔诚的摩门教徒[40]，并且也把他们的信仰传给了下一代，但是，对于一个即将开始传教的 19 岁少年来说，在为宗教信仰奉献这件事上产生疑惑是正常的。

不过，罗姆尼不想离开的最主要的原因，可能是怕失去安。在他之前有过许多这样的先例：传教士离开女朋友外出传教，结果却收到一封宣告分手的信。他告诉安，自己可能不走了。但安非常坚持。她告诉罗姆尼，如果他不去的话，会留下终生遗憾。[41] 还在斯坦福念书的时候，米特就常常在周末溜回家探望安，现在却面临着要与她分开两年半的可能。他得去摩门教会选中的地方生活并且努力说服陌生人皈依摩门教。就在他的大学同窗们正忙着参加大学生联谊会和为二年级做准备的时候，在越来越多的同龄人被送到越南的时候，罗姆尼的生活却走上了另外一条截然不同的道路。

罗姆尼在斯坦福大学的第一年生活结束时收到了一封信。被摩门教徒视为活着的先知的摩门教会会长大卫·O. 麦凯（David O. McKay）在信中写道：你所在教区的教会官员认为你堪当大任，推荐你做代表我们教会的福音牧师。自最初暨 19 世纪 30 年代开始，耶稣基督后期圣徒教会便开始委派年轻使者传福音和发展教徒。当年，米特的曾曾祖父母就是在英国受到了一位传教士的影响而加入摩门教并移居到了美国，罗姆尼家族的许多人都继承了这一传统。乔治也曾去英国传教。现在，米特得知自己要去的地方是法国。这个任务听起来似乎要简单一些——相比有些被派去丛林、沙漠和海岛的传教士，米特要去的毕竟是地球上文明程度最高的国家之一。然而，以天主教徒居多数的法国社会普遍对摩门教存有敌对情绪。在法国这样一个崇尚酒文化的国家，大多数法国人对摩门教的了解（如果有的话）仅限于该教过去奉行的一夫多妻制以及禁酒令。

第一位摩门教传教士于 1849 年到达法国。但是摩门教传教士在拿破仑三世（Napoléon Ⅲ）统治期间被驱逐出了法国，在第二次世界大战期间又撤离了法国。到了 20 世纪 50 年代，在法国的传教士中有越来越多的人因为对摩门教的教义产生了质疑而改信其他宗教，这件丑闻导致九人被开除教籍。[42] 教会对此采取的回应是在法国发起一项修建小教堂的运动。最先修建的两座位于波尔多（Bordeaux）和巴黎的小教堂在罗姆尼抵达法国之前刚刚投入使用。尽管摩门教在法国的传教活动已经有了上百年的历史，但到那时却还只是勉强立足。在罗姆尼准备开始传教时，4900 万法国人当中只有 6500 名摩门教徒。

就在罗姆尼离开斯坦福大学后不到两个月，他就顽强不屈地踏上了去海港城市勒阿弗尔（Le Havre）[43] 的路。这个地方因为在第二次世界大战期间被德国人占领而在美国尽人皆知，战争中的狂轰滥炸导致该市数千名居民死亡，城市大部分地区亦变为废墟。随着“二战”的结束，法国政府开始了重建工程，工程量之大在欧洲堪称数一数二。经过了 20 年，重建后的勒阿弗尔变成了一座堪称典范的现代化城市，与阳光灿烂的斯坦福及其颇具教会复兴风格的建筑完全是截然不同的两个世界。在勒阿弗尔，351 英尺高的圣约瑟教堂（the Church of Saint Joseph）尖塔四周围绕着一片片四四方方的混凝土建筑。这座尖塔是对战争罹难者的纪念，也是该地区传统天主教信仰的标志。随着“二战”在人们的记忆中慢慢褪色，随着越南战争逐渐远去，法国人对待美国人的态度也从热情变成了谨慎。该市的市长和其他高级官员都是共产主义者，这一点令反美情绪有增无减，但是，摩门教的传教士们仍然心存希望——他们相信某些尚无信仰的民众也许会对摩门教感兴趣。这样，身材修长、年仅 19 岁的米特·罗姆尼来到了这个用混凝土、共产主义和天主教构成的世界，推广在勒阿弗尔极少有人感兴趣的东西—— 一个新的宗教。

罗姆尼与另三名传教士共用一套只有一间卧室的公寓。[44] 他们把胶合板堆在煤渣块上，用从港口的船上取来的旧床垫当临时的床。这里既没有电话、电视，也没有收音机。勒阿弗尔也没有其他的摩门教徒，于是四个美国传教士就在公寓里做礼拜，轮流讲道、吟唱，彼此派发圣餐面包和水。罗姆尼和三位传教士同事每天早上 6 点起床吃早饭，学习《圣经》《摩门经》和法文。他们穿着西装，背着装有摩门教宣传册的背包，骑着索莱克斯（Solex）电动脚踏车挨家挨户上门布道，到了吃饭时间便停下来休息，晚上 10 点钟按照规定就寝。

罗姆尼的生活规律几乎一成不变。他与另一个传教士一起按照事先规划好的路线外出传教。两位传教士留意着自己走过的路线，以免重复劳动。日复一日被人拒绝是一件令人泄气沮丧的事。罗姆尼敲开一个陌生的法国家庭的门。“您好太太，我们是美国人，”他说，同行的传教士站在一旁，“我们正在您所在的社区宣讲我们的信仰，不知道您是否愿意……”

数十年后，罗姆尼都能回忆起接下来通常会发生的那一幕。“砰！吃了个闭门羹。大多数人以为我们是推销员，他们会说：‘不，我什么也不需要。’然后关上门。很多人也会说：‘美国人？滚出越南！’然后也是‘砰！’的一声。”[45]

罗姆尼努力学习有助于传教工作的关键法语词和短语，据一位名叫唐纳德·K. 米勒（Donald K. Miller）的传教士回忆，当罗姆尼洗完一个时间很长的热水澡后再次出现时，他已经记住了刚学的单词。[46] 令罗姆尼脱颖而出的同样还有他的上流社会背景。据他的其中一位传教士同事杰拉尔德·安德森（Gerald Anderson）回忆，有一次去巴黎，罗姆尼对香榭丽舍大道（Champs Élysées）上一家店铺里的法国高级香水的熟悉程度令大家咂舌不已。然而，他也会在需要时表现出强悍的一面。开始传教六个月后，有一天，罗姆尼正待在自己的公寓里，一个女子突然跑进来说有一群法国人正在街上殴打她的一位摩门教友。光着脚的罗姆尼与室友们一同冲进了下着雪的夜里，发现一队因为输了比赛而借酒消愁的橄榄球队员正在骚扰两个女传教士。两个女传教士把“Allez-vous-en”（意思是“走开”）喊成了“Alle-y!”（意思是“继续”）。一位挺身而出保护她们的男传教士被打倒在地。当这场纷争平息后，罗姆尼的下巴已是青一块紫一块的了。“当时对方有 20 个人，全是大块头肌肉男，而我们却是一群年纪小、个头儿也不大的美国小子，”40 年后，罗姆尼回忆起那一幕，“如果你跟穆罕默德·阿里（Muhammad Ali）动起手来，你根本不会还手，只会举起双手。”[47]

罗姆尼过了两年半严格的摩门教徒生活，只能在圣诞节和母亲节打电话回家。不过，与他一同传教的其中一位传教士回忆说，他打电话的次数其实比较频繁。他们不能喝酒、不能吸烟、不能有性生活，也不能约会。只有在浴室的时候，他才能享受点儿个人的独立空间——为了安全起见，摩门教传教士总是两人结伴而行。

他将全部时间、精力都放在了劝说法国人加入摩门教会这项工作上。

米特的传教士同事们来自美国和加拿大；有的来自小城镇，那里的摩门教徒跟法国的一样属于少数派。其中一些人视乔治·罗姆尼为英雄，他们非常高兴能与米特共事。因此，米特从一开始就赢得了一定的尊重。而且，他的形象看起来也很符合——高个儿，相貌英俊非凡，头发梳理得一丝不苟，浑身散发着自信，法文水平好过大部分同事。米特在传教期间结识的一位法国摩门教徒玛丽·布兰奇·考斯（Marie-Blanche Caussé）认为，这个年轻人将来会飞黄腾达。“与其他传教士相比，罗姆尼具备更优秀的人格个性。[48] 那些十八九岁的传教士们通常喜欢待在自己的角落里，法文说得不怎么好，他们有点儿羞涩，你必须主动去接近他们。但是，米特·罗姆尼……他与人交谈就是如鱼得水的一件事儿。”

在犹他州一位教会官员的强烈建议下，罗姆尼鼓励传教士同事们阅读拿破仑·希尔（Napoleon Hill）于 1937 年出版并于 1960 年再版的励志书籍《思考致富》(Think and Grow Rich)。[49] 希尔曾经访问过数百名美国知名成功人士，了解他们成功的奥秘，他最后总结说获得财富的关键有两点：一是严格奉行个人信仰；二是能够与有决心的、志同道合的人一起合作。该书中的一些章节标题成为了罗姆尼后来在商业和政治生涯中的成功指南。其中第二章的标题是“欲望：一切成就的转折点”。罗姆尼在一次传教士会议上发表了类似主题的演讲，这绝非巧合。一位传教士在其日记中把他的演讲主题概括为“欲望”和“我们如何赢取生命中想要的东西——如果想要的欲望够强烈的话”。

书中“性欲转换的奥秘”这一章的内容可能是他们不需要的。在这一章里面，希尔建议成功的人把部分性能量——“人类最强烈的欲望”——化作其他动力。他这样写道：“爱、浪漫和性都能驱使男人达到成就的巅峰。爱的作用犹如安全阀，能确保身心平衡、宁静和做出建设性的工作。如果结合在一起，这三种情感就有可能将一个人提升至天才的地位。”这一观点受到了内心挣扎的传教士的认同，他们中很多人都受到摩门教禁止婚前性行为的禁令的约束。“当时我们都是热血沸腾的美国青年，不是阉人，”罗姆尼的传教士同事戴恩·麦克布莱德说，“我们就开玩笑说，我们本就别无选择，只能把性冲动化为在其他方面追求成功的动力。这点倒是非常吻合我们的情况。”[50]

没有人怀疑罗姆尼的决心。在传教士同事们的印象中，他是个风趣、魅力超凡而且热情洋溢的人。他的名字，因为他上门布道的时间之长以及所分发的《摩门经》的份数和收到的回访邀请之多，而多次出现在法国传教团的简报“皈依记录”（Conversion Diary）里。据麦克布莱德回忆，在有机会完整表述自己的时候，罗姆尼和他的同事会向听众解释说自己是学生，中断了在美国的学业，只为来向法国人传达关于耶稣基督福音的“重大消息”。他们说，耶稣的福音“远不仅限于他所行走的狭窄土地……耶稣复活后到访过当时存在于美洲的一个文明。我们的《摩门经》便是对耶稣基督的另一份见证记录”。他们还说，当人们质疑耶稣到底是不是神之子的时候，“我们有绝对充分的证据表明他所说的身份属实”。[51]

听完他们这番话之后，很多人会不高兴，尤其是那些已经有信仰的人，而一些失去信仰的人则会产生兴趣。传教士们劝说那些有兴趣的人重拾信仰和考虑加入摩门教，也请另外那些人考虑改换宗教。但是，最终能接受的人极少，罗姆尼心里的挫折感越来越强烈。他觉得上门布道这种方式基本上没什么效果，于是想了一些新招来吸引法国人。在给父母的一封信中，他谈到通过“唱歌、篮球表演[52]、考古学讲座（信的原文是 archelogy，可能是指 archaeology，考古学。——译者注）、街头集会等方式”展开宣传活动，还提到“我和同伴甚至还在上周六晚上去了酒吧，告诉人们我们要传递关于极大的幸福快乐的消息，我们愿意与任何哪怕只有几分钟空闲的人聊一聊！我为我们从中生出的勇气感到惊讶！”他注意到一些法国人对美国表现出了兴趣，于是组织起了“美国之夜”，其中的节目包括放映幻灯片。但是这项工作给他带来了负面影响。“我必须承认太累了——我从未想过宣传推广会如此艰难。”

后来，罗姆尼说自己在当传教士期间成功发展了10到20名摩门教徒。[53]这个数字听起来虽然不多，但在传教士当中却是相当高的了。多年以后，在谈到这段经历时，罗姆尼直言不讳地说："你可以想象那是一段相当不寻常的经历——去到波尔多对人说：'戒酒吧！我给你带来了一个伟大的宗教！'但它真的是一种很好的历练，让人认识到了生活的真谛。我的意思是，不管拒绝的形式如何，遭受拒绝都是每个人生活中必不可少的一部分。在美国，我是州长的儿子，家境富裕，从来没人过问我的宗教。在法国，我整日四处奔波。美国人在这儿不受待见，我的法文也不算地道，传播宗教尤其是像摩门教这样的宗教是件特别费力的事儿，我甚至还不如卖富勒牌刷子（Fuller Brush）的推销员。"[54]最成功的皈依例子，可能要算罗姆尼自己了。刚开始传教时，他自己的信仰都"根基薄弱"，但后来却逐渐成为了一名坚定的信徒。"在传教工作中，传教士对耶稣基督的信仰要么变得更坚定，要么就反而被击溃，"罗姆尼说，"对我而言，是前者。"[55]有时候，这项工作看起来似乎"不是在对我拜访的那些人家传教，而是在对我自己传教"。[56]

正当米特在法国经历变化与成长时，他在斯坦福大学的许多同窗则在20世纪60年代的骚乱中发生了转变。他的朋友迈克·罗伊克是一位虔诚的爱尔兰天主教徒，也是海军预备役军官训练营（ROTC）的成员；罗伊克对有组织的宗教产生了长时间的质疑，并认真考虑是否登记为拒服兵役者（conscientious objector，简称CO，是指本来符合征兵条件却因种族、宗教信仰或道德问题而拒绝服兵役或参战的人。——译者注）。罗伊克想，如果米特当初没有出国的话，他又会如何呢？"在那儿，几乎我认识的所有人都发生了改变，"罗伊克说，"我知道，像米特这样一个思维缜密的人也会有所改变。"在斯坦福念书时住在罗姆尼对面房间的保罗·理查森（Paul Richardson）说，米特正好是在20世纪60年代中期的骚乱出现在学校时离校去传教。"历史正在改变，"理查森说，"这种变化不是一下子就完成了的。米特走上了一条不一样的道路，得到了不一样的机会……他因为执行教会任务而没有完整经历那场变革。"[57]

成为学生会主席的反战领头人大卫·哈里斯在与米特相反的道路上越走越远。他在与女歌手琼·贝兹结婚后仍然继续进行抗议示威活动。他没有争取延期入伍，也没有选择逃往加拿大，而是直接拒绝了服兵役。他的突出使他成了一个具象征性的目标，他被逮捕并宣判有罪，最终在监狱里服刑20个月，这件事成了最有名的反抗标志。后来，贝兹在伍德斯托克音乐节（Woodstock）上冒雨举行大规模集会时向大家公布了丈夫被捕入狱的消息。

多年后，哈里斯很想知道，在那段关键岁月里远离美国和斯坦福大学的经历是否会对罗姆尼的政治倾向有所影响？回忆大学时代，哈里斯说："有很多人最初比米特·罗姆尼还右翼，最后却变成了彻底的嬉皮士。"[58] 而对于远在异国他乡旁观的罗姆尼而言，美国国内不断高涨的激进主义令他越来越感到震惊。

在传教这方面，在老家的父亲的运气比在法国的米特要好。乔治为了总统竞选在国内各地短途旅行进行选前试水。他趁着旅程间的空当引导安·戴维斯（Ann Davies）加入摩门教。当初米特离开家到法国去的时候，安 17 岁。她已经出落成了一个漂亮、健康、充满自信的大姑娘，留着披肩发。就在她为来年上大学做准备的时候，她再一次认真考虑自己与米特的关系对自己的宗教信仰意味着什么。她告诉乔治自己有兴趣参加一些摩门教仪式活动。州长直接就上她家去了，请她的父母允许他派一些美国本地的传教士来与她交流。安的母亲很好说话，但她的父亲对有组织的宗教怀有很深的抵触情绪，要说服他可不容易。最终，爱德华·戴维斯（Edward Davies）和乔治·罗姆尼握手达成了一致：乔治可以派传教士来，但在谈话过程中必须有安的母亲陪同。安的弟弟吉姆·戴维斯（Jim Davies）说，他们的父亲之所以松口，完全是出于对女儿的信任和对乔治·罗姆尼的钦佩。而且，从级别上来说，州长大过他——爱德华·戴维斯不但是从事海事机械制造业的加莱德工业公司的总裁，也是布卢姆菲尔德·希尔斯市的兼职市长（在美国，很多小城市的市长是兼职的。他们每周只到市政府上两三天班，余下的时间则可以继续从事老本行。他们的职业有律师、医生，等等。——译者注）。

传教士来布道过六次，与安一起坐在戴维斯家的跃层住宅底楼的家庭活动室里，带领着她走过皈依摩门教这个过程。在了解并接受了摩门教教义之后，接下来就是对皈依者的洗礼，这被视为新生的开始并从此有资格"成为天国的传承者"。[59] 除了安的母亲外，安的朋友辛迪·波顿（Cindy Burton）也坐在一起听讲。辛迪还是安的哥哥罗德（Rod）的女朋友，罗德当时正在英国进行为期一年的留学生活。弟弟吉姆也想坐下来听，但他的父母认为他年纪太小，所以吉姆只得站在家庭活动室窗外听讲。[60]

没过多久，乔治·罗姆尼便开车带安去摩门教小教堂参加仪式。他那魅力十足的形象一出现，肯定为现场增色不少。差不多就在那个时候，《生活》杂志正好刊登了一篇对乔治的报道，其中着重描述了他与他的宗教信仰之间的联系。文章援引密歇根州一位摩门教领袖的话，说"乔治是本教会有史以来最优秀的传教士之一……他身上曾出现过奇迹。我们相信，我们有权利把我们的手放在那些病患者的头顶并给他们施涂油礼。有个特殊的案例是一个患了小儿麻痹症的男孩儿，在乔治加入赐福的行列之后，他居然奇迹般地康复了。”[61] 乔治对《生活》杂志的作者解释说：“相同的传道途径对所有人都实用。这是全人类均都可依循的程序。我要强调这一点。人们希望寻求更强大的外来力量的帮助，这是最简单的道理。”

最后，安决定接受洗礼，并请乔治来为自己实施洗礼。安穿着白色衣服跟随乔治来到领洗池完成了浸礼。1967 年 2 月，吉姆也成功说服了父母同意他加入摩门教会，为他施洗礼的也是乔治。甚至，连罗德的女朋友辛迪也想要皈依摩门教，不过她的父亲不同意，警告她要是这样做的话就会变成“被社会所排斥的人[62]”。

当米特在家信中抱怨难以发展教徒时，他的父亲想方设法鼓励他。去英国做过传教士的乔治写信告诉米特，他不能肯定自己当初是否成功说服过任何人皈依摩门教，所以他能理解儿子的工作有多难。乔治说，米特应当看到自己的成功之处，因为他在密歇根做的传教工作其实是代表米特做的。“能代表你参加吉姆的洗礼，我感到很激动，”乔治在回信中写道，“这里的两位皈依者之所以皈依其实都是你的功劳，所以，别再因为难以说服法国人信教而忧虑！我相信你肯定明白，能说服安和吉姆中的任何一人皈依摩门教都胜过说服一打法国人信教，至少对我们来说是这样的。”[63] 数月之后，就连罗德这个之前在留学生活中热衷于泡酒吧喝酒的家族叛逆者在回家时也已经是一个受过洗礼的摩门教徒了——米特之前找了一些在英国的传教士去联系他。在不到一年的时间里，爱德华·戴维斯家的所有后裔都加入了摩门教。

尽管身在远方，但米特依然密切关注父亲如日中天的政治事业。在米特抵达法国后不到五个月，乔治获得连任。到了 1967 年年初，乔治已被公认为一位领先的总统候选人，米特密切关注父亲事业的进展。一项盖洛普民意调查显示，乔治·罗姆尼的支持率为 39%，高于前美国副总统理查德·M. 尼克松获得的 31% 的支持率。另一项调查则显示，如果获得提名的罗姆尼面对的是在职的民主党出身的美国总统林登·B. 约翰逊，罗姆尼会胜出八个百分点。作为一位众所周知的领先候选人，罗姆尼却因为摩门教会拒绝接受黑人牧师而遭受抨击。他说自己是党内最坚定的种族平等支持者之一，自己所信奉的教会的观点不会影响自己在民权问题上的立场。他在北卡罗来纳州直面以维护州的权利为理由而反对民权措施的种族隔离主义者，他说：“据我所知，各州是没有权利的。只有人民享有权利……以维护州的权利为借口蓄意阻扰民权措施简直荒谬至极。”[64]

竞选中的一个热点问题就是越南。在外交政策方面没有任何经验的罗姆尼曾在1965年去越南听美国官员们作过完整的汇报，从越南回来后他还去斯坦福大学探望过米特。在接下来的一年半时间里，也就是说直到1967年4月7日，他都一直是个强硬派。“实在难以想象美国会从越南撤兵。”[65]但是，1967年的夏天对正在准备总统竞选的乔治影响深远。他开始重新思考自己对美国在越南问题上的政策的支持态度。与此同时，反对种族不平等和战争的抗议示威者们在全国掀起了动乱。1967年7月，底特律爆发了种族骚乱，这位州长在对现场进行了一次侦察飞行后汇报说，“城市西边看起来像是被炸过似的”，而且火光绵延数英里。他请求总统约翰逊派遣联邦军队前往，并且指责白宫没能及时响应他的请求。

相反，约翰逊却说这位在1968年总统竞选中的潜在对手“没能控制住局势”。[66]军队的确来了，但那时暴乱已经结束，整个密歇根州有超过40人罹难，数千人受伤。这次暴乱事件令罗姆尼难以释怀，立誓要为城市里的黑人改善条件并且让他们能够有更好的住所。[67]但他的支持率已直线下跌。他取消了一次去欧洲的行程——如果去的话，他也许能见到米特——计划造访城市贫民窟，对那些经济状况远不及他的人表示关注。所有这些进一步加深了他对美国一系列政策的怀疑。他作出了一个重大决定——他决定接受一个当地电视名人的采访，这时他似乎走到了命运的转折点上。

当时，底特律的一位广受欢迎的电视节目主持人路·戈登（Lou Gordon）刚开始在第50频道（channel 50）播出一个名叫“困局”（Hot Seat）的节目没多久，居然成功地让身为州长和未来总统候选人的罗姆尼上了节目。不过，罗姆尼在演播间坐下来时却显得有些心不在焉。后来他的家人解释说，那个下午他刚和孙子们一起参加完州博览会回来，其中一个孩子中途不见了很长时间，把州长吓得不轻。戈登的访谈一开始似乎平淡无奇。当戈登找到机会问他关于越南的问题时，罗姆尼把座椅转了转，开始用毫不在意的口吻说话，甚至还露出了微笑。

戈登问：“你现在的立场是不是与过去有所不同？你认为我们现在应该怎么做？”罗姆尼答：“你知道，在我从越南返回之前，经历了任何人都可能经历的最厉害的洗脑。”“你回来前……”戈登插话问，“是被那些将军们洗脑了吗？”罗姆尼答：“不光是他们，还有派到那里的外交使团。他们对我进行了彻底的洗脑。从越南回来后，我研究了越南‘二战’前及‘二战’以来的历史，结果我改变了对越战这一特殊问题的看法。我不再相信，美国真的有必要参与南越事务以阻止共产主义分子在东南亚的侵略……而且，我之前也说了，美国参与这场战争是一场悲剧。”[68]

戈登没有继续追问。但他的制片人珍妮·芬德拉特（Jeanne Findlate）在听到这段对话时却嗅到了新闻价值。当时她正在控制室里听这段访谈，她记得自己当时的念头是“太棒了！这就是很好的素材，就用它了”。在戈登的节目播出后的第二天清晨，罗姆尼的新闻秘书查克·哈蒙（Chuck Harmon）在自己的办公室里接到一个记者打来的电话，对方问起“被洗脑”这句话。哈蒙之前没有看那个节目，于是便想办法拖延对方直到他拿到节目的谈话内容。他这一看，心里顿时一沉。他和其余几个助手建议罗姆尼否认之前的话并进行损害控制。但是罗姆尼拒绝了。慢慢地开始出现一些新闻报道，美联社作了报道，然后《纽约时报》也刊登了一小段文章。竞争对手的阵营——尤其是理查德·尼克松和林登·约翰逊的阵营——自然乐于宣扬此事，于是，这件事就像滚雪球一样越来越大。他们提出质疑：如果这个家伙连来自几个美国将军和外交官的压力都扛不住，我们又怎么能放心地让他坐到与俄罗斯人的谈判桌上呢？

多年后，乔治·罗姆尼对那句话造成的恶劣影响作了轻描淡写的描述。他说，更多地要怪尼克松和自己曾经的支持者纳尔逊·洛克菲勒（Nelson Rockefeller），这两个分别代表共和党右翼和左翼势力的人物阻挡了他的去路。事实上，他的那句话可能更多的是催化剂，而不是导火索，这件事充分说明了罗姆尼的民众支持率有多低。不久之后，之前曾登上《时代周刊》杂志封面的这个男人成了全国皆知的政治笑柄。曾经大力支持他的《底特律新闻》批评罗姆尼“说话爱冲动，遇到困难又喜欢退缩[69]”，并且强烈要求他退出竞选。

米特密切关注此事。有一天，他给父亲写信说自己准备作一个关于美国政治的演讲，希望父亲能介绍一下总统竞选初选方面的情况。“如果您能给我发一份关于这个体制在各州情况的简要资料（信的原文是 brosure，可能是指 brochure，小册子。——译者注）或者说明，甚至如果能再谈谈其中的一些利弊，我将非常高兴，”米特写道，“我对我们的体制的其他部分都很了解——只有一件事我不明白：美国民众怎么能喜欢那些傻瓜呢？”[70]

尽管为父亲政治事业失败感到难过，米特仍然继续对此保持关注。差不多每隔十天，家人就会给他寄一些关于乔治竞选情况的剪报，他常常熬夜阅读并且把它们整理存档。这一年里，传来的消息越来越糟[71]。1967 年 2 月，31% 的共和党人认为乔治最有希望获胜，到了 11 月这一数字却跌到了 14%；盖洛普民意调查发现，其中部分原因正是那个电视访谈节目造成的影响。这件事对儿子造成的巨大影响也是毋庸置疑的。“米特感到非常愤怒，他无法相信人们会歪曲他父亲的形象。”[72] 传教士同事拜伦·汉森（Byron Hansen）说。数月以来，罗姆尼在挨家挨户布道时都为美国卷入越南战争进行了辩护。但多年以后，他说：“当父亲说他看错了越南问题，那是个错误，他们都被洗脑了之类的话的时候，我肯定是相信他的。”[73] 小罗姆尼不再全盘支持美国的战争政策。换句话说，看起来，斯坦福大学的抗议示威者们似乎是对的，尽管罗姆尼并不赞同他们的策略。罗姆尼最初相信打这场战争是“出于正确的目的”，但是他的父亲让他意识到“我错了[74]”。几年后，他甚至直接借用父亲的话以更直白的方式表达了观点。“我认为我们都被洗脑了，”他说，“对于派兵去越南这件事，除了用‘大错特错’来形容外，我想不出其他的。”[75]

直到39年后，米特才看到了当年给父亲招来如此大祸的谈到“洗脑”的这个节目片段。但是他的姐姐简说，这件事影响了弟弟很长时间。“‘洗脑’那件事——要说它对我们有没有影响？那肯定是有的。米特是个天生的外交家，但我想，经历了那件事之后，他的这种特质更是明显。他不会把自己置于尴尬或易受攻击的境地，他变得更加谨慎、更加刻板。”[76]

在那个招来大祸的访谈节目播出后两个半月，乔治正式宣布竞选总统。又过了三个星期，在一次出国调研中，他与丽诺尔一起访问法国，其间曾与巴黎的领导人们会面。1967年12月10日，米特在凡尔赛的一个摩门教教堂见到了父母。他给父母做翻译，乔治向听众们发表了演讲。之后，乔治去了越南，并且强调说自己这次不会再被误导。

过后没多久，乔治便前往将进行第一次总统竞选初选（美国总统大选预选的类型分为“党团会议 caucus”和“初选 primary”，最早举行党团会议的州是艾奥瓦州，而最早举行初选的州则是新罕布什尔州。——译者注）的新罕布什尔州。[77] 他早上6:30开始工作，与纳舒厄一家工厂外的民众握手。他在困境中继续坚持了七个星期，但仍无法摆脱“洗脑”一事造成的影响。许多年后，时间证明了罗姆尼的分析是有预见性的，尼克松总统最终采取了一项与罗姆尼之前提出的政策类似的名为“战争越南化”（Vietnamization，在越南战争中，美国采取的加速扩充和武装南越政府军、把进行战争的责任推给南越政府从而使美军能够撤出来的政策。——译者注）的政策。但是他的竞选活动注定会失败。2月28日，民意调查显示在新罕布什尔州前副总统尼克松的支持率与罗姆尼的支持率相比是五比一，罗姆尼飞到华盛顿发表了声明。“我清楚地意识到，我希望自己的候选人资格能赢得共和党普通基层成员的广泛支持，但事实并非如此。”[78] 他说。私下里他告诉一位朋友：“我大大地解脱出来了。”他把精力重新放回州长一职和家庭上。

做传教士的经历同样也让米特避开了 1968 年席卷全美的大规模惨剧。1968 年 4 月，民权运动领袖马丁·路德·金遭枪杀，美国出现全国暴乱。现在，罗姆尼和其他传教士听到的不只是对美国在越南的政策的不满，也听到了对美国出现如此暴乱的原因的质疑。金在法国的人气极高，传教士们感受到了越来越高的反美情绪。“我们是法国人所能见到的唯一的美国人。法国人问：‘美国人为什么有如此强烈的种族歧视？’”同为传教士的戴恩·麦克布莱德说。[79]

现在，做了两年传教士的罗姆尼已经 21 岁了，还住在法国南部的波尔多。这时他得知自己得到了升职机会，也就是说他将被调去巴黎做法国摩门教传教团团长 H. 杜安·安德森（H. Duane Anderson）的助手。但是，就在米特准备搬到位于巴黎十六区的富丽堂皇的传教团总部时，巴黎发生了暴乱。法国各地爆发了工人罢工，学生动乱也愈演愈烈。位于南特市市郊的一间飞机工厂的 2800 名工人中有很多人暴动占领了工厂，随后出现了更多这样的静坐示威活动，示威者们要求当时的法国总统夏尔·戴高乐辞职。[80] 数千名学生占领了巴黎的地标性建筑，比如奥登翁剧院。有传言说这场革命会导致政府被驱逐。通信变得困难。[81] 在五月中的大部分时间里，邮政和电话系统都由于罢工而被迫中断，米特有好几周无法得到家里的消息。最后他找到一个有通信设备的人，这才和父亲联系上了。这场动乱令他大为震惊，也因此令他更为重视在文明社会中的掌控。在斯坦福大学经历过一次静坐示威之后，现在他又经历了法国各地的大规模静坐示威。似乎到处都乱了套。“当时我们都有一种感觉并互相诉说这种感觉：好像世界就要崩溃了，”他的传教士同事麦克布莱德说，“到处都是骚乱和无政府状态。但我们很高兴我们自己的生活还没乱，因为摩门教传教士的生活是非常严格有序的……这也给我们带来了安全感。”[82]

在罢工运动期间，传教团团长杜安·安德森和他的太太莱奥拉（Leola）想办法联系散布在各地的传教士们，其中就包括他们希望能尽快抵达巴黎担任助手工作的罗姆尼。他们很担心自己和这些传教士们的安危。“大家都没汽油了，很多人身无分文。”莱奥拉在日记中写道。当时实行了定时供电，莱奥拉很担心分散在各处的传教士的安全问题。在这个时候，罗姆尼显然是能够离开法国到西班牙寻求经济援助的。随着时间一天天过去，情况越来越糟。5 月 30 日，莱奥拉写道：罢工者们继续鼓动建立新政府。据她估计，在要求政府解体的抗议者中，有近百万人聚集在香榭丽舍大道上。莱奥拉认为此时对于传教团来说，除了“准备撤离”以外已经别无选择。

六天后，莱奥拉在其结婚32个周年纪念日这天记下了罗伯特·F.肯尼迪在她与丈夫曾生活过的加利福尼亚州遭枪杀的令人震惊的消息。“这一恐怖事件使在法国的这段恐怖经历达到了高潮。”[83]她在日记中写道。巴黎的瘫痪状态已经到了让人无法忍受的地步。她写道：没有火车、没有地铁、没有飞机，也没有公共汽车。她感觉自己仿佛“坐在一个冒烟的火药桶上”。在接下来的几天，罗姆尼终于成功地从波尔多来到了巴黎，与传教团里的安德森一家会了面。6月中旬，罢工得以平息，汽油又有了。杜安·安德森抓住这个机会，希望离开巴黎去探望南方那些正在困境中的传教团。他带上了莱奥拉，而米特这位新上任的团长助手则担任了他们的司机。

大难不死

“这让我痛切地感受到生命是如此脆弱，时间是如此珍贵，我们应该将有限的生命应用到无限的工作中去。”

——米特·罗姆尼

刚刚上任尚未有机会施展拳脚的当地摩门圣会领袖打来电话，电话里面声音急切：“会长，会长！我们有两位老妇人正在闹不和，圣会里面正在拉帮结派搞对立！我该怎么办？”这场发生在法国南部城市波城（Pau）的争斗只有通过杜安·安德森的铁腕手段才能平息。于是杜安·安德森答应火速从巴黎动身。“坚持住，”他说道，“我们很快就到。”[1]

在南行的途中[2]，罗姆尼、安德森以及随行的其他人员于1968年6月15日晚到达，在昂古莱姆（Angoulême）城中过夜。他们在法国大酒店旁边看到一个空的停车场，将所驾驶的雪铁龙DS汽车停了一晚。第二天早上他们才突然开始思考为什么这个停车场会是空的？原来这是露天集市的所在地啊！结果，他们的汽车被小摊贩的摊位围了个水泄不通，完全困住了。安德森认为他们可能需要几个小时才能把车开出来。但是罗姆尼却想了个办法。他问安德森：“你身上有没有100法郎？”安德森身上正好带了100法郎。罗姆尼将这100法郎全部换成了5法郎的硬币。然后，他艰难地挤到集市中，大声地喊道“Il nous faut partir！”（法语）——“让我们出去！”他用硬币作为贿赂打开了一条通路。很快，他们的雪铁龙就开到了公路上。

在波城办妥事情后，他们又赶回巴黎。罗姆尼、安德森和安德森的太太莱奥拉（外界都称其为安德森女士）坐在了前排[3]。在后排坐的是戴维·L. 伍德（David L. Wood），他是来自盐湖城的21岁小伙子，还有来自波尔多（Bordeaux）信奉摩门教的夫妻。在经过以优质葡萄园闻名，风景宜人的博拉克（Beaulac）村庄时，他们遇到了一起刚刚发生车祸现场。一名34岁的男子驾车猛烈撞击一棵树木后，从车上甩出[4]。警方当时仍在现场。罗姆尼停下车，将横躺在两车道公路中间的汽车行李架挪走，然后又继续行驶。[5] 驶离车祸现场之后，同行的人都心有余悸，感慨在法国驾车是多么的危险，简直是公路历险记。罗姆尼说："我们都在谈论公路交通的危险性。"[6]

正在此时，一位天主教牧师驾驶着一辆梅赛德斯汽车与一辆卡车高速会车，在邮局附近的弯道打滑，然后几乎是径直撞上他们所驾驶的雪铁龙[7]。梅赛德斯撞到雪铁龙的前部，巨大的冲击力将汽车引擎推入前排。[8] 罗姆尼失去了知觉，被卡在了转向机柱和驾驶车门之间，现场到处是散落的汽车碎片和斑斑血迹。"事情来得太突然了，现在想想，当时既没有刹车，也没有鸣笛，"罗姆尼说，"我只记得好像是两辆车的引擎盖撞在了一起，然后便什么也不知道了，之后等我醒来时，已经在医院里了。"[9] 苏珊·法雷尔（Suzanne Farel）当时坐在雪铁龙车的后排，她说他们的车速很慢，但是另一辆车却是高速朝他们开过来。[10]"当时只有我的丈夫可以从车里出来，他出去求救。"杜安·安德森摸到了点火装置，把它关闭。"莱奥拉在我旁边跌了下来，我想要去拉她起来，但是却没成功……"他之后在他妻子日记里这样写道。救护车将伤者送到附近的巴扎（Bazas）医院，巴扎是一个小镇，它最著名的就是中世纪大教堂和优良的牲畜品种。

罗姆尼受伤严重，因此，当时抵达现场处理事故的警察还在年轻的罗姆尼的护照上添上了悲催的一笔"Il est mort"（法语）——"此人已死亡"[11]。而实际上，罗姆尼当时只是深度昏迷，但呼吸尚存。救援人员费了不少力气才将他从雪铁龙车里面救出来。[12] 当罗姆尼的父母得知车祸消息的时候，他们并不知道其中的具体细节。老人们只是知道他们的儿子还活着，而对于其他内容，他们却不知情。乔治联系了罗姆尼的未婚妻安·戴维斯，请她到家里来，全家人一起等待并祈祷。安·戴维斯的兄弟吉姆·戴维斯说："我还记得电话打进来时我的感受，那种震惊至今还留存在我的脑海里。"[13] 杜安·安德森也受伤严重，但也幸存了下来。他的妻子莱奥拉当时坐在她丈夫和罗姆尼之间，就没有那么幸运了。由于撞击严重，虽经医院的医护人员全力抢救，但还是在两个半小时之后离开了人世。[14]

随后的日子，拿杜安·安德森的话来说，是"痛苦不堪"[15] 的。车祸的消息很快就在整个摩门界传播开来，几个小时之后，援助就迅速到位。根据汉森的日记记载，在盐湖城，教会首领们焦急万分，特意向巴黎发出了指示。根据指示，安德森的高级助理乔尔·H. 麦金农（Joel H. McRinnon）传教士和传教团秘书拜伦·汉森连夜冒雨驾车离开巴黎，于事故发生后的第二天早晨8:30，抵达巴扎。汉森在日记里一开始就写道："昨晚遭遇了车祸。"[16] 他回忆说："当我们刚刚抵达的时候，他们都以为米特已经死了。"[17] 麦金农和汉森不得不告知安德森他妻子已经死亡的消息。因为医生们都不愿意告诉安德森这个悲惨的消息。[18]

在美国，乔治·罗姆尼负责照料他儿子。他让作为驻院医生的准女婿布鲁斯·H. 鲁滨逊（Bruce H. Robinson，后与罗姆尼的姐姐简结婚）飞往法国，监督米特的治疗。"我那天下午正在密歇根的医院查房，然后乔治·罗姆尼打来电话说：'米特被车撞了，现在还活着，但是还不知道他具体受伤的程度。'"[19] 鲁滨逊回忆道。全家人还担心法国的医生不知道罗姆尼对盘尼西林过敏。[20] 鲁滨逊打电话给简，让她带上牙刷和换洗衣物后到底特律机场碰头。然后，鲁滨逊连夜飞往巴黎，再转往波尔多，于6月18日抵达。鲁滨逊说："米特才刚刚苏醒过来，但是他的脸完全是肿的，眼睛基本睁不开，有一只胳膊还骨折了。"[21] 鲁滨逊说："和一般头部重伤的情况一样，罗姆尼的呼吸和心跳都很慢，因此很难观察到，容易过早地宣判死亡。不像现在可以做一些检查试验，当时的急救人员已经尽其所能做了检查，最终确定罗姆尼将可以度过危险期，罗姆尼差点儿就没有活下来。"鲁滨逊说："他当时距离死亡可能就差那么一点儿。"[22] 之后，得益于年轻和较好的身体素质，罗姆尼很快康复而且也没有做外科手术。但是，他还没有从惊吓中恢复过来，他的意识一片混乱。他深深地庆幸自己还活着，但同时又沉浸在安德森女士离世的忧伤中。

肇事的梅赛德斯车司机是一名46岁的牧师，名叫阿尔贝特·马里耶（Albert Marie），来自于西勒伊（Sireuil）村。[23] 他当时正同母亲及另外一名女性出行。罗姆尼说，当时与马里耶会车的货车司机估计马里耶的车速高达每小时120公里（即75英里/小时）[24]。耶稣基督后期圣徒教会在20世纪曾与法国政府多次发生冲突，这次不愿意再因追究马里耶而激化与法国政府官员或天主教堂的关系。住在波尔多的法国摩门教徒安德烈·萨拉涅尔（André Salarnier）说："因为不想看到两个教堂之间关系出现紧张，杜安·安德森无意诉诸法律。"[25] 他在车祸发生之后就前往医院参与救治。戴维·L. 伍德说他记得接受过一些处理[26]，但罗姆尼却没有印象[27]。罗姆尼说他记得当时对马里耶提起了刑事诉讼，还记得填写过宣誓书。但是罗姆尼和巴扎警方都没有当时案件的记录。

据当事人称，罗姆尼当天驾车非常谨慎，没有过错。伍德说："我们开得很保守——他的车速低于限速[28]。"在被问到当时他驾车的车速时，罗姆尼回答说："嗯，是的，我知道当时我的车速很可能还没到限速。[29]"理查德·B.安德森是安德森夫妇的儿子，当时年龄27岁，车祸发生时正要读哈佛的研究生学院。他说他根本不责怪罗姆尼。"米特是完全没有过错的。"[30]他说。

杜安·安德森是法国教堂的头号领袖人物，也面临着精神和身体的长期恢复。[31]他的胸部被撞击，肋骨撞断、腰部受伤，肝脏和脾脏也受损。在当地医院住了几天之后，教堂租了一节私人列车车厢，将他送回了巴黎。在到达教会官邸之后，罗姆尼和鲁滨逊帮助还在轮椅上的安德森坐电梯回到了自己的房间。到了自己的住处之后，他禁不住又想起了所发生的一切。"他被悲哀折磨得有些歇斯底里，"鲁滨逊说道，"他失声痛哭时，我只好搂着他，米特也搂着他。"几个月后，安德森写道："我当时就感觉像是世界末日一样，再也没有生存下去的意义。我身体里面的每个细胞都在哀鸣。"

对于米特·罗姆尼而言，这场严重的车祸是他一个人生的转折点。[32]他依旧是一个小伙子，只有21岁，有着年轻人自己的坚韧性。现在，安德森女士，那个在车祸前不久还在给他的恋情出主意的人已经离去了[33]，这对他是残忍的打击。在走出哀痛之后，罗姆尼还看到了自己在教会中的责任越来越重。"失去一位我敬重的人，看到我所崇敬的会长失去他的爱妻让我难以接受、心碎不已，"罗姆尼回忆道，"直到现在这还是我心中的伤疤。"[34]

教堂领袖们给瑞士日内瓦摩门教会会长J.菲尔丁·纳尔逊（J. Fielding Nelson）致电[35]，提出迫切要求。他们告诉纳尔逊法国的组织现在是群龙无首，那里的网络由两百人左右的年轻传教士组成，没有人领导，一片涣散。杜安·安德森回到美国休养并埋葬妻子，但暂未告知他将何时返回。因此，纳尔逊作为最近教堂的年长者，被要求打点行装前往巴黎。纳尔逊不知道他将面临什么样的问题。

教会会长类似于父辈，照料身处异国尚未成熟的弱势年轻人。[36]各种问题都可能发生。这些年轻的传教士可能骑滑轮车或自行车时摔伤需要治疗；他们与其他摩门教徒结伴上门传道劝诫改宗可能会发生争吵；在他们离开家传道时，他们所爱的人可能会死亡。另外，他们传教经常会招致暴力抵抗。1968年，法国发生社会剧变，继而又使情况变得更加复杂。在社会剧变经历的过程中，教会会长力挽狂澜，确保了传教士们的安全。"上帝和他们的父母将他们的子女托付给您照料，"纳尔逊说，"您应该对他们负责。"但是当纳尔逊到达巴黎时，他发现情况并没有那么糟糕。[37] 两位年轻的领袖米特·罗姆尼和乔尔·H. 麦金农虽然还在身体恢复和精神疗伤当中，但已经开始着手弥补机构管理的空缺，包括向传教士分配任务，监管财务经营和其他教会的行政事宜，帮助教会人员处理各种问题等。“虽然这是一次不同寻常的经历，影响着我们所有人的内心，但是工作还是要继续，”[38] 传教士戴恩·麦克布莱德说道，“我们可以看到在米特身上存在着非凡的领导能力，这种能力可以激励、鼓舞人们，增强团体的凝聚力，使每个人能够牢记自己的使命。”

事实确实如此。在这一时期，即1968年晚期，罗姆尼领导才能的闪光点开始引人注意。与他共事的人对他的印象是：这个年轻人的行事风格比其年龄成熟许多。罗姆尼拒绝了回家休养的建议，认为他有义务留在教会工作。[39] 他在短短几周内就全面恢复。“他的恢复力确实令人震惊，”麦金农如是说，“表面上看，他并未对那场车祸、他所遭受的一切特别郁郁寡欢或者特别焦虑，尽管他曾经距离死亡如此之近。”[40] 他很平静，甚至可能是太想投入工作了。麦金农的所有关注就是让教会正常运行，但罗姆尼却将这场危机看做是对过去工作进行某种变革的契机。在他们意见相“左”时，麦金农都会感觉被罗姆尼浪潮般的想法所淹没。“我已经到了一直在对他说‘不！不！不’这样的程度，”麦金农说，“他的思维总是在跳跃。”但是他很欣赏罗姆尼的推动力。“米特有一种本领，仅仅就看一下所有需要做的事情，就可以开始确定如何去做。”他又说。

但是在罗姆尼内心，事情却截然相反。他的头脑中情感在翻腾着。他只对他最亲密的人谈及自己的感受，像与父母通通电话、写写信。但是他想要把这一切全部隐藏在一张坚毅面具的背后。[41] 这种早期的特质将在其成人之后表现得更为明显——强烈地保护自己的隐私，拒人于千里之外。“如果你愿意的话，我不想给所有法国的教会人民留下一种不良印象，认为我意志力弱，没有信心坚持。”他说。

在他传教的最后几个月里，罗姆尼努力将每个人的悲痛转化为动力。他号召所有传教士在劝诫改宗时更加努力，并认同安德森之前所作出的牺牲。他说：“我们将鼎力相助。”杜安·安德森在1968年8月与他的儿子及儿子一家一起回巴黎，[42] 将教会住所称为“痛苦的孤独”。他称赞了罗姆尼和其他人员“在艰难的时期，没有我们的帮助仍然成功地坚持了下来”。提到一名遭遇情绪崩溃的传教士，不得不回到美国，而另外一位因犯罪（罪名不明）已经被驱逐出教会。尽管罗姆尼在教会中确立了新的地位，但却在安德森回归之后的一场小型斗争中败下阵来。[43] 他反对教会住所的西班牙厨师在每天的饭菜中使用大量的蒜，劝说其减少用量，但是安德森却操纵权力支持厨师的用量。结果是，“蒜”方获胜。

罗姆尼在法国的最后几个月里，帮助促进大量的人员皈依教会。在他在位的两年半里，他个人基本上没有邀请新会员加入教堂[44]，但是他的领导力使得教堂在当年困难的形势下完成了新招募200名会员的目标。他从一位犹他州化学家亨利·艾林（Henry Eyring）的故事（实际可以称之为寓言）当中得到了灵感。亨利·艾林患有癌症，仍然坚持帮助教堂为洋葱地除草，后来发现他所除草的那垄地根本不需要除草。尽管如此，他却并没有感到恼怒。艾林说：“我又不是为了除草而去的。”[45]“他是有求必应，”罗姆尼说：“我认为这通常发生在入会的年轻人身上。”[46]事实确实如此。罗姆尼在位的最后几个月使他更为贴近在他的家族帮助所建立的宗教。他变得成熟，无论是作为一个男人还是一位摩门教徒，而且在车祸之后，他可以更为清晰地参透其生活的真谛。“这让我痛切地感受到生命是如此脆弱，时间是如此珍贵，”他说，“我们应该将有限的生命应用到无限的工作中去。”[47]

还有一些事情也改变了罗姆尼。这个生长在美国，受美国汽车文化熏陶的男孩现在开始恐惧汽车。“我害怕开车或者待在车里，并有一种我以前从未经历过的脆弱感。”[48]他说。很明显，罗姆尼有理由担心。[49]在1968年12月寒冷的一天里，他驾驶着一辆标致车穿过勒芒（Le Mans），突然被后面的一辆垃圾车追尾。罗姆尼从后视镜中看见垃圾车驶近，立即神经就绷紧了。垃圾车“撞到了我车的后面，”他说，“造成我的车和前方的车辆追尾，然后前方的车又和前面的相撞——嘭！嘭！嘭！嘭！”虽然没有造成严重的人员伤亡，但是，罗姆尼本来再过几周就要回美国，发生这样的事简直让他无法忍受。他再也不敢上法国的公路了。

在从法国回来的路上[50]，当时正值1968年的圣诞节前夕，罗姆尼首先在英格兰停留，那里有安·戴维斯的哥哥罗德（Rod）新近皈依为摩门教徒，被指定为教士。罗姆尼送给罗德旧衬衫、鞋子和衣物，他们一起上门传道共度了一天，然后罗姆尼飞回国内。但是罗姆尼并没有特别关注说服英国人加入摩门教，他关心的只是罗德的妹妹。米特和安很久之前就商议结婚，但是那是孩童时期的约定，两年半之前才商定。罗姆尼希望这个约定还有效，但是他并不能确定。

在传教的过程中，罗姆尼从未忘记他最主要的目标：留住安·戴维斯。就像乔治·罗姆尼从前强烈追求丽诺尔一样，米特·罗姆尼决心不能错过安。他在过去的两年半内长大成熟，曾经和死亡面对面，更加坚定自己的信念；亲历父亲发起总统竞选又最终落败，所有这些，加之和安的异地恋，都让他明白：他想过同父亲类似的生活，有安陪伴在身边，今后组成一个家庭。但是他却有充足的理由担心他的这一宏伟计划将被现实击碎。当罗姆尼搬到他巴黎的公寓，与其他摩门传教士一起居住时，他的眼睛立刻就被墙上贴满的信件吸引了。墙上都是其他传教士回来之后收到的女朋友的绝交信。盯着这面墙，罗姆尼开始有点担心：“是不是也有一个位置是留给我的？”[51] 虽说安答应了他非正式的求婚，但是那时候她只有 16 岁。罗姆尼不在她身边的几个月考验着他们年轻的爱情。

根据传教士严苛的制度，罗姆尼一年内只能给安打少量的电话。他两次与安的会面都是既简短又在监督之下。同时，安在杨百翰大学（BYU）中过的是男女同校的开放式生活。犹他州的普罗沃校区有不少刚刚从各自教会返回的男生，个个能言善辩、巧舌如簧，由于摩门教有禁止婚前性行为的禁令，他们寻找老婆的心情比谁都迫切。“把妹大学”的称号实至名归（杨百翰大学的谐音，用以调侃。——译者注）。

罗姆尼所担心的分手信最终还是在 1968 年秋天，也就是车祸发生的几个月之后收到。虽然不是典型意义上的分手信，但也差不多就是了。安在信中写道，她对杨百翰大学任何男生的追求从无感觉，但只除了这一个。他叫基姆·卡梅伦（Kim Cameron），是一名篮球运动员，同时还担任学生会领导。她说，卡梅伦让她想起了他。“太可怕了”，罗姆尼说，“我一走，哦，天哪，感觉就来了！”[52] 这封信让罗姆尼感到了绝望。“听说她与这个家伙好上了，他变得非常、非常狂躁。”[53] 麦克布赖德说。这种状态持续了几周的时间。米特始终都在斗争要不要打电话给安。最后，他将自己的心里话倾诉在信上，在动笔之前，先对着其他传教士把阿谀赞美的话进行演练。“这是我唯一一次看见他啥都做不了，”麦克布赖德说，“感觉有那么一点儿低三下四。”

安在杨百翰大学的室友辛迪·波顿来自密歇根，当时即将和安的哥哥结婚。现在这位室友被称为辛迪·戴维斯，她说她曾一度以为安最终将会和卡梅伦结婚。“我还以为差不多了。”卡梅伦也回忆道。[54]“从情感上来说，我非常迷恋她。”罗姆尼当时也有着同样的担心。他恳求安等他。安回信说她实际爱的是他，让他放宽了心。但是他还不能确定。要回国之前，罗姆尼担心会有不好的消息等着他。“我不知道我们会有怎样的感觉。”他说。安和罗姆尼的家族成员一起在机场接机。罗姆尼被家人左拥右抱，但他却直勾勾地盯着安看。罗姆尼和安一起坐在罗姆尼姐姐驾驶的奥兹莫比尔前景巡洋舰（Oldsmobile Vista Cruiser）的第三排，他抓紧时间向她表白。“老天，这感觉就像是我从未离开一样，”他记得当时对安说，“简直不敢相信。”[55]

“我的感觉也是一模一样呢。”她说。

“想结婚吗？”他问。

“想。”

回家之后，罗姆尼告诉父母想要尽快举办婚礼。他的父亲感到高兴，但母亲却不尽然。丽诺尔·罗姆尼是底特律社会的风云人物，她清楚婚姻绝对不能草率。但是，这仅是她犹豫不决的部分原因。辛迪·戴维斯说：“我认为丽诺尔让她最小的儿子出去闯荡，这期间她过得并不快乐。”[56] 毕竟有罗姆尼之前，医生认为丽诺尔不可能生育。虽然乔治很快就和安相处得很融洽，但和丽诺尔却花了很长时间。“她与安的关系并不是那么融洽，”戴维斯说，“她的态度比较保守。”他们同意再过三个月再举办婚礼。同时，罗姆尼从斯坦福大学退学，转到杨百翰大学和安在一起。另外，他在教堂交的新的朋友也会上杨百翰大学，在那儿学习会感觉更加舒服。罗姆尼在那里如鱼得水。他还参加了杨百翰大学的荣誉课程，并开始潜心研究。他在法国的时光促使他“要做一些不同寻常的事情”。他说：“我对自己说，‘小子，我想尽我所能做些事情。’所以，我回国之后，已经是个比过去好得多的学生了。”[57]

1969年春，罗姆尼终于如愿以偿迎娶了安。婚礼隆重盛大，为期两天。3月21日，正好是他们首次约会后第四年，米特(时年22岁)和安(时年19岁)在安的父母家中临时搭建的圣坛前互换婚戒，举行了一个小型的世俗婚礼仪式(Civil Ceremony，指非宗教仪式。——译者注)。大约有60人参加了这场仪式，由教堂老者埃德温·琼斯主持。埃德温·琼斯的发型曾经是米特在青少年时期效仿的对象。安当时流下幸福的眼泪，手捧一束兰花，由她父亲陪同。之后，这对新人停下来拍照休息，然后前往在布卢姆菲尔德·希尔斯乡村俱乐部(Bloomfield Hills Country Club)举办的招待会，会场有来自汽车行业和政府的重要人物。会上来宾有三百多人。米特切婚礼蛋糕，然后摆出照相姿势，拍摄了数不清的照片，还帮他的新娘整理面纱。但有一件事他却没有做。当摄影师要求抓拍他们接吻的照片留给后代作为纪念时，他拒绝了。他说：“不要拍。”[58]

第二天，婚宴和来宾移至盐湖城，大部分宾客都乘坐了罗姆尼家族专为此次婚礼而安排的包机。在尖顶的摩门教寺，米特和安被“加封”为“永恒”。因为安的父母不是摩门教徒，未能获准在摩门教寺里亲历仪式。之后，罗姆尼家族在位于圣殿广场对面街道的酒店中举办了宴会，参加人员包括不少的教堂领导和犹他州的政界人物。仪式和庆祝活动结束之后，米特·罗姆尼和安·罗姆尼夫妇返回到杨百翰大学，租住在学校附近的地下室公寓，租金为每月 62 美金，一起开始创造新生活。他们与很多普罗沃校区在校的摩门教年轻夫妻相处得十分融洽，经常共同听课、共同进餐。乔治和丽诺尔赠送了一辆汽车给他们，作为结婚礼物。在婚礼一年后，他们的大儿子降生，取名塔格特（Taggart），与他们一位杨百翰大学的好友同名。[59] 新科父母激动不已。[60] 虽说罗姆尼也很反对越南战争 [61]，但是他却喜欢杨百翰大学保守文化的氛围，因为杨百翰大学禁止任何摇滚乐队、自由主义演说家和学生组织，甚至还禁止男学生留长发。罗姆尼在校期间，学校的校长还征募学生暗中监视被认定为自由主义的教授。如果学生打出和平的标语，则要被责令去除。

罗姆尼应邀加入美洲狮俱乐部（Cougar Club）[62]，这是校园内只面向男生的服务俱乐部，这是兄弟会（Fraternity）在杨百翰大学的另一个翻版，以挑选具备领导潜能的同学加入。有几十个同学加入了该俱乐部，这个俱乐部直到 1970 年左右，在罗姆尼担任俱乐部主席之前，通过销售面包糕点、举办宴会和拍卖为学校筹集了一些资金。但是由于不赞同国内其他大学校区的抗议、恶意破坏和暴力行为，罗姆尼想要将俱乐部改革成为更为强大的实体，可以为他们所热爱的学校提供更有利的支持。“我们对我们的学校有着别样的感情……我们希望它能成功，”同样加入了该俱乐部的麦克·布赖德说，“我们引以为豪。”因此，罗姆尼设定了一个宏伟的目标：美洲狮俱乐部不单单只是销售曲奇饼干和举办派对，它还与大学行政管理部门合作，通过直接向校友及其家人募资的方式，计划一年筹集 10 万美元的资金。罗姆尼获取了学校的潜在捐助者名单，招收志愿者并建立了电话通讯录。这一计划取得了成效，达到了预期目标。美洲狮俱乐部自此成为了杨百翰大学发展的主要推动力。这是罗姆尼的愿景规划，现在他实现了。

1971 年，在普罗沃住了两年半之后，罗姆尼取得了英语文学学位，以“最高荣誉”[63] 的成绩毕业，并在当年的毕业典礼上发表了演讲。罗姆尼的演讲稿谈及社会对于像他这样的天之骄子期望很高。他说：“我希望这届毕业生将会选择一种不同的生活，我们要培养勇于创新、不甘平庸的精神，绝不能自我满足。我们所受的教育应当激励我们去挑战无知，并准备接受来自上帝的新真理。”[64] 虽然他们可能延续了很多相同的发展路径，但是罗姆尼的杨百翰大学学位就注定他与他的父亲在发展道路上南辕北辙，他的父亲取得了商界很高的成就，但从未读过大学。40 年前，乔治·罗姆尼曾经梦想到哈佛读书，取得企业管理学位，但是为了追求丽诺尔并和她结婚，他最终放弃了这个梦想。虽然乔治的事业如日中天，但是他感觉到现在形势不同了。他与米特促膝长谈，说出了自己的看法：米特应当不但要取得企业管理的学位，还应当同时努力获得哈佛大学法律学位。他认为，这是一个竞争激烈的世界，一个人需要得到最好的教育才能发展。米特一开始将信将疑，但还是同意考虑。他与安讨论了这个问题，并很快决定采取行动。两人决定迁往马萨诸塞州。

霍华德·C. 塞金（Howard C. Serkin）在奥尔德里奇大厅（Aldrich Hall）沿阶梯式长排桌椅一路走过，搜索按字母排序的名卡，寻找自己的座位。作为有着四年海军核潜艇长官经验的他，对于压力并不陌生，但是那天早上他的胃绞痛得厉害。那天是 1972 年，哈佛商学院（Harvard Business School）开课的第一天。他找到了自己的座位，然后和邻座有一头光亮黑发的同学打了招呼。塞金回忆道："他抬头看我，微笑着。我说，'你好，我叫霍华德·塞金。'然后他说，'你好，我叫米特·罗姆尼。'"他说："当时我真傻，我问，'你是哪里人？'他回答说，'我来自密歇根。'那时我想了一下，'哦，天哪！'然后我明白了：他就是……乔治的儿子。"[65]

罗姆尼同时被哈佛商学院和哈佛法学院（Harvard Law School）录取，他显赫的家庭背景是同学当中尽人皆知的事情。他的不少同学家境殷实、政治背景显赫，他是其中一个。他在商学院的同班同学当中包括联合国秘书长库尔特·瓦尔德海姆（Kurt Waldheim）的儿子和以其家族名命名悉尼达令港（Darling Harbour）的迈克尔·达林（Michael Darling）。后入学的一届同学包括乔治·W. 布什（George W. Bush），当时他的父亲是共和党全国委员会主席。在法学院，罗姆尼的同学包括西奥多·罗斯福（Theodore Roosevelt）的曾孙女苏珊·罗斯福（Susan Roosevelt），还有爱德华·F. 考克斯（Edward F. Cox），他和身为尼克松总统女儿的妻子特里西娅（Tricia）一起出现在校园的时候，就经常成为美国特勤局（Secret Service）的特工以及新闻媒体跟踪和竞相追逐的对象。"我们刚入学的时候，大概头一个星期吧，每个人，包括那些有钱有名的人都四处走动，边看边说：'我在这究竟能做什么啊？他们干嘛选中我啊？'"罗姆尼的商学院同学贾尼丝·斯图尔特（Janice Stewart）说道。"几个星期之后，我合计出来了：我周围的人都很上进。他们干劲十足。"她继续说道："这种干劲以各种形式表现，但是始终都在，一直存在。米特更是胸怀大志。"[66]

那时，哈佛联合课程（MBA/JD）是新设的——在两年前才开始启动，要求非常严格。一般来说，商学院的课程是两年结束，法学院是三年；双学位的学生需在四年内获得两个学位，第一年在一个学院学习，第二年在另一个学院，而最后两年是两个学院交叉进行。罗姆尼的商学院同学共有 800 人，法学院同学为 550 人，其中只有 15 个人通过了该课程取得了学位。霍华德 · B. 布朗斯坦（Howard B. Brownstein）和罗姆尼一起于 1975 年通过了该课程，然后又在同一家公司里工作。他说："我们将自己视为一支精英作战部队……因为数量少，所以我们与众不同。"[67]

从学术上说，法学院更偏于理论性，而商学院实践性更强。哈佛商学院主要依靠教科书和材料（罗姆尼在哈佛商学院的教授包括斯蒂芬 · 布雷耶[68]，Stephen Breyer，现任美国联邦最高法院助理法官），而商学院探索的是案例研究方法，其中学生们详细剖析现实生活中的实际商业决策，学习像管理者和总裁那样去思考。罗姆尼在两个方面都很优秀，他这两种研究生学院经历为他今后在咨询和私募股权投资专业奠定了坚实的基础。他学习法律，升华了他作为孩童就已经具备的特质：提出质疑性的问题、扮演诡辩律师的角色，以及使用对抗性的提问方式。他后天养成的分析数据、调解有分歧的观点的能力将成为他今后高风险投资的重要资产。

在米特 · 罗姆尼学习期间，哈佛校园是个人才济济的地方，有各种天赋和想法的碰撞，校园比较安全，没有 20 世纪 60 年代末那么乱。反战情绪持续存在，校园内仍有很多罢工和静坐示威的老兵。但是就像在斯坦福大学时一样，罗姆尼没有与这些人混在一起，当时很多罗姆尼的同学都在与政府对着干，他的热情和乐观显得很突出。加雷特 · G. 拉斯姆森（Garret G. Rasmussen）在法学院第一年的时候，按照字母顺序排座坐在罗姆尼的邻座，"他（罗姆尼）不知厌倦、从不怀疑，也没有嘲讽，"他说，"他非常积极，这是一种非常特别的风格。"[69] 即便是在研究生院这样很休闲的环境中，罗姆尼都表现出一种很传统的形象，与他的同学相比，着装较为正式。威廉 · L. 内夫（William L. Neff）是罗姆尼在法学院研究小组的成员，据他回忆："我们大部分人都穿得随随便便，不修边幅，而他比我们要穿戴得整洁一点儿。"[70]

在罗姆尼去哈佛读书之时，他的父亲已经在管理一家大型企业，三次被选举成为密歇根州州长，竞选总统，并且被任命为尼克松总统的内阁政府成员。虽然米特与老罗姆尼外表相似，有满头乌黑的头发、方下巴和迷人的笑容，但是米特却并不关心他的出身。同学们说唯一得知米特身份的来源是他随身携带的一只破旧的公文包，上面有着已经褪色的烫金的乔治首字母。同时，米特的父亲已经在华盛顿被广泛关注，在白宫的工作也引起了很大的反响。从一开始白宫就将他普遍视为是总统的竞争人选，而不仅仅是竞选伙伴。

乔治 · 罗姆尼放弃总统竞选之后，尼克松将他任命为住房和城市发展部部长，这出乎很多人的意料。但是这两位对手却从未合好过。在1968年共和党会议上，乔治·罗姆尼拒绝让他的团队支持尼克松。尼克松顾问约翰·亚列舒曼（John Ehrlichman）后来写道，这种怠慢“是尼克松永生不能忘的事情”。他还写道：“尼克松需要一些温和的共和党人平衡政府内阁。最好的报复就是让乔治·罗姆尼在无关紧要的部门工作，不再会有发展的机会。”[71] 但是乔治·罗姆尼并不甘于在不起眼的岗位做些平凡的工作。他尽力实现了自己改善种族关系的誓言，推动了郊区住房的种族融合，减少了种族隔离现象。“迁移到城郊地区，而且相同经济和社会地位的人才能居住在一起的构想，是我们需要摒弃的做法。”[72] 乔治·罗姆尼说。而他在密歇根州布卢姆菲尔德·希尔斯依旧拥有的一处家族房产。这是一个有争议的问题，他的倡导没有在共和党内部得到支持。米特的母亲丽诺尔也追随丈夫从政，于1970年在密歇根州发起为共和党竞争美国参议院席位的活动，结果以失败而告终。有些分析家认为她的失败与她丈夫推行一体化住房有关。乔治·罗姆尼最开始认为尼克松总统会支持他的住房政策，后来从他的顾问那里听说尼克松出于政治的原因，有意不介入乔治的计划。乔治·罗姆尼在表达其反对意见和作为团队执行者之间左右为难。

最终，在党内积聚的对乔治·罗姆尼的不满让尼克松决心要将其驱逐出去。乔治·罗姆尼拒绝了尼克松委派他为墨西哥（墨西哥是乔治·罗姆尼的出生地）大使的建议。[73] 1970年年末，尼克松与罗姆尼会面，当时尼克松很担心在1972年的大选中失去密歇根州以及全国城市投票者的支持，因此不敢将他的老对手驱逐出去。尼克松试图威逼乔治·罗姆尼，让其在很多事情上作出让步。乔治·罗姆尼对于这种削减其权力的做法越来越恼怒。之后，在1972年8月初，飓风以及随之而来的洪水给宾夕法尼亚州的威尔克斯—巴里（Wilkes-Barre）造成了巨大的损失。尼克松总统宣布他将委派乔治·罗姆尼视察灾情——但却并未事先告知他，乔治·罗姆尼还是通过媒体得知这一消息的。正当罗姆尼对这种冷落愤愤不平时，他的妻子丽诺尔决定秘密联系白宫。丽诺尔在1972年8月8日给尼克松的顾问亚列舒曼写了一封信，内容是：“总统先生通过媒体的方式告知乔治，将‘命令’乔治前往威尔克斯—巴里视察并递交报告，这是一个出乎意料的打击……得知总统是那么轻视人们的自尊和服务，我们感觉很失望。”[74] 殊不知，尼克松总统已经指派亚列舒曼约束乔治·罗姆尼的言行。

抵达威尔克斯—巴里之后，乔治·罗姆尼见到了很多洪灾受害者，他们都认为尼克松政府抛弃了他们。[75] 乔治·罗姆尼的逆反个性膨胀起来，他顽固地拒绝宾夕法尼亚州州长建议联邦政府为飓风受害者还清抵押贷款的提议，称这一想法“不切实际且具有煽动性”。因此，在一次新闻发布会上，一位63岁的奶奶米恩·马西森（Min Matheson）向乔治·罗姆尼发难。她对乔治·罗姆尼说：“你才不管我们是死是活！”接着将一张受灾的照片扔到他的脸上。

这次冲突被媒体广泛报道。尽管公众对乔治·罗姆尼最深的印象是他曾经在广播中说过他早期对越南的观点是因为他被“洗脑”造成的，但是当时在威尔克斯的冲突几乎比这句话造成的影响还坏。尼克松害怕乔治·罗姆尼之行的不良影响将大幅降低他再次当选的几率。在乔治·罗姆尼宾夕法尼亚州之行后的两天，乔治·罗姆尼与尼克松在总统办公室进行了一次罕见的私人会面。在这一个小时感情交流的过程中，据尼克松秘密磁带录音系统记录的对话，乔治·罗姆尼跟尼克松倾诉了他为尼克松工作时遇到的很多挫折，几次想要辞职。[76]“我在我本部门的政策领域和执行领域都没有实际的决策权！”他大声喊道。但是，正值再选，尼克松不希望乔治·罗姆尼离开。尼克松用安慰的口吻对乔治·罗姆尼说，如果他辞职，将会两败俱伤。乔治·罗姆尼态度有所缓和，同意暂不辞职。在与尼克松总统发生分歧时，乔治·罗姆尼保持沉默，但是这种状况在尼克松赢得连任时终止。乔治·罗姆尼在1972年11月9日给尼克松总统写了一封言辞犀利的辞职信[77]，信中说到政客们太过于关注如何赢得大选，以至于无法有效地进行领导。“他们基本的职能就是竞争管理权”，太害怕疏远投票人，因此没有去解决“真正的问题”，他写道。乔治·罗姆尼构想成立“关注市民联合体”，目标是要培养“开明的选民”。乔治·罗姆尼的抨击言论在某种程度上背离了当时正朝媒体主导型美国政治文化发展的轨道。他只是考虑在1974年竞争犹他州的美国参议院席位，但是没有竞选全国性的政治职位，而且今后也再没有竞争过[78]。虽然如此，乔治·罗姆尼却积累了有益的政治智慧。

米特·罗姆尼当时24岁，已经结婚并育有两个年幼的儿子。最小的儿子名叫马修（Matthew），出生于1971年10月，是米特·罗姆尼当年在哈佛大学读研究生期间所生的。在米特·罗姆尼社交圈子中的朋友，基本都同他一样与家人一起住在校园附近。米特和安在米特父母的资助下，在波士顿郊区贝尔蒙特购买了一处房产。[79]米特大部分的时间都往返于学校和家之间，但他还是会出现在研究生学院的社交场合。他偶尔会参加哈佛法学院社交俱乐部——林肯律师学院协会（Lincoln’s Inn Society）的活动，活动中学生们可以吃饭、放松以及互相交谈。有时，他会参加坎布里奇餐馆（Cambridge）的周末派对和团体聚餐。关于摩门教徒的一些禁忌，例如要禁酒、咖啡因、香烟和毒品，并没有对他的社交造成困扰。“他并不介意我们喝咖啡或啤酒，但是他从来不喝，”塞金说，“我们尊重他忠于自己的信仰，而且他对其他人是完全开放和包容的。”[80] 罗姆尼亲自参加了哈佛法学院论坛，这是一个学生组织，邀请有影响力的演讲者到学校讲演。米特·罗姆尼邀请的其中一位演讲者就是他的父亲。[81] 当乔治·罗姆尼来演讲时，会特别供应橙汁，这是很醒目的标志，而不仅是通常所供应的苏打水、咖啡、茶水和其他咖啡因饮料。

米特·罗姆尼的同学都知道他是摩门教徒，但他从来不劝说别人改变自己的宗教信仰。马克·E. 梅佐（Mark E. Mazo）是罗姆尼法学院研究小组的伙伴之一，回忆说罗姆尼曾经和对他观点感兴趣的同学讨论过他的信仰问题。“他谈过一次，是仅有的一次，之后再也没有提及过。”[82] 他说。有时，米特和安会邀请同学参加他们称之的“家庭聚会”，这是摩门教的传统，即家人每周都要抽时间聚一下。布朗斯坦说：“他给人的感觉就是有强烈的道德力量，非常忠于自己的宗教和家庭。从来都没有听到米特拿任何人开过玩笑，也没有听到他说粗话。当你见到他，和他打交道时，你就会知道他是一个非常认真的人。”[83]

当罗姆尼于 1975 年从哈佛大学毕业时，他已经获得了法学院的荣誉以及商学院的贝克学者（Baker Scholar）的称号，这是班上只有 5% 的学生才能获得的荣誉。但是，还在他尚未开始找工作时，就已经是用人单位的青睐对象。咨询公司和投资银行一直以来都在招募哈佛最优秀和最有前途的学生，而被哈佛大学具有竞争力的双学位课程录取的学生都是经过精心挑选的，这是美好前程的开始。因为他们是精英中的精英。

到了坎布里奇校园不久，罗姆尼还引起过波士顿咨询公司（Boston Consulting Group）的注意——这是当时商务咨询新兴领域方面最炙手可热的企业之一。查尔斯·法里斯（Charles Faris）负责劝说罗姆尼加入波士顿咨询公司。在罗姆尼四年的哈佛学习过程中，法里斯经常与他联系，请他吃午饭、晚饭，并邀请他参加公司的活动。在罗姆尼即将毕业的时候，法里斯发现想要聘用罗姆尼，还有大量的竞争对手。他说：“他是优秀的潜在员工，成绩优异、迷人、平和，还是前总统候选人的儿子，因此，他成了大家争抢的香饽饽。”[84] 最终，法里斯的讨好和坚持使他如愿以偿。罗姆尼从哈佛大学毕业后不久，便开始到波士顿咨询公司工作，这是常春藤盟校（Ivy League）毕业生刚刚踏入社会的一份非常理想的工作。

但是，罗姆尼还是给自己留了一条后路，因为他并不确信自己能在商界大展拳脚。他在 1975 年 7 月通过了密歇根州律师考试，可以于第二年在当地从事司法实践[85]。他认为，如果自己未能在商界取得成功，还可以有一条退路。

罗姆尼回忆道："这里有我的朋友，还有我所了解的行业。我喜欢汽车。"[86] 但是事实证明他的保险措施没有必要。全国的企业都争相聘用波士顿咨询公司的顾问，他们单凭双眼就能够分析海量的财务数据，可以降低成本，提高产量并赢取市场份额。罗姆尼很快就成为业界的新星，建立了良好的口碑。

波士顿咨询公司的顾问将自己称之为客观的局外人，非常适合罗姆尼理性的性格。朗尼·M. 史密斯（Lonnie M. Smith）和罗姆尼同时入校并随后在同一家公司工作，他说："在波士顿咨询公司，分析是王道。客户付了那么多钱，你需要独具慧眼，为客户提供满意的答案。"[87] 罗姆尼的小家正在不断发展壮大，也就意味着他需要经常熬夜工作、周末加班，而且频繁地出差。法里斯是罗姆尼在公司中的导师，两个暑假都和罗姆尼一起飞往欧洲，在那里他们为一个有海外业务的美国客户服务。法里斯说："他工作起来废寝忘食。"[88]

罗姆尼被一些他的同事亲切地称为"摩门帮"，是指公司内聪明、有才华、努力工作的摩门教徒，最终将成为领导层。"对于我和这里的所有人而言，也包括米特，这一工作时期让我们很快成长，很可能比商学院或法学院对我们的影响还要大，[89]"史密斯如是说。但是在 20 世纪 70 年代，随着时间的推移，一家竞争对手开始超越波士顿咨询公司，这家公司名叫贝恩咨询公司（Bain & Company），与波士顿咨询公司的前任总裁比尔·贝恩同名。在贝恩开办自己的公司四年之后，贝恩将贝恩咨询公司定位为全国最顶尖的咨询机构之一。米特·罗姆尼有心加入。

忠实的丈夫，虔诚的信徒

我们尽力想要管教儿子们。但没办法，米特老是做不好。

——安·罗姆尼，对她丈夫粗暴的一面打趣道

对于马克·尼克松和雪莉·尼克松（Sheryl Nixon）而言，这个圣诞节变得不好过。由于马克工作的原因，他们刚刚才举家搬到波士顿地区，还不认识什么人。[1] 然而，1995 年 4 月 4 日晚上，夫妻俩接到了让为人父母都担心的电话。他们六个孩子中的四个，包括两个上高中的儿子罗布（Rob）和里德（Reed），在莫尔伯勒（Marlborough）的摩门教礼拜堂参加完年轻人聚会后驾车回家。莫尔伯勒在波士顿以西，离波士顿约 45 分钟车程。离开停车场后不久，里德所驾驶的红色奥兹莫比尔小型面包车突然失去了控制。[2] 汽车擦撞上了一根电线杆，又连撞两棵树和一个公寓住宅的指示牌，最后翻了过来。车中的其他六人脱了险，仅受了一些皮外伤，但是罗布和里德两个人当时坐在前排，头朝下脚朝上被卡住，颈部严重受伤。这两个尼克松家的男孩，曾是高中越野赛跑队的佼佼者，却在一瞬间四肢瘫痪。“我能看到我的腿，但腿别着，歪到一边去了，”里德后来回忆道，“我的腿没有知觉了。”

在经过一系列大手术，花费了数十万美元的治疗费后，罗布和里德度过了六个月的康复期，于 1995 年 10 月出院回家。罗布的伤势要轻些，他还可以活动手臂和自主呼吸。里德的情况就要严重得多，他完全瘫痪了，而且还要依靠呼吸器。一家人突然需要为家里增添新的设施，需要专用车来运送这两个儿子。他们的经济负担和感情负担一下子变得非常沉重。马克·尼克松是波士顿外的本特利大学（Bentley University）的会计学教授。在这一年放假之前，他

在办公室接到了一个电话。是米特·罗姆尼打来的，他告诉马克他想要帮助他们，他问马克圣诞节平安夜他们会不会在家。

那天是个星期天。早上，尼克松开门发现，不仅米特来了，同行的还有安·罗姆尼和他们的儿子。他们抱着几个大箱子。里面装的是送给罗布的大型音响系统——“这是他梦寐以求的。”马克说道。还有送给里德的一台录像机。他们还送给了里德一张支票，因为不知道还有什么东西是他需要的。罗姆尼夫妇坐了一会儿，他们的儿子帮罗布把新音响安装好。“这是给孩子们多好的圣诞惊喜啊！”雪莉当时在她的日记中这样写道。

尼克松夫妇当时身处困境。虽然他们和罗姆尼有着共同的信仰，但和他并不是很熟。虽然他们不是陌生人，但也算不上是朋友。当时，罗姆尼还并未在摩门教会中取得正式的领导地位，因此他并没有直接的宗教义务必须给予尼克松帮助。很多教会内外的人在尼克松夫妇最为困难的时期都向他们伸出过援手，但是像罗姆尼这般的慷慨却很少有。最让尼克松夫妇感动的是米特和安当时都已经做好了假期出行的准备，仍然特意亲自将礼物送上门，与他们家人待在一起，还把自己的孩子也带来了，给孩子们作出表率。“我知道他其实是有计划的，知道他有多忙。但是他们全家还是来了，”马克说道，“他实际上也是在教他的儿子们，告诉他们：‘我们应该这样做，应该像一家人一样。’”雪莉补充说：“我们永远不能忘记。这件事一直萦绕在我们的脑海中，提醒我们也要做更为称职的家长。”

罗姆尼的帮助不止如此。他还告诉马克不要担心罗布和里德上大学的问题，他会出钱供他们上大学。虽然，最后尼克松夫妇并不需要罗姆尼的资助，但是罗姆尼一直都在默默地提供援助。他在第二年的春季，参加了本特利大学5公里路跑和募款活动，为罗布和里德筹集资金。接下来的几年，他向高尔夫锦标赛募款活动捐赠了丰厚的资金。在2007年，里德经过十年的学校生涯，从本特利大学毕业取得金融学位，罗姆尼夫妇送给他一只宾利座钟，上面刻有专门祝贺的话语。马克说：“这可不是一次性的礼物。”

罗姆尼一家的摩门信仰，在他们一起开创生活时，就已经建立起深厚的基础。这种信仰几乎是一切的基础，不仅仅是他们慈善行为的基础，还是他们婚姻、子女教育、社交生活甚至周末安排的基础。罗姆尼夫妻选择了以家庭为中心的生活方式。米特和安十分珍惜与孩子们待在家里的时光，认为这胜过一切。但同时，这也是一种责任。加入摩门教会就意味着接受这样的行为规范：将稳固的家庭关系（确切地说是稳固的异性恋家庭关系）视为重中之重，其中男方和女方常常担负起既定的传统角色。罗姆尼夫妇一直引用后期教会领袖大卫·O. 麦凯所倡导的著名的摩门信条："在其他方面的成功无法弥补家庭生活的失败。"[3] 在密歇根州，米特就是在这样的家庭氛围下长大。但安的家庭却对有组织的宗教持怀疑的态度，因此要抚养一家虔诚的摩门小子对安而言将会是全新的经历，是她始终需要学习和掌握的。

当罗姆尼夫妇在 1971 年抵达波士顿地区之后，他们就在贝尔蒙特安了家。贝尔蒙特是富足的郊区，很快就成为摩门教家庭青睐的居住地。在随后的十年内，继塔格特和马修之外，他们又生了三个儿子[4]。乔舒亚（Joshua，昵称乔希）生于 1975 年，本杰明（Benjamin）生于 1978 年，而最小的儿子克雷格（Craig）生于 1981 年，此时米特已经 34 岁，并且在贝恩咨询公司小有名气了。

和很多摩门教徒一样，罗姆尼夫妇为他们的新家定了规矩。[5] 星期天要去教堂反思，做些义工，搞家庭聚餐，如果是秋季的话，要观看电视上新英格兰爱国者（New England Patriots）橄榄球队的比赛。星期一晚上是家庭晚会的摩门仪式，罗姆尼一家会聚在一起，学习福音课程、讲故事和搞活动。安曾经说过米特有时会讲一些动物的故事，然后由孩子们表演出来。"对我们而言，家庭晚会不像是在学习，更像是在一起娱乐。"[6] 米特·罗姆尼说。星期二晚上，几个教会家庭会聚在一起，打篮球或举行野炊。[7] 星期五晚上则是米特和安的保留约会日，通常是晚餐加电影，星期六则是全家人在家中大扫除。在上中学之前，儿子们每天和其他的孩子们把邻居家作为"神学院"，在那里他们要探讨 45 分钟的经文。[8]

父母的职责很明确：米特忙他的事业，安负责照顾家里。虽处在很多女人都有职业抱负的年代，料理家务却成为了安的事业。她没有毕业就从杨百翰大学辍学，跟随米特东行，之后取得了学士学位，主修法语。[9] 她本可以在联合劝募协会（United Way）等慈善团体中大显身手，或与市中心的年轻人一起工作，或是参加马术比赛，或者担负起教会的许多职责。[10] 但是，家成为了她的职场，她是家中的最高行政长官（她丈夫更喜欢用 CFO 这个词，即首席家庭官[11]）。道格拉斯·安德森（Douglas Anderson）是罗姆尼夫妇的老友，他说："在这个家中，她有领导范儿，她也毫不避讳这一点。"[12]

因为有五个儿子，家务事就像洗衣服一样——活儿堆得做都做不完，做饭、打扫，浅色衣服和深色衣服还要分开堆放。还有数不清的学校活动、体育活动和教会活动。在她的帮助下，三个最小的儿子还获得了童子军鹰级徽章（Eagle Scout badge）[13]。因为孩子们还会不时地参加各种激烈的足球、篮球和橄榄球比赛，总有数不清的伤口、骨折、淤青需要处理。有一次，米特说当妈妈本身就是一项职业。“它不仅具有很大的挑战性，还要求很高，”米特说，“母亲不但要是个心理学家、心理分析学家，还要是个工程师、教师。”[14]有一次，安忘记关掉宝马汽车的天窗。这辆汽车是米特最喜爱的汽车之一。[15]天又下起瓢泼大雨，车内全部淋湿。然而，米特并没有发火。据他们的近邻好友同时也是教会成员的约翰·赖特回忆：“米特说：‘我清楚谁为我们做的饭，我知道谁为我们的饮食起居而操劳。’”赖特说米特的反应真实地肯定并赞赏了安在家庭生活中的重要地位。换句话说，这不是施恩于人的措辞。对罗姆尼夫妇以及很多摩门教家庭而言，维持稳固、实用的家庭一直都是最重要的。

除此以外，安的厨艺得到其母亲和外祖母的真传，十分了得。[16]她喜欢向人展示她的烹饪水平，甚至一度还开办了小型的烹饪学校。[17]在这个大家庭当中，每个人都有其钟爱的菜肴。最受欢迎的一道是安的拿手好菜“猴面包”——这是感恩节的主打美味。[18]同时米特也十分清楚作为父亲他应当做些什么，不应当做什么，当然这依赖于安作为母亲的宽宏大量。“我其实很愿意去换脏了的尿布，但是看到那种场面总让我有点想吐，”他在2007年接受《智族》（GQ）杂志采访时说，“所以我的妻子就会让我赶紧离开。”[19]

如果安·罗姆尼非得学习如何经营摩门家庭，有一件她很清楚的事情就是如何对付这帮男孩子们。她只有几个哥哥，和他们一起长大。不过，随着孩子们慢慢长大成为健壮的男子汉，想要去约束他们就比较困难了。塔格特有一次在采访中说，由于他小时候非常淘气经常受伤，他的母亲曾开玩笑地说医院应当以他的名字专门成立一个科系。“我身体几乎每一块骨头都骨折过，”他说，“光是我的脑袋缝针就缝了五六次。我的肩也伤过，还有肘关节、脚踝、大腿骨、大部分的脚趾和大部分的手指都受过伤。”[20]

在一个寒冷的冬天，赖特的儿子戴维（David）帮忙清扫罗姆尼家门前的积雪。[21]塔格特扬铲时意外划伤了戴维右眼的上方，结果缝了四针。赖特的妻子纳瑞妮（Laraine）是一名护士，非常担心儿子。但是安却因为之前无数次目睹了类似的意外，所以显得很镇定。几个月前在篮球场上，塔格特曾用自己错了位的肘关节将戴维的鼻子弄伤，当时安也是这种镇定的神情。在提到这场铲人事件时，赖特说：“安只是笑了笑，因为这种事情随时都可能发生在她几个儿子身上。”事实的确如此。朋友们都说，安不是一个保护欲过强的母亲，不会对每件小事都很担心。但是，想要真正不担心是不可能的，因为她的儿子们就跟他们父亲一样，总是喜欢冒险、修修建建、划船、滑雪。“如果她真想要管教他们，还真管不住。”赖特说。

每个孩子迟早都能在家中发展出自己的个性。[22] 塔格特后来在谈到他弟弟马修，也就是家里的老二时，说他“最喜欢开玩笑，最后总是把人激怒”。乔希是“典型的排行中间的孩子，想要很多关注，也得到了很多关注”。本杰明是老四，“很稳重、很安静、有一点儿置身事外”，而克雷格很享受自己作为“最小的孩子，也是大家最爱的弟弟”的身份。塔格特说他自己很具有老大的风范：“拔尖儿级别的，有些过于一板一眼。”

虽然这罗姆尼五兄弟个性各不相同，但是由于各种原因，他们都能代表健康的摩门教理念，他们都很自律、有礼貌、干净利落、乐于助人、单纯快乐。在罗姆尼早年担任当地教会领袖期间与罗姆尼共事过的菲利普·巴洛（Philip Barlow）说：“他们是非常招人喜爱的年轻人。”[23] 赖特说，罗姆尼夫妇与他所知的其他教会家庭不同，对小孩子的不听话没有表现出过度严格或者用严重的后果对小孩子进行威胁吓唬。他们对孩子们设定了高标准，并努力去证明遵守摩门教的道德契约所带来的长期回报。他说：“米特教导孩子们成为领导者，培养自信感。”[24]“这些孩子以他们的父亲为榜样在信仰中成长。”的确，所有五个孩子迟早都会追随父亲的道路，进行传教活动。[25] 他们的母亲后来说，他们离开家的时候还是个孩子，回来的时候已经是懂得关心别人、有同情心的男人了。

米特·罗姆尼说，直到孩子们长大了可以逗弄、互相打打闹闹、搞恶作剧时，他才开始行使父亲的权利。[26] 和换尿片的责任不同，上述这些都是他的拿手本领。罗姆尼回忆说：“在这样一个家庭长大非常有意思，我们会互开玩笑、常常大笑、讲浴室笑话，进行锻炼体力的游戏，比如拳击、摔跤、竞技，等等。”[27]“以前的经历真的是太棒了。”塔格特说，他的父亲回家之后，总是和其他人一样坐在地板上。[28]“他就坐在我们中间。”塔格特回忆道。在几年后罗姆尼的竞选广告片中，安形容她的丈夫也像一个十几岁的孩子一样：“我们尽力想要管教儿子们。但没办法，米特老是做不好。”[29]

他的这种无厘头不仅仅限于他在贝尔蒙特的家或仅仅限于在他的家人之中。15 年来，罗姆尼夫妇在科德角（Cape Cod）的码头区有一处小房子，供家人周末度假。[30] 米特在这里给孩子们做烤薄饼，有的时候还款待朋友。教会朋友格兰特·贝内特（Grant Bennett）还记得有一个周末他应邀与罗姆尼一家一起滑水。贝内特站在滑板上，米特在船的方向盘后面，一直在以“8”字形摇晃他，而且晃动得越来越剧烈，直到贝内特厌倦水中的拍打为止。[31] 他做出一个拇指向下的手势，表明“放慢一些”。贝内特说：“他转过身来，并冲我微笑，然后就越摇越快，越来越频繁地以‘8’字形摇晃。”最终，贝内特筋疲力尽地丢掉绳子。“我爬上船，说道：‘米特，你只有一种速度。要么全速度，要么零速度。’”

米特是在五大湖上学会滑水的，自此开始喜欢水、喜欢船。[32] 他和家人经常抽时间或者在周末时前往湖泊、海边，还曾爬上白山（White Mountains），有时还与其他家庭结伴而行。一起出行的时候，罗姆尼还教赖特的孩子们如何滑水。甚至山间的溪水也让他们着迷。赖特一家有一次和罗姆尼一家去卢恩山（Loon Mountain）。他说，他们不断地尝试，想把一条溪流拦截成他们想要的瀑布。赖特说，像这样的实践是罗姆尼所热衷的项目。

有一次在前往家附近的水域途中，罗姆尼遇到了麻烦。1981 年 6 月，罗姆尼和赖特去波士顿以西车程约半个小时的科奇图维特湖（Lake Cochituate），约好与人家一起划船。[33] 罗姆尼后来说，当时泊船巡逻员告诉罗姆尼不能把船放入湖中，因为执照号很难辨认。罗姆尼就问，那么如果这样做了要罚多少钱。巡逻员回答：50 美金。这笔钱对于罗姆尼来说根本不算什么，他情愿付这笔小钱以换取一天的玩耍。但是当他正准备把船推到水里时，巡逻员愤怒了。赖特说：“巡逻员认为这是对他的人身攻击。”巡逻员掏出手铐，把身着泳衣浑身还滴着水的罗姆尼带走扣留起来，理由是妨碍治安。这个事件后经罗姆尼及其律师的努力，很快得以化解。但是那天的湖边郊游还没有开始就因为这件事情戛然而止。

虽然罗姆尼家有很多的嬉笑玩乐，但也有严肃和发生摩擦的时候。摩门教可能抑制了孩子们青春期的叛逆，但也不总是灵丹妙药。尽管如此，朋友和罗姆尼的家人都认为他们的家庭生活非常和谐。

塔格特说他童年最美好的记忆就是夜晚，弟兄几个和父母聚在一起，一般是坐在米特和安床脚的沙发上，在黑暗中交谈。[34] 起先是几个孩子常常在半夜溜进父母的卧室。后来这一习惯慢慢演变成为睡前几小时的讨论，在漆黑的卧室里每个人都有权利自由地发言。“这是完全自我的时间，完全是开放的。”塔格特说。安和米特对每个人提出的任何问题都会提出建议，其他的兄弟也会发表自己的意见。这样的传统一直持续到孩子们长大，探讨的话题也从学校轶事变成了该上哪所大学，之后又转移到如何抚养他们自己的子女和事业的发展。后来，马修、乔希和克雷格进入房地产开发或管理领域，塔格特从事私募股权投资，本杰明则成为了放射学家。[35]

和米特一样，塔格特小时候也是极其崇拜自己的父亲。但是他在青春期却有一段时间不想受父亲的管教。大约 11 岁他还年少时，就开始表现出叛逆，塔格特说，那个时期他的父亲在他眼中由“超人”变成“庸人”。塔格特说：“一夜之间，他的各个方面都让我很不舒服。”他穿的牛仔裤太短，他的头发总是那么一丝不乱，他坚持让孩子们星期六早上早起做家务，甚至他说早安的方式都让人不舒服。“他总是那么规规矩矩让我很心烦。”塔格特说。[36]

家人透露，米特和长子之间的确有过一段不好相处的时期。在几兄弟中，塔格特是唯一一个青春期焦虑感如此之强的男孩。毕竟，塔格特和自己父亲的关系从未像这样紧张过。这种紧张关系持续了几年才过去，因为后来米特学会了要给塔格特更多的私人空间，而塔格特也开始反思自己曾经的言行。到塔格特 15 岁时，他们之间的分歧开始平息，塔格特又重新欣赏起自己的父亲来。之后不久的一天夜里，塔格特由于学校周围朋友带来的“同伴压力”（同伴们开始做一些他不愿意做的事情）而纠结不安。[37] 米特走到塔格特的房间里想探知究竟，但塔格特并不想说。于是，米特坐在那里谈了约两个小时的波士顿红袜棒球队（Boston Red Sox），等待儿子张口。塔格特回忆说：“最终，他问了很多问题，在我房间里待了很长时间直到我愿意说出我的想法。”谈到自己的叛逆时，塔格特说：“我成熟之后明白，他和任何人一样都有缺点，但是我知道他是很特别的。”

而在米特的眼中，家里特别的那个人是安，她的笑容灿烂、目光有神、举止从容，若是忽略了她的这些优点那就太可惜了。[38] 塔格特说，家里有一条不能违反的规矩：“我们不得说母亲的任何坏话，不得和她顶嘴，也不能做任何不尊重她的事情。”在母亲节这一天，他们满屋子都是丁香花的香气，这是安最喜欢的花。[39] 塔格特那时候还不明白为什么要这么做，而后来他知道了。从一开始，米特就把安置于一个很高的地位，并努力保持她的这种地位。塔格特说：“他们约会的时候，父亲就感觉母亲各方面都比他强，能俘获她的芳心他感到非常幸运。他现在依然真心地这么觉得。”父母之间关系如此亲密，塔格特说这主要源于两人截然不同的个性——米特凡事都很理性，而安要感性得多。“母亲帮助父亲分析逻辑背后的要素，而父亲又帮助母亲了解在冲动和感情之外还有理性，”塔格特说，“我们几兄弟介于他们两者之间。”[40]

在他们的家庭开始走入公众视线的时候，米特和安的关系可能会继续发展并发生变化。但是，她始终是他主要的顾问和红颜知己，是帮助米特最终决策的人。[41]

朋友们说，尽管安并没有对每笔商业交易提供意见，但是其他的事情她都会参与并拿主意。米特的姐姐简说：“如果他们双方都不认可的事情，米特就不会去做。”[42] 塔格特说他们把母亲称之为“米特最伟大的稳定器”。安曾声称她和米特结婚后从未发生过争吵，她的这一说法后来遭到嘲笑，因为这在很多已婚人士看来是根本不可能的。塔格特说他的父母并不是从来没有分歧，“我知道有时候她说的话他并不赞同，我看得出他忍住没说。但是我明白私底下两人会进一步商讨。他从来不在公开场合反对母亲”。[43] 罗姆尼的朋友证实了这一说法，说他们从未见过米特对安大声叫嚷。从这一点来看，米特和安之间的关系和米特父母间的关系不同。塔格特说，尽管乔治和丽诺尔一辈子都忠诚于对方，但是他们从来都是直截了当地表达自己的反对意见，尤其在晚年的时候。“听，他们就像是猫和狗在打架。”塔格特说。

在全家人长途驾车旅行时，安在家中的特殊地位显得更为突出。米特制定了严格的规矩：只有需要加油的时候才停车，而且中途只有一次吃饭和上厕所的时间。[44] 只有一种例外，塔格特解释道：“我母亲一说，‘我想去下厕所’，他就立即靠边停车，也不抱怨。‘一切为你，安。’”但是，有一次糟糕的驾车旅行，这一次不是安让米特停车的。

那一次是 1983 年的夏天，行程的目的地是休伦湖加拿大岸边上米特父母的农庄。[45] 米特想要回到那曾经带给他无数童年珍贵回忆的地方。他们所驾驶的配有木制嵌板的白色雪佛兰旅行车满载着行李箱、日用品还有他们的几个儿子。当时米特驾驶着车，准备从波士顿开往安大略省，整个行程长达 12 个小时。就像他经历的很多出行一样，米特没敢冒险，事先规划好了路线，并对每一站都有设定。开车之前，米特把家里养的体型庞大的爱尔兰雪达犬谢莫斯（Seamus）放进笼子里，安放在旅行车顶部的架子上。他还为狗笼搭设了一块风挡，让狗在途中能感觉舒服点。

之后，罗姆尼提醒儿子们：沿途有预定的加油站，就在那里加油。你可以想象到有五兄弟的旅行是什么样的，年龄都不超过 13 岁，统统挤在他们称之为“白鲸”的汽车里。塔格特霸占着车里的后排，紧盯着后车窗外面，他第一个发现了麻烦。“爸爸！”他喊道，“好恶心啊！”一种棕色的液体沿后车窗流了下来，这是几个小时迎风待在车顶上的雪达犬干的好事。随后剩余的几个孩子也相继地发出阵阵作呕之声。米特冷静地把车从高速公路上开出，进入一个服务站。在那里他借了一根水管，把谢莫斯和车身冲洗了个遍，然后又把狗放回车顶重返高速公路。这是他日后在商界成名的特质的预演：冷静不掺入感情的危机管理。在多年后，当他出现在全国政治舞台上时，这个故事还是被人们提起，谢莫斯这个名字也成为罗姆尼冷静分析处理问题的代名词。

如果说罗姆尼对家人和密友非常友好热情，那么对于他不了解的人，他就并不是那么热情了，他会在他们之间建立一道很难逾越的鸿沟。这是严格的社交秩序：需要分清“我们”和“他们”，要把同事、政治助手、仅有一面之缘的人和其他人都置于他的工作圈内，甚至和他共事多年或者认识多年的人都没能真正走进他的生活。结果就是，他有非常多的崇拜者，但是出于各种原因，密友却很少。罗姆尼的一位前助手说：“在他喜欢的一小部分朋友面前，他会表现得非常热情、魅力四射，但是如果和不认识的人在一起，他就显得很正式。如果是政治场合他谁也不认识的话。他就会像戴了个面具一样。”[46] 如果是和他亲友圈以外的人交往，他给人的印象总是公事公办。工作上的同事或者政界的人是来工作的，不需要很亲密。他不愿意与人闲谈，对混迹于社交鸡尾酒会也不感兴趣，甚至不愿意站在人多的门厅。他不喜欢也不希望有非正式的社会私交，经常不太愿意了解对方，不想知道什么事情让他们恼怒。“他对别人的个人情况、孩子、配偶、团队建设、专业道路等完全不感兴趣，”据他的另一位前任助手透露说：“他还是会非常友好，但并不亲近。”[47] 还有一位共和党同僚这样说道：“他在‘我’和‘你’之间立起一堵无形的墙。”[48]

这种超然有一部分源自他的信仰。摩门教有属于自己的紧密的社交团体，而大多数教外人一般都不了解。的确，罗姆尼仁慈和热情的故事大部分都是从其他摩门教徒处得知的。他不喝酒，所以酒会和其他需要饮酒的场合就很明显的不适合他。喜好社交的政客会一只手拿着高脚杯，嘴里叼着雪茄，在昏暗酒吧的灯光下讲述各种各样的政治传说，罗姆尼和这些人相比形成了强烈的反差。如果他不得不在教会以外的晚间社交活动上露面，他最多也就待上不到半个小时。众所周知，罗姆尼夫妇是很慷慨好客的主人，尤其对刚来本地的人，他们家一直以来都是大家喜欢的社交场合。

罗姆尼与陌生人相处时的不适，后来引发的不只是好奇，这种不适感成为其竞选之路的阻碍。由于缺乏对选民的亲和力，他给人印象冷漠，甚至令人感到不愉快。“很多时候他给人感觉是达官显贵，他恰好就是达官显贵。他过着优越的生活，”[49] 他的一位前任助手说，“他面临的一个很大的挑战——要与那些没有经历过他那样优越生活的人拉近关系。”他与日俱增的个人财富，如日中天的事业，加大了这种距离感。在他带着谢莫斯进行如今已“传说”般的驾车旅行时，罗姆尼已经迎来了事业大获发展的新阶段。他准备以私募股权投资的方式接手一家名为贝恩资本（Bain Capital）的公司，这需要购买或占有一些公司的控股股份，然后用贝恩在分析方面的专长对这些公司进行重组，最后出售以获取利润。这种风投活动发生在 20 世纪 80 年代末和 90 年代，为罗姆尼和他的投资伙伴们带来数以百万计的美金收益。结果，这个本来就很宽裕的家庭，从此又进入了全新的社会阶层——有钱人。

在东海岸住了七年之后，罗姆尼举家从贝尔蒙特的一套三居室搬到私立贝尔蒙特山学校（后来这五个孩子都在这里读书）附近的一幢漂亮大宅。[50]屋子坐落在一片宽敞的拐角区域，屋顶采用天然木瓦，配有白色镶边。之后，在 1989 年，米特和安花了他们平生第一笔巨资，支付了 125 万美元购买了一处公路边占地约 2.5 英亩的富丽堂皇的殖民时代的建筑，并进行扩建和翻修，然后又新修了游泳池和网球场。在这期间，塔格特正在法国从事摩门传教活动。他的父母给他寄了一张新家的照片，他问父亲："你们怎么买得起这样的房子啊？"[51] 1997 年，一家人不再去科德角进行普通的度假，转而前往新罕布什尔州温尼珀索基湖（Lake Winnipesaukee）畔——令人叹为观止的水滨胜地。[52] 他们还在犹他州帕克城（Park City）山区购买了一处开阔的滑雪场，在加利福尼亚州的圣地亚哥（San Diego）市中心太平洋海岸以北的海滨购买了一处住房。米特的资产远远超过了他父母曾经的辉煌。

罗姆尼在 1994 年承认他的巨大财富让他一家过上了很多人无法企及的生活，可以让安毫无顾虑地在家操持。[53]"我跟孩子们说，'我们中了彩票了。不要觉得这很正常。不要认为你们的生活会和我们如今一样富裕。'"他说。罗姆尼的孩子们一直不知道他们的父亲究竟身家几何。这可能是因为米特有意避免太过显富。家里没有请厨师或全职佣人。他的儿子们央求他买一辆豪车，但是被他拒绝了，继续开着一辆他昵称为"老步兵"的雪佛兰经典卡普里斯（Chevy Caprice Classic）汽车。他异常节俭，戴着一副用管道胶布补好的冬用手套。[54] 如果家里有谁让水龙头开着或是不关灯，他都会教训一顿。

他们加入了贝尔蒙特山俱乐部（Belmont Hill Club），这是离家很近的私人网球和游泳会所。安的网球打得很好，米特要稍差点。约瑟夫·J. 奥唐纳（Joseph J. O'Donnell）是罗姆尼在贝尔蒙特的老友和邻居，他说："我有时候在想上帝安排他来到地球上，就是让我可以打他个六比零。"[55] 在网球场上，米特用他的技巧，即战略性思考和搅乱战术来弥补球技的不足。"他的战略就是回球比对手多一次，"[56] 赖特说，"他还会鼓励我——'约翰，用力打，打狠点儿'，以此想让我把球打出界。"

即便罗姆尼开始在贝恩公司担负起越来越重的工作，他还是会在摩门教会担任几个领导职位。他可以很好地应对。当时同为教会高层的凯姆·加德纳（Kem Gardner）说："米特有能力同时把所有事情都处理得很得当。"[57] 或者，正如塔格特所说："每个人都不如我父亲勤劳。"[58] 海伦·克莱雷·西弗斯（Helen Claire Sievers）曾在罗姆尼手下担任教会管理职位，见过罗姆尼制定的周末坐大巴车前往华盛顿特区附近摩门教教堂的工作安排。教会团队星期五晚上出发，连夜乘车，星期六一早抵达。然后，星期六全天在教堂开会，之后掉头乘车返回，直到星期天早上才回来。西弗斯说，行程安排得相当紧凑，因此每个人都利用在车上的时间睡觉或者安静地阅读，但不包括罗姆尼。“米特一直在工作。他的阅读灯一直开着，”她说，“他善用每时每刻。”[59] 罗姆尼一家在迁入前翻修位于贝尔蒙特的房子时也有同样的说法。罗姆尼让格兰特·贝内特在他的新家见面，商讨教会的事情。贝内特感到很奇怪，因为他知道他们还没有搬进去住。当贝内特到达的时候，罗姆尼撬开了屋外一只很大的储物集装箱。在集装箱内，在堆积如山的物品面前，罗姆尼用自己的桌子、椅子和文件搭建了临时办公室。“他打开箱子，然后就坐下来开始工作。”贝内特回忆道。[60] 如果罗姆尼的驾车经历“是个传说”，那么他过人的仔细谨慎也是一样。几年前在罗姆尼开始他的第一次政治竞选之前，他就意识到他会像自己的父亲那样进入公众的视线。约翰·赖特记得在米特早年职业生涯中发生过这样一件事：当时有一位企业家找到他和米特，想要他们投资几个房地产项目。赖特说，这些项目虽然是合法的，但是由于不那么道德而被米特强硬拒绝。“他说：‘如果我要竞选的话，我可不想让大家知道有这么件事。’”[61]

对于他承担的一切工作，罗姆尼的确设定了一些规矩。他在贝恩公司和教会担负的责任越来越重，对他的要求越来越高，使他在家的时间越来越少。曾经他还有几个星期错过了星期一晚上的家庭会议。但是，有一件事是罗姆尼不会做的，那就是把工作带回家。“每天晚上我回家时，我就把工作的事情放在门外，”他回忆说，“我在家的时候，就是在家的样子。对我来说，生活就是我的妻子和孩子，我所做的其他事情就是为他们赚足够的钱供养他们，这是生活的一个必需部分。”[62] 孩子们会尽量让父亲陪在他们身边。“在我们眼里，他就是爸爸而已，”塔格特说，“他不是商人，也不是政客，他只是爸爸。”[63]

自他们开始在东部定居以来，罗姆尼一家就努力融入当地摩门教徒关系网。随着身为医生、大学教授、科学家和企业家的教会成员纷纷来到波士顿地区教学和工作，这个关系网一直在不断扩大中。由于罗姆尼一家世代都信仰这一宗教，可能让这个家庭融入得更顺利一些，但是其他地方的教会成员有他们自己尊敬的摩门教谱系。[64] 摩门教的圣会，一般是四五百人的团体，被称为分区，按地理位置划分。[65] 和新教徒或天主教徒不一样的是，摩门教徒不能自己选择所属的圣会，这完全取决于他们所居住的地方。分区和较小的称为分支的圣会，统一纳入教区。因此，一个教区就相当于天主教的一个管区，是城市或地区中分区和分支的集合。因为摩门教会发展迅速，为接纳所有新成员，最近几十年来波士顿地区的分区和教区经常都在变更和分拆之中。

还有一个与其他许多宗教信仰不同的是，摩门教徒没有受聘的全职神职人员。[66] 资历久远的教区和分区，由成员轮流担任领导职责。他们除了有自己的工作和家庭责任外，还要履行教会方面的职责。但是，尽管摩门教牧师是完全的志愿工作，这些非神职的领袖构成了教会严格等级制度的很大一部分。这些受命担任教区会长和主教或当地分区领袖的人，获完全授权作为教会的代理人，他们在各自的领域内享有很高的威望。他们由盐湖城教会总部仔细审查选出。[67] 据曾经作为当地教会领袖与罗姆尼密切共事的托尼·金博尔（Tony Kimball）说："教会领袖确实被赋予了极高的信任。"[68]

1977 年左右，米特·罗姆尼首次担任教会的一个主要职位，当时他被指定为时任波士顿教区会长戈登·威廉姆斯（Gordon Williams）的顾问。[69] 罗姆尼当时是威廉姆斯的顾问和代理人，帮助监管地区的圣会。他的任命多少有些不寻常，因为要担任这一级别的顾问一般先要担任当地分区的主教。但是，当时只有 34 岁的罗姆尼，才刚刚开启了他的贝恩事业，大家认为他具备超出他年龄的领导素质。"他显然比从事这个职位的大部分人都年轻。"格兰特·贝内特说。罗姆尼的职责越来越重，他担任了主教，后又成为教区会长，监管约 12 个圣会，共近 4000 名成员。[70] 在教会中的这些职位都积累成为他作为领袖的最大历练，让他领略了过去从未遭遇的个人和集体危机、人间悲剧、移民文化、社会力量以及组织内挑战。

罗姆尼在教会担任领导期间与摩门教内发生深刻变化和发展的时间不谋而合。[71] 在那个年代，摩门教一直应付着，有时很费力地应付着美国国内不断变化的社会潮流。堕胎获合法化；女权主义者正在推动性别平等；同性恋者权利运动也得到推进；非洲裔美国人仍旧面临着平等的障碍，尽管他们的民权在几十年前就已经合法化。1978 年，在所谓的"神的启示"运动之后，教会颠覆了几十年的种族歧视政策，开始允许黑人担任神职人员。在那之前，教会的做法一直反映了摩门教经文的内容和解释，在经文中黑色的皮肤被视为对前世罪孽深重的人的一种诅咒。[72] 罗姆尼后来将这种颠覆形容为"我一生中最激动、最快乐日子中的一天"。[73] 他说他是在驾车快到家的时候听到这个消息的。"我在收音机中听到这条消息，我把车停在一边，几乎快哭出来了。"罗姆尼曾经回忆说。[74] 然而，虽然教会放宽了对种族的态度，但对妇女又不一样。[75] 在 15 年后，即 1993 年一场高调的制裁行动中，教会惩罚了六名摩门教激进分子和学者，理由是他们质疑摩门教的官方教义和历史，其中包括对教会对待妇女的方式提出质问的女权主义者。

耶稣基督后期圣徒教会不仅仅是星期天礼拜的形式而已。它是一种道德准则：反对同性恋、反对非婚生子、反对堕胎并且禁止婚前性行为。它提供了一张坚固、有效的社会安全网，能够提供慷慨的慈善、援助和服务，特别是当其成员身处困境的时候。它努力创建社区，一个内部的朋友网。在这个关系网中，朋友们有着共同的价值观和世界观。对于很多摩门教徒而言，他们信仰的全包容性，以及作为他们精神生活的延伸，使他们感到归属于这个教会是一种美好、温暖的感觉，即便它有些孤立，让成员与社会产生脱离。

但是，在摩门教会内部存在着两种对立的观点：一个人要么身处其中，要么就身处其外。[76] 对于那些所谓的“自助餐式”的天主教徒，挑拣所遵循的教义，这是基本或坚决不能容忍的。在摩门教中，如果一个人入教，那么就有很多规定要遵守，包括要收取个人收入 10% 的费用，要定期参加教会活动，要达到较高的道德标准，要接受摩门教教义，其中包括很多理念，例如相信耶稣在他的第二次转世中，将从密苏里州来进行统治，这和其他基督教的信念是背道而驰的。这种严格性让信奉这一信念但又对其约束性感到恼怒，或质疑其教义和文化习惯的很多人难以遵从。举例来说，摩门教是男性统治的，妇女只能担任某些领导职位，但永远不能成为主教或教区会长。教会还确立了很多坚定的价值观念，典型的就是禁止单身或离异男士担任分区或教区的领袖职位，而且对单身父亲或单身母亲也存在偏见。

罗姆尼从教会中他领导和辅佐的一干人中脱颖而出。他给人留下的印象是：他是这样的一个领袖，一直在两派之间左右平衡。其中一派以摩门教保守核心观点和习俗为代表；另一派则是波士顿教区内某些社区希望更为灵活、更为开放地运用教会教义。波士顿地区一直以来都比较开放地保卫着摩门教思想，其中教会成员有时会公开地质问教会的原则。[77] 罗姆尼不得不权衡处理当地的期望和来自盐湖城的指令。有些人认为罗姆尼很巧妙地化解了两者之间的矛盾，称赞其为有创新能力和有风度的领袖，称赞其愿意出面调停，例如给予妇女更大的责任等，并且在教会成员有困难时总是能伸出援手。而另外一些人则认为他是迂腐守旧、家长管理式摩门教文化的产物，对微妙的形势显得死板、迟钝，并且弃用和他观点相左的人。有一件事情是毋庸置疑的：罗姆尼深深地参与到当地教会生活的各个方面。

1984 年 8 月 1 日凌晨，天还没亮，大约五六十英尺高的火焰冲天而起。[78] 到黎明时分，消息就在整个当地摩门教社区不胫而走，教会成员各个忧心忡忡。他们几近建成的、新的、漂亮的贝尔蒙特礼拜堂被大火吞噬。他们担心的是，这场火灾并不是个意外。[79] 对于一个曾饱受迫害的信仰，这场离奇的火灾令人深感不安。当地一名教会领袖肯特·鲍文（Kent Bowen）说："我不知道什么时候我感到了一丝不祥。"[80]

这种紧张的情绪继续在贝尔蒙特的摩门教徒和其他城镇的摩门教徒当中滋长。因为当时有些当地人反对在贝尔蒙特山树木茂密的土地上（归教会所有）修建价值 160 万美元的礼拜堂——这样的反对让教会成员感到这是反摩门教人的暗示。[81] 邻居说他们的物业价值将会缩水。当地的城市规划委员会起初禁止在现场停车，直到后来达成妥协。教会急切地需要建造新的建筑物。[82] 一些分区已涌入坎布里奇礼拜堂。车位被抢光，停车成了噩梦。新贝尔蒙特礼拜堂不仅将接纳贝尔蒙特和相邻的阿灵顿（Arlington）的新分区，它还将成为展现教会蓬勃发展的一颗熠熠生辉的宝石。教会成员已捐出额外款项用于建造资金，一些有固定收入的寡妇也坚持要捐款。一些教会成员组建小组在地区的百货商场做盘存工作，以筹集资金。还有的人开了一家小型的咨询公司，把收益捐了出来。[83]

恢复受损圣会的担子落在了米特·罗姆尼身上。几年之前，即 1981 年，罗姆尼被指派为坎布里奇分区的领袖，这件事促成了他后来在 1984 年贝尔蒙特分区成立之后担任主教。[84] 作为主教，罗姆尼紧密地参与到各个家庭的生活中，为他们提供咨询意见，并帮助他们解决婚姻问题、疾病、失业和其他困扰。他将教会的资源协调，帮助圣会中需要帮助的人们。他还讲授经文，并在星期天布道。他与成员交谈，以确定他们是否适合进入华盛顿特区之外的神圣的摩门教堂。但是这场大火又给罗姆尼出了一个难题，他提前结束了在科德角的度假，回到火灾现场。他的分区才成立了几个月，就面临了严重的危机。不仅仅是圣会没有集会地点的问题，就连成员也感到有些泄气。罗姆尼后来说，除了与城镇的停车纠纷问题，还有其他一些摩门教徒不受欢迎的征兆。"贝尔蒙特有些人认为后期圣徒教会很奇怪，认为我们不是教会团体的一部分。"罗姆尼在接受一家摩门教杂志采访时回忆说。[85]

然后，发生了一些意想不到的事情。[86] 教堂余烬冷却之后，紧张的情绪随之也得以平息。从火灾那天开始，来自贝尔蒙特和城镇官员的各种援助就源源不断。据格兰特·贝内特回忆道："很多城镇内的宗教团体都找到米特说：'我们要告诉你的是，我们欢迎摩门教徒来到贝尔蒙特，所发生的事情令人感到遗憾，欢迎你们到我们的场所来集会。'"罗姆尼清楚，这场火灾致使礼拜堂的工程项目推后几个月，所以他想接受所有帮助，但是有些教会的礼拜堂却无法使用。于是，罗姆尼和他的几位同僚领袖接受了其中三家的帮助—— 一个当地的天主教教区、一个亚美尼亚教堂和一个公理教会教堂。他们还接受了城镇政府允许使用市政大厅的帮助。

从逻辑和感情上来说，这是一个复杂的情况，教会成员说罗姆尼处理得很巧妙。“给我留下比较深刻的印象是他站着思考问题非常快。”来自贝尔蒙特的教会成员康妮·埃丁顿（Connie Eddington）回忆说。[87] 罗姆尼很清楚他们是在借来的地方做礼拜，于是给自己的圣会定了一些基本规矩。他宣布不准带入食物，因为当时教会成员在星期天都会习惯性地带些食物来让孩子们保持安静。“这确实很难办到，但我们做到了，”埃丁顿说，“我有几个小孩子，他们不能吃麦圈了。”罗姆尼还制定了清洁计划，要求摩门家庭星期一一早去这些教堂，拖地、擦拭设施，要比他们去做礼拜的时候还要干净。这样与其他宗派在一起共享礼拜堂的经历更让摩门教徒在贝尔蒙特有着家一般的感觉，而贝尔蒙特反过来也越来越接受他们。埃丁顿说：“最后的结果是，那一年让我们在他们的教堂中做礼拜，是给予我们的巨大恩赐。每一个人都对彼此更加友善。”同时，还结下了很多新友情和留下了很多新传统，有一些甚至在30年之后仍然存在。其中一个借用场地的教堂是第一亚美尼亚教堂（First Armenian Church），后来，他们还邀请摩门圣会成员在他们一年一度的圣诞前夜音乐会上唱歌和演奏。“现在仍有我们圣会的成员去那里表演。”贝内特说。[88] 火灾之后的第二年，重建的贝尔蒙特礼拜堂举办了一次公共开放活动，将近三千人前往。[89]

在家庭内部，罗姆尼滑稽的一面尽人皆知，不是惹得大家哄堂大笑就是招来一顿白眼。他喜欢和孩子们一起打发时间，喜欢讲笑话，即使有时候讲的是冷笑话。作为传教士，他有时候会在写给家人的书信里模仿卡通里头不同角色的风格语气。[90] 现在，他在教会里作为成年人扮演着更大的角色，他的摩门教徒有机会欣赏这种赏心悦目的本领。

一个星期六的早上，在罗姆尼贝尔蒙特的家里，菲利普·巴洛（Philip Barlow）和其他的顾问一起与主教罗姆尼会面，探讨圣会目前的形势。巴洛忘记了当时是什么原因罗姆尼就提起了歌星迈克尔·杰克逊（Michael Jackson）。“我有一点儿惊讶的是他居然知道流行天王。”巴洛回忆道。[91] 但是接下来还有让他更吃惊的。“他还说，‘哦，是啊！’然后他很夸张地站起来，居然开始惟妙惟肖地模仿起那首《比利·吉恩》（Billie Jean）来，还优雅地向后迈着月球漫步的步伐。”巴洛说。他简直不敢相信眼前看到的。

和罗姆尼一起密切共事过的人都说他对待自己的信仰很严肃，但是会经常说一些俏皮话，或者在工作中偶尔插科打诨。肯·哈钦斯（Ken Hutchins）在罗姆尼担任教区会长期间在罗姆尼手下担任过领导职位，他说，以前教会集会有时感觉像是义务。但是罗姆尼当了领袖之后就不一样了。“他是个非常有魅力的人，他不会因为负责的是精神领域的事务就浅尝辄止，”哈钦斯说，“你可能就这么离开，然后说，‘我得跟我老婆说说这事。’”[92] 罗姆尼的教会同事都说他是个热情、容易相处并善于倾听的人，否则也不会记住这么多人的名字。[93] 巴洛说：“他很通情达理、乐于助人，且想象力丰富。”[94] 事实上，巴洛对罗姆尼的分析思维和执行能力非常欣赏，他曾经给他母亲写信说这位主教有一天可能会成为美国总统。道格拉斯·安德森是罗姆尼家的朋友，虽然他是一名民主党人，在政治上和罗姆尼的观点无法一致，但是他说：“他的领导能力在最了解他的人和认识他时间最长的人当中有口皆碑。”[95]

有时，罗姆尼是心甘情愿的授权者。“他让他周围的人履行他们的职责，充分挖掘他们的优势，”哈钦斯说，“这让他们更有自信。”[96] 但是有时罗姆尼只希望由自己来处理。这似乎就是他的性格：固执、自信，有时甚至会很顽固。哈钦斯有一次对一位教会朋友说罗姆尼就是喜欢逆流而游。[97] 换句话说，把棘手的事情留给自己做。当托尼·金博尔成为罗姆尼在波士顿教区的执行秘书时，罗姆尼告诉他的第一件事情就是无需完全遵从罗姆尼的日程安排，他可以按照他自己的来。后来，罗姆尼还是教区会长时，有一批九到十个人的老挝年轻人从波士顿北部的罗尼尔（Lowell）地区而来，想要搭车去坎布里奇市参加教会集会。据 1991 年至 1994 年负责教会波士顿传教计划的戴维·吉勒特（David Gillette）回忆说：“后来我得知，他亲自开了辆面包车送他们过去，其实有的是人可以帮他去做这件事，可他还是亲自去的。”[98]

这种亲力亲为的作风不仅仅只局限于他正式的教会工作。一个星期六，格兰特·贝内特在他位于贝尔蒙特的殖民风格的两层住宅外搭了一个梯子，准备上去弄掉在空调外机和二楼窗户之间的马蜂窝。[99] 但是事情进展得并不顺利。大黄蜂径直向他飞来，他从梯子上跌落，摔伤了一只脚。第二天，贝内特不得不取消在教堂举行的与罗姆尼的领导层会议。罗姆尼注意到他没来，然后了解到原因，第二天便亲自去贝内特家看看有没有什么可以帮忙的。罗姆尼和贝内特闲谈了几分钟，然后罗姆尼离开了。到星期天晚上的九点半左右，罗姆尼又来了。这时外面天都黑了。罗姆尼没穿西装，只是穿了条牛仔裤和一件马球衫，还提着一个水桶，里面装着一根软管和一套螺丝起子工具。“他说，‘我看你还是没把那个马蜂窝弄掉，’”贝内特回忆道，“我对他说，‘米特，你不用帮我的。’然后他说，‘来都来了，我来弄吧……你已经证明了在梯子上做是不行的。’”罗姆尼从屋里去弄马蜂窝，把窗户完全敞开以便弄掉马蜂窝。很快，马蜂窝就被整掉了。

教会界了解罗姆尼的人似乎都知道类似于马蜂窝这样的故事，了解他和他的家人努力以各种方式帮助别人，无论是大忙还是小忙。他们为生病的教区居民送去鸡和芦笋汤。他们还邀请尚未定居的摩门移民到家中，请他们吃千层面。海伦·克莱雷·西弗斯和她的丈夫有一次借给一位教会朋友高达六位数的钱款而对方一直未归还，因此家中经济非常紧张，一下子无法支付女儿上哈佛大学的学费。[100] 罗姆尼当时还是教区的会长，他不仅和西弗斯一家及借款方一起努力解决这一问题，还提出给西弗斯和她丈夫一笔钱，并尝试帮西弗斯找份工作。“他花了很多时间和我们一起，都是在我们需要的时候帮忙，”西弗斯说，“他的帮助远远超过了他的义务。”罗姆尼还承担起缴纳什一税的义务，这就意味着在这些年里他个人已经向摩门教会缴纳了数百万美元的资金。[101]

1989 年的一个星期天是美国橄榄球超级杯大赛。道格拉斯·安德森在贝尔蒙特的家中，和他的四个孩子在一起。[102] 突然，发生了火灾。火势迅速蔓延，安德森唯一想的就是赶紧把家人转移到安全地带。“当时我的脑子里什么其他想法都没有，只想着要‘把孩子带出去’，”他说，“我没有想到要拿其他的任何东西。”安德森已经记不清楚住在附近的罗姆尼是何时出现的，只记得他很快就来了。很快，罗姆尼就召集了周围的邻居，他们开始冲进房里尽力抢救。他们抢出了一张桌子、一些书籍和沙发。“不管他们从主楼层救出什么东西，”安德森说，“他们已经为我们抢出了最为重要的东西，而米特是他们的总指挥。”就这样，他们不停地从屋内抢出东西，直到消防员阻止他们。安德森说：“后来，消防员拖来消防管和消防用具，就把邻居们赶了出去。”大火被扑灭后，安德森、罗姆尼以及其他教会成员在烧焦了的房前的台阶上做了祈祷。几个星期后，罗姆尼发表了演讲，内容有关他称之为父亲最喜爱的摩门教教义，有一部分是这样说的：“辛勤探索、不断祈祷、坚定信念，则事事通达、诸事皆顺。”[103] 巧合的是，火灾发生时，安德森和他十几岁的女儿正在书房讨论这一段落。在门外的台阶上，安德森回忆说：“我们在谈论即便发生了这样的突发情况，只要我们忠于自己的信念，事情就会有好的转机和结果。”[104] 安德森说，从那以后的许多年，他的家庭就见证了这样的情况变成现实。

罗姆尼的慈善行为远远超出了教会界这一范围。作为邻居也是好友的约瑟夫·J. 奥唐纳年仅 12 岁的儿子乔伊（Joey）因患囊胞性纤维症而于 1986 年去世。罗姆尼带领社区帮忙修建了“乔伊运动场”—— 一个贝尔蒙特温布鲁克学校（Winn Brook School）的操场。[105]“米特来了，腰间别着一把锤子，没有人认得出那是他。”奥唐纳说。罗姆尼的帮助还不止如此。一年之后，乔伊运动场显然需要定期维修和修理了。“后来我知道，我的妻子给我打电话说，‘你都不会相信，但米特·罗姆尼正和一帮童子军和小孩一起在那里整修运动场呢。’”奥唐纳回忆说，他当时在教罗姆尼的几个儿子青少年运动。“接下来的五年他都这样做了，从来不会打电话来说，‘我们正在做这个’，也没带着记者，不求任何功劳。”

尽管罗姆尼家人将自己定位为别人需要帮助时的“救助家庭”，但是也有他们需要别人帮助的时候。有一次，罗姆尼感觉一只腿有点痛，觉得可能是跟腱拉伤了。[106]几天过去了，他的腿开始变色。“等他去医院的时候，他的脚已经大面积严重感染，”格兰特·贝内特回忆道。当确定病情比较严重后，罗姆尼询问是否教会成员会到医院来为病人做神职祈福。在他自己脆弱的时候，罗姆尼也期望他常常用于帮助他人的同一力量源泉可以帮到自己。

1993 年春，海伦·克莱雷·西弗斯运用了一些穿梭外交（即指第三方国家在立场不统一的矛盾双方——当事的两国或多国之间，通过外交途径居中调解、协调双方立场，促成用外交手段解决争端。——译者注）手段来解决波士顿教会领袖所面临的棘手问题：进步的摩门教妇女对其在教会内的从属地位心怀怨怼。[107]西弗斯积极组织了一群自由主义的妇女，称为拥护者Ⅱ（Exponent Ⅱ），该组织出版了一份期刊。拥护者Ⅱ始终在思考，在这种以男性为主导的信仰中妇女的地位问题。因此，西弗斯找到时任教区会长的罗姆尼，提出了自己的建议。“我说，‘为什么不开个会，举行个开放论坛，让妇女和你谈谈？’”西弗斯回忆道。她认为虽然有很多教会规定是教区会长和主教无法改变的，但妇女还是有一定的努力余地。

罗姆尼当时并未确定是否要举行会谈，但是他最终还是答应。西弗斯又回到拥护者Ⅱ组织，告诉她们需要现实一点，不要要求罗姆尼做不可能办到的事情，例如允许妇女担任神职人员。在会谈当天，大约 250 位妇女将贝尔蒙特礼拜堂的长椅坐得满满当当。在开场音乐、祈祷词和一些内务管理之后，会谈开始。妇女们开始建议作些改变，让她们能更多地融入到教会生活当中。最后，该组织一共提出了大约 70 条建议，从在教会中男人发言之后允许妇女发言，到在男盥洗室内摆放换尿布桌，等等。[108]罗姆尼和他的一位顾问倾听了这些建议，并认真作了记录。

西弗斯说，对于罗姆尼认为没有理由拒绝的任何要求，他都基本上会同意。“很多时候，对我同意的要求他也会同意，我也有几分是个自由主义的摩门教徒。”她说：“我很感动。”托尼·金博尔说一年之后，也就是罗姆尼即将离任教区会长一职时，他们再回过头去看这份清单，他很惊讶的是妇女的很多建议都已得到实施。[109] 很多都是琐碎的、程序方面的事情，但是汇总起来就成为很大的让步。其中有一项罗姆尼批准的变革是让教区内担任辅助性工作的妇女，代表教区会长每月面向圣会发言。过去这个职位只能由在高级理事会（High Council）任职的男士担任，高级理事会共有 12 名成员。西弗斯后来被指派向波士顿圣会发言。她认为这是个很好的时机，妇女也可以像男人一样享有同等的地位。[110] 她对圣会说：“请允许我转达教区会长的问候。”然后开始布道。大家认为安·罗姆尼并未支持教区内倡导自由主义妇女的运动。[111] 拥护者Ⅱ组织曾要求安参加她们举办的社会活动，但是她并未参加。用一位拥护者Ⅱ组织成员的话来说，她跟她们“并不是同一种类型”。

米特·罗姆尼在选择其领导团队时，也显示了很大的灵活性。[112] 当他还是教区会长的时候，他的一位顾问遭遇了婚变。这位顾问请求辞去他的职务，因为他清楚这个职位只能由已婚男士担任。但是罗姆尼没有答应。他当时的行政秘书是托尼·金博尔，当时托尼·金博尔是单身。所以，拿金博尔的话来说，对于领导者来说，这是个“不确定”的选择。“米特还有那么一点儿自豪，因为他的一个顾问离异，而行政秘书还是单身。”金博尔说。罗姆尼曾经说过，他安排一位单身摩门教徒担任教区的领导职位，感觉非常好。“他们体会到了一种被需要感，”他说，“这是我们教会经历的一部分。”[113] 然而，罗姆尼领导下的这种教会经历并不是对每个人来说都是那么美好。

作为主教兼教区会长，罗姆尼有时候会和他认为过分偏离教会信念和实践的妇女发生争执。这些妇女认为，罗姆尼缺乏其他领袖身上所有的共鸣和勇气，即便是个人极度脆弱时都始终将教会摆在第一位。

佩吉·海斯（Peggie Hayes）在十几岁的时候就和母亲及姊妹们加入了教会。[114] 她们当时的生活很艰难。摩门教给予她母亲想要的平静和安定。海斯说：“它（指摩门教）就是一切问题的答案。”她的家庭尽管比很多富裕成员要贫穷，但是感觉被这种信仰所接纳。每个人都很友好和善。教会给她们提供精神上的支持，有的时候还会给予经济帮助。当时海斯是个十几岁的女孩，她承担起为米特·罗姆尼和安·罗姆尼以及其他分区内夫妻照顾小孩的责任。然后，为了海斯读高中，海斯的母亲突然举家迁到盐湖城。由于生活得并不如意，海斯到了 18 岁的时候就搬到了洛杉矶。她在那里结了婚，生了一个女儿，然后很快又离婚。但是她还是教会的一分子。

1983 年，海斯当时 23 岁，回到了波士顿地区，独自抚养着三岁的女儿，靠做护士助手为生。之后，她再次怀孕。做单身母亲并不是件轻松的事，但是海斯说她想再要个孩子，并且不会为此而感到沮丧。她说："我感觉我可以做到，而且我也想要这样。"这时，曾经得到海斯帮忙照看过孩子的米特·罗姆尼已经是海斯分区的主教，是她教会的领袖人物。但是一开始感觉并没有那么正式。她怀孕时，她帮罗姆尼夫妇整理地下室挣了些钱。罗姆尼夫妇还安排她为其他教会成员做些杂事，他们都知道她需要钱。海斯说："米特对我们很好。他为我们做了很多事。"之后，罗姆尼在冬日的一天打电话给海斯，说他要找她谈谈。他到了她在萨默维尔（Somerville）的家。萨默维尔位于波士顿正北，是一个人口密集，有大量工薪阶层的城市。他们闲谈了几分钟。之后，罗姆尼谈到了教会的收养政策。海斯一开始还以为自己理解错了。后来罗姆尼把他的意思表达清楚了：他来是劝说她将她即将出生的儿子送去收养，说这是教会的意见。的确，如果教会认为"在不可能有成功婚姻"的前提下，教会是鼓励收养的。[115]

海斯感觉受到深深的侮辱。她告诉罗姆尼她是不会放弃自己的孩子的。当然，她的生活并不像美国插图画家罗克韦尔（Rockwell）插图中那样美好、和谐，但是她感觉正在往稳定的方向发展。当时，她感觉受到胁迫。罗姆尼是她的教会领袖，掌握着巨大的权力，同时也是富有、显赫的贝尔蒙特家族的首脑。当时他坐在她简陋的公寓里，冷冰冰地提出要求。"然后，他说，'喏，教会要求你这么做，如果你不照着做的话，那么可能就会因为未遵从教会的领导而被逐出教会。'"海斯回忆说。这是很严重的处理。当时海斯仍旧重视她在摩门教会中的一席之地。"这不是闹着玩的，"她说，"这不是'你不能去拿圣餐了'，这是'你将不被救赎。你永远见不到上帝的面了。'"罗姆尼之后否认了他曾拿驱逐出教会而威胁过海斯，但是海斯说他的意思已经表达得相当清楚了："要么放弃儿子，要么放弃上帝。"[116]

罗姆尼离开了她家。这之后不久，海斯生了一个儿子，取名为达内（Dane）。达内九个月的时候需要进行非常严重且风险很高的手术。他脑袋里面的骨头连在一起了，阻碍了大脑的发育，因此需要将骨头分离。海斯很害怕。她再一次向教会寻求情感和精神支持。想到达内出生以前她与罗姆尼曾有过不愉快的交谈，她给罗姆尼打去电话，请他到医院为她的孩子做一次祈福。海斯希望他能来。结果，来了两个她不认识的人。海斯几近崩溃。"我需要他，"她说，"他能不能来太重要了。"坐在医院里，海斯决定结束她和摩门教会的关系。作这个决定很容易，但是她的心情却很沉重。直到今天，她仍然对罗姆尼以及教会其他人对她的家庭给予的帮助心存感激。但她对他们反过来要求她的事情感到不快，尤其是当她翻出达内照片的时候。达内现在已经 27 岁，是盐湖城市的一名电气技工。“这就是我的宝贝。”海斯说。

1990 年秋，拥护者Ⅱ组织在其杂志中发布了一位已婚妇女写的一篇未署名的文章，这位妇女已经是五个孩子的母亲，几年前发现自己意外的第六次怀孕。[117] 她没有想再要一个孩子的念头，所以想要流产。但是摩门教会除极少的例外情况下，是禁止妇女终止妊娠的。教会领袖说只有在强奸、乱伦、母体健康受到严重威胁或者已明确胎儿在出生后无法存活的情况下，堕胎才合乎情理。[118] 然而，根据教会政策，即便是在上述情况下，“也不能自动判定堕胎是合乎情理的”。

这位妇女害怕被逐出教会。她说，她热爱教会，害怕失去它。这就是她全部的人生。之后，医生检查发现她的骨盆中有严重的血栓。一开始她以为这就是她的出路——她当然应有理由去堕胎。但是，她说，医生最后告诉她，她可能能够生出足月婴儿，存活的几率医生预计在 50%，但同时会对她的生命造成一定的威胁。有一天在医院，她的主教（后来她才知道是罗姆尼，但是当时不知道他的姓名）拜访了她。[119] 罗姆尼跟她谈到他的侄子患有唐氏综合症，对他们的家人而言最后反倒成了神的恩赐。她说，罗姆尼告诉她：“作为你的主教，我关心的是孩子。”这位妇女写道：“我一个经过洗礼的、有天资的、努力的工人，同时又向教会缴纳什一税。我处在无助、受伤害和恐惧之中，想要保持心理平衡，而他关心的只是我子宫内八周的生育可能性——而不是我！”

罗姆尼随后反驳说他不记得有这么件事，他说：“我没有印象她跟我说过什么，虽然我当然也不能说那就不是我。”[120] 罗姆尼承认按照教会规定，曾经劝告摩门妇女除了几种例外情况外，不要去堕胎。这位妇女写道，她将医生对她说的话告诉担任教区会长的罗姆尼：“当然。你应该流产，然后治疗血栓，并照顾现有的几个健康的小孩。”

她说，罗姆尼反驳道：“我不信。他不可能那样说的。我去喊他来。”然后，罗姆尼就离开了。这位妇女说，她最后还是做了堕胎，而且从不后悔。“让我感到不快的是，”她写道，“在我本应当感谢精神领袖和朋友关怀和支持的时候，我得到的是审判、批评、带有偏见性的意见和拒绝。”

还有一位活跃于拥护者Ⅱ组织的妇女，名叫朱迪·杜仕库（Judy Dushku），她是波士顿萨福克大学（Suffolk University）教授全球政治的终身学者。[121] 当时，罗姆尼是教区会长，杜仕库想要拜访华盛顿之外的摩门教教堂，以捐助资金，这是摩门教徒表明终生忠诚于教会的神圣仪式。能得到她从小热爱的信仰的承认，使得她非常之激动，因为此前她从来没有走进过教堂。在她早年的时候，像杜仕库这样与非摩门教徒结婚的摩门教徒是不得进入摩门教堂的。现在，这种规定被更改了，杜仕库很期待。但是，她首先需要得到主教和教区会长的同意。

在她与主教进行了一次她称之为“圆满的面谈”以及和罗姆尼的一位顾问交谈之后，她和罗姆尼见了一面。她不确定会有怎样的结果。尽管罗姆尼在1993年同意作出一些变更，他和杜仕库就对教会妇女的待遇问题发生了争执。“他说了类似于‘我想既然你已经通过了前面两次面谈，我也没有什么理由不让你进入教堂’的话，”杜仕库回忆说，“我说，‘那你为什么不肯让我进入教堂？’”杜仕库说，罗姆尼回答得很尖锐。“他说，‘喏，朱迪，我就是不明白你为什么要待在这个教会里。’”她问罗姆尼是不是想知道。“然后他说，‘不，实际上，我不明白，但我也不想知道。我不关心你为什么要这样。但是我可以告诉你一件事：你不是我这一类的摩门教徒。’”杜仕库说，罗姆尼说完这句话后，很轻蔑地在她拜访教堂的推荐信上签字，然后就打发她走了。杜仕库感到很受伤害。她原本希望罗姆尼听到她期望拜访教堂会很高兴。“我是教会的成员，来找你，特别希望你能说一句，‘我为你感到高兴，’”杜仕库说，“相反，我感觉就像被人朝肚子上踢了一脚。”

挂在教会波士顿分支的世界地图清晰地展现了这一信仰所包含的越来越多的多样性。[122] 地图上用醒目的星星标明分支成员所来自的国度：海地、尼日利亚、墨西哥、黎巴嫩，等等。这些移民给摩门教注入了新鲜的能量，使其改头换面。他们同时还为当地的教会领袖提出了新的考验。在罗姆尼担任波士顿教区会长约八年的时间里，他负责监管的教区大规模地发展。过去，大部分地区内的摩门教徒都是住在郊区的白人。[123] 但是教会开始招募来自波士顿内和周边城区移民区的新成员。这就让罗姆尼和其他教会领袖面临贫穷、生活方式和文化传统上的差异，这是他们过去很少遇到过的。“在过去的七年里，这对当地成员是一个巨大的挑战，需要提供领导力和支持，在本教区内新开六个分支，”罗姆尼在1991年说，“但是很高兴看到有这么多人加入教会，并看到他们在福音书中取得的进步。”[124]

罗姆尼和其他摩门领袖努力将教会主动推广到大家中间，而不是让大家来找教会。[125] 在这些城市中他们为特定的民族和语言创建了所谓的“店面分支”。传教士们要与老挝人、柬埔寨人、葡萄牙人、西语人群、中国人、海地人和其他民族的人打交道。[126] 区域分区和分支成为世界文化的大杂烩。“要去爱这些人，”罗姆尼在20世纪80年代末有一次在鼓励基思·奈顿（Keith Knighton）竞选波士顿分支会长时对他说，[127]“仅仅爱他们这么简单。”戴维·吉勒特在20世纪90年代初管理着波士顿传道项目，与罗姆尼和其他教区领袖密切合作，致力于为教会带来新鲜面孔。[128] 从1991年至1994年，吉勒特说，他们为大约1600名新成员施以洗礼。“我们用七种不同的语言来教授。”需要建立一个崭新的教区，以容纳所有新成员。尽管吉勒特的传教士都是为摩门教皈依者施以洗礼的，罗姆尼在建立新圣会时发挥了主要的支持作用，确定他们集会的地点，以及如何将他们和更多的已有当地分区和分支组对起来。因为，在他自己担任传教士时已学会了法语，因此，他还能够亲自为波士顿和郊区礼拜堂的很多海地人提供建议。[129] 在宴请传教士或是在地区圣会上，如果聊到他在法国两年半的生活故事，他也会突然冒出几句法语。[130]

可以确定的是，波士顿地区在19世纪中期将正处于“幼年”时期的摩门教大力推广，而后再次成为其信仰的发展和变更的源泉。罗姆尼曾在担任教区会长期间说：“150年前教会刚刚成立时有许多伟大的人物来到这里，仰望他们的品格让我等感到无比谦卑。每每有兄弟姐妹追寻到了真理并接受洗礼的时候，我们都会再次有这样的感悟。”[131]

如果罗姆尼在法国的摩门传教工作将他与他家族协助创建的信仰更深入地联系起来，那么他在波士顿教会的领袖地位（到1994年结束）使他有机会运用这种信仰，使教义运用于实践，并把它的精神信息传递到新的片区。迟早，更为世俗的领导需求（例如在商业、体育和政治方面）将占用米特·罗姆尼更多的注意力，但是他的信仰和家庭始终都是他生命中两大不可撼动的支柱。“要了解我的信仰，就应当首先了解我本人、我的家庭以及我们生活的方式，”罗姆尼数年之后说道，“我现在的成就以及家庭的和睦就是教会对我教育的体现。”[132]

捞金高手

实际上，我从未经手任何投资项目。那是管理层的职责。

——米特·罗姆尼谈及他在贝恩资本的工作

1983年春，米特·罗姆尼走进他的导师兼老板比尔·贝恩在法尼尔厅（Faneuil Hall）的办公室。时年36岁的罗姆尼已经是商业咨询界的明星，因其冷静的分析而备受客户青睐。据悉，自幼年起，他就表现出了超乎其年龄的成熟，做事也极有条理性。他所做的每件事情都经过深思熟虑，顾及到最小的细节，他鲜有吃惊的时候。然而，这一天却是个例外。贝恩是贝恩咨询公司的创始人，同时也是咨询界的传奇人物，他提出了一个出人意料的想法：他打算将一个全新的风险投资项目委托给坐在他面前的这位有才华的年轻人。

从两人第一次见面起，比尔·贝恩就发现了米特·罗姆尼的与众不同之处，而这些不同之处又是他所熟知的。的确，1977年，他面试前来求职的米特·罗姆尼时，仿佛看到了他所熟悉的某个人，这个人就是乔治·罗姆尼。“我记得他（指乔治）是美国汽车公司的总裁，当时正在竭力反对高油耗的大排气量汽车，还制作了很多有趣的广告……因此，我看到米特的时候，就像看到了乔治·罗姆尼。他看起来并非和父亲一模一样，但是非常像。”[1]

除了相貌以外，米特还有一番前程远大的气度。他看起来才华横溢但又不骄傲自大。所有的合伙人都很欣赏他，有些甚至到了嫉妒的地步。不止一位合伙人告诉贝恩：“这个家伙迟早有一天会成为美国总统。”[2]

贝恩在波士顿咨询公司的一位前同事告诉他：“我觉得你公司里没有比他更好的人。”之后，贝恩就把罗姆尼从波士顿咨询公司挖了过来。在贝恩的面试中，罗姆尼提出了一连串聪明的问题，包括：鉴于他在波士顿咨询公司所取得的成绩，罗姆尼问贝恩，他怎么有勇气离开？“这是一个讨好的提问，”贝恩说，“米特有一种气场，让你会很重视他，但他表现得好像他很看重我似的。”

他们入职到波士顿咨询公司走的是完全不同的路线：罗姆尼生于一个养尊处优的家庭，作为哈佛法学院和商学院的研究生而受到重用；而贝恩从田纳西州的草根家庭里跌跌撞撞发展起来。尽管他还带有一点儿乡下人的口音，但举止风度已经显得很有教养，非常具有竞争力。当贝恩在1973年成立自己的公司之前，他就已经被视为波士顿咨询公司既定的继承人。他把他的几个同事一起挖走，同时还带走了他的几个重要客户。他还带走了一个想法，一个让他成立的以他为名的公司并发展壮大的萌芽想法。

“贝恩方式”以它缜密的、基于数据的分析而著称，这是它与其他咨询公司共用的一种方法。但是比尔·贝恩想到了一种理念，就是在每一行业只为一个客户服务，让贝恩咨询公司投入全部力量为这家公司服务，同时许诺严格保密。这样一来，客户公司愿意分享更多的信息，而咨询师们就能挖掘到更为深入的内容。贝恩认为通过与客户并肩作战、指导重组计划（小到咨询师报告的页面，大到行政套房和工厂层面），能够最大限度地发挥公司建议的价值。这就意味着要积极地与客户的首席执行官搞好关系，了解掌握他们最关注的项目的情况。成功与否由企业业绩改善的程度进行衡量。虽然这听起来并不是革命性的理念，但在很多方面都是创新的。

从一开始，罗姆尼就完全地适应了“贝恩方式”，并且成为其忠诚的拥护者。耐心细致的分析以及对细微差别的关注是他工作的驱动力。走进一个企业，告诉企业家如何才能更好地经营自己的企业，这需要有一种健康的心态。很多客户都很欣赏罗姆尼的工作。六年当中，他刻苦研究了许多他并不熟悉的公司，了解他们运行的情况、界定竞争范围，然后提交分析结果。他足够成功、足够机敏，使得他本可以将他的才干带去任何一家咨询公司或者可能升任贝恩咨询公司的高层。越来越多的客户更愿意选择罗姆尼，而不是更为资深的合伙人。他显然就是一个明星，在公司里，贝恩待他犹如“太子”，深得宠爱的儿子。他成为贝恩心中酝酿的一个大计划的不二人选。

于是贝恩开始了他的说服行动。当时，两个人正在贝恩的办公室内交谈。贝恩的办公室刚好在游人如织的商店和餐馆商区附近。贝恩为罗姆尼的将来设计了令人称奇的远景，可以让罗姆尼及其合伙人发大财。当时，贝恩咨询公司只能远远地看着它的客户繁荣兴旺，虽然能收取可观的佣金，但是并不能直接分享利润。贝恩的意愿是要建立一个新企业，可以投资其他的公司，分享其增长收益，而不是仅仅提供建议而已。

贝恩建议，立即启动这一计划，由罗姆尼担任新公司的总裁，新公司命名为贝恩资本。坐拥来自比尔·贝恩和咨询公司其他合伙人的种子基金，贝恩资本筹集了数千万美元，专门投资新创公司和经营困难的企业，运用贝恩管理咨询的品牌，然后转售复兴企业或将其股票上市以获取利润。这是非常冒险的做法，但是贝恩确信能够成功，同时相信谨慎而又有抱负的罗姆尼将会成为最理想的领导者。这是振奋、大胆、创新的想法。罗姆尼将第一次有机会经营自己的公司，而且很有可能狠赚一笔。对于急于发展的年轻人而言，这是难以抗拒的机会。

然而，罗姆尼的做法让他的老板大吃一惊。他当然看到了契机，但同时也看到了风险。首先，他的生活已经很舒适。他拥有一份不错的工作，家里有五个儿子。其次，他和他新公司的合伙人需要投入大量的钱用于投资基金，因此，如果生意失败，他们损失的可就是自己的钱。罗姆尼对贝恩说，他不想用自己的地位、收入和声望来冒险作这样的尝试，他知道这样的条件很诱人，但是不想这么“轻易或轻率地”作出决定。[3] 于是，贝恩增加了有利条件。他承诺如果尝试失败，罗姆尼还可以继续他原先的工作，原有的工资不变，外加他不在该职期间他本应得到的任何加薪。但是，罗姆尼仍旧担心如果最终他无法胜任这一工作会有损他的名声。这一次，贝恩又做了让步。他承诺如果必要的话，他会精心打造一个封面故事，说明罗姆尼回到贝恩咨询公司是出于公司需要像他这样优秀的咨询师。贝恩说：“因此，不存在职业或经济风险。”[4] 这一次，罗姆尼答应了。

多年以后，罗姆尼开始其2012年总统竞选之路时，没有透露他当时作出决定时的任何考虑。对于他如何开始这项后来赚取了数百万美元的工作，他的描述几乎不可思议。罗姆尼说：“我放弃了一份稳定的工作，和几个朋友开了一家公司。这一直是我的一个梦想，想要从头开始尝试并成立一家公司。我们从一间小办公室起步。”[5] 但是，这种起步和一般小公司的起步毫不一样，这是一个基本上不存在风险的机会，有着强大的经济支撑，万一出现失败，还有合算的撤退计划。还有一个保障是他知道他仍将向贝恩报告，他的办公室离导师贝恩的办公室也就几步之遥。

正当罗姆尼掌权之时，整个贝恩公司从法尼尔厅时尚的环境（很多年轻的合伙人很享受附近嘈杂和喧闹的商业环境，建筑物的砌砖和管道都是裸露在外的）搬迁到波士顿后湾（Back Bay）的科普利广场（Copley Place）新开放的办公楼内。公司挤在七楼单调的房间内，里面是金属桌子和过时的椅子，几个合伙人挤在一间小办公室内，而罗姆尼独享一间。贝恩咨询公司的咨询业务在走廊的一端，而其剥离公司贝恩资产公司在另一端。这种布置很商业化，同时也很清爽，很适合罗姆尼的风格。他给一些合伙人的印象是：在人群中显得很不自在，每天上班时和购物人群一起乘坐电梯时会局促不安。而他在会议室会感到如家般的轻松自在，绝对不会分心。罗姆尼每天早上都早起，通常第一个到办公室，经常还忘记吃午餐。他的时间效率性特别强，既可以在办公室完成工作，还可以确保参加教会活动或者孩子们的体育运动。罗姆尼说，即使他把公文包带回家，他也会把它留在车里。[6]

全权负责的罗姆尼寻求让他感到舒服的合伙人。他向他的新员工承诺他们所在的都是关键的岗位，而每个主要决定都会在会议上公开审议。罗姆尼曾将他的风格描述为"两步走的过程"。第一步，按照深入分析的"贝恩方式"，"沉湎在数据中"[7]。第二步，他鼓励积极的辩论。"找一帮有着不同背景和不同经验的人，他们之间会存在争议，他们愿意辩论和探讨"。在某种意义上，他在复制曾经在哈佛商学院和同学们一起剖析案例的方式。在商业上，这种方法经常能奏效。但随后在他的政治生涯中，罗姆尼发现这种方法并不完全适用。

罗姆尼所招募的大部分人员都是一种特定的类型，他们是电子表格怪才，成绩名列班级前茅，通常是斯坦福大学（罗姆尼在那儿读了一年本科）或哈佛大学的校友。尽管贝恩咨询公司在 20 世纪 80 年代是非常受欢迎的雇主，但是贝恩资本的名气并不大，并且有风险。罗姆尼招募的人员当中有一部分受波士顿这类省级城市生活节奏的吸引，放弃了纽约市或西海岸的优越工作。一位前合伙人把这类人群归结为一群才华横溢但社交能力很差的年轻人（而且他们都是男人），急切地想要去证明他们不比那些在华尔街大公司工作的同伴差。鲍勃·怀特（Bob White）和乔希·贝坎斯汀（Josh Bekenstein）在哈佛商学院毕业之后，就职于贝恩咨询公司，而杰弗里·雷纳特（Geoffrey Rehnert）毕业于斯坦福大学法学院。罗姆尼在执掌贝恩资本时只有 37 岁，他的很多新员工比他小十岁左右。[8]

罗伯特·盖伊（Robert Gay）的受聘方式却不同。盖伊是少数几个和罗姆尼有着相同摩门教信仰的贝恩雇员之一，曾在华尔街一家公司工作，但越发对单纯为获取巨额费用而进行交易（无论是否值得），以及在并购之后经常出现的员工失业或工厂关闭的情况深感厌倦。盖伊担心他会变成自己所"鄙视"的那一类人，他很及时地抓住机会，成为了罗姆尼的一名合伙人。据盖伊后来说，在经济收入上"并没有多大的意义"[9]。贝恩公司在规模上仅为华尔街公司的几分之一，只有 15 名雇员，且完成的交易只有寥寥几笔。但是，盖伊确信罗姆尼能够让他比在其他公司“产生更好的影响”。因此，尽管工资比过去低，他还是签约了。盖伊和其他合伙人有一个共同点：他们都完全忠诚于罗姆尼，而这种忠诚在他们共同富裕之后只会有增无减。

由此展开了罗姆尼在贝恩资本长达15年的冒险之旅。罗姆尼竞选参议员、州长或总统时，总会自豪地提起这段岁月，他会经常谈论他当时是如何帮助新公司或运营状况不佳的公司增加新的就业岗位，谈及他弄懂了工作机会增加减少的原因并掌握了企业生存之道。他还会特别提到他和他的合伙人曾经投资的几个著名企业，例如，史泰博（Staples）。但是，他在贝恩资本工作的完整情况却非常复杂，尚未有深入地考查。罗姆尼曾经参与了约100宗交易，其中很多都未引起关注，因为相关公司都是私人企业或者并非家喻户晓的企业。对罗姆尼业绩最透彻的分析来自位于华尔街的德意志银行（Deutsche Bank）所编纂的贝恩资本资金的私有投资募集。[10] 德意志银行审查了罗姆尼监管的68笔大宗交易。其中有33笔交易贝恩公司存在资金损失或损益基本持平。尽管如此，总体上这个数字还是相当惊人，贝恩公司基本上每年都使其投资人的资金翻倍，业绩在业内名列前茅。大部分的成功来自于一些不知名但是相当成功的投资活动。但是，其风险投资一开始存在不少的失败和教训。

罗姆尼又在进行另一场巡回宣传以吸引投资人，他动用投影仪说明如果投资人投入资金，就将构成贝恩资本的“第一桶金”，他会极其谨慎地运用这笔资金。这是一种难度很大的推销，因为他的公司还没有任何业绩可以证明，仅有传奇人物贝恩的名头。罗姆尼和贝恩咨询公司的不少合伙人用自己的私人资金投入了1400万美元，然后开始寻求外界的资金支持。罗姆尼和他巡回宣传的伙伴科尔曼·安德鲁斯（Coleman Andrews）离完成筹资目标还是很远。然后，有一天罗姆尼从贝恩咨询公司高管哈里·斯特罗恩（Harry Strachan）那里得到一个消息，在中美洲一些饱受战争之苦的地区，一些有钱的家庭正在寻找合适的投资领域。

罗姆尼很有兴趣，但又有些担心。考虑到自己的政治前途，罗姆尼想确定这些资金在日后不会被认定为脏钱。例如，萨尔瓦多（El Salvador）经常上演着政客的大屠杀和暗杀。斯特罗恩说，罗姆尼“曾跟我说过，我必须替他把关，保证我们推荐给他的所有投资者都没有牵涉到非法毒品交易资金、右翼敢死队或左翼恐怖行动”。[11] 斯特罗恩向罗姆尼保证他将仔细审查投资者，其中有一名投资者，据称其侄子有可疑背景，后来斯特罗恩确定这位投资者的资金是干净的。在全面谨慎地审查之后，罗姆尼同意在一家迈阿密的银行与中美洲的投资者见面，然后批准了投资。多年之后，罗姆尼被问及有报道称一些投资者的家庭成员或与准军事组织有关联之时，他回答说，令他满意的是，个人投到贝恩资本的资金都是从合法渠道获取的。“我们调查了个人的诚信，然后查找是否存在非法活动的明显迹象，结果……没有发现。”[12] 罗姆尼说。对于贝恩而言，来自中美洲的资金非常关键，在其 3700 万美元的资金总额中占了 650 万之多。

现在，问题就是到哪里去投资。罗姆尼将他新招募的合伙人派去研究市场上盛行的两种类型的潜在交易：收购现有公司的并购投资，以及向还未发展壮大的新兴公司提供风险资本投资。在 20 世纪 80 年代初，风险投资是个小众领域，主要以华尔街金融家资助的高科技企业为主导。新兴公司从刚刚创立发展到有所盈利，这其中可能需要经历好多年的时间，收益不可预计，但胜利者总有可能发大财。苹果电脑公司等企业巨头都是在 20 世纪 70 年代从风险融资开始起步的，而思科系统公司（Cisco Systems）等企业在 20 世纪 80 年代实现腾飞。但是罗姆尼和他的合伙人不愿意介入高新技术领域，因为他们觉得自己在这方面没有优势。“我们认为，投资技术型新兴企业的话，我们不会取得成功。”斯特罗恩说。

从本性来说，罗姆尼是非常反对在高风险行业中投资的。他担心会损失合伙人以及外界投资者的资金，更不用说担心损失自己的积蓄。安德鲁斯说：“我们的投资进度跟不上时他会烦恼，我们投资了后他还会烦恼，他绝不希望无法实现对投资者的承诺或保证。”[13] 因此，他不会盲目地介入新兴领域，相反，会集中精力去研究更寻常的经济角落，例如轮缘制造商、相册制造商以及手包制造商，等等。在整理分类可能的投资项目时，罗姆尼每周都要与他的年轻合伙人见面，让他们进行更为深入的分析，提供更多的数据，并由自己最终决定是否继续。他们的运营方式更像是一群银行家正在努力地保护他们所拥有的现金，而不是一家雄心勃勃的企业想获取巨额利润。值得注意的是，罗姆尼将审核交易的团队称作“信贷委员会”，而不是常用的“投资委员会”的称谓，他的银行家行话得到采用。这种谨慎可能源于他的家庭背景。罗姆尼家几代人的起起落落、荣辱兴衰耗尽了祖先的财富，家道中落进而一贫如洗，直到罗姆尼的父亲乔治经过努力才有了非常大的改观。乔治甚至塑造了这样的形象：他在社会问题上持自由派观点，但在对待他人资金方面却显得非常保守。不管他出于何种考虑，罗姆尼总是执著不懈地唱白脸，以至于他的合伙人鲍勃・怀特常开玩笑说想要“照着他鼻子上来一拳”[14]。

有些合伙人怀疑罗姆尼一直还关注着自己的政治前途。“我一直在思考米特究竟是出于企业的角度担心，还是出于个人和政治的角度担心出现污点。”[15] 一位合伙人多年之后说道。这位合伙人最后得出结论：应该是后者。该合伙人还说，尽管大多数企业家都认为失败是游戏的固有部分，但是罗姆尼担心仅仅一次的失败就会使他名誉扫地。因此，每一次的考虑都必须慎之又慎。

1985 年的一个冬夜，罗姆尼坐在贝恩资本办公场所内布置单调的 10 英尺长 10 英尺宽的会议室里，拍打着他的领带，就像是在模拟快速的心跳。他的同事都知道，每当罗姆尼拍打领带的时候，就是他倍感压力的时候。据一位同事透露，当时罗姆尼非常担心贝恩资本的未来，他甚至提出有可能会把数百万美元的投资款返回给投资人，再回去做他们的老本行。罗姆尼当时穿着一件白领的天蓝色衬衣，别着金领针，外表看起来像足了 20 世纪 80 年代成功金融家的风范。但是，据他的前同事杰弗里・雷纳特透露，这件衬衣的腋下部位被他的汗浸得都已经变成黑色了。“米特当时一直在纠结，”雷纳特说，“过去他很少这么纠结。”[16]

因避免投资高新技术行业，罗姆尼和他的合伙人接手了一些很有挑战性甚至有些默默无闻的投资项目。贝恩资本的首批交易中，有一笔是 1984 年向关键航空公司（Key Airlines）注资 200 万美元。关键航空公司开设了从拉斯维加斯远到内华达州沙漠的往返航线，[17] 基本都是政府工作人员乘坐。贝恩公司想扩大其经营业务，新增了几个前往墨西哥、加勒比海等地的旅游包机航班。两年以后，贝恩公司将关键航空公司和一家新成立的总统航空公司（Presidential Airways）合并，最终贝恩公司的投资升值了一倍多，达到 540 万美元（这家公司后来上市，但是财运并未持续多久，总统航空公司于 1989 年破产）。另一笔较早的投资交易 [18] 是医讯科技公司（MediVision），它开设了多家门诊眼科手术的外科中心。通过在国内各地建立外科中心来实现扩张的措施收效缓慢，但购买医疗设施的方法却很奏效。最终，医讯科技公司与一家新成立的医疗物资公司合并，然后出售给一家更大的公司得以获利。豪尔林布恩集团（Holson Burnes）[19] 是一家相册制造商，同样也面临着经营困境。贝恩公司于 1986 年收购了豪尔林布恩集团，在数年困境之后，将其与一家相架制造商合并，但是并没有马上取得成效。他们进行了包括裁员在内的成本削减，解决产品存在一些问题。一种模拟数码相片的相架产品(一种带有按钮的装置，按一下按钮就可以从一沓照片中的其中一张跳到下一张）一开始的业绩并不尽如人意。直到 1992 年（尽管超过了贝恩公司一般三到五年的投资目标），贝恩公司将合并后的公司上市，最终才使其 1000 万美元的投资翻了倍。

虽然纠结不断，但 1986 年将注定成为罗姆尼事业的关键一年。这始于一笔最不可能的交易。一位前任超市高管托马斯·施滕贝格（Thomas Stemberg）想要说服风险资本家接受一个看似很平庸的想法：用更为经济的方法销售回形针、钢笔和其他办公用品。这家后来发展成为史泰博超市的企业在一开始时面临了不少质疑。当时中小型企业都是从当地的文具店购买大部分的办公用品，购买的价格远远高于成本价。很少有人认为如果通过降价大批量销售这类普通商品，能取得可观的利润率。但施滕贝格深信不疑，并雇用了一位投资银行家帮其融资。罗姆尼后来听说了施滕贝格的意见，于是他和他的合伙人就开始深入研究施滕贝格的规划。他们召集了一帮波士顿地区的律师、会计师，还有几十位企业家，询问他们在办公用品上的开销以及是否愿意在一家大型新商场内采购。一开始，合伙人都认为施滕贝格夸大了对市场的估计。“看，”施滕贝格对罗姆尼说道，“你的错误在于你致电的这帮人认为他们知道把钱都花在了哪里，但其实他们并不知道。”[20] 后来，罗姆尼和贝恩资本其他员工又到这些企业里收集归纳他们的采购发票。最后，事实证明，施滕贝格认为这是一个巨大的潜在市场的判断是正确的。

罗姆尼并不是自己偶然发现史泰博的。有一位在另一家波士顿公司——柏尚风险投资公司（Bessemer Venture Partners）工作的合伙人在与施滕贝格第一次会面时邀请了罗姆尼参加。但是之后，罗姆尼采取了主动[21]，他最终开始介入这家有潜力的新兴企业。贝恩资本投资了65万美元，帮助史泰博于1986年5月在马萨诸塞州布莱顿开设了第一家卖场。后来，贝恩公司投资史泰博共计250万美元。[22] 三年之后，即1989年，史泰博几乎是刚刚开始盈利之时就公开发行股票，贝恩公司由此获取了1300多万美元。这在当时来说是非常了不起的成就。但是它与后来贝恩公司高达上亿美元的交易相比却不值一提。

多年来，罗姆尼总是会提到对史泰博的投资，以此作为他曾经协助创造了上千个就业机会的证明。的确，他在对史泰博投资中表现出的前瞻性帮助一家大企业实现了腾飞。但是罗姆尼和贝恩公司都没有直接参与经营这家企业，虽然罗姆尼在其董事会中表现积极。在史泰博首次公开发行股票时[23]，他是一家拥有24家卖场、1100个全职和兼职岗位的企业。其好日子还在后头。2001年，罗姆尼为准备州长竞选辞去了他在其董事会的职位。10年之后，该公司已拥有2200多家卖场和89000多名员工。

要评估创造就业机会的说法并不容易。在史泰博得到迅猛发展的同时，它所带来的收益却被其他地方发生的损失所抵消，至少是部分抵消：小型家庭式文具店和供应商受到挤压，有一些完全停业。最终，罗姆尼赞赏地称史泰博是“优秀的‘同类杀手’[24]，就像玩具‘反’斗城一样（Toys ‘R’ Us）”。史泰博以不可抗拒之势击垮了竞争对手，降低销售价格，并以大批量进行销售。当罗姆尼在1994年参议员竞选时被问到他宣称的创造的就业机会时（罗姆尼曾宣称他帮助各类公司创造了一万个工作岗位，而这一数字在他2012年总统竞选时，被扩大为“帮助创造了数万个工作岗位”[25]），罗姆尼回答得非常模棱两可，他一直使用“帮助”这样的字眼，而并没有说创造的岗位完全是他的功劳。他承认说：“这就是我为什么一直以来都很谨慎地采用‘帮助创造’这样的表达。”“贝恩资本或米特·罗姆尼‘帮助创造了’10000多份就业机会。我并没有把史泰博新增就业的功劳全部归于自己身上。我帮助创造了在史泰博的就业机会。”[26]

霍华德·安德森（Howard Anderson）是麻省理工大学（MIT）斯隆商学院（Sloan School of Management）教授，同时也是与贝恩公司共同投资的前企业家，他说得更为直接：“你不能说每一个岗位都是你正确判断的结果，你实际上并没有真正地经营这些实体，你只是融资，提供你的判断和建议。我认为你只能说自己经营的公司所创造的就业机会才是自己的功劳。”[27]然而，施滕贝格未对罗姆尼有丝毫嫉妒之心。如果由于贝恩公司的监管导致就业岗位减少而使罗姆尼受责，施滕贝格会说：“为什么史泰博创造的每个就业岗位都不能归功于他呢？可以说他在史泰博那里起到了非常重要的作用，帮助公司起步，而且更为重要的是，帮助公司走向成功。凡事肯定有利有弊。”[28]

在罗姆尼投资史泰博努力钻研这家真正的新兴企业的同一年，他还签署了贝恩资本截至当前最大的一笔交易。这笔两亿美元的项目让他全身心地投入到当时高风险的金融领域：杠杆收购（LBO）。鉴于风险资本交易下注于新兴企业，采用杠杆收购即意味着要贷巨资收购已有企业，通常目标公司需担负沉重的债务。目标是要挖掘出其他人忽略的价值，通过降低成本以及时常裁减岗位来迅速地提高盈利率，然后再出售企业。罗姆尼认为他和他的团队还可以加入管理层和经营方面的改变措施，让企业业务得到发展。罗姆尼后来承认他的思维开始发生变化，需要考虑是强调风险资本投资还是杠杆收购。起初，他认为将资金投入刚成立的新兴公司“和收购现有公司并将其做大一样有好处”。但是，他后来发现帮助新兴企业的风险要比收购现有公司的风险大得多。“如果企业成功与否取决于不受我们控制的因素，例如‘某某博士能让技术发挥作用吗？’或者还未成熟的市场在将来会进一步发展吗？”[29]遇到这些情况时，罗姆尼就会非常担心投资的前景。

让罗姆尼感到舒心的情况并不是其想法是否能够成功，而是数字是否合算。他了解自己，了解他的能力不是来自于创造力，而是分析力。他骨子里就不是一个企业家。可能，这也是他在与比尔·贝恩谈合作时一开始就拒绝的原因。但是，现在他感到他已经可以承担更大的金融风险，这些金融风险大部分来自对现有企业的杠杆收购，而这些企业都有已知的市场以及他可以解析和掌握的商业计划。

罗姆尼在汽车行业中找到了一个理想目标，汽车行业是他在密歇根州成长时就已熟知的领域。这个目标是货车轮缘制造商，名为雅固拉（Accuride），是轮胎业巨头费尔斯通轮胎橡胶公司（Firestone）旗下企业。这家企业不存在“某某博士”这样的因素，因此无需担心。这种生意虽不诱人，但较稳固。费尔斯通想要将其在肯塔基州的这一业务出售，因为它不属于其主要生产线。贝恩向管理层和工会保证不会裁减现有员工，这在很多其他项目中是很少见的承诺。[30] 贝恩保证要通过巨大变更让该企业发展壮大，其中包括改造生产能力，给高管以更大的薪酬激励，向同意给予雅固拉全部业务的客户提供折扣优惠，等等。这是罗姆尼在贝恩咨询公司的同事称之为“忠诚效应”[31] 举措的一部分，让员工、客户和投资者有动力使公司取得成功。

最后，贝恩公司以两亿美元的竞价赢得了对雅固拉的投标，这一竞价需要较高的融资负债。罗姆尼仅从贝恩公司的账目上抽取了 500 万美元投入风险投资，其余的资金均是从银行借款，这是收购常用的方式，而雅固拉负责还款。这就类似于用 1% 的首付买了一套房子，而其他人就负责抵押款。这也就是为什么杠杆收购业务如此受欢迎的原因了。唯一的问题就在于该业务（房产）的价值必须要上涨到一定的水平才能发挥作用。后来，雅固拉获得成功，这场赌注最终为贝恩公司和雅固拉赢得了丰厚的收益。在贝恩的监管下，第一年雅固拉的收益增长了 20%，工厂的岗位增长了 16%，达到 1785 人。18 个月后，贝恩公司将雅固拉出售给矿业联合体费尔普斯·道奇公司（Phelps Dodge Corp.），将其投入的 500 万美元变为 1.21 亿美元[32]。这是贝恩公司赢得的巨额杠杆收购的首场胜利。

罗姆尼也没有预计到这宗雅固拉交易会取得这样的成功。但是他对此的努力已经让贝恩资本走上正轨。贝恩公司的合伙人相信他们已经进入到一个黄金发展期，即便尚未赢取利润，但是他们感觉距离欢庆已经不远。罗姆尼以他的节俭吝啬（且不饮酒）著称，他不会举办 20 世纪 80 年代收购公司经常举办的香槟鸡尾酒会；他的经营异常节约简朴。雷纳特回忆说，他曾是贝恩公司第一批在汽车里安装移动电话的人。罗姆尼很震惊，质问他为什么要把钱浪费在这样一个装置上，因为在当时车载移动电话既笨重又不可靠。为什么就不能过一会儿使用固定电话，或者把车停下来找公用电话？他问。雷纳特还回忆说，有一次他和罗姆尼去“好面包”（Au Bon Pain）快餐店吃饭。罗姆尼拿到午餐之后，便开始仔细地清点找回的零钱。雷纳特问罗姆尼为什么这么麻烦。“我都把找我的零钱扔到那边的喷泉池里了。”[33] 他告诉罗姆尼。罗姆尼非常吃惊，甚至“本能地表现出痛苦的表情”，而没有意识到雷纳特其实是在开玩笑。但是罗姆尼却很喜欢去高档的餐厅就餐。在签订雅固拉合同之后，罗姆尼把他的合伙人带到波士顿最豪华的法式餐厅之一艾思帕里（L’Espalier）就餐。整个团队将他们杂乱的金属办公桌抛诸脑后，尽情享用精美的菜肴，庆祝公司在经历前两年起伏之后所取得的重大成绩。

在蓬勃发展的20世纪80年代，杠杆收购领域赚取了数十亿美元，而罗姆尼也充分参与其中，继续循序渐进地推行其钟爱的策略。在2011年的竞选活动中，罗姆尼说工作“使我非常投入地去帮助其他的企业，无论是新兴企业，还是正在经历困境的大型企业。有时候，我会成功，我们能够帮助新增就业岗位，而其他时候却不见得如此。我了解了美国在其他国家如何与其他公司竞争，了解了哪些在现实世界能够行得通，哪些行不通”。[34] 这是对什么是极有争议的企业类型的含混总结。在罗姆尼2004年的自传《逆转》一书中，则说得更为坦率：“实际上，我从未经手任何投资项目。那是管理层的职责。”[35] 他解释说，他的策略就是要“投资经营状况不佳的公司，采用等同于抵押的方式来杠杆化我们的投资。然后，我们再去帮助管理层使其企业做大做强。”

罗姆尼用的是“杠杆化”一词，是理解他在商业生涯最盈利阶段的关键。尽管投入的资金相对较少，但是贝恩公司可以利用大部分的负债来完成交易。通常，这意味着即将被收购的公司必须要大举负债。但是尽管这种策略在雅固拉交易中奏效，但是并不能保证目标公司将有能力偿还债务。在贝恩公司，目标就是要收购在大企业下发展停滞的子公司，帮助其成长或摆脱困境、改善业绩。因为在贝恩公司收购之后，很多企业都处于经营困难的境地，或者至少即将背负沉重的债务，因此他们的债券被视为低级债券或“垃圾债券”。这就意味着它们不得不支付较高的债券利息，就像一位身无分文的信用卡持卡人所需承担的利率要比及时还款的持卡人更高一样。大量发行的垃圾债券对愿意冒险换取巨额回报的投资者具有吸引力，但是他们是在进行一场巨赌：如果这些企业无法获得大量的利润或者无法公开出售股票，有一些将在收购公司的债务重压之下陷于瘫痪。这就是罗姆尼当时一心一意投入的世界。

当时，公司收购或垃圾债券融资的神秘领域已经进入公众视线，而不总是以积极的一面为公众所知。伊凡·博伊斯基（Ivan Boesky）是华尔街的套汇商，经常购买接管目标公司的股票，被指控从事内部交易，在《时代》杂志的封面上被作为封面人物，标题为“伊凡雷帝”（Ivan the Terrible）[36]。在罗姆尼开始从事杠杆交易之后不久，有一部名为《华尔街》的电影上映。它展现了虚构的公司蓄意收购者戈登·盖柯（Gordon Gekko），对自己的行为辩称：“我不是企业的破坏者。我是它们的解放者！……贪婪不好听，却是好东西。贪婪是对的，贪婪是有用的，贪婪可以理清一切，披荆斩棘直捣演化的精髓。”[37]

当然，罗姆尼从未说过贪婪是好东西的话，他的道德或风格也绝不是盖柯的类型。但是他一直相信杠杆收购巨头们更为宽泛的道德标准，即通过大胆地使用杠杆并有效管理，可以迅速重塑逆境企业的辉煌。罗姆尼称他自己受到核心经济信条的驱动，认为资本主义是“创造性破坏”的形式。这一理论在20世纪40年代获经济学家约瑟夫·熊彼得（Joseph Schumpeter）拥护，之后被前任美联储主席艾伦·格林斯潘（Alan Greenspan）极力推崇。它认为商业必须存在于无休止的革命中。熊彼得在他著名的《资本主义、社会主义与民主》（Capitalism, Socialism and Democracy）一书中写道，一个繁荣的经济体从内部开始变更，“不断地破坏旧的体制，又在不断地建立新的体制。这种‘创造性破坏’的过程是资本主义的本质。这是资本主义所包含的内容，是每一位资本家生存的重心。”[38]但是即便是这一理论的支持者也承认，这种破坏性可能会使公司破产，颠覆生命和社区，质疑社会在缓和某些突出矛盾方面所发挥的作用。正如格林斯潘有一次所说：“创造性破坏的问题就是它实质就是破坏，因此在这个过程中会激发大量的动荡。”[39]

就罗姆尼这方面来说，他将创造性破坏的资本主义收益与严格管控经济体（在这些经济体中，就业情况可能受到保护，但是生产力和竞争力却相对落后）内发生的情况作了对比。罗姆尼在他《无可致歉》（No Apology）一书中写得更为深刻：“让政府袖手旁观，任由自由经济体所固有的创造性破坏发生。”[40]他承认这“无疑会给工人、管理者、业主、银行家、供应商、客户以及受影响企业周围的社区带来巨大的压力”。但是有必要对濒临倒塌的企业和经济体进行重建。这就是罗姆尼在后来很多年始终坚持的观点。的确，他为《纽约时报》写了2008年开篇词[41]，其中表达了反对联邦政府对汽车企业的救市计划，标题为“让底特律破产吧”。他的建议没有引起重视，而他预言的如果采取救市计划，那么“我们就将和美国汽车工业吻别”也没有变成现实。

当然，经济理论是一回事，而杠杆收购的冲击又是另外一回事。有些结果可能是苦涩的：为投资者创造了利润，但对被收购的公司却是毫无好处。与恶意接管相比，罗姆尼更愿意选择协商收购，部分是因为如果目标公司不同意这种交易，那么他希望可以避免成为负面头条新闻的风险。罗姆尼和他的合伙人笃信，凭借贝恩公司坚定的商业分析背景，他们可以通过与目标公司的合作，增加其市值，而这是恶意交易难以实现的。罗姆尼低调的作风并不会吸引媒体的注意或成为好莱坞创作的源泉，但是他的成功却是无可否认的。

最终，从雅固拉交易的收益来看，罗姆尼的第一笔投资让他所有的投资者都收回了自己的投资资金，还获取了额外的收益，虽然他们收购的其他一些企业境况不佳。罗姆尼和他的合伙人正在不断前进。乔希·贝坎斯汀说：“我们都很高兴。令人异常激动的是，我们把超过100%的投资资金都返回给了有限责任合伙人。”[42] 在罗姆尼与比尔·贝恩的安排下，首笔资金利润的一半左右返回给了投资该新公司的贝恩咨询公司合伙人。贝恩公司合伙人的第一笔资金被称为“梅多布鲁克”(Meadowbrook)，以比尔·贝恩的住址命名。从那时起，罗姆尼及其在贝恩咨询公司的合伙人掌握着大部分的利润，而且对谁才是领导者这一点大家毫无疑问。第二笔贝恩投资资金名叫泰勒（Tyler），以罗姆尼当时在贝尔蒙特住所所在的道路命名。

贝恩资本已经成为炙手可热的投资公司。越来越多的资金源源不断地涌入罗姆尼的第二笔投资资金当中，以至于公司不得不婉拒部分投资者。罗姆尼原定筹集8000万美元的资金，而实际收到高达1.5亿美元提供资金的请求。合伙人最后选定1.05亿美元[43]，其中有一半来自一家纽约银行的有钱客户。和几年前筹集第一笔资金的困难相比，形势发生了翻天覆地的变化。现如今，与他们竞争的是大型的投资机构。在为宣传画册拍摄照片的休息期间，贝恩公司合伙人很顽皮地摆出一个照相姿势，展现他们的现金充裕。他们手拿10美元和20美元的现钞，塞进自己的口袋里，甚至露出牙齿咬住。罗姆尼把一张纸币卷起，藏在他条形领带和系扣西装之间。现在，一切都和过去不同了。

此时又到了做巡回宣传的时候，但是在偏僻的场所尽心竭力地去筹集有限资金的日子基本已成过去。这一次，罗姆尼和他的合伙人前往的是加利福尼亚州的比弗利山。他们抵达罗德欧大道（Rodeo Drive）和威尔希尔大道（Wilshire Boulevard）的交叉路口，然后赶往迈克尔·米尔肯（Michael Milken）在其德崇证券（Drexel Burnham Lambert）公司的办公室。迈克尔·米尔肯是精明却不乏争议的垃圾债券领域的领军人物。罗姆尼知道米尔肯可以找到高收益、高风险债券的买家，这是决定多笔杠杆收购交易成功与否的关键。罗姆尼来访时，德崇证券和米尔肯正在接受美国证券交易委员会的调查。但是尽管如此，德崇证券仍然是垃圾债券领域的巨头，而罗姆尼需要融资。一位德崇证券前任高管回忆道，罗姆尼和米尔肯见了几次面，但是具体交易执行的细节就留给米尔肯的副手去做。

罗姆尼找到德崇证券是为了筹集购买两家得克萨斯州百货连锁店，全由（Bealls）连锁店和皇家宫殿（Palais Royal）连锁店的3亿美元的资金，来组建专业零售有限公司（Specialty Retailers Inc.）。1988年9月7日，也就是贝恩公司聘用德崇证券发行垃圾债券筹资的两个月后，美国证券交易委员会指控德崇证券和米尔肯从事内部交易。此时，罗姆尼不得不考虑是否要终止与德崇证券的交易，因为德崇证券与监管机构的矛盾日趋恶化。如果是老罗姆尼的话，很可能就知难而退了。但是这位自信满满、胆量过人的小罗姆尼决定放手一搏。与此同时，有些客户不愿意和德崇证券再有任何关联，使得德崇证券渐渐失去客户，但是罗姆尼决定他需要利用该公司的资金渠道，并坚持与米尔肯的合作。马克·沃尔保（Marc Wolpow）是德崇证券的前任高管，曾经参与同罗姆尼的交易，后来在贝恩公司工作。据他回忆说："如果其他人有其他选择的话，都会坚定地说不再和德崇证券有业务上的往来，但是米特难能可贵的是，在德崇证券出现危机的时候，他没有转身就走。"[44] 曾经负责德崇证券一案的检察官说，罗姆尼及其贝恩公司的合伙人希望得到德崇证券的融资，这与德崇证券一案没有任何关系，并且认为其实贝恩公司可以从其他地方得到相同的融资。[45] 多年之后，罗姆尼曾被问及为什么要冒险与德崇证券继续往来，他回答道："我们没有说，'哦，天哪，德崇证券被指控了，尚未发现有罪。我们是不是基本上要停止交易，然后把整件事情搞砸？'"[46]

但是决定坚持与米尔肯的合作之后，罗姆尼很快就担心有其他的原因造成交易可能会搞砸。他了解到德崇证券一案将由美国地区法官密尔顿·波拉克（Milton Pollack）进行审判。法官的妻子莫塞勒·波拉克（Moselle Pollack）是皇家宫殿连锁店[47]的董事会主席兼大股东。罗姆尼很担心司法利益冲突的问题会被人提出来，所以他就给德崇证券的首席执行官弗雷德·约瑟夫（Fred Joseph）打电话："要确保这笔交易没有问题。"[48] 德崇证券的律师视这个潜在的冲突为一个很好的机会，能拖延政府的起诉，然后想办法让波拉克法官退出这个案子。

罗姆尼决心继续跟进这笔交易，这使联邦证券官员很不满。詹姆斯·T. 科夫曼（James T. Coffman）在美国证券交易委员会担任执行主任助理，在德崇证券民事案件中发挥了关键作用。据他介绍，联邦证券官员担心德崇证券想利用这一冲突，使这件案子被撤诉。“通过这笔交易，他成功地让德崇证券利用了法官方面的利益冲突，我认为这至少反映了他不太关心他的融资活动对司法管理的影响。”[49] 科夫曼是这样评价罗姆尼的。但是在一系列的听证会后，法官宣称并不存在利益冲突，因此获准继续审理该案件。后来，德崇证券承认有罪，[50] 所谓的利益冲突就显得没有意义。最终，罗姆尼与德崇证券的交易完成。在交易结束的时候，德崇证券承认了在六次证券交易中有罪以及邮件欺诈，支付了 6.5 亿美元的罚金。三个月后，米尔肯被指控敲诈费用。控方称，米尔肯涉嫌操纵股票价格、欺诈客户，以完成其垃圾债券交易。最终，米尔肯承认其证券犯罪和报告违法，被判处 22 个月监禁。[51]

同时，罗姆尼与德崇证券的交易最终为他及贝恩资本带来了收益，他们向这家零售企业投资了 1000 万美元，而 3 亿美元交易的剩余大头都是通过垃圾债券融资获得。这家新成立的公司后更名为舞台百货（Stage Stores）公司，1989 年重新定位于面向小城镇和小型百货商场。在后来的几年内，销售量节节攀升，但是原定于在 1992 年公开发行股票的计划却未能执行。直到四年之后，即 1996 年 10 月，该公司成功地以每股 16 美元的价格公开发行股票。第二年，股票价格疯涨到近 53 美元，这时贝恩资本及其不少管理人员和董事开始售出大部分持有的股票。[52] 1997 年，贝恩公司获利 1.75 亿美元。这是那个年代利润最高的杠杆收购交易之一。

罗姆尼出售股票的时机恰到好处。第二年，由于卖场销售量的下降，股票价值开始下跌。该百货公司在 2000 年按照《破产法》第 11 章申请破产保护，当时该公司背负 6 亿美元的债务，第二年经过重组成立了一家新公司。[53] 由此，这宗交易结束。这是罗姆尼不太可能在竞选活动中提及的往事：利用一家因金融业务而臭名远扬的公司发行垃圾债券来融资，从而大规模地杠杆收购后来破了产的百货公司。但是从贝恩公司的资产负债表和从罗姆尼的资产负债表来看，这却是一场巨大的胜利。

罗姆尼及其投资者并不是每一单交易都会有这么好的结局。贝恩公司曾经向一家销售钱夹及其他配件的公司——手包控股公司（Handbag Holdings）投资了 400 万美元。突然该公司的一个大客户不再采购他们的产品，这家公司就破产了，200 个岗位的员工失去工作。当时一位贝恩资本的合伙人罗伯特·怀特（Robert White）说：“情况非常糟糕。”[54] 贝恩公司还向一个卫浴装置公司 PPM 公司投资了 210 万美元，最后几乎血本无归。还有投资给妈妈之选百货公司（Mothercare Stores）的资金也没有取得成功，后来贝恩公司放弃投资时，该公司已经裁员 100 名。怀特说，贝恩公司损失了 100 万美元，并将失败归结为“恶劣的零售业环境”。

而贝恩资本的替代策略，即买进企业的股份也最终以悲剧收场。1993 年，贝恩资本收购了钢盘条生产商 GST 钢材公司（GST Steel），[55] 之后又把 2400 万美元的投资增资了一倍多。GST 钢材公司大举借债，升级改造其在堪萨斯城（Kansas City）和北卡罗来纳州的工厂，以便贝恩公司支付红利。但是后来，来自国外的竞争加剧，钢材价格下跌。GST 钢材公司申请破产，关闭了其在堪萨斯城的亏损工厂，导致约 750 名员工失业。那里的工会工人直到现在都在指责是贝恩公司毁了 GST 钢材公司，毁了他们的生活，毁了整个社区。

之后，1994 年，贝恩公司投资了 2700 万美元，作为与其他公司一同收购大德国际（Dade International）公司的部分资金。大德国际公司是一家医疗诊断器械公司，它的母公司是百特国际（Baxter International）公司。贝恩公司最终赚取了其投资金额的近 10 倍，收回 2.3 亿美元。但是，2002 年，在繁重的债务和激增的利率的重压之下，大德国际公司倒闭，解雇了 1600 多名员工，并申请了破产保护。该公司当时在贝恩资本监管下，大举借债进行收购，到 2000 年时累计债务已达 16 亿美元之多。[56] 大德国际公司削减了被购公司一些员工的福利，并解聘了一些员工。在它与德国德灵诊断产品有限公司（Behring Diagnostics）合并后[57]，关闭了三家美国工厂。与此同时，大德国际公司向贝恩资本的投资者及投资伙伴支付了 4.21 亿美元。[58]

这就是杠杆收购投资的基本宗旨之一：即便尚有大量的负债需要偿还，即便前方的经营之路充满挑战，被购公司时常有义务向收购其的投资公司支付大额回报。罗姆尼后来说道，他感到很抱歉的是向贝恩公司支付的红利伤害了他和他合伙人收购的公司。“如果时光可以倒流，我要做的一件事情就是要更加敏锐。”[59] 这是 2007 年罗姆尼在接受《纽约时报》采访时说的话。他说：“始终要寻求平衡。要非常注意，不要为了得到公司的红利或利润分配就把这个公司置于非常危险的境地。”他还补充道，从一家后来破产了的公司获取巨额回报“让我感到不安，发自内心的不安”。

在获得巨大成功并且个人声望与日俱增的同时，灾难也隐约可见。[60] 当日历翻到 1991 年时，罗姆尼所为之奋斗的一切都面临着风险。他的声望、企业、政治前途，所有这一切都岌岌可危。

罗姆尼的导师比尔·贝恩和他的老东家都处在巨大的麻烦之中。贝恩和其他七名创始人制订了一个计划，想要将他们所持有的部分股份变现。因此，他们让贝恩咨询公司申请了 2 亿美元的贷款。想为创始人提供巨额回报，为合伙人提供公司的大量股份。但结果是，繁重的债务在这个刚好不恰当的时间越积越多。经济萧条，收入降低，银行倒闭。结果出现了非常尴尬的一幕：曾经自鸣得意能为其他企业提供建议教它们如何审慎地改善企业的公司，如今却未能遵循它一直所倡导的一些原则，正面临着接近毁灭性的灾难。在公司内部，合伙人眼见着自己的收入可能大幅减少，而这一切都是以让创始人腰包鼓起来的名义。公司的存续都成了问题。

资深合伙人认为罗姆尼是拯救这场危机的最佳人选：他是比尔·贝恩所信任的人，而同时又不是创始人群体的一分子，而正是这群人的计划造成了目前的一切麻烦。他们需要有人可以迫使债权人作出让步，并把公司团结起来。几个合伙人找到了罗姆尼，告诉他一个残酷的消息。他们告诉罗姆尼，贝恩咨询公司的处境是“千钧一发”[61]。“我们需要你介入经营。”虽然罗姆尼离开贝恩咨询公司已有七年，但他意识到他自己的命运也危在旦夕。如果贝恩咨询公司破产，那么这件事情可能会对自己的贝恩资本留下阴影，贝恩资本也可能会倒闭。比尔·贝恩同意让罗姆尼接管。

罗姆尼看到账簿的时候，就意识到问题远比他想象得还要严重。1991 年的一天，他执掌贝恩咨询公司之后，就开始了大规模的裁员。最终，全世界范围内有 260 名员工，占贝恩咨询公司员工总数 18% 的工作人员被解雇。剩下的许多员工的工资和福利被大幅削减。但是这还没有完。罗姆尼得知公司刚刚给贝恩咨询公司的一位房东寄去了一张 100 万美元的支票。罗姆尼告诉这位房东：“有一个坏消息要告诉您，支票已经寄出，但是不能结算，因为我们刚刚取消了支付。”[62] 罗姆尼还取消了很多其他房租、房地产以及“对各类供应商”的付款支票，尽一切努力来支付员工薪酬。罗姆尼担心的不只是贝恩咨询公司的财务总账，他还担心公司的有些高管可能面临起诉。如果公司高级职员蓄意违反工资法，那么根据马萨诸塞州的法律规范[63]，将会面临最高一年的监禁。“在马萨诸塞州，如果某个员工知道或者有理由知晓你将没有能力在发工资时支付工资，那么在这种情况下雇佣员工将被视为犯罪，”罗姆尼后来告诉保守的电台脱口秀主持人兼作家休·休伊特（Hugh Hewitt），“在马萨诸塞州这属于犯罪，当时我们差一点儿就没办法支付员工的工资。所以，我们像鹰一样地随时观察这一情况。”他说：“有几个月真的是非常提心吊胆。”[64]

罗姆尼促使债权人之间互相竞争，同时恳求银行放宽贷款还款的期限，否则每个人都是输家。有一次是个星期六，[65] 在贝恩资本的办公室里，罗姆尼和两个合伙人与一位高盛集团（Goldman Sachs）的银行家见面，想劝说这家华尔街巨头帮助其改组咨询公司的债务。这位银行家以他应对困境企业的强势风格而著称，他和罗姆尼隔着一张桌子坐下。谈话渐渐白热化。[66] 据贝恩的一位合伙人说，当罗姆尼侃侃而谈他的宏图伟志时，这位高盛银行家却说："闭嘴。"然后告诉他挽救贝恩咨询公司的最好办法是申请破产保护。罗姆尼噌地一下站起来，房间内其他合伙人都觉得罗姆尼会跳过桌子去揍那位银行家，他们很少看到他如此愤怒。

在罗姆尼看来，破产根本就不用考虑。鉴于他信奉的资本主义的创造性破坏这一理论，他在重组其他濒临倒闭的公司时才会拥护这样的想法。但是如果贝恩咨询公司破产的话，数百人将会失去工作，而罗姆尼的所有努力就将付诸东流，而他还必须处理一连串的麻烦：支票可能被退票，贷款可能还不上，而银行家们对罗姆尼的计划将退避三舍。于是，罗姆尼开始向贝恩咨询公司的几乎每一位债主恳求让步。他说服为银行存款提供保险的联邦存款保险公司（Federal Deposit Insurance Corpo-ration）宽免了所欠倒闭的新英格兰银行（Bank of New England）3800 万美元债务中的将近 1000 万美元。[67] 几家主要的贷款银行宁可同意 1 美元贷款折算为 80 美分，也不愿意甘冒拖欠贷款的风险。据罗姆尼的助手后来说，如果罗姆尼未能制定这项拯救计划，那么联邦存款保险公司及其他金融机构的损失将会更大。

在与贝恩咨询公司合伙人的谈判中，他是最强硬的。他告诉创立合伙人必须要放弃他们预想能从贝恩公司拿走的款项的一半，约 1 亿美元。"在不得已的情况下，他乐于作出非常艰难的决策，并且强行实施。"[68] 贝恩咨询公司前任合伙人哈里・斯特罗恩说。之后，在一个秋日的周六，罗姆尼召集了大约 40 名贝恩咨询公司的合伙人来参加紧急会议。他提出了一个要么接受、要么走人的强硬方案：同意缩减薪金，承诺在公司待满一年，而他将尽全力拯救公司。如果每个人都同意降低工资，团结起来，那么他就有信心恢复以往的营业收入，然后他们就很快能赚到比以往更多的钱。罗姆尼说他会离开会议室 30 分钟，让合伙人好好考虑一下。他清楚很多人能轻易地跳槽到其他公司获得更高的收入。他告诉合伙人，如果有人不接受他的计划，则必须要在他回到会议室之前离开。结果，只有一个人走了。[69]

罗姆尼拯救公司的大部分举措从未公开过。但是，削减贷款、裁员、让合伙人从经济上作出让步以及其他措施终于帮助贝恩咨询公司节省了足够的开支，助其渡过难关，最终再一次兴盛起来。这就是对罗姆尼所声称的其擅长的"逆转"一词的绝好定义。由于导致贝恩咨询公司几乎要倒闭的原因很尴尬，挽救贝恩咨询公司的故事并没有包含在罗姆尼的竞选词中。但是，这是他展现领导才能和坚韧性格的最佳例证之一；在某种程度上，这是他在贝恩公司的黄金时刻。“如果贝恩咨询公司破产的话，没有人会把我们当回事，”贝恩资本前任合伙人杰弗里·雷纳特说，“人们会把他们当成小丑，他们收取高额的咨询费，结果自己还破产了。”[70]

在罗姆尼回到贝恩资本继续他的全职工作后没多久，他就面临着一场考验他坚定管理能力的新危机。早在1989年，罗姆尼批准贝恩资本向位于马萨诸塞州尼德姆（Needham）市的戴蒙公司（Damon）投资了400万美元。戴蒙公司是一家医疗试验公司，罗姆尼凭借投资任职该公司董事会。贝恩资本持有该公司8%的股份。起初，这笔交易的发展正如罗姆尼的预期。他帮助戴蒙公司在1991年上市，而且通过收购，该公司偿还了部分欠款，并出售了多余的企业。[71] 1993年8月，贝恩公司协助将戴蒙公司出售给康宁（Corning）公司，收回了几乎三倍的资金。罗姆尼个人获得47.3万美元。[72]合并完成之后的第二天，戴蒙公司在尼德姆市的工厂关闭，115名员工被解雇。[73]

后来有消息称在罗姆尼任职该公司董事会期间，联邦调查人员一直在调查戴蒙公司是否通过多开验血账单而欺诈医疗保险制度（Medicare）。的确，在戴蒙公司被收购的当月，戴蒙公司就收到联邦政府关于此事调查的传票。罗姆尼说，1992年12月他第一次了解到有一家竞争对手公司受到多开账单指控后，就有人说服他坚持要求董事会聘用外界律师来调查戴蒙公司出具账单的行为。罗姆尼说，董事会已经采取了“纠正措施”[74]，而投资者“收到了良好的投资回报，因为我们能够揭发这一行为。”

然而，随着联邦调查细节的公开，罗姆尼的言辞开始令人怀疑。他随后遭到他政治对手的抨击，批评他是否在揭露欺诈行为中真的起到任何作用，是否可以更早一点向政府报告这种多开账单的行为。1996年，戴蒙公司承认触犯了刑法，承认通过欺诈的手段骗取了美国医疗保险制度和医疗补助计划（Medicaid）2500万美元，因此缴纳了1.19亿美元的罚金，[75]这是当时医疗欺诈案中罚金数额最高的一起。马萨诸塞州的美国律师唐纳德·施特恩（Donald Stern）参与办理了这起案件，称其为“公司的贪婪泛滥”。四名公司高管被指控合谋欺诈美国医疗保险制度，其中一人被判处三个月的监禁。控方说，是戴蒙公司一位前任员工揭发的非法开具账单的行为。政府将平息局势的功劳归功于康宁公司，而非罗姆尼或其在戴蒙公司的董事。

直到十年之后，当罗姆尼开始竞选马萨诸塞州州长时，这起事件才开始引人关注。他的民主党对手名叫莎伦·奥布莱恩（Shannon O' Brien）。她指责罗姆尼在戴蒙公司内疏于监管，未能汇报这种欺诈行为。“在美国企业中有一个捣乱分子，名字叫米特·罗姆尼。”[76] 奥布莱恩在与罗姆尼的辩论中这样说道。但是尽管在罗姆尼任职戴蒙公司董事会时发生了几起欺诈案，他和董事会的其他成员却并未卷入这场案件风波。戴蒙公司一案提出了一个关于公司治理的常见问题：一旦董事会成员协助监管的公司出现任何问题，那么他究竟要承担多少责任？罗姆尼在谈到戴蒙公司时说，他有时候会持两种观点，而这两种观点又都是有利于他的。一方面，罗姆尼说他当时并不知情戴蒙公司内部出现的情况；另一方面，他又说他后来发现存在欺诈行为时，曾协助阻止过这种行为。戴蒙公司看起来比较好的一面就是贝恩公司的盈亏底线。尽管出现了法律风波和解雇的阴影，这宗交易对贝恩资本和罗姆尼而言都是盈利的。

罗姆尼非常善于说服投资者将数百万美元的款项投入到他的资金中。对于已提议的风险投资，他是精明的分析家，但是他从不善于寻找新的交易机会。的确，他很少能提出投资方案供大家讨论，而他真正提出方案的时候，这些方案往往都以失败而告终。例如，有一天，罗姆尼上班时带来了一个他自认为绝佳的想法。这个想法来自于他的一位朋友里德·威尔科克斯（Reed Wilcox），这个人的背景和罗姆尼惊人地相似。威尔科克斯也是一位摩门教徒，在哈佛大学取得了法学和商学学位，是杨百翰大学的校友，曾在波士顿咨询公司工作，后来在法国传教。威尔科克斯工作的公司开发了一项技术，可以运用小孩的照片创作与他们长相相似的玩偶。这种两英尺高、售价 150 美元的玩偶流行起来，杂志竞相报道。1996 年，罗姆尼授权从贝恩资本中拿出 210 万美元投资，而他个人又出资贷款用于这项经营。这家公司名为仿真（Lifelike）公司，[77] 在美国科罗拉多州和中国香港都有生产基地。然而，随着 2001 年经济走向衰落，销售量下跌，到 2003 年时，开始出现生产和质量问题，数百名消费者向科罗拉多州的首席检察官投诉未在 2003 年圣诞节前及时收到产品。2004 年年初，仿真公司破产，欠下香港制造商将近 200 万美元的生产费用，还欠广告商和其他债权人几十万美元。当年的 5 月，法官批准了拍卖公司资产的决定，后拍得 110 万美元。贝恩公司亏了本。[78] 仿真公司的交易成为贝恩合伙人不堪回首的往事。在谈到这笔交易时，他们都会摇头，公司网站上的相关内容也删掉不提。

罗姆尼还曾有过一个想法，就是向名为汽车宫殿[79]（Auto Palace/ADAP）的一家汽车零件公司投资 500 万美元。罗姆尼任职了董事会，贝恩公司损失了约一半的投资资金。罗姆尼这几次自己找寻交易的“不良记录”强化了这样的观点：罗姆尼的强项是分析他人的方案。多年来他在数百件方案中运用了他特有的分析方式。在贝恩资本的一次商务评审周会上，合伙人斯蒂芬·帕柳卡（Stephen Pagliuca）提出收购高新技术研究企业加特纳集团（Gartner Group）。罗姆尼迅速直捣问题的核心：加特纳集团的目标是什么？它是广告公司盛世长城（Saatchi & Saatchi）的附属公司，亏损了数百万美元。它是否是可持续发展的企业？“米特很善于发现交易的关键问题，然后立即进行压力测试，”帕柳卡说，[80]“那几晚我经常失眠。”加特纳集团后来成为贝恩公司早期最盈利的交易之一。在将加特纳集团上市之后，贝恩公司最终获取了1500%的投资回报，将原先投资的350万美元变成了5500万美元。多年来，加特纳集团的员工数量从最早的约700人增加到4400人。

罗姆尼用高薪聘请了善于寻找和完成交易的合伙人，以弥补自己在这方面的不足。史泰博的创始人施滕贝格说：“我认为米特喜欢的事情不是进行秘密的交易会谈。但是有一件事我们得记住……米特·罗姆尼身边不乏专家，他们了解如何才能实现他的愿景。”[81]罗姆尼作为一名政客也是遵循了这一原则。面临问题时，他通常会建议组成委员会，就像他以前组成合伙人小组那样，让专家们热烈讨论，而他自己在旁聆听，提出问题。

然而，有时罗姆尼证明他也可以找到生意。这最不可思议的案例发生在罗姆尼想要收购达美乐比萨店（Domino's Pizza）时。马克·努内力（Mark Nunnelly）是贝恩资本主管这笔交易的合伙人。他认为有必要引荐罗姆尼与达美乐比萨店的首席执行官汤姆·莫纳汉（Tom Monaghan）见面，因为达美乐比萨店位于密歇根州的安阿伯（Ann Arbor），而罗姆尼是密歇根州州长的儿子，在密歇根州长大。努内力认为罗姆尼是他说服莫纳汉的秘密武器。因此，8月的一天，他们共同飞往密歇根州与莫纳汉见面。莫纳汉是忠诚的天主教徒，从小由修女抚养长大，心直口快，曾是底特律老虎棒球场（Detroit Tigers）的所有人，见到罗姆尼后立即就表达了他对罗姆尼哥哥斯科特的不满，因为当时斯科特正在竞选密歇根州首席检察官，而他的竞争对手是莫纳汉最支持的候选人。气氛立刻变得紧张。莫纳汉问努内力是否读过他的著作《比萨之王》（Pizza Tiger）。努内力说没有。努内力把随后的约45分钟称为“死气沉沉的会面”[82]，他觉得这一天完全被浪费了。

就在此时，罗姆尼突然站了起来。他盯着莫纳汉办公桌上的一辆汽车模型，开口说：“我喜欢57年版的雪佛兰汽车。”摇身变为汽车行家。会谈的气氛几乎在刹那间得以缓和。在后来的1小时15分钟里，他们相谈甚欢，谈到了银曲轴、底特律和汽车行业。最后，努内力不得不催促罗姆尼赶紧结束，否则他们返程就要误机了。1998 年秋[83]，贝恩公司主导了该比萨连锁店 11 亿美元的收购交易，其中 3.85 亿美元是现金投入，剩余来自于借款。这是最高的竞价。据罗姆尼后来回忆说，贝恩公司持有所有权后，他仔细地反思了他所作的这一决策。他说："我们就是最大的傻瓜，[84] 说'我们愿意出比别人更高的价钱。'"这群"傻瓜"显然明白自己要做什么。他们在 2004 年将这家公司上市，贝恩公司由此在股票首次销售中收获了 1 亿多美元，[85] 外加与达美乐比萨店终止管理合同收取的 1000 万美元的费用。贝恩公司的两位合伙人担任董事会成员。后来，贝恩公司出售了其持有的达美乐比萨店的所有股票，赚取了 500% 的投资回报。[86]

罗姆尼并不善于和同事交际。他坚守个人时间是为了表明如何在工作和家庭之间取得平衡，但被他施加压力而不得不一周工作 80 个小时的一些合伙人认为，他们根本没法效仿老板去取得这样的平衡。一位合伙人的妻子曾跟其抱怨说，他陪家人的时间太少，于是，这位合伙人就离开了公司。还有一位合伙人对罗姆尼大为钦佩，他认为罗姆尼和大多数投资界高层截然不同。当然，他从来不会出去喝一杯，而且也很少和其他人一起出入社交场所。他要么就是完全属于工作，要么就是完全属于家庭。一位合伙人把罗姆尼的这种特别之处归因于他内敛的性格。还有一位合伙人把罗姆尼戏称为"铁皮人"，[87] 以此说明他是一个很难融合的人。为弥补自己不喜社交的行为，罗姆尼会出席一些关键场合，其中包括参加一位年轻合伙人父亲的葬礼，观看另一位合伙人儿子的一场重要篮球比赛。

1996 年 7 月的一天，罗姆尼的合伙人鲍勃·盖伊（Bob Gay）发出了紧急信息。盖伊 14 岁的女儿梅丽莎（Melissa）失踪了。罗姆尼火速行动起来。"不管花多长时间，我们都必须找到她。"[88] 罗姆尼说。他下令暂时关闭波士顿办公室，派出 56 名员工前往纽约市寻找梅丽莎。另外还有 250 名来自华尔街企业的员工也加入到寻找的队伍中。这次寻找行动很快成为新闻焦点。《波士顿环球报》曾以"投资公司暂停营业寻找失踪女孩"[89] 为题对此事进行了头版报道。报道中提到，罗姆尼及其合伙人"决心不惜暂停经营这家 10 亿美元的投资企业也要找到失踪女孩"。贝恩公司员工还组织派发了印有梅丽莎照片的 20 万份资料，还开通了提供线索的免费热线，甚至还雇佣了私家侦探。

罗姆尼寻遍了纽约市肮脏破败的大街小巷。很快，梅丽莎的照片被四处分发，但是依旧没有任何消息。之后，罗姆尼安排鲍勃·盖伊在当地的新闻节目上寻求帮助。"不久之后，通过追踪一个打来询问是否有报酬的电话，我女儿被安全地保护起来。”[90] 盖伊后来说。原来，梅丽莎搭上了一列从康涅狄格州开来的火车，没有告诉她父母她要去参加一场音乐会，在该周晚些时候被人发现在新泽西州的一间民房内。

后来，罗姆尼曾说，这场寻找活动改变了他对生命的看法。贝恩资本在列举当年取得的成绩时，“寻找梅丽莎”排在了第一位。他说，他永远都不会忘记曾经向一些离家出走的人询问梅丽莎的下落。“确实让人震惊，”罗姆尼说，因为他很少到美国城市的贫穷地带，“令我惊诧的是有那么多迷失的灵魂。”[91] 这次寻找以对私企而言不寻常的方式让贝恩公司进入了公众的视线。罗姆尼第一次竞选总统时进一步强调了这一事件。梅丽莎找到后的 11 年，罗姆尼授权制作了一条竞选宣传片，名为“搜寻”。在宣传片中，鲍勃·盖伊是这样评价他朋友的：“米特做了很多人们认为不可能完成的事情。但对于我来说，他曾做过的最重要的事情就是帮我救回了我的女儿。”[92] 同时，罗姆尼也说，为寻找梅丽莎而花掉的时间，“比取得巨大的经济成就登上《华尔街日报》(The Wall Street Journal)头版还有价值。我的意思是说，金钱只是金钱而已”。[93]

当时，贝恩资本的利润不断激增，大部分的利润来自几笔大宗交易。罗姆尼在贝恩资本的 15 年内，公司在其前十大交易中投资了大约 2.6 亿美元，最终收获了将近 30 亿美元的回报。[94] 在罗姆尼的任期内，这占到大约 100 宗交易所获取的总利润的 3/4 左右。罗姆尼在他的自传《逆转》中解释了他是如何创造财富的（最具体的解释之一）。他写道，他并没有采取“标准投资银行家惯用的方法，即收购高速、可持续增长的企业，然后搁置六个月，最后再出售获取利润”。[95] 恰恰相反，他写道：“我们寻找处于经营困境的企业，那些暂时经营不当但我们坚信能够有良好发展的企业。”罗姆尼说，他或他的合伙人然后会“帮助管理层改善这些企业的经营业绩”。他写道，大部分这些企业都是“人们从未听说过的，比如 TRW 的信用业务（TRW’s credit services）、意大利版的黄页（Yellow Pages of Italy）”。这两笔交易不是普通的交易。它们是罗姆尼职业生涯中最赚钱的两个案例，在两笔交易中运气都占了很大成分。其中一笔交易在短期内获得了巨额的回报，而另一笔则意外地受益于网络热潮。

第一笔交易的对象是国防和航天公司 TRW 的信用报告业务。[96] 起初，虽然它是罗姆尼职业生涯中最大的一次投资，但从表面看只是一次普普通通的交易。贝恩公司及其合伙人投入了约一亿美元的资金。罗姆尼几乎没有参与这笔交易，而只是促成投资获得批准。他的合伙人中有一位在另一家波士顿私募股权公司——托马斯·H. 李公司（Thomas H. Lee Company）工作，名叫斯科特·斯珀林（Scott Sperling），是一名懂行的经纪人。贝恩公司和托马斯·H. 李公司同意各投 50% 的资金，初步控股分拆出的信用公司，只等成功地建立一个又快又新的数据库系统所提供的保障。基于行业的保守回报，他们设想用五年左右的时间使投资额变成三倍。

贝恩公司和托马斯·H. 李公司掌控信用公司，并将其更名为益百利[97]（Experian）之后，又开始寻找其他可收购的信用业务，希望可以建立信用报告的大型企业。有一次他们找到了一家名为大世界百货公司（Great Universal Stores）的英国公司，这家公司以其巴宝莉（Burberry）连锁店而闻名，另外也做信用业务。但结果是大世界百货公司并不想要出售其信用业务，反而想把信用业务做大。因此，大世界百货公司又找到贝恩公司和托马斯·H. 李公司，提出了一个令人吃惊的想法：它想买下益百利。贝恩公司和托马斯·H. 李公司的合伙人很吃惊。在收购后仅仅七周的时间，[98] 罗姆尼及其合伙人就卖掉了这家公司。贝恩公司投资的一亿美元最后变成了至少三亿美元。《华尔街日报》在一篇报道中并未提到罗姆尼的名字，只是说，这笔横财将“以华尔街史上最快的巨大投资之一的记录被载入史册”。[99] 罗姆尼个人腰包收入了数百万美元。这桩交易巨大的利润率以及迅速的投资回报震惊了全世界的投资机构。罗姆尼的两位同事在描述这笔交易的结果时，说了同样的话：这看起来就像是“被幸运棒点了一下”。[100]

罗姆尼提及的第二笔交易耗时较长，但是时机和运气更好。这源于一位有名的意大利投资家菲尔·库内奥（Phil Cuneo），他打算购买黄页的意大利版。当时，全球的投资机构都在收购或出售制作笨重电话簿的公司。贝恩公司合伙人马克·努内力负责管理这笔交易。贝恩公司过去很少投资意大利公司，因此罗姆尼给努内力施加了压力：“嗯，马克，你确定吗？”[101] 他问。“嗯，马克，你是不是完全调查清楚了？”他又开始拍打他那条爱马仕领带，模仿心跳加快的声音，这一次真的让他很紧张。

罗姆尼最终同意了这笔交易，贝恩资本投资了 5130 万美元。看起来这是对经营平稳的模范企业的一次稳妥投资，但是在结束交易后的几个月，库内奥和贝恩公司的合作人意识到，他们收购的公司可能会从对互联网企业高涨的兴趣中获益。尽管这并不是投资的初衷之一。“我们意外发现了互联网泡沫，”库内奥说，“我们开始注意到美国国内出现的新形势。”[102] 的确，不久之后，他们就发现他们收购的其实是“一坛金子”。这家黄页公司拥有网站版的姓名、地址录，有可能成为意大利的美国在线（America Online）或雅虎。众所周知，罗姆尼一直都对互联网业务持怀疑态度。他的怀疑是有道理的，他担心有些企业可能会在必然的经济泡沫中崩塌，但是这一次的交易似乎是在恰当的时间从天而降。这家公司简称SEAT，开始在股票市场异军突起，库内奥和贝恩资本开始将其定位为“互联网明星”。[103]

不到三年的时间，在2000年9月，合伙人将其投资的股份出售，赚取的意外之财远远超过任何人最初的预想。[104]据了解此次交易的罗姆尼同事透露，贝恩公司投入到意大利黄页的5130万美元至少上涨到11.7亿美元。虽然这笔利润的分配方式无据可查，但是当时至少有20%的回报纳入了贝恩资本。其中，罗姆尼当时的分红一般为5%至10%，这就意味着这次不为人知的交易将给他带来1100万美元至2200万美元的利润。如果当时罗姆尼像贝恩公司其他合伙人惯用的那样进行了附带投资，他的收益还会更多。罗姆尼的一位同事说，罗姆尼的全部利润可能已达到4000万美元（罗姆尼的发言人并未回应对此次交易的提问）。让罗姆尼的一位同事啧啧称奇的是，这次交易“不像是被幸运棒点了一下，而是被猛打了一下”。[105]

这就是20世纪90年代贝恩资本报告的最高回报的几宗交易。由于罗姆尼的傲人业绩记录，贝恩资本才得以将其交易利润分成率提高到令人吃惊的30%，而行业标准为20%，另外还有2%的预付费用。投资者愿意支付更高的分成比例，因为他们相信罗姆尼及其贝恩团队值得这么高的比例，而他们在15年内取得年均88%的回报率也证明了这一点。贝恩资本前合伙人杰弗里·雷纳特说：“投资回报很抢眼，而贝恩资本有能力要求奖励。”[106]罗姆尼本人有的时候也会引以为傲，将贝恩取得的业绩和银行储蓄存折3%至4%的利息相比。[107]当然，贝恩客户中持有存折的不多，投资者最低股份通常为100万美元。

罗姆尼本人的财富也成倍增长。[108]他的财富净额增长到至少2.5亿美元(可能更多)，这样的身家使得他在参加2008年总统竞选时能承担开销的一大部分。曾有报道说他的财富曾一度高达10亿美元，罗姆尼回应说：“我不会谈我的净资产，也不会给个大概数。”[109]罗姆尼个人财富的程度也和他适用的优惠税率有关。罗姆尼的大部分收入来自于贝恩资金的资本收益，而不是工资收入。根据联邦税法的规定，[110]资本收益的适用税率要比固定收入的税率低得多。1999年，当罗姆尼辞去贝恩资本负责人一职时，收入的最高税率为39.6%，而资本收益的最高税率只有它的一半左右，为20%。这种差异税率即表明罗姆尼和大多数高收入人群一样，所缴纳的所得税率比他公司最低收入员工以及美国许多工薪阶层的所得税率还要低。

15 年来，罗姆尼一直在从事着“创造性破坏”和创造财富的工作。但是他在创造就业机会方面的成绩如何呢？尽管贝恩资本的确帮助了一些提供就业机会的公司做大做强，但是其他一些公司却存在着解雇员工或倒闭的问题，因此罗姆尼的政治对手指责他迫使人们失去工作而积累起部分财富。一些看似很盈利的交易使罗姆尼积累了巨大的财富，但同时这是需要付出代价的——最大化地实现投资者利益可能需要大幅裁减员工、关闭工厂或是将生产转移到海外，还有可能与工会工人发生冲突，或者在违反联邦法律的公司董事会任职（如戴蒙公司一案），或者让本已处于困境的企业再次背上沉重的债务。

新罕布什尔大学（University of New Hampshire）惠特莫尔商业和经济学院（Whittemore School of Business and Economics）的罗斯·基特尔（Ross Gittell）教授说，收购公司所经营的企业和在社区扎根的企业之间存在着不同。他说，收购公司的“目标是：为投资者创造财富，而不是增加就业机会”。[111] 事实上，罗姆尼承担着尽可能为投资者创造最大财富的义务。有时，一切进展顺利，而策略的变更可能会降低存款、提高利润率，从而使贝恩公司盈利。有时，会发生失业的情况，而贝恩公司会获利或损失部分或全部投资。最后，在贝恩公司的资产负债表上，罗姆尼的盈利项目超过亏损项目。贝恩公司前任合伙人马克·沃尔保曾与罗姆尼合作过多笔交易，他说，收购公司通常不关心交易是否会产生新的就业机会。“情况恰好相反，我们关心的是哪些岗位可以裁员，”沃尔保说，“因为你必须要报告如何才能创造价值。消除过剩劳动力是非常有效的方法。如果不那样做的话，企业就无法生存下去。我觉得米特应该这样解释，如果我们不收购这些企业，并向他们提出效率方面的要求，那么市场就会替我们来做，而后果将是灾难性的。”[112]

罗姆尼一直都坚持他帮助创造了“净数量”数以万计的就业机会，而贝恩资本高级职员在 2011 年证实这一数据是准确的。[113] 然而，罗姆尼和贝恩公司都没有提供文件证明，同时也没有任何基本确定的证据可以独立证明这一说法。很多罗姆尼持有少量股份的公司都是私营企业，所有者频繁变更。它们的债务负担沉重，经过重组，然后又分裂。而罗姆尼控股的一些企业发展良好，而有一些却破产；一些带来了新的就业机会，而另一些倒闭了，致使员工失业。罗姆尼投资的企业中有一些如果没有投资可能已经完全破产。

罗姆尼力挽狂澜的最好例证是他救活了他的老东家贝恩咨询公司。当时，有 260 人被解雇，工资和福利削减，还实施了残酷的重组计划。但是，如果没有罗姆尼的努力，整个企业就有可能完全崩塌，同时还可能连累贝恩资本。从长期来看，罗姆尼推动了贝恩咨询公司和贝恩资本的发展，这是罗姆尼最好地运用“创造性破坏”的力量进行裁员，之后又新增就业岗位。如果没有作出这些艰难的决策，罗姆尼自己的岗位可能也会不复存在，而他也就不可能拥有政治前景。贝恩公司投资人，同时也是麻省理工大学教授的霍华德·安德森说：“贝恩资本投资者的目标就是要得到绝对的回报。”[114]“投资者成功，贝恩也就成功。贝恩成功，投资者也就获利。这本来就是资本主义最好也是最坏的地方。”

罗姆尼在贝恩资本共工作 15 年，在第九个年头时他开始思考。这被他后来称为“缺乏理智的”，但是回头来看是完全可以预见的。1993 年，罗姆尼感觉既满足又不平静。他已经赚取了大量的资金（但尚未包括之后上亿美元的几笔交易），但仍想要有新的尝试。每个了解米特的人，包括他的传教士朋友、大学同学和商业伙伴，都清楚他终有一天要实现从商业到政治的转型。这只是时间早晚的问题。

罗姆尼一如既往地周密地分析着自己的打算。数据情况显示良好，他也取得了辉煌的成就。但是似乎少了一点儿什么。对罗姆尼而言，他至今取得的成就更像是一种方法，而不是结束。前方总有另一个目标在等待，这是他这些年来小心翼翼守护的目标。罗姆尼在他生命中很多阶段都向同事吐露过自己的心声：“我需要特别注意这个问题，我有一天可能要竞选公职。”这个想法始终存在。他和安商量他的想法，后又与他父亲探讨自己的梦想。在决定何时从赚钱的商界退出时，乔治·罗姆尼的例子犹如现身说法。米特经常回忆起他父亲当初是如何从商界“急流勇退”而投入竞选密歇根州州长的。他父亲在商业方面的经历很单纯：乔治接管了一家濒临破产的公司，然后用了大量的时间使其走上扭亏为盈的正轨，而后自己开条件离职。米特后来写道：“工作并不仅仅是父亲赚钱的方法。他是主动、有目的性地工作。他工作是为了使大家生活得更好。”[115]

因此，在科普利广场的会议室或者在贝尔蒙特的家中，罗姆尼会反复地问自己：“我是不是要继续在贝恩资本公司一直待下去？[116] 我是要更成功，再赚更多的钱吗？为什么？”有了答案之后，他的选择就显而易见了。“我想到了我的爸爸。”他说。他将追随家庭的传统，进入公共服务领域。和他父亲一样，他有这个想法，想从一个高起点开始。的确，在罗姆尼心中有一个宏大的目标，这个目标有巨大的风险，同时也蕴藏着巨大的潜力。如果胜利，罗姆尼将赢得举国关注，并助他有一天入主白宫——这是乔治·罗姆尼未能实现的梦想；如果失败——算了，这个问题还不到考虑的时候。

挑战政坛巨鳄

我正准备迎战这个快要变成老糊涂的家伙。我轻而易举便能击败他。

——米特·罗姆尼评价特德·肯尼迪（Ted Kennedy）

他出身于威尔士的一个采煤工人家庭，自力更生实现了自己的美国梦：入职美国通用汽车公司（General Motors）；在白家地下室创立了一家工程公司并获得了成功；养育了三个子女——这三个子女后来都在摩门教会找到了精神归宿；还有一群叫他“老爹”的孙辈。[1] 但那都是过去的美好时光。如今，70 多岁的爱德华·罗德里克·戴维斯（Edward Roderick Davies）与女儿安和女婿米特·罗姆尼生活在一起，在与前列腺癌做无望的斗争。20 世纪 90 年代初的一个下午，安正在厨房里收拾碗碟，老父亲严肃地说：“我讨厌自己是个垂死之人。”[2]

戴维斯并非在博取同情。数十年前，他的父亲差点儿丧生于一辆失控的运煤车，之后便举家从威尔士南部搬到了美国，希望命运有所好转。[3] 现在，自己的大限将至，戴维斯希望女儿能充分把握住她与丈夫所获得的每一个机会。“他说：‘安，你未来的日子还很长。想想今后这世界将发生的激动人心的事情，我好羡慕你在未来生活中将目睹所有的奇迹。’”安后来回忆道。[4]

不久之后，爱德华·戴维斯离开人世，但他的话被牢牢记住了。安突然无法忍受这样的念头，她不想当她回顾往昔生活时还心怀遗憾。在一年之内痛失双亲的经历让安心里产生了许多关于存在的疑问：“我是谁？我在做什么？活着是为了什么？”1993 年，当米特和安开始商议在即将举行的参议院竞选中挑战爱德华·M. 肯尼迪（Edward M. Kennedy）时，父亲的这番话依然回荡在耳边。米特反感肯尼迪的放纵行径和自由主义思想。“我在这里生活了23年，我一直都在说：‘应该有人去与那个家伙竞争竞争。’”[5]他后来对一些商界领袖说。肯尼迪从1962年起就一直担任参议员，而米特当时还是个15岁的毛头小子。安回忆自己当时的想法：“难道我们要等到死的那天才说，‘米特，你从未付诸行动？你从来没尝试过？’”[6]

于是，据安和米特回忆说，那年夏天的一个早上，两人还躺在床上时，安谈起了这个话题。安告诉丈夫说，他们都是有福之人，现在理应与人分享这份福气。安援引了米特家族的政治传统，劝米特是时候站出来挑战肯尼迪了。“你可以不断地抱怨国家目前的走向有多么令你不满和担忧，”她记得自己对他说，“但是，你知道，如果你不站出来做点什么，那你就闭嘴，别再来烦我。”[7]米特扯起被子盖住自己的头，说：“不！不！我不想那样做。”[8]后来他说，“我被这话惊倒了。”不过令他无法否认的是，她的确讲得有道理。当时他45岁，已在商界牢牢树立起了自己的地位，很满意自己的家庭和宗教生活，他似乎已经应有尽有。但他却有一个问题：我还能做什么？[9]在经历了一段时间的反思、民意调查并咨询了一些颇具影响力的共和党人士的意见之后，罗姆尼相信妻子说得没错。那年10月，在短时间的闭门隐退、斋戒和祈祷后，安和米特·罗姆尼下定了决心：他将发起竞选活动，与特德·肯尼迪（爱德华·M.肯尼迪的昵称。——译者注）——美国政坛上的自由主义巨鳄之一，角逐美国参议员之位。[10]

这个提议真是大胆。这是在民主党当权的马萨诸塞州，肯尼迪家族的大本营。在过去30余年中，特德·肯尼迪一直都是华盛顿最突出的左翼人士之一，是民权、教育、医疗和工人阶级的拥护者。他是政坛巨人，从来没有对手能真正撼动他的地位。不过，1994年的政治气候开始往不利于他的方向转变。全国各地的选民对现任在职的官员越来越不满。之前长期处于政治边缘地位的共和党开始证明自己能够在马萨诸塞州胜出。再加上，肯尼迪自己也刚刚度过了一段行事鲁莽的时期，他的公众形象每况愈下。[11]

在1982年与琼·肯尼迪（Joan Kennedy）离婚到1992年7月与维多利亚·雷吉（Victoria Reggie）缔结第二次婚姻的这10年间，肯尼迪沉迷于女色、喝酒和派对的负面新闻闹得众人皆知，而且“查帕奎迪克事件”的阴影还挥之不去［1969年特德·肯尼迪开车从查帕奎迪克岛（Chappaquiddick）的一座桥上落水，同行的年轻妇女玛丽·科佩奇尼溺水死亡。——译者注］。1991年的另一件事对他在选民心中的形象无疑更是雪上加霜：他带着小儿子帕特里克（Patrick）和外甥威廉·肯尼迪·史密斯（William Kennedy Smith）去了佛罗里达州棕榈滩的一家酒吧，随后史密斯被控在肯尼迪名下的住宅里强奸了一名妇女。虽然史密斯后来被判无罪释放，但在全国电视观众面前在庭审中作证的肯尼迪却走到了低谷。就连他的朋友和那些与他关系友好的媒体都对他作出了负面评论。他在参议院里的影响力被削弱，在针对克劳伦斯·托马斯（Clarence Thomas）举行的最高法院审批听证会期间尤为明显。通常扮演强势角色的肯尼迪这下沦落成了一个二流角色。最终，他不得不把原定在哈佛大学进行的一次演讲改成公开致歉，承诺要洗心革面。“我意识到了自身的不足——在我私生活中的错误行为，”肯尼迪说，“我意识到，我自己应当为这些问题负责，而且必须正视它们。”[12]总而言之，这并非是一个在政治挑战面前无懈可击的人该有的姿态。

最初进行的内部投票证实担忧正在肯尼迪阵营中滋长，“肯尼迪疲劳”出现了。马萨诸塞州许多选民对他印象欠佳。“从竞选一开始，就有一种压迫感，而这种压迫感与对手是谁无关，”肯尼迪的一位前雇员说，“处境堪忧。”[13]即将年满62岁的肯尼迪看上去和听起来都不太好：他发福了，脸上长斑，说话时呼吸吃力。[14]罗姆尼回忆道：“人们对我说：‘你知道，他老了，开始走下坡路了，脑子也不清楚了。’”[15]“我正准备迎战这个快要变成老糊涂的家伙。我轻而易举便能击败他。”

共和党认为罗姆尼是与肯尼迪对抗的最佳对手——无论在外表、世界观、背景还是生活方式上。这位摩门教徒身形健美挺拔，留着一头帅气浓密的头发，拥有无懈可击的家庭生活；为人机智多谋、谈吐得体、成就非凡。所有这些因素看起来似乎都恰到好处。再加上肯尼迪正逢低谷，此时似乎正是大好时机。后来罗姆尼说：“这是一次千载难逢的机会。”[16]但是罗姆尼首先得回答许多问题，毕竟这是他走向政治舞台的第一步，他不得不仔细思考自己在商业、家庭和信仰以外的立场、观点和信仰。虽然他反对肯尼迪这一点是毋庸置疑的，但他为了什么而反对？换句话说，米特·罗姆尼应以什么形象面对公众？

从理论上来说，作为一名候选人，他是个新手。但初入政坛的他已经具备了父母留给他的天赋——十足的自信。他从小就在父亲身边耳濡目染，也亲眼见证了母亲丽诺尔1970年参选美国参议员的失败，政治对他而言并不陌生。跟肯尼迪家族一样，对罗姆尼家族来说，公共服务似乎已是早已注定的命运，而且他们的财力亦为他们的征途提供了直接的资金优势。年轻的米特已从父母身上学到了不少经验。他知道竞选活动的流程，知道传达清楚信息的重要性，也知道一旦消息被误解会带来怎样的隐患。他知道选择公共服务就意味着要牺牲自己的私人空间，也知道自己必须警惕媒体——媒体的穷追不舍正是令他父亲竞选总统希望落空的原因之一。“他了解游戏规则。”[17] 马萨诸塞州的一名资深共和党工作人员说。他所不甚了解的，则是全州的共和党选民，他得尽快赢得这些人的支持，才能在初选中击败竞争者，然后才有资格在秋天与肯尼迪一决胜负。那些核心人士他几乎一个都不认识，但幸运的是，事实证明，当时正好需要新的共和党人面孔出现。经过了一个漫长的政治寒冬之后，共和党在马萨诸塞州绝地反弹，其中很大部分原因是因为在经济问题上采取保守态度，但在社会问题上采取自由态度的威廉·F. 威尔德（William F. Weld）于 1990 年当选州长。威尔德改革了马萨诸塞州共和党传统、稳健的模式，而这一举措似乎大有希望。

甚至在这之前，该州的共和党领袖为重建该党派而孤注一掷启用新人时就曾经试图说服罗姆尼进入政坛。[18]“你应该考虑参加竞选——你这样的人正是我们所需要的。”时任马萨诸塞州共和党执行主任的约瑟夫·D. 马龙（Joseph D. Malone）说，在 20 世纪 80 年代末，自己曾在一次午餐过后对罗姆尼如是说。“你是竞选州长或美国参议员的绝佳人选。”罗姆尼当时听了只是笑了笑，说：“有朝一日，我会的。”过后他就继续留在后台，偶尔来看看，在资金筹集活动上露个脸。直到 1993 年 10 月，罗姆尼才加入了共和党，以党员身份准备竞选参议员。在 1992 年民主党内的总统竞选初选中，他曾给予民主党议会候选人资金支持，也投票支持过保罗·桑格斯（Paul Tsongas）—— 一个反传统的自由派。那位资深共和党工作人员说：“他是一个非常有魅力且高深莫测的人。”[19]

随着竞选活动的深入，罗姆尼令人难以捉摸的政治理念逐渐对他不利。他调整自己的一些立场似乎是为了赢得选民支持，而非出于表达个人信念的需要。策略赢过意识形态——为了获胜，他需要成为怎样的候选人？一个保守的专栏作家批评说，罗姆尼完全“没有自己的观念体系”[20]。虽然这个评价是过了点儿，但连本应当是他盟友的那些人也抱着同样的看法，这显示出罗姆尼所面临的挑战之大。不过，有一件事从一开始便很清楚：竞选口号是“改变”，所有一切都围绕着这一主题。罗姆尼感觉到，肯尼迪已经完全与马萨诸塞州人疏远了。“他的竞选活动重点就在于此。”为罗姆尼处理州党员代表大会事宜的律师赛斯·韦恩罗斯（Seth Weinroth）说。[21]

罗姆尼的竞选总部设在北坎布里奇的鲜湖（Fresh Pond）附近，从他位于贝尔蒙特的家开车过去很快。正如在大多数竞选活动中那样，竞选阵营中出现了各个派系：这支队伍里有负责电视广告事宜的华盛顿顾问；有由首席战略官查尔斯·曼宁（Charles Manning）和竞选经理罗伯特·马什（Robert Marsh）率领的本地团队；有自愿前来的亲人朋友；有募资团队；还有来自贝恩公司的一些同事。至少在刚开始时，众人还能齐心协力。1994 年 2 月，竞选团队在科普利广场（Copley Plaza）举行了竞选活动启动仪式。罗姆尼向 200 名支持者承诺，他将向华盛顿进军，并且要好好“整顿整顿畸形的政府”，还说：“特德，你该回家了。”[22]

他的虚张声势掩盖了摆在面前的现实担忧。为了超过包括商界人士拉吉恩（1982 年竞选州长但没能成功）在内的党内竞争者，罗姆尼需要共和党普通成员的支持，但他们中很多人对他还一点儿也不熟悉。拉吉恩与罗姆尼曾于 1994 年初在波士顿市中心，也就是现在的朗廷酒店共进过午餐。[23] 罗姆尼劝对方退出参议员竞选，转而与来自南方海滨（the South Shore）的民主党人格里·斯塔兹（Gerry Studds）竞争众议院席位。他的理由是：即便免去了初选中的激烈竞争，要打败肯尼迪也绝非易事。拉吉恩考虑数日后打电话谢绝了罗姆尼的提议。罗姆尼还必须在春季州共和党代表大会上赢得至少 15% 代表的支持，才有资格参加 9 月举行的初选。于是，罗姆尼家族成员在同一天晚上分头前往全州各地参加共和党党内会议和预备会议，以争取来自不同地区的代表们的支持。[24] 米特、安、乔治以及米特的大儿子塔格特（24 岁的他刚从杨百翰大学毕业）各自带领竞选团队前往不同城市。“我们谁也不认识，”后来安说，“那些共和党积极分子，我们一个也不认识。”[25] 已 86 岁高龄的乔治以其政治资历和性急直率的名声成为了其中尤具吸引力的人物。[26]

与此同时，竞选活动中的媒体团队成员格雷格·史蒂文斯（Greg Stevens）和里克·里德正在制作罗姆尼的第一支电视广告—— 一个 16 秒的传记式小广告，旨在向选民介绍罗姆尼其人。在广告中，罗姆尼真诚地描述了他和安以及当时尚年幼的塔格特第一次坐着莱德（Ryder）卡车来到东部的马萨诸塞州决定在此定居时的情景。广告投放初期的确产生了效应。“他取得了很大的进步。他的名气越大，取得的成绩就越好。”里德说。[27] 罗姆尼也在证明他能够募集到资金，金额远远超过他可能从其私人账户投入的资金。成功募资帮助他确立了共和党领先者的地位。竞选团队组织了一个律师团来严格审查每一笔捐资，避免接受来自名声不佳的捐资者的资金。[28]

初期，罗姆尼大受欢迎，他的团队士气高涨。他就像大卫（基督教《圣经》中记载的古以色列国王。——译者注），因为有对抗歌利亚（《旧约圣经》里被大卫用石头打死的非利士族巨人。——译者注）的蛮勇而为人赞赏；这激发了某种失意者的精神。“显然每个人都清楚这是最艰巨的任务，也是当时美国政坛上最勇敢的挑战。”韦恩罗斯说。[29] 竞选团队工作认真细致，气氛却不失活跃幽默。在总部，家人和朋友们与员工很快便打成一片。他们常常从附近一家达美乐比萨店订餐，比萨盒子丢得到处都是。“直到今天，”一位前雇员说，“我都不想再吃达美乐的比萨了。”[30]

安担当起大伙儿母亲的角色，为团队提供 M&Ms 巧克力、爆米花和曲奇饼干，负责确保办公室里物资充足；同时她还要协调志愿者的工作。[31]“她照顾每一个人。”一位前助手说。不仅如此，安也会给丈夫出谋划策，每当有什么词语或信息表达有误的时候，或者服装有什么问题，她都会提醒——她会说：“别穿那件衬衣。”她也会毫不客气地进行反驳。有一次，罗姆尼在共和党内的一位竞争对手珍妮·耶格里安（Janet Jeghelian）（也曾是脱口秀主持人）说罗姆尼“虚有其表”[32]（此处是双关。empty suit 字面意思是空西装，涵义是不称职的人。——译者注）。对此，安反诘道：“她怎么会知道？她上一次查看是什么时候？”

前雇员们说，常穿开领衬衫和休闲裤的罗姆尼每天都在为竞选活动一刻不停地忙碌奔波，但他会让手下的人做他们该做的。“他不会坐在竞选办公室里对所有事情管东管西。”监管调查与方针事务的迈克尔·苏努努（Michael Sununu）说。[33] 这也正是他在贝恩资本里的做事风格：群聚精英、设定目标、各司其职。在罗姆尼位于贝尔蒙特的家中，其厨房与家庭活动室相连，常常被作为竞选团队开会的地方。一边是罗姆尼家的男孩子们在厨房里跑进跑出的找东西吃，另一边则是助手们在餐台上展开工作。“你会立马融入这样的家庭氛围里。”一位前顾问回忆说。[34]

1994 年 5 月 14 日，在经历了数月疯狂备战后，罗姆尼迎来了他的第一场政治考验。州共和党代表大会的代表们在斯普林菲尔德市（Springfield）市政中心开会确定参加秋季竞选的候选人名单。罗姆尼的策略似乎即将大获全胜，击败尽可能多的对手并且粉碎所有质疑。他就是共和党在 11 月与肯尼迪对抗的唯一希望。[35] 竞选团队以停在会议厅中央的一辆旅行房车为指挥中心展开工作。当天大多数时间里有四个人待在指挥中心：赛斯·韦恩罗斯、韦恩罗斯的助理、罗姆尼的双亲乔治和丽诺尔。“这位曾当选密歇根州州长、竞选总统并在尼克松政府内阁任职的政坛要人就在那里，”韦恩罗斯说，“我希望他能一整天都留在那里，告诉我该怎么做。”[36]

事实却正好相反。韦恩罗斯说乔治告诉自己：“你才是总指挥，你就直说吧，希望我怎么做？”于是韦恩罗斯便让乔治去劝说心存疑虑的代表们。他让一个助手或志愿者之类的人陪同乔治到会议厅里去展开了颇有成效的游说工作，这位家族领袖为儿子出面做了一回强有力的说客，但他的策略也碰了至少一次钉子。[37]州共和党委员会的女委员佩妮·里德（Penny Reid）是拉吉恩的支持者，乔治的积极游说让她有些厌烦了，于是便对他说，如果他儿子获得了提名，她宁愿去投靠肯尼迪。

不过，从游说代表到派发印有“我支持米特”的海绵棒球手套，韦恩罗斯所采用的策略奏效了。罗姆尼在第一轮投票中获得68%支持率。其他的人中，则只有拉吉恩以16%的支持率险获候选人资格。这样一来，在稍后9月份的初选中，两人之间的一战便无可避免。这一天晚些时候，赢得共和党提名的米特还收获了另一份大礼：《波士顿环球报》在这个周末公布了一项民意调查，调查结果暗示马萨诸塞的大部分选民都认为肯尼迪不应当再连任了。[38]

罗姆尼用他在代表大会上的发言来抨击肯尼迪从政32年间所奉行的被他称为“失败的老大哥的自由主义”的政策，特别强调了不断攀升的犯罪率和福利依赖。[39]“我不会让你们难堪的，”他告诉众人，“我会尽我所能发起攻势，找回你们所珍视的原则。”发誓要奋起直追的拉吉恩从绝境逢生中得到了鼓励。发表完演讲之后，拉吉恩正在与人握手，这时乔治·罗姆尼走了过来。“他走出来说：‘你做了最精彩的大会发言，甚至比我儿子的都精彩。’”拉吉恩回忆说。[40]当晚在附近一家喜来登酒店（Sheraton）为员工们举行了私人酒会。[41]罗姆尼从不会在宴会上逗留太久，这次也不例外。经过连续一段时间令人筋疲力尽的竞选工作之后，工作人员都迫不及待地想放松一下，喘口气，于是纷纷开怀畅饮庆祝初战告捷。而罗姆尼却只是做了简短的发言，与少数人握了握手，然后便离开了。

名义上，现在是罗姆尼与拉吉恩之间的竞赛。事实上，罗姆尼与肯尼迪之间的竞争已经开始了。几乎无人怀疑罗姆尼会在共和党提名中胜出。有些人呼吁拉吉恩自动退出，但拉吉恩拒绝了。[42]而且他反而指出罗姆尼和肯尼迪是永远不可能理解中产阶级特权家族的后代。[43]当初选的战斗打响时，拉吉恩开始指责罗姆尼事实上比他表面上看起来还要保守，尤其在社会问题上。关于这一点，在后来数月里露出一些端倪。这是罗姆尼第一次被迫在堕胎、同性恋权利、枪支和其他问题上明确表态。“我不确定，他在参加竞选之前是否明确了自己的立场，”拉吉恩说，“我认为他的立场态度像是在填空。”[44]

当竞选团队里监管调查与方针事务的迈克尔·苏努努与罗姆尼坐下来讨论

譬如福利改革之类的关键问题时，罗姆尼在贝恩工作时培养起来的素质让他习惯性地想要深入到细节上：谁支持？有其他方案吗？全国共和党领导阶层怎么看这个问题？但他却很少考虑过“我怎么想”。“我们眼前有很多问题需要我们回答，而我之前并没有真正花太多心思去想过。”他回忆说。[45]他尽力把工作重点放在肯尼迪身上。8 月，竞选团队向选民展示了一段非常讨巧的录像。在录像里，罗姆尼身穿蓝白格子衬衫，正视着镜头庆祝道：“在马萨诸塞州，取代美国参议院内其中一位最富自由主义的议员的真正机会到了。”[46]他鼓励人们拨打电话 1-800-TEDS-OUT（1-800- 特德 - 出局）支持他竞选。

与此同时，肯尼迪和他的顾问们则在忙于强化缺乏活力的竞选团队。[47]他们发起了一项针对小部分选民的登记活动，准备了一次不同寻常的夏季广告集中投放——试图修复肯尼迪的形象并提醒选民他过去在参议院做出的成绩，另外又找了些额外的顾问，甚至还雇佣了华盛顿的一家调查公司去挖罗姆尼的老底。[48]肯尼迪的一名前助手描述了肯尼迪位于全国各地的政治组织举行夏日集会的情景。这一集会在肯尼迪家族位于科德角的庄园附近的海恩尼斯（Hyannis）的一家舞厅里举行。在这位助手看来，这次集会更像是老年代表大会。“我望着眼前这六七百人，基本上都是些老家伙，”他说，“我当时想：当一个参议员本身没有一个真正的竞选团队，而只是期待每六年就自动被重新选上的时候，最终就会变成这样。”他还说：“这正是我最最担心的一点。”[49]

情况只是越变越糟。过完了劳动节，民意调查的结果开始显示罗姆尼紧追肯尼迪之后，随后甚至几乎与之不相上下——部分是因为罗姆尼宣传的一个抨击肯尼迪犯罪记录的电视广告颇有成效。[50]这位共和党新贵忽然之间便成了一位与特德·肯尼迪旗鼓相当的对手，这场竞选吸引了全美甚至全世界的目光。肯尼迪及其顾问表面上做出一副“一切尽在预料之中”的样子。“民意调查结果总是起起伏伏。”[51]参议员的侄子及竞选经理迈克尔·肯尼迪曾一度这么说。但是，他们真的慌了。9 月 20 日，罗姆尼在共和党初选中完胜拉吉恩，势头更盛。罗姆尼在波士顿喜来登酒店面对大约五百名支持者发表演说。[52]当时安和他们的五个儿子以及他的父母都站在他的身边。他称自己为改革行动者，还说：“现在我们点燃这支火箭的最后一个推进器，下一步，便是准备成为美国参议员。”对罗姆尼的团队而言，这是最高评价。“我记得当时那种感觉，”一位前助手回忆起在员工、志愿者和支持者中的议论，说：“那是一个了不起的晚上。”[53]

罗姆尼说，自己一开始参加竞选时就告诉过同事们，他认为自己胜出的几率是 1/20，但安比较乐观。[54]据罗姆尼回忆，查尔斯·曼宁更是直言不讳，他一早就告诉罗姆尼："你根本不可能赢。"[55]如今初选已过，风头正盛，肯尼迪似乎已有败象，罗姆尼改变了之前的判断。这样的竞选正是他想要的，新面孔与老面孔的对峙，改变与权威的较量。他觉得自己前景一片光明。"初选过后，"罗姆尼回忆说，"我开始想：哇……我好像受欢迎起来了呢。也许我真能赢也说不定。"[56]

如果，在初选之夜罗姆尼在演讲台上能始终面带笑容，那么当他从台上下来，笑容从他脸上褪去便不会成为后来的失误。在肯尼迪阵营的怂恿下，一个电视记者当即便跳出来质疑罗姆尼在贝恩的成绩：公司不是曾大幅裁员吗？"你能看到一闪而过的怒气。"[57]肯尼迪的一位前助手这样形容罗姆尼当时的反应。民主党阵营突然意识到这个问题的重要性：罗姆尼似乎容易受到负面评价的影响。"我就进去走到迈克尔·肯尼迪身边对他说：'我们只需要不断对这个家伙施压，就能打败他。'"这是第一次攻击，后来更成为了肯尼迪团队阻止罗姆尼上升之路的主线：把他描述为一个将自己百万财富建立在剥削工人阶级血汗基础上的资本家。对于以曾帮助创造上万工作机会为荣的罗姆尼来说，这样的进攻路线正中要害。这是他一直没能成功守住的软肋。"我们不想给他任何喘息的机会。"那位肯尼迪的前助手说。

在共和党初选前两天，肯尼迪和他的夫人维姬（Vicki）以及他手下的高级政治顾问齐聚他位于后湾区的公寓召开周日晚战略会议。现场气氛十分紧张。肯尼迪团队里负责民意调查的汤姆·基利（Tom Kiley）公布了最新数据，证实了罗姆尼来势汹汹。[58]竞选形成了僵局。房间里的人们在该怎么办这个问题上纷纷据理力争，争吵不休，肯尼迪却在吃着佣人带来的一桶肯德基炸鸡。[59]"就像那种在20世纪60年代奇怪的法国电影里的经典情景，你无法相信周围正在发生的一切。"当晚在场的一位顾问回忆说。肯尼迪认同他们的观点：必须筹集并支出比原先计划多得多的资金。他知道自己必须重新组建当地竞选团队，而且要快。罗伯特·施勒姆（Robert Shrum），肯尼迪的心腹顾问之一，宣读了他所制作的电视广告语，其中将罗姆尼描述为一个冷血无情的商人。施勒姆建议说立即投放这些广告。[60]肯尼迪觉得这样贬低罗姆尼不太合适，他以前从来沦落到必须采用如此竞选策略的地步。但是，维姬理解她这位新任丈夫所面临的政治难题，告诉他"现实如此"[61]。于是，在她的劝说下，在严峻的形势面前，面对罗姆尼对自己发起的攻击，肯尼迪改变了想法，正式同意了。这些广告对罗姆尼穷追猛打。

数月以来，肯尼迪的研究员们一直悄悄地在罗姆尼的商业记录里挖掘他可能的政治弱点。[62] 近期的一笔交易吸引了他们的注意。罗姆尼的公司贝恩资本于 1992 年收购的一家名为美国纸本纸张（Ampad Corporation）的公司，不久前刚从 SCM 办公用品供应公司（SCM Office Supplies）收购了位于印第安纳州马里昂县（Marion）的一家纸品加工厂。

就在 Ampad 收购工厂的当天，SCM 就进行了裁员。虽然很多人又被重新雇用了，但工资和福利都减少了。当工人们过完七月第四个周末回来上班时，收到了一份通知，通知上清楚写明这次裁员是收购交易的一部分。通知写道：SCM 办公用品供应公司将资产出售给美国纸本纸张公司。因此，到今日下午 3 点……将终止与你的雇佣关系。[63]

虽然罗姆尼在六个月前请假离开了贝恩资本，并未直接参与裁员一事，但这公司终究是他的公司。一位后来到美国纸本纸张公司董事会任职的贝恩资本前高管说，罗姆尼本来有权解决这个纠纷，他却只是让贝恩资本的经理们关注如何把公司的投资最大化。[64] 罗姆尼当时只是个私募股权投资人，虽然头脑沉着睿智，但却还没有从候选人的角度去思考过。这件事对肯尼迪的竞选团队而言犹如挖到一笔政治宝藏，正好与其对罗姆尼的“自私自利的资本家”的描述不谋而合。“这件事杀伤力极大。”肯尼迪的一位前雇员说。[65] 不过肯尼迪的助手们认为，如果参议员就这么直接地对一位相对而言默默无闻的对手发起猛烈攻势，反而会有损肯尼迪自己的形象，所以他们很小心地让自己隐身事后，让人们以为他们得到这份“礼物”只是运气使然。

9 月 1 日，造纸工人国际工会（United Paperworkers International Union）的 266 名成员在工厂里罢工抗议这笔交易。工会的一位官员致电肯尼迪的竞选团队，后者借工会之口把罗姆尼与此事的关系捅给了印第安纳州的媒体，这样看起来就好像这件事是自己跳出来的。[66] 同时肯尼迪的团队还在计划大动作。9 月 26 日，竞选团队派了一个工作组到印第安纳州给那些工人们拍摄视频，制作电视广告。施勒姆的一位同伴塔德·迪瓦恩（Tad Devine）拿着拟好的文稿去马里昂，准备让工人们面对摄像镜头宣读。但是迪瓦恩很快又把那玩意儿扔了，因为他意识到如果是用工人们自己的语言说出来，那效果就大不一样了。肯尼迪的竞选团队组织了一个中心小组，专门审查这批电视广告和其他的广告。这些以美国纸本纸张公司的工人们为主角的广告即将大获成功。[67]

就在 9 月 29 日，视频拍摄后的第三天，肯尼迪开始投放以美国纸本纸张公司的九名工人为主角的一系列电视广告，一共六支，每支时长为 32 秒。[68] 这些广告带来了毁灭性的效果。这群愤怒的、为经济不稳定而苦恼的，而且听起来无比真诚可信的工人们自然乐意把怨气都发泄到罗姆尼头上。“他降了我们的薪水，把钱都揣进了自己的口袋里。”一名工人说。另一名给这家公司工作了29年后被解雇的包装工人莎伦·阿尔特（Sharon Alter）说：“我想对米特·罗姆尼说：‘你要是以为自己能当个好的参议员，你就来印第安纳州的马里昂看看，看看你的公司对这些人都干了什么。’”曾加入罗姆尼的竞选团队为大选出力的贝恩资本高管罗伯特·怀特（Robert White）抱怨说，公司投资过许多企业，其中绝大多数都是成功的。“肯尼迪要是拍点儿关于这40个成功案例的电视广告，不比拍那些没成功的强吗？”[69]但是，怀特不懂政治。塔德·迪瓦恩为关于美国纸本纸张公司的广告辩护说：“我觉得我们没有义务告诉米特·罗姆尼一方这件事。”

电视攻击继续上演，罗姆尼的竞选团队被打了一个措手不及。刚开始，罗姆尼为自己辩护说，有时候，为了救活一家公司，裁员是必要的措施。“这不是什么梦幻天堂，”他说，“这是现实世界。在现实世界里，公司想要竞争、求生存、赚钱，这些都没有错。”[70]罗姆尼团队里负责民意调查的琳达·迪瓦尔（Linda DiVall）之所以会注意到关于美国纸本纸张公司的这些电视广告的杀伤力，是因为选民开始在开放式调查问题里说罗姆尼是个冷血无情的人。不过，此时他的支持率依然很高，所以竞选团队也没乱了阵脚。罗姆尼并没有在电视广告里就这件事发表自己的观点，相反，他的团队投放了一支抨击肯尼迪反对死刑的主张的电视广告，希望能转移话题。[71]这时，造纸工人工会采取了进一步行动，派了一支由罢工工人组成的“真相小分队”到马萨诸塞州，跑到罗姆尼家的草坪上对他纠缠不放。他们四处派发严厉抨击贝恩资本和把罗姆尼刻画成刽子手形象的传单。[72]10月7日，罢工者们与当地工会官员们来到贝恩资本总部外，本来约好要与罗姆尼见面但没能成功，愤怒的工人们高喊着“工会破坏者”，并与罗姆尼的战略官查尔斯·曼宁发生了冲突，记者们拿着摄像机全程记录了一切。[73]两天后，就在哥伦比亚日的一场游行即将开始时，工人们与罗姆尼直接面对了。[74]“我很愿意帮忙，我会尽我最大的努力，”罗姆尼对他们说，“但是美国纸本纸张公司有独立的经营管理团队，我并不在这家公司工作。”一位工人反驳道：“我还不在那儿工作了呢。”当晚，罗姆尼与工人们在牛顿市（Newton）市郊的一家酒店坐下来，试图劝说他们相信裁员这件事并非他的错。

但此时损害已经造成。肯尼迪的广告团队在其中起到了关键作用。民意调查显示罗姆尼的支持率开始下降。[75]尽管他具有战略头脑，但却未能事先对对手最有可能采取的进攻路线——对他的商业生涯的抨击，做好充分准备。在他请假离开贝恩资本之后，他的竞选团队没有考虑到可能出现的政治影响，所以未监督公司的商业交易。“对于这个问题，我们原本应当能有所准备的，应当能想到对手会抨击他的商业记录，可能不一定是针对美国纸本纸张公司的。”[76]罗姆尼的竞选经理罗伯特·马什后来说道，“我没能事先注意到一些迹象，这是我的过失。”整件事开始令罗姆尼烦躁不安。正在组织波士顿哥伦比亚日游行的州财务部长约瑟夫·马龙在极负盛名的圣塔皮亚（Santarpio）比萨店外遇见了罗姆尼。“看着一个候选人的眼睛，你就知道他能否承受住竞选的压力，或者能看出他是否已经受到了负面影响，”马龙说，“他当时看起来就像经历过痛苦的折磨。”[77]马龙记得自己告诉罗姆尼要坚持下去，选民会给他一个公平的机会。“他说：‘我不知道。我听说那些负面广告造成了不良影响。给人感觉的确如此。’”

罗姆尼从美国纸本纸张公司这件事里吸取了不少经验教训，其中一些修正了他在未来政治道路上新的尝试。第一，在遭受攻击时保持沉默并非是有效策略。第二，不管肯尼迪的弱点如何，肯尼迪的政治机器一旦被唤醒，那是非常危险的。第三，要想从一个习惯掌握信息、与客观数据打交道和发号施令的首席执行官成为一个在吸引眼球的政治竞选中的候选人，是一件非常困难的事。成为一名候选人也就意味着身不由己，某些决策必须留给专家去做。“刚开始，对他来说放权的确相当困难。”一位前雇员说。[78]毕竟，罗姆尼是在底特律长大的，其家族有注重实干、勇于担当的传统。他喜欢自己开车，自己换油。他喜欢把控的感觉。当关于美国纸本纸张公司的广告出现时，罗姆尼和他的父亲都想猛烈还击，在电视上以牙还牙。但是华盛顿顾问们认为这样做不过是浪费钱。“他几乎感觉到了一种无力感，他无法作这个决定。”那位前雇员回忆说。

与此同时，罗姆尼拒绝了党内其他人提出的抨击肯尼迪私人生活的要求。“那些共和党人士纷纷走上前来说：‘你应该拿‘查帕奎迪克事件’攻击他！拿他的生活方式开刀！’”[79]罗姆尼的一位前助手说。对于一个认为政治领袖的个人弱点会威胁到整个民族的价值观念的人来说，这个念头听起来也许非常诱人。[80]但是罗姆尼却礼貌地回绝了这些建议。这不是他的行事作风，而且，更重要的或许是，他认为这并不能对他的竞选有所帮助。

与肯尼迪之间的竞争是罗姆尼在公众面前树立自己形象地位的第一个机会。从一开始，他的竞选团队就刻意高调宣扬他在经济问题上的保守主义，但在社会问题上，又把他塑造成一个让中立派和偏独立的民主党人，尤其是女性都可接受的人物。牢记威尔德在 1990 年以社会自由主义共和党人的形象取得的成功和肯尼迪以民权卫士的形象打造的传奇，罗姆尼试图证明，就在国会中推动这些目标的实现而言，他将不逊于甚至会更胜过肯尼迪。这种稳健但又带有些微不同的政治姿态与他父亲类似，似乎早已融入了他的血液之中，但亦是为了争取左倾州选民而定下的策略。马萨诸塞州的一位共和党领袖回忆起早期与查尔斯·曼宁之间的一段对话，当时曼宁说："这一点我们都已经安排好了。米特认为要在这里获胜的关键是做一个比尔·威尔德（Bill Weld）式的共和党人。"[81]按照这种思路，没有人能说罗姆尼是个右翼分子。"这的确是竞选的基石。"那位共和党领袖说。

罗姆尼在社会问题上乐于采取温和甚至偏向自由主义的立场——罗姆尼自己更喜欢用"社会革新"一词，这使其成为了对类似于木屋共和党人（Log Cabin Republican，共和党内的一个基层同性恋团体）之类的团体而言颇具吸引力的候选人。[82]9月，正在争取该团体支持的罗姆尼与该团体的发起人理查德·塔菲尔（Richard Tafel）和一位本地领袖马克·戈什科（Mark Goshko）会面，并收到一本普及同性恋权益的宣传书，书中谈到了从反歧视立法到军队对艾滋病问题采取的"别问也别说"政策的各种问题。[83]罗姆尼被深深吸引住了，问了一些试探性的问题，还提到自己在贝恩资本的雇员中就有同性恋者。"我曾与一些商人和政治家们会晤，这次见面感觉就像一次更加务实的商务会议。"塔菲尔说。罗姆尼的做事方法是："我需要在这里做些什么？我怎样才能完成这件事？"马萨诸塞州一位与罗姆尼相识多年的共和党人这样总结罗姆尼的方法："在米特心里，他认为自己的立场并不重要，他就是一个能解决问题的人。"[84]在会面接近尾声时，罗姆尼对塔菲尔说："现在你们不会想要同性恋者去做男童子军领袖吧？会吗？"罗姆尼当时是男童子军执行委员会成员，该组织拒绝同性恋者加入。[85]塔菲尔是一位公开的同性恋者，之前曾在威尔德手下负责过州青少年健康计划，他解释了为什么这个问题令人不快和为什么他认为童子军的这项政策是错的。"在这个问题上，我支持你的看法，"塔菲尔回忆罗姆尼说，"我会比特德·肯尼迪做得更好。"[86]

木屋共和党人的领袖们告诉罗姆尼，在该组织确定支持他之前，希望他能作出书面承诺。于是，不久之后，罗姆尼便写了一封信，感谢该组织与他会面，并且声明："我更加确信，在为美国的男同性恋和女同性恋公民争取完全平等地位的问题上，我将发挥比我的对手更有效的领导才能。"[87]当时还没有公开讨论同性婚姻这一话题，所以他并没有提。罗姆尼之前曾说过，像威尔德一样，他并不认为同性婚姻"在当时是合适的"，但是他愿意跟随威尔德的脚步。[88]罗姆尼在信中的确承诺了会以共同倡议人身份发起一项联邦就业无歧视法案，以保护在工作场所的同性恋者，也表达了对同性恋青少年自杀问题的担忧，并且说自己相信“别问也别说”这项政策是“一系列措施中的第一步，这些措施最终将使得同性恋者能公开坦诚地在我们国家的军队中服役。只有当防止歧视同性恋者这一问题成为社会关注焦点时，才能实现这一目标——我们共同的目标”。

所有这些话都正中木屋共和党人的下怀，他们认为在共和党内有一个鲜明的声音支持他们的理想是极有价值的。所有迹象都表明，罗姆尼就像在他之前的威尔德一样，是真的关心同性恋者及其权益。甚至在该组织公开声明支持罗姆尼之后，他的竞选团队还会时不时地打电话给他们，询问他们在一些事情上的意见。[89]两年后，一位曾为罗姆尼的参议员竞选活动工作的同性恋者爱德华多·派斯·卡里略（Eduardo Paez Carrillo）因患上艾滋病而将不久于人世，罗姆尼打来的电话令他感动不已。[90]

1994年，另一个更热门的话题是堕胎。尽管罗姆尼自己是反对堕胎的，但是他在竞选活动早期便给自己树立了一个堕胎权积极支持者的形象。事实上，他公开表示的观点随着竞选活动的深入变得更加自由化。[91]罗姆尼最初说自己反对为堕胎提供医疗补助资金，后来立场有所松动，说自己赞成把资助对象范围这一问题留给各州自己解决。[92]罗姆尼也公开表示支持堕胎药RU486的合法化，6月，他又以“家庭计划协会”（Planned Parenthood）筹资者的身份露面。[93]安·罗姆尼向该组织捐赠了150美元。[94]

尽管除了少数情况外，在大部分情况下耶稣基督后期圣徒教会都坚定地反对堕胎，但罗姆尼声称，自从1963年10月他妻子的妹夫的妹妹安·哈特曼·基南（Ann Hartman Keenan）死于非法堕胎引发的多种并发症后，自己的家庭一直支持妇女有安全合法堕胎的权利。[95]年仅21岁的基南的过世对她的家人和一直与她关系非常亲密的罗姆尼一家来说都是沉痛的打击。“安就像我们家里的一分子。”罗姆尼的姐姐简说。“从那时候起，我的母亲和其他家人便认为我们可以坚持自己的信念，但不会把我们在这个问题上的看法强加在别人头上。”罗姆尼在10月的一次辩论中说，以此回击肯尼迪说他在堕胎问题上做了“多项选择”的指责。“你不会看到我在这个问题上摇摆不定。”[96]

丽诺尔·罗姆尼的确曾在1970年参加参议员竞选时公开说过，她支持放宽对堕胎法案的限制。当时，也就是在最高法院具有深远意义的罗诉韦德案（美国联邦最高法院对于妇女堕胎权以及隐私权的重要案例。——译者注）中宣布堕胎合法化之前三年，堕胎在密歇根州还属于非法。但是，罗姆尼后来说她确实“支持妇女的选择权”，却未免夸张了些。[97]2005年6月，《波士顿环球报》专栏作家艾琳·麦克纳马拉（Eileen McNamara）援引与丽诺尔的参议员竞选团队走得较近的两位前共和党要员艾利·彼得森（Elly Peterson）和威廉·美利肯（William Milliken）的话，说他们不记得丽诺尔进行过什么关于堕胎权的活动。[98] 在那年与积极支持堕胎权的共和党人 N. 罗琳·毕比（N. Lorraine Beebe）竞争密歇根州参议员席位的反堕胎的 22 岁民主党人大卫·普拉维基（David Plawecki）也不记得。普拉维基说堕胎问题在他的成功竞选中起着决定性作用，但对丽诺尔的竞选而言并不是。[99]“我完全不记得她的核心主题中包括堕胎。”他说。1970 年 5 月，丽诺尔在密歇根州奥沃索的《奥沃索阿尔戈斯报》(Owosso Argus-Press）上的一篇文章里发表的评论也许是对她矛盾心理的最好写照。在此文中，当被问到对堕胎问题的看法时，文章援引她的话说：“我认为我们得重新审视这个问题，但是我觉得这件事并不像切除阑尾手术那么简单。”[100] 她还说：“我非常厌烦听到说妇女应当对其自己的孩子的命运有最终决定权，这说的可是一条生命。”

1994 年的竞选还在继续，但选民却感到越来越难以理解米特·罗姆尼到底是怎样的一个人。他想让自己看起来倾向于社会温和主义者，但他在私人聚会上的矛盾言论却破坏了这一目标。随着竞选的逐步深入，他的政治立场——他的核心价值观、教会的教导和马萨诸塞州选民对有希望成功的共和党人的期望这三者的结合体，却从来没有鲜明清晰的定义。

那年夏天，有报道说去年秋天罗姆尼曾在一次摩门教徒聚会上说关于教会会众里有同性恋现象的消息引起了他的警觉，并且公开指责此为“堕落行为”[101]。有四个参加聚会的人证实了他说过的话，但在这段所谓的言论发表的时候，担任摩门教波士顿教区会长的罗姆尼却否认自己说过这样的话。后来，在秋天，罗姆尼承认，作为一名摩门教领袖，他曾经劝告妇女们不要堕胎，除非是在教会认为情有可原的少数情况下：被强奸、乱伦、孕妇有生命危险，或者胎儿严重畸形。这个消息是从当地摩门教女权主义期刊《倡导者Ⅱ》里的匿名记录而被披露出来的，记录的是一位母亲，她说罗姆尼曾不顾她不稳定的健康状况对其施加压力阻止其堕胎。罗姆尼自始至终都坚称自己是以一个公民的身份代表其教会的宗旨，还说这不会对他以参议员身份行使公务产生任何影响。[102]“马萨诸塞州公民生命保护”(Massachusetts Citizens for Life）反堕胎组织的一位领袖给予的某种支持令罗姆尼的温和主义者定位变得更加模糊。[103] 该组织的理由很简单：罗姆尼比肯尼迪要好，哪怕好的程度再小。罗姆尼的竞选团队先是认同了这项支持，但又迅速与该组织保持了距离，说自己从未与该组织会面，也没有填过任何调查问卷，而且说该组织歪曲了他的观点。

事实上，罗姆尼是想在共和党内寻找一个安全舒适的位置。他推动了一些安全可靠的共和党主题，包括要求接受福利救济者工作、打击犯罪、创造私营部门工作岗位。但是他为了寻求更广泛的支持，常常偏离共和党的政治纲领。他支持提高最低工资水平和把最低工资水平与通货膨胀挂钩，赞同参议员肯尼迪的主要目标中的其中一项，并且与许多商界领袖人物的意见相左。[104]他拒绝了共和党提出的调整资本收益的总体税率的全国性提议。[105]他支持遭到美国全国步枪协会(National Rifle Association)强烈反对的两项枪支管制措施：布来迪法案（Brady Law，该法案规定在枪支买卖时必须有五天的等待时间)；和一项关于某些攻击性武器的禁令。[106]他说："我认为这些措施会有效。"罗姆尼也不赞同基督教右派为了支持他而捐资或播放反对肯尼迪的广告。[107]他与华盛顿的共和党领袖的政治计划《美利坚契约》(Contract with America）保持距离，不接受这项被他认为太具党派性的计划。[108]"我不打算去华盛顿服从命令。"他在一次辩论中说。

有时候罗姆尼仅仅是难以明确表态。他对约翰·拉吉恩关于固定所得税的提议表示了不冷不热的支持。[109]他对联邦政府开支抱批评态度，但又质疑肯尼迪是否具备让政府资金回到马萨诸塞州的能力。[110]后来在竞选中，罗姆尼告诉一个采访记者，尽管不情愿，但他还是对来自罗德岛的温和派共和党参议员约翰·查菲（John Chafee）推动的一项全民医疗保险计划投了赞成票。[111]查菲计划的关键是由联邦政府下令让个人购买医疗保险——数年后，罗姆尼支持在州范围内奉行这一原则，但强烈反对把其定为全国性政策。[112]"我告诉人们的正是我所信仰的。"谈到1994年竞选时，罗姆尼如是说。[113]当自己的支持率发生变化时，肯尼迪似乎也开始把自己的观点变得更温和。他在以比尔·克林顿(Bill Clinton)总统为代表(在某些情况下这种说法也并不十分妥当)的民主党政治策略中采取了一个新的更偏中立的定位，同时也试图保持自己原先的自由主义立场。肯尼迪声明支持工作福利制——要求有能力的福利受领人找到工作以换取福利待遇——而他过去是反对类似交换的。[114]他也试图把自己的形象塑造成一个犯罪打击者——但希望渺茫。[115]

不过，这场竞选中最棘手的问题却与社会政策、经济或国家走向都毫无关系，而是更私人的事情。尽管不乐意，但迫于压力，罗姆尼还是不得不为他觉得跟竞选毫无关系的一件事进行辩护：他的宗教信仰。

所有人都来了——为出版物写作的记者、摄影师、电视摄像师。[116]这是一场没有人愿意错过的新闻发布会，时间是9月27日。罗姆尼的竞选团队邀请各路媒体来到其位于坎布里奇市莫尔顿街的总部。罗姆尼觉得，关于他的信仰的质疑已经到了自己不得不出面应对的地步。数天之前，肯尼迪的侄儿约瑟夫·P.肯尼迪二世（自称是其叔叔竞选团队中的“斗牛犬”）指责耶稣基督后期圣徒教会拒绝让黑人和妇女担任领导职位。他稍后又道歉说自己不知道教会早在1978年便已经让黑人担任牧师职位。[117]不过，到了9月26日，参议员肯尼迪——尽管之前坚称在竞选活动中不应涉及宗教——说应当问一问罗姆尼对于过去摩门教的种族排他政策的看法。“对于1978年以前关于种族平等的那些问题，以及其他有争议的问题，罗姆尼先生怎么看？”参议员问道。[118]

于是，罗姆尼走上演讲台，援引肯尼迪的亲哥哥约翰·F.肯尼迪在1960年回应对他的天主教信仰的质疑时所说的话，说：“在公共事务上，我说的话不代表我的教会，教会也不代表我。”[119]罗姆尼说，约翰·F.肯尼迪在那一年竞选总统成功，“不只是4000万出生便是天主教徒的美国人的胜利，更是不论信仰的所有美国人的胜利。特德·肯尼迪却想夺走他哥哥的胜利，这一点令我很难过。”就在罗姆尼说这番话的时候，一直待在媒体圈外的乔治·罗姆尼激动不已地摇着头，突然再也无法保持沉默了。“乔治·罗姆尼直接冲进人群，”罗姆尼的一位前助手回忆说，“用手臂推开周围的记者，就像红海的分水岭（指的是《圣经》中所说摩西带以色列人穿过红海的故事。——译者注）。”[120]每个人都转头看着他。“我认为在宗教问题上紧咬不放是绝对错误的，”曾亲身经历过反摩门教偏见的乔治说，“特德就是想把宗教问题扯进去。”[121]罗姆尼早预计到老父亲会这样做，他没有太在意这段插曲，而是继续主导新闻发布会的进行。

罗姆尼的宗教信仰造成了异常两难的窘境——不只是对他，对肯尼迪及其助手、媒体和选民亦是如此。在政治背景下谈论宗教是公平的么？是完全不该提及，还是可以适当谈论？尤其是对于在其宗教信仰下形成的社会观点而言？这些问题并不都能轻轻松松地答上来，而且毫无疑问它们也帮不了罗姆尼。罗姆尼手下的调查主管克里斯托弗·克罗利（Christopher Crowley）当时说：“每一次这个问题被提出来，女性就会想：他真的支持堕胎吗？”[122]罗姆尼的媒体团队甚至还制作了一支电视广告。在广告中，身穿短袖上衣的罗姆尼站在自家车道上对着摄像镜头说，政治上的“宗教偏见”本应当随着约翰·F.肯尼迪的当选而结束。“我这一生都是在坚定信念的引导下走过的，其中一个便是我的宗教信仰，另一个则是对人宽容，”他说，“不幸的是，在这次竞选中，有的人想利用宗教来打击我。”[123]但是他的竞选团队永远都未能播出这支广告。肯尼迪在罗姆尼的宗教问题上让了步，罗姆尼及其助手们便认为没有必要再播出这支广告了。然而，这整件事给他带来的苦头，并不会这么轻易就过去了。

正如在新闻发布会上出现的那一幕那样，只要有乔治在，罗姆尼竞选团队的生活永远不会单调枯燥，而且谁也不能确定乔治什么时候会出现。一位前助手回忆说：“我问安：‘乔治·罗姆尼下周的行程安排是怎样？’安回答说：‘噢，我们永远不知道。’”[124]乔治有自己的行程安排，但他为儿子的成功付出了许多。[125]当时他已经接近 90 岁高龄了，却还总是不服老。他会从底特律乘飞机到波士顿的洛根国际机场（Logan Airport），坐大巴车到地铁站，搭乘蓝线进城，然后换乘红线出城前往坎布里奇，一直到终点站下车，再拖着行李步行一公里左右到达竞选团队总部，走上楼去直接地问一句：“米特在不在？”有时候他一到地方就开始讲自己对竞选的想法。“他坐在飞机上的时候就在不停地想，”一位助手回忆说，“乔治·罗姆尼认为米特必须有自己的主见，按自己的想法竞选，但他却又希望能与米特分享自己的策略。”最终，他搬进了米特和安的车库楼上的客房。有一天，正在波士顿北边的萨勒姆（Salem）的一家私人疗养院为儿子竞选开展活动的乔治被人问到米特是不是不太像年轻时候的他，他答道：“青出于蓝而胜于蓝：第一，他接受了更好的教育；第二，我只经营过一家公司，他却经营过许多公司；第三，他比我挣钱多。”[126]

在竞选之路上的肯尼迪和罗姆尼在行事风格和能力上截然不同。罗姆尼是个更完美的演讲者——权威、自信、有说服力。但肯尼迪与普通民众打交道的功力已有 30 年有余，做起竞选人来更加自如，总能有办法与人握手言欢。对于罗姆尼来说，要像这样迅速与人打成一片就有点难了；事实上，有时候他显得相当尴尬不安。CSPAN 拍摄的一系列竞选活动画面就捕捉到了两人之间的不同：肯尼迪在萨勒姆参加完扶轮社（Rotary Club）之夜后出来遇到一个嘴里叼着雪茄的人。“我以前也常常抽这种烟。”肯尼迪对他说，两人会心一笑。而罗姆尼在位于波士顿以西的沃尔瑟姆（Waltham）与民众握手，当他向站在一家便利店外的一名妇女走去时，对方转过了身去。“别走，”他说，“无论如何我都要跟你握手。”那妇女停下来用手挡住脸。“我想你还没化妆吧。”罗姆尼温和地说。“我化了！我化了！”妇女略有些生气地反驳。“你化了！你化了！”罗姆尼紧张地笑了笑，回道，“很高兴见到你！”[127]

当别人需要帮助时，罗姆尼会有极大的行善冲动，他的这一面是选民在竞选过程中很少见到的。这些人往往是他在教会中遇到的人，但也不全是。在被肯尼迪对其商业生涯的攻击惹火之后，罗姆尼的确曾公开抱怨没有人看到他以普通公民身份做的所有慈善工作。这个话题后来他在电视辩论上又重提过，不过大部分时候他都没有宣扬。有一次，他停下了一整天的竞选活动，只为和儿子们一起帮助一位请不起搬家工人的单身母亲搬家。[128]里克·里德的母亲因癌症而住院的时候，他也给这位将不久于人世的母亲打过电话。罗姆尼告诉她，她的儿子很令人骄傲。[129]“这件事令我永远无法忘怀。”里德说。但在竞选的那段日子里最能说明罗姆尼关心慈善的故事还在下面。故事是从一次失误开始的。

大概在选举日的前一周，罗姆尼在新英格兰流浪老兵收容中心（New England Shelter for Homeless Veterans）停留了半个小时拉选票。[130]这是在波士顿市政厅附近的政治活动路线中的一次正常停留。演讲完之后，在与该中心的主任肯·史密斯（Ken Smith）的交谈中，罗姆尼问他目前最大的问题是什么。[131]史密斯说，就在当天早上，他遇到负责收容中心食品服务的人，得知他们的预算因为牛奶的高价而有些吃紧。

他们的牛奶消耗量很大，大概每天需要一千品脱。罗姆尼就开了个玩笑：你们何不教老兵们如何挤牛奶？说完他就离开了。史密斯听了这话愣住了。“有个媒体人问：‘刚刚他是不是让你教老兵们挤牛奶？’我说：‘我听到的是这样。’”史密斯回忆说，“这话的确激怒了大家。”

但是，过了几天，史密斯接到了罗姆尼打来的一通电话。“他亲自打来电话，谈话内容的大意是‘我想让你知道，不管说过什么或这件事被如何描述，我都是真心支持美国老兵的。’”罗姆尼告诉史密斯，他想负担收容中心的一部分牛奶成本，但不想公开此事。“他说的话大概是‘我想这么做是因为这么做是对的’。”史密斯说。他不知道罗姆尼具体是怎么做的——他猜测罗姆尼是跟收容中心的其中一位牛奶供应商谈好了。不过现在，收容中心每天需要支付的牛奶量从一千品脱减少到了五百品脱，而且这并非只是什么政治手段。“这不是简简单单地说一句‘我给你写张支票’，”他说，“不是只有那么一两次，而是很长时间的关注。”事实上，史密斯说，当他1996年离开收容中心的时候，他知道罗姆尼都还在支持收容中心。

肯尼迪在竞选的最后几周超过了罗姆尼，罗姆尼要想阻止自己的败势就只剩了唯一的一个希望。两位候选人经过激烈谈判，最终同意进行两场辩论。第一场辩论日期定在10月25日，地点是在波士顿的一栋历史建筑法尼尔厅(Faneuil Hall)，这注定是一次豪赌一般的碰撞。通过一场精彩的电视演说，罗姆尼可以让每个人看到为什么应该是他而不是肯尼迪进入美国参议院。就在波士顿举行辩论的当天，《波士顿前锋报》公布的一项民意调查结果令想要在当晚扭转局势的罗姆尼倍感压力：肯尼迪的支持率上升了18个百分点。[132]当晚，肯尼迪的支持者们，包括许多工会成员，大量聚集在法尼尔厅外，很多人在喝酒。这些人行为粗暴无礼甚至有些流氓作风。现场发生了打斗事件。“我看到一些带着安全帽的家伙把几个小个子老太太踢倒在地。”罗姆尼的一位前助手回忆说。[133]这位助手还说：“明显能感觉到冲着罗姆尼来的敌意。”尽管自己也有很多支持者在街上，但罗姆尼并未逗留多久，在车停下后很快便进了大楼。尽管难以控制，这样的支持令肯尼迪颇为得意，他双手握拳高举双手向人群示意，随后与维姬一起走进了大厅。[134]

对肯尼迪来说，期望不高反而是件好事——大家都知道拿着演讲稿的他无懈可击，但做即兴演讲的话就有点吞吞吐吐、语无伦次。助手们担心，要是出了什么大的岔子，可就坏了。但是他的竞选团队成功说服罗姆尼的顾问们同意用更大的演讲台，这在视觉美感上来说是赢了一回。硕大的木台子显得两位候选人身形都比较小，这一点对肯尼迪有利而对罗姆尼不利，因为这遮掩了肯尼迪的大肚子——这一点正是他的助手们所希望的。“在这个演讲台上待一整晚都没问题。”肯尼迪在开始前开玩笑说道。[135]

这晚的法尼尔厅气氛紧张，挤满了双方的支持者和来自全国各地的意见领袖和记者，热闹的听众群里四处举着用黑体字打出的名字。对罗姆尼来说，这是他生命中最重大的时刻之一。辩论开始，他的话语很有力，并没有被肯尼迪的名气吓倒。他称这位参议员是20世纪60年代的遗老，在为自己的信仰和价值观朗声辩护时，他指责肯尼迪把矛头指向他的摩门教信仰，还谴责肯尼迪误导了对他的商业记录的抨击。但是随着辩论的进行，罗姆尼犯了一些关键性错误，而肯尼迪的状态却越来越好，尤其是在他用事先排练过的话对罗姆尼说他从一笔未进行投标的房产交易中获利的指责进行了令人难忘的反驳之后。“罗姆尼先生，”肯尼迪厉声驳斥道，“肯尼迪家族投身公共事业可不是为了挣钱。”

当肯尼迪问罗姆尼支持怎样的医疗计划时，罗姆尼用对自己信念的完美总结答复了这一问题。但肯尼迪紧接着又问：“你的计划的成本如何？”罗姆尼说：“呃，我还没有计划成本，肯尼迪参议员。”“你没有成本？”肯尼迪带着夸张的怀疑的语气问。罗姆尼抱怨地说，他不像肯尼迪那样可以支配国会预算办公室的那些数据分析师。但是这听起来就像个借口，肯尼迪用十足居高临下的口吻成功地把罗姆尼说成了一个不懂立法的外行。罗姆尼在做辩论准备的时候已经事先为这个问题做过准备，准备用“参议员，你从什么时候起居然开始关心计划成本了？”这样的话反驳对方。但他没有这么说。

不久之后，面对肯尼迪说自己是罗纳德·里根的政治复制品的指责，罗姆尼为自己辩护说：“听着，在里根和布什政府期间，我还是个无党派人士。我不是想要回到里根和布什的时代。”此时，罗姆尼的共和党同僚们便感觉到竞选正在朝不利于他的方向发展。约翰·拉吉恩当时正在给一家本地电视台做评论员，他看了看与他同为评论员的民主党人士，说：“我认为选举结局已定。”[136]里根曾两次在马萨诸塞州获胜，罗姆尼需要这些选民的支持。他的回答也再次激起了那个纠缠了他数月的烦人的问题：米特·罗姆尼的信仰是什么？“当你以一个共和党人的身份否认罗纳德·里根的时候，大家就搞不懂你的立场何在，”拉吉恩说，“你就只是与肯尼迪竞争的另一个人。”

然后，在这晚即将接近尾声时，罗姆尼失去了对女性劳动者的吸引力。“女性关心玻璃天花板效应问题”（指在公司企业和机关团体中限制女性等群体晋升到高级职位的障碍。——译者注）。他抱着希望引起共鸣的想法说。他问肯尼迪参议员是否会打破这个效应。早已在采访中身经百战的肯尼迪知道这个问题很容易回答。带着隐隐笑意，他援引自己的立法记录，说：“你在美国参议院里再也找不出比我更坚定的支持者了。”肯尼迪的高级顾问罗伯特·施勒姆当时说：“这个问题就像去问贝比·鲁斯（Babe Ruth，美国棒球史上最有名的球员。——译者注）该怎么打球一样。”[137]不过，总体来讲罗姆尼表现得还不算糟糕，尤其是对一个新手而言。但是在300万观众面前，肯尼迪表现得更好。[138]在离选举日不到两周的时候，《波士顿环球报》一份新鲜出炉的民意调查结果显示肯尼迪的支持率上升了20个百分点。[139]

数周之前，在波士顿多尔切斯特社区（Dorchester），一个肯尼迪的支持者曾举着标语警告罗姆尼不要靠近（入主）“肯尼迪之城”。罗姆尼认为他可以把这个词借为己用，用它来指代民主党在该州执政数年间一直存在的骇人听闻的城市衰败现象。他觉得，这个词简单明了地说明了肯尼迪的自由主义政策的失败。罗姆尼和妻子商量着想把它当做一个竞选口号，但被顾问们劝阻了。后来，在与肯尼迪的最终辩论中，罗姆尼还是用了这个词，并准备把它放在对选民演讲的结束语中重点强调。[140]他访问了一些经济萧条的社区，还播放了一支最新的电视广告，广告以惋惜的口气称：“所谓肯尼迪之城留下的是一系列的失灵政策、过分依赖的福利制度和不断攀升的犯罪率。”[141]

肯尼迪阵营抓住这个机会，说罗姆尼是个乡下人，不了解城市运作。“你能对一个从贝尔蒙特来的候选人期待些什么呢？”[142]波士顿市长托马斯·M. 梅尼诺（Thomas M. Menino）在肯尼迪助手 10 月下旬举办的一次活动上说。在作为进出波士顿的主干道之一的东南高速公路上，一个本地工会立起了一块电子招牌，上面写着“KENNEDY COUNTRY, AND PROUD OF IT”（肯尼迪城之城，我们的骄傲）。[143] 安·罗姆尼接受的一次采访也没起到积极作用。[144] 她在采访中说，她和米特在大学里过得比较艰难，因为他们唯一的经济来源就是靠帮别人推销存货。她似乎并不知道，西洛克斯伯里（West Roxbury）与洛克斯伯里（Roxbury）不一样：前者是波士顿一个白人占多数的富人社区，更具有田园风情；后者是黑人占多数的一个贫穷社区。那些已经认为罗姆尼家族的生活仿佛童话的人不会改变他们的看法。

竞选团队花了 10 万美元，在选举日之前的周五晚上开始在波士顿各大电视台播放一个不同寻常的半小时专题广告。[145] 罗姆尼在突然抵达马萨诸塞州的亲友的陪同下，乘坐公共汽车与火车在全州各地巡回活动。在最后的这个周末，至少有 68 个罗姆尼家族成员身穿写着“ROMNEYS FOR MITT”（罗姆尼家族支持米特）和“TKO SQUAD”（意思是“让特德·肯尼迪下台工作队”，TKO 是“TED KENNEDY OUT”的缩写）的运动衫，与这位候选人一起搭乘火车做了一次沿途短暂停留演说的竞选旅行。[146] 在选举之前的日子里，罗姆尼的雇员们看到了墙上写的东西，但是心里仍然保有一丝胜利的希望，尽管这胜利不太可能。[147] 罗姆尼自己清楚故事的结局会怎样，但就此放弃并不是他的性格。他依然保持着阳光乐观的心态，希望这次竞选能给竞选团队中的每个人留下一点积极的东西。“每个人都觉得自己打了一场漂亮的仗，”罗姆尼的一位前助手说。罗姆尼让肯尼迪遭遇了前所未有的挑战，但是到最后看来，这挑战还是不够。

选举日上午 8 点 45 分左右，罗姆尼在妻子、儿子和父亲的陪同下大步走进贝尔蒙特市政厅，为自己投下了一票。[148] 他知道当天全州大部分地方都会在不同的时间举行投票，而且他已经被问到关于下一次竞选的问题了。乔治和安·罗姆尼看起来似乎比米特还要紧张。“他说的关于我儿子的事，没一件是真的。”乔治表达了对肯尼迪的不满。自己投完票之后，罗姆尼坐下来看着儿子们在草地上玩触身式橄榄球，这项消遣运动与正在迎接又一个得票胜利的政治王朝的关系源远流长。当晚，罗姆尼在 10 点后短暂地出现在台上，勇敢地面对波士顿威斯汀酒店里欢呼雀跃的支持者，承认竞选失败。[149] 肯尼迪远超罗姆尼 17 个百分点，两人的得票数分别为 58% 和 41%。但是令共和党振奋的是，他们又重新在美国国会执掌大权，这是共和党在竞选中掀起的又一高潮，罗姆尼在自己的演讲中对此表示了祝贺。他说："有时候，可能有人会在阴暗角落里以软硬兼施的手段和权势来阻挡这股潮流，但是我告诉你们，这是大势所趋，人心所向，谁也无法阻挡我们前进的步伐，而且我们还将继续努力，让胜利的洪流继续滚滚向前。"

被残酷的竞选搞得精疲力竭的安·罗姆尼从台上下来后，一出了摄像头的范围，立即泪流满面。"真让人心痛，"一位前助手回忆说，"他们为此付出了所有。"[150]让他们参与其中的是安，现在发誓再也不重返政治的也是安。"你就算付我钱，我也不愿意再做这种事了。"[151]在竞选即将结束时，她说。但是她也留下了一个机会。[152]在选举日，她说，如果有人问一个第一次生完孩子的母亲以后还愿不愿意再生小孩儿，"她肯定会说不"。

就在罗姆尼团队看着肯尼迪发表获胜演说时，他们看到他重新提到了之前罗姆尼的一位前顾问说的"老特德"——说他常常不能连贯地说完几个句子。那位前顾问说，当时塔格特愤怒地问："他上周为什么不说？"[153]讽刺的是，肯尼迪的竞选团队一直在鼓吹他无比巨大的影响力。然而，就在那一晚，当美国参议院一落入共和党人之手，肯尼迪和其他与他相当的民进党人士就立刻只有靠边站了。

对罗姆尼来说，这是他人生中的第一次重大挫折，不是那么好受的。他自己在竞选中投入了300万美元，而且肯尼迪所发起进攻的有效性令他深感不快。[154]在未来的日子里，罗姆尼与肯尼迪的关系得以改善，他渐渐学会尊重对方的政治风格。在竞选失败两周后，当被问及是否敌视那个人时，罗姆尼说："不是'敌视'，我只是惊讶他会对我的人格方面采取消极策略（指一候选人及其竞选团队采取的策略并不是为了扩大自己的影响而是为了揭发对手的弱点和短处。——译者注），会提到我的教会，会扭曲事实攻击我的商业记录。"[155]他说，每每想起在竞选中所犯的错误和错失的良机，都让自己夜不能寐。不过，他知道，令罗姆尼大败而归的不光是那些攻击。他没能为自己进行有足够说服力的辩护，没能用他的人格与信念打动选民。"我想，人们是在寻找其他的东西，就像他们喜欢肯尼迪家族的原因一样，"里克·里德说，"我们永远没办法把这一点转为我们的优势。"[156]或者，用一位老共和党人的话来说，"他的主要原因还在于他自身。"[157]竞选过后不久，在一次饭局后，罗姆尼告诉另一位共和党人，有一件事的确困扰了他：无法用一句话来解释他为何参选。[158]"经历了这么长时间的竞选活动，如果你问：'米特·罗姆尼为何要参选美国参议员，他代表了什么？'大多数人都答不上来。"据那位共和党人回忆，罗姆尼当时说："我们没能把这一信息向人们表达清楚。"

罗姆尼并没有待在贝尔蒙特无所事事、自怨自艾。就在选举后的第二天早上，罗姆尼轻快地走进贝恩资本的办公室，仿佛只是刚参加完一次加勒比海游轮短期旅行回来。他召开会议，布置工作任务，还查看了即将进行的一些交易的情况。“我相信我得罪了不少人，”他在《逆转》中写道，“但是贝恩资本是我的孩子，我又回来了。”[159]然而，令罗姆尼无法否认的是，尽管失败的苦涩滋味还清晰地留在嘴里，但做公共领袖的吸引力依然强大。这个时候，回到熟悉的私募资本投资领域或许会让他心安，但不安分很快会再次重现。

点燃火炬

他当时面临的情形，贴切地说，就像是要努力改造一架飞行中的飞机。

——一名盟友在描述罗姆尼尽力拯救2002年冬奥会时这样说道

在他们64年的婚姻中，据说乔治·罗姆尼每天都会送妻子丽诺尔一枝玫瑰花。[1] 在乔治追求丽诺尔的初期，他是很费了一番功夫才最终赢得美人芳心——她与其他追求者外出时他坚决跟着，每天都在学校食堂为她买一块蛋糕，有一次甚至把她从舞池里拉出来，因为他认为她和另外一个男孩在里面待的时间太长了。[2] 他们结婚后，他的爱依然浓烈，无穷无尽。

他们共同打造的生活精彩、美满：四个小孩，六年作为密歇根州第一家庭的声望，在政治、商业和信仰上的诸多冒险经历。当然他们也会有意见相左的时候，这点他们的孙辈后来都加以证明。但是乔治的许多成功都有丽诺尔的身影。婚后，乔治每日送给妻子一枝玫瑰，表达他的爱与感恩。然而，1995年7月26日早上9点刚过，丽诺尔醒来后，却没有发现玫瑰的踪影。[3] 她立刻明白：他走了。她在他们位于密歇根州布卢姆菲尔德·希尔斯家中的健身房找到他，他倒在了跑步机上。这个多年来看似不可击败的男人，最终死于心脏病，享年88岁。

乔治两周前过生日时曾到洛杉矶看他的小女儿简。[4] 当时简在比弗利山的特雷西·罗伯茨剧院（Tracy Roberts Theatre）做《影子大地》（Shadowlands）的开场表演。简后来说父亲当晚理解了她对表演的热爱，“他明白了我为什么会出演这部剧”，“这份天赋是他给我的”。[5] 但乔治·罗姆尼在这几十年里给予米特·罗姆尼的要多得多。从米特·罗姆尼出生之日起，乔治就对这个小儿子充满兴致，爱意浓浓，因为医生曾认为这个小孩的出生是件不可能的事。乔治对于米特来说，绝不仅仅是一个榜样、一个导师，更是一个领路人，在摩门教信仰、家庭生活和性格方面为米特指明道路，带领他穿越错综复杂的政治丛林。米特从乔治一生的成就和错误中学到许多经验教训，“他的整个人生就是在走一条父亲为他铺好的路。”家族好友约翰·赖特这样说道。[6]

大约 1200 名悼念者前来参加了乔治的葬礼仪式为他送行。[7] 葬礼上，乔治的四个孩子都作了发言。米特的哥哥斯科特提起父亲在世时喜欢说整个家族是骡子的后代。“我们罗姆尼家族总是尝试做正确的事，但其他人都很固执。”这话把大家都逗笑了。米特也同样用幽默来缓解气氛，说父亲可能知道现在发生的一切，“他比我们来得都早”，“他虽然闭着眼睛，但我肯定他在听我们说话，他也将是第一个离开的人”。仪式后，乔治被安葬在布莱顿市他生前选定的墓地里。布莱顿市大致位于布卢姆菲尔德·希尔斯和密歇根州州府兰辛中间。做完最后的道别后，丽诺尔按照丈夫平常表达爱意的方式在其灵柩上放了一支红玫瑰。

米特刚刚输掉参议院竞选，正在斟酌下一步的行动。那场竞选改变了他。“走进路边饭馆，走上建筑工地，倾听人们讲述他们的问题，这段经历我无法轻易抛开，”米特后来写道，“我疯狂地想要更加融入进去。”[8] 这种责任感几乎烙入他的基因。“我不知道这种责任感来自哪里，这是我们家族的传统，由来已久，难以追溯，”他说道，“但我有一种强烈的责任感，想要帮助我的国家、我的家族，想要以某种方式回报他们。”[9] 但哪里需要他？他应该做什么？这些问题难以回答。此时的他，失去了父亲这颗北极星的指引，需要首次独自面对自己的人生。从事公共事业的家族传统如今搁在了米特·罗姆尼的身上。他将独自将火炬传递下去。

私募股权投资在那些年很能赚钱，并逐渐进入黄金时代。在令人沮丧地输给了肯尼迪后，罗姆尼回到贝恩资本，正好赶上 20 世纪 90 年代后期经济蓬勃发展，顺利地达到了一个难以想象的高度。接下来的五年，利润极其丰厚，贝恩资本成功完成了其史上最大的几笔交易，获得巨额回报。[10] 罗姆尼，这个具有怀疑精神的谨慎投资人，摇身变成一个充满自信、收入可观的交易行家，为自己和合作伙伴赚取了数百万美元。“在投资史上最景气的几年里，我一直都在做投资。”罗姆尼后来说道。[11] 确实，经过 20 世纪 90 年代的发展后，贝恩资本进一步成为美国最好的杠杆收购公司之一。

然而，尽管那些年利润丰厚，成功的商业生涯并不能长时间吸引罗姆尼

左上：迈尔斯·帕克·罗姆尼，米特的曾祖父，出生于伊利诺伊州纳府摩门教聚居地，幼年时迁往犹他州，后遵循教会指示数次搬迁，最终在墨西哥建立了一个奉行一夫多妻制的聚居区。（犹他大学 J. 威拉德·万豪图书馆特别收藏部）

右上：汉娜·伍德·希尔·罗姆尼，米特的曾祖母，是迈尔斯五位妻子中的第一位。在迈尔斯逃脱美国执法官的追捕前往墨西哥时，她将整个多妻家庭团结在一起，最终在墨西哥与迈尔斯团聚。（犹他大学 J. 威拉德·万豪图书馆特别收藏部）

加斯克尔·罗姆尼，米特的祖父，在墨西哥革命期间逃离墨西哥，并举家（包括时年五岁的乔治·罗姆尼，米特的父亲）迁往美国。（犹他大学 J. 威拉德·万豪图书馆特别收藏部）

米特·罗姆尼（右）很崇拜他的父亲乔治·罗姆尼。乔治曾任密歇根州州长，曾参加过总统竞选，但未能成功。（由罗姆尼家提供）

米特迫不及待地坐进父亲“漫步者”汽车的驾驶室中。作为美国汽车公司的董事长，乔治倡导使用紧凑型汽车。（由罗姆尼家提供）

1966 年 5 月在斯坦福大学求学时，19 岁的罗姆尼在对反战示威者表示抗议。当时这些反战示威者正在大学校长办公室静坐示威。（密歇根大学本特利历史图书馆《乔治·罗姆尼文献集》）

1968 年 6 月，在法国传教的罗姆尼在驾车时（左车）遭到对面来车正面撞击，险些丧命。法国传教团团长的妻子莱奥拉·安德森，因受伤严重而去世。经过这场重大车祸，罗姆尼再也不认为年轻就无懈可击了。（由理查德·B. 安德森提供）

1969年3月，校园情侣米特·罗姆尼与安·戴维斯以两场仪式喜结良缘。第一场婚礼在女方父母家中举行，第二场婚礼在盐湖城摩门教堂举行。因为安的父母不是摩门教徒，所以无权出席在摩门教堂里举行的仪式。（由罗姆尼家提供）

在持有哈佛大学研究生精英课程学位的光环下，罗姆尼努力将自己的私募股权公司——贝恩资本不断发展壮大。（《波士顿环球报》/戴维·L.赖安，David L. Ryan）

1971年，罗姆尼夫妇带着年仅一岁的儿子塔格特抵达波士顿。随后十年间，米特和安又生了四个儿子。孩子们从左至右分别是塔格特、本杰明、马修、克雷格和乔舒亚。米特曾说，作为这个家庭的成员“非常有意思，我们会互开玩笑、常常大笑、讲浴室笑话，进行锻炼体力的游戏，比如击打、摔跤、比赛，等等。”（由罗姆尼家提供）

1994年，罗姆尼发起了一场难以置信的竞选，与爱德华·M.肯尼迪角逐美国参议员之位。这是肯尼迪所面临的前所未有的巨大挑战。但由于未能清晰明白地表明竞选主张，罗姆尼在竞选中失利，最终以大比分败在这位民主党强人的手下。（《波士顿环球报》/马克·威尔逊，Mark Wilson）

罗姆尼在危机时刻接管了2002年盐湖城冬奥会，当时奥林匹克界和大半个犹他州正由于贿选丑闻而深陷困境。很多人赞扬罗姆尼扭转了局势，虽距2001年恐怖主义袭击事件仅过去几个月，他依然率领他的团队打造了一届庄严、成功的运动会。(法新社 / 乔治・弗里，George Frey)

罗姆尼2002年赢得马萨诸塞州州长竞选时的情景，站在他身旁的是州长助理凯瑞・希莉。在惨败给爱德华・肯尼迪八年后，55岁的罗姆尼重返马萨诸塞州，终于实现了他的人生梦想——像父亲一样从政。他父亲也正是在55岁时第一次当选密歇根州州长。(《波士顿环球报》/ 吉姆・戴维斯，Jim Davis)

2006 年 4 月，罗姆尼在波士顿法尼尔厅一个宏大的仪式中签字，带领马萨诸塞州率先通过全民医保法案。这是他作为州长的最大成就。该法案的成功之处在于其覆盖范围几乎包括了全州所有人口，但却因要求居民自己购买保险而引起争议，从而成为了他政治道路上的一个包袱。(《波士顿环球报》/ 戴维 · L. 瑞安)

在第一次竞选总统时，罗姆尼竭力想拿下早期在爱荷华州和新罕布什尔州举行的竞选。他向当地政治领袖提供大量竞选资金，像图中一样，在各种场合与无数人握手。本图是2007年9月劳动节游行时，罗姆尼在新罕布什尔州米尔福德的游行队伍中与人握手时的情景。(《波士顿环球报》/迪娜·鲁迪克，Dina Rudick)

罗姆尼和安启动了2012年总统竞选活动，在新罕布什尔州斯特拉瑟姆(Stratham)的一个农场为支持者们供应由安亲手烹制的辣子扁豆烧鸡。为了与罗姆尼新的竞选方案保持一致，2011年6月的罗姆尼参选公告远比四年前他首次发起总统竞选时低调得多。(《波士顿环球报》/乔纳森·威格斯，Jonathan Wiggs)

的注意力，他开始涉足政坛，寻找为公众服务的新方式。1996 年，他非常关注共和党总统候选人史蒂夫·福布斯（Steve Forbes）的平头税提案，在爱荷华州、新罕布什尔州和马萨诸塞州的老大党初选中，花 5 万美元做了一系列报纸广告予以抨击。[12]罗姆尼认为福布斯的计划倾向于富人阶层，害处不小。“他是在为那些富得流油的人减税。”罗姆尼说道。“两年后爆出总统比尔·克林顿和实习生莫妮卡·莱温斯基有染的丑闻，对于克林顿的道德缺失和政治失败，罗姆尼非常气愤。”罗姆尼的一位长期同事回忆说。[13] 虽然罗姆尼从来没有直接说过，但非常明显：如果总统是米特·罗姆尼，则绝对不会发生这种事。“在得克萨斯州州长乔治·华盛顿·布什竞选总统初期，罗姆尼也积极询问，希望能在其中发挥重要作用。[14] 他飞到奥斯汀（Austin）去与布什见面，探讨在 2000 年大选前抽出时间全力助选的事情，”一名与罗姆尼关系不错的共和党人说道，“他觉得他的一生非常幸运，并认为下任总统的人选很重要。”

与此同时，罗姆尼帮助当地许多摩门教徒实现了一个长久以来的梦想。多年来，地区摩门教徒不得不到华盛顿特区的教堂举行洗礼、结婚等神圣仪式。这是距离波士顿最近的摩门教堂，许多教徒认为随着波士顿会众的增加，波士顿应修建自己的教堂。几年前，罗姆尼就曾和当地其他教会领袖积极争取过贝尔蒙特山上一块约 17 英亩的地。[15] 在克服了邻居们的重重反对后，20 世纪 80 年代教会终于在这块地上修建了贝尔蒙特礼拜堂。但仍剩有一大块空地，罗姆尼和其他领袖一直希望可以说服盐湖城也在那儿修建一座摩门教堂。20 世纪 90 年代中期，他们终于实现了这个愿望。[16] 戈登·B. 亨克雷（Gordon B. Hinckley），当时的全球摩门教会会长、先知，希望在东北部修建一座教堂。在看完贝尔蒙特山上那块地后，在罗姆尼与其他当地领袖通过多种宗教渠道发出的倡议之下，亨克雷同意了。[17] 摩门教的第 100 座教堂将修建在贝尔蒙特山的一块岩坡上，远远高于当地一条主要公路，从几英里外就能遥遥望见。虽然再次遭到邻居们的强烈反对，但这一耗资 3000 万美元的项目还是在 1997 年得以动工。教堂由白色撒丁岛花岗岩建造而成，颜色醒目，于 2000 年对外开放，亨克雷将其称为“送给世界的纪念品”。[18]

这座新建教堂作为一盏指引信众的明灯，也同时向世人宣布摩门教在新英格兰地区的影响力正日益增强。对于罗姆尼，新教堂的落成也是对其所有传教工作的最高认可。“家附近就有摩门教堂的感觉简直太棒了，”他曾经这样说道，“能在这附近修建一座摩门教堂，说明我们的教会正日益壮大，为此我感到非常骄傲。”[19] 但是工程也存在明显疏漏。[20] 与其他摩门教堂不同，这座教堂缺少带贴金莫罗尼雕像的尖顶。摩门教徒认为正是天使莫罗尼带领约瑟夫·史密斯找到一堆金片，后来史密斯将其编译成《摩门经》。他们计划在这一神圣建筑上设置 139 英尺高的尖塔，但因为有人反对，仍还在走法律程序。

这时，一位意想不到的支持者站到了摩门教这边——特德·肯尼迪，罗姆尼几年前的老对手，曾表示罗姆尼的宗教信仰是一个正当的政治目标。2000 年 9 月的一个下午，罗姆尼带着肯尼迪参观了这座新建教堂，这一私人行程成为他们和解的重要一步，两位昔日对手逐渐放下了过去的竞争恩怨。[21]“私下里，我们彼此尊重。”罗姆尼表示。“我希望他是民主党人，”肯尼迪说，“我很高兴这次我的竞选对手不是他。”在参观过程中，肯尼迪赞美教堂建筑风格宏伟，认为应该允许摩门教徒修建尖塔。“如果其他教堂可以修建尖塔来表达自己，这座教堂也可以，”肯尼迪说，“公平就是一视同仁。”第二年春天，州最高法院终于同意修建尖塔，令当地摩门社区异常高兴。[22]莫罗尼也终于在高耸的尖顶上找到了应得的栖身之所。

医生所做的测试越多，他们的心情就越低落。[23]她的脚感觉不到针刺、无法保持平衡，闭眼时连鼻子都摸不到。安·罗姆尼的身体出现了严重问题，她和米特都很恐惧。

1997 年，一向健康且尚未满 50 岁的安首次注意到这些症状，且状况日益恶化。她右腿麻痹，逐渐导致全身右侧麻痹，连爬楼梯和吞咽都感觉困难。最初，他们以为是病毒或者神经受压，但他们的家庭医生建议他们去找神经科医师看一下，所以他们预约了马萨诸塞州总医院（Massachusetts General Hospital）的约翰·斯托克斯（John Stakes）医生。

1998 年的一天，米特和安来到斯托克斯医生的办公室，心怀忐忑。在候诊室里，看到葛雷克氏症（Lou Gehrig’s disease）和多发性硬化症的小册子后，他们很快意识到等待他们的肯定不是什么好消息。“那里没有什么其他宣传册，斯托克斯医生主要就是治那两种病的，”罗姆尼说，“这真是令人感到非常害怕。”[24]后来斯托克斯医生把他们带了进去，并做了一系列测试。问题清楚了——与病毒无关。“做了很多测试，一项接一项，安都没能通过。”罗姆尼回忆说。[25]医生离开办公室后，安和米特崩溃了，“我们彼此拥抱，我告诉她只要不是致命的病，我们都能解决”。这是他生命中最糟糕的一天，罗姆尼后来说道。

核磁共振检查后，斯托克斯医生作出诊断：安·罗姆尼患上了多发性硬化症，这是一种慢性中枢神经系统疾病，病情发展难以预测，足以改变人的一生。对于一个多年来无论从什么角度讲都幸福无灾的家庭而言，那简直是毁灭性的一刻。“当我听说她得了多发性硬化症，我完全不相信，”塔格特·罗姆尼这样说道，“对我而言，父亲是超人，母亲就是女超人，我完全无法接受这样的事实。”[26]米特生命中也曾有过一些艰难的日子：在法国传教时遭遇致命车祸，深深地被肯尼迪以及最近父亲的去世所击败。但其生命中大多数时候都是美好的，他的整个黄金童年可以说非常顺利。“米特未来的人生也会是这样。”姐姐简这样说道。[27]然而他哥哥姐姐的人生却远非如此，除离婚外，还遭遇了许多其他挫折。

安的诊断结果改变了一切。现在，米特一生的挚爱正面临一种可能致残的疾病，他们前途未卜，他的政治抱负也遭遇了严重的质疑。“安的病让他变得很沉默。”简说。在此时，米特还失去了母亲丽诺尔。[28]1998 年 7 月，丽诺尔在家中中风后去世，享年 89 岁。克雷格——安和米特的小儿子，当时只有 17 岁，听到朋友说母亲的病会致命后大哭。“克雷格，这个病不会要我的命。”安告诉克雷格。[29]但之前，她想到过死，这种病的不确定性太大，让人无法承受。“坦白说，我宁愿死，也不愿意像现在这样活着，”她曾经这样说过，“那时，我宁愿自己得癌症，也不要得这种说不清的病。我们都不知道这个病会发展成什么样子，它只会一点一点地把你吞噬。”[30]确诊后的几个月，安过得很痛苦，病情后来有所改善，让人家都感觉有希望，但最终却又复发，让人希望破灭。那时即使少量的身体活动都会让她筋疲力尽。她的身体非常虚弱，几乎无法照顾自己。[31]最初她接受的是静脉注射类固醇治疗，但后来停止了，因为那些药让她觉得恶心，塔格特说。[32]

多年来一直在帮助别人的罗姆尼，现在需要别人的帮助。教会好友纷纷祷告，给予情感上的支持以及送餐等——尽量提供他们需要的一切。“很多人都前来帮助他们。”约翰·赖特说。[33]但是安在患病初期对于病情是相对隐瞒的，那时五个能干的儿子都陪伴在她身边。米特和安也曾经思考过疾病对米特事业的影响，格兰特·贝内特也曾经问过米特这个问题，米特立即明确地回答说“家庭第一”。“我至今仍记得，他没有说‘也许这会拖我们的后腿’，”贝内特说，“他说的是‘安肯定是我最在乎的’。”

最后，安偶然发现了一套行之有效的综合疗法，包括瑜伽、普拉提、反射疗法、针灸和饮食控制。[34]可能最重要的是，她重拾了童年的骑马爱好，让灵活性和精神都得以改善。“骑马让我很开心，让我觉得人生有希望，它开辟了我的复原之路，”安后来说道，“当我因为太过疲乏而无法移动时，一想到能够去马厩，能够把脚放在马镫上，我就感到激动，就能很快从床上爬起来。”[35]塔格特说当时父亲为了减少母亲的压力，敦促她专注于自己，而不要像以往一样把注意力都放在其他人身上。父亲曾告诉母亲“你不需要完美——不需要为每个人做饭，不需要给孙子孙女们送礼物。”塔格特说。[36]听了米特的话，安回答说：“好的，那我就把注意力放在自己身上，这没问题。”渐渐地，安开始发现患多发性硬化症并不代表需要在轮椅上度过余生。“我现在感觉自己非常强壮，但我像是被困在一个深深的黑洞里，”确诊几年后她这样说道，“我现在正一步一步往外爬。”[37]

但真正将安从疾病中解救出来的并不是贝尔蒙特这个她生活了近三十年的地方，而是犹他州。[38]在犹他州，她找到了骑马的同伴和一名已退休的反射疗法大师——弗里茨·布里茨朝（Fritz Blietschau）。虽然大师当时已年近八十岁，仍同意接诊安。1999年初，安和米特正好住在犹他州，之所以搬家是因为一个来自犹他州的电话，这个电话给了米特·罗姆尼一个千载难逢的机会。

就在罗姆尼为安的确诊而烦恼时，家族老朋友兼摩门教教友凯姆·加德纳打来电话。加德纳当时是犹他州的知名地产商兼公民领袖，他有一个大胆的提议，他知道米特会立马拒绝，于是他先去找安。[39]

2002年冬季奥运会几年后将在盐湖城举行，当时却因贿选丑闻的不利影响而深陷困境。在这一高风险的国际竞争中，腐败之风盛行，盐湖城组委会受其影响，为获得这一体育赛事的主办权大肆给国际奥林匹克官员送礼，令其自身和犹他州颜面尽失。在这一丑闻中，国际奥林匹克委员会的十名官员因收受盐湖城组委会的贿赂性礼物而辞职或被开除，导致赞助公司纷纷撤资，冬奥会资金严重不足。这一事件也给国际奥委会和美国奥委会之间的关系蒙上了巨大阴影，导致盐湖城工作人员的士气一落千丈。然而，毫无疑问的是比赛还得照常举行，还有三年的时间。但是当时危机四伏，对重要支持者和赞助商尤其如此。此时，2002年盐湖城冬奥会急需一位能快速扭转全局的高手。

犹他州的政治精英们展开紧急搜索，希望能找到一双力挽狂澜的巨手来重振风中摇曳的奥运之火。罗伯特·加尔夫（Robert Garff），盐湖城组委会主席，很快向州长迈克尔·莱维特（Michael Leavitt）推荐了罗姆尼。[40]加尔夫和罗姆尼从小就认识，他们的父亲自20世纪20年代在盐湖城后期圣徒高中（Latterday Saints High School）读书时就是密友。罗姆尼和加尔夫相识于一个家庭聚会，在之后的50年里，加尔夫在犹他州帮助父亲开拓父亲的汽车帝国，担任犹他州众议院议长，荣升摩门教高层，俨然是犹他州当地最具影响力的领袖之一。

与父辈的渊源相比，罗姆尼自身和犹他州的关系更深。他小时候就时常去犹他州，他和安的婚礼是在盐湖城教堂举行的，他毕业于杨百翰大学，犹他州筹办冬奥会时他有两个儿子也被杨百翰大学录取了。当时罗姆尼刚在帕克城附近的山坡上建成一处静修所，颇为宏伟，恰巧位于新星巷（Rising Star Lane），距离盐湖城市区的组委会办公室只有 30 英里。对于加尔夫而言，罗姆尼是完美的候选人，是他们急需的“救世英雄”。[41]“米特拥有其父亲的人格魅力、母亲的清秀容貌、自身的智慧和妻子的支持。”他这样说道。[42]罗姆尼对摩门教等级体系在犹他州社会、政治文化中的作用也相当敏锐。“如果我们选一个完全不了解本地风俗的陌生人，那简直就是一场灾难。”加尔夫说。

另外两名有分量的候选人分别是：洪博培（Jon Huntsman, Jr.），犹他州涉政最深的名人之一，其父亲是亿万富翁实业家乔恩·亨茨曼（Jon Huntsman）；戴夫·切基茨（Dave Checketts），麦迪逊广场花园（Madison Square Garden）首席执行官。两人都是拥有犹他州根基的摩门教徒。但是加尔夫想要罗姆尼接手，莱维特也一样。“我在寻找一个有政治天分的商人。”莱维特说。[43]洪博培当时是其父亲联合化工企业的首席执行官，曾任美国驻新加坡大使。在寻找新领导人的最后日子里，洪博培对整个过程相当失望。随着罗姆尼获胜的可能性越来越大，洪博培主动退出并拒绝加入罗姆尼的管理委员会。[44]“他们的寻找行动从未充分铺开过，”洪博培抱怨说，“如果我无法认同他们寻找新领导的过程，我就无法接受那个职位。”[45]后来洪博培曾帮助罗姆尼竞选 2008 年共和党总统候选人，之后却转而支持罗姆尼的主要对手——亚利桑那州参议员约翰·麦凯恩。四年后，洪博培参加了 2012 年老大党总统候选人竞选，这样，洪博培本人就成为了罗姆尼的对手。[46]

为了让罗姆尼接手，莱维特竭力迎合罗姆尼想要为公众服务的愿望。“由于罗姆尼之前竞选过公职，我认为他身上为公众服务的基因已经被唤醒了。”莱维特说道。[47]与此同时，加德纳从安身上突破的策略也奏效了，安帮助丈夫转变了思想。“好好想想吧，”安告诉丈夫，“如果有一个人最适合这份工作的话，那就是你。”[48]米特说他曾经抗拒过，但“我越是拒绝，这件事情就越显得没那么疯狂”。天性使然，罗姆尼自己也难以拒绝这项挑战。

对于罗姆尼而言，一项突出的公民成就对于他的灵魂以及他的政治履历都大有裨益。罗姆尼知道如果他能扭转冬奥会的局势，未来他的竞选之路将更加顺畅。曾在 1994 年担任罗姆尼竞选顾问的里克·里德也写信力劝其接手冬奥会，罗姆尼在回信中表示里德的建议是他决定接手的原因之一。[49]“这纯属巧合，”加尔夫说道，“米特想要离开商界进入公共服务领域，这个完美的机会将使他成为全国的焦点，我相信这是他毕生奋斗的目标。”[50]

罗姆尼离开了贝恩资本，但了断得并不干净。罗姆尼离开后公司的运营问题让合伙人争吵不休，权力斗争随之而来，多名合伙人计划离开。突然之间，一个依赖于忠诚、长期合作关系以及罗姆尼个人投资魅力的公司似乎遭遇了危机。合伙人关系破裂可能会引起混乱。如果贝恩垮台，可能会面临诉讼而蒙受数千万美元的损失。同时贝恩的情况也许会迫使罗姆尼不得不公开他在某些交易上的具体获利而面临尴尬的处境。“这可能会引起媒体的过分关注，对于一个政治家而言，媒体过分关注其财务状况，可不是什么好事。”罗姆尼的一名同事说。[51] 罗姆尼开始担心这个他辛苦创立的公司会毁于一旦。最终随着担心的加剧，一个星期天下午，罗姆尼和其在贝恩资本的摩门教友鲍勃·盖伊一同跪在地上祈祷公司能渡过难关。“我们当时正面临威胁公司合伙关系的重大事件。”盖伊后来说道。[52] 最后危机缓和，罗姆尼离开了公司，但仍保留一些经济权益，贝恩资本则继续蓬勃发展。

大卫·达勒桑德罗（David D'Alessandro），保险公司高管，也是对奥林匹克运动最具影响力的企业家之一。[53]其办公室位于波士顿汉考克大厦(Hancock Tower）第 59 楼，里面摆放了许多昂贵的物件：亚伯拉罕·林肯葬礼的原版图片、玛丽莲·梦露的银质化妆盒、穆罕默德·阿里的拳击短裤。前来征求达勒桑德罗意见的罗姆尼被其中一样深深吸引：一本温斯顿·丘吉尔撰写并签名的回忆录。温斯顿·丘吉尔这位英国政治家在面临重大危机时始终表现坚定，颇具代表性。罗姆尼将丘吉尔的回忆录视作鼓舞精神的源泉，他明白接手冬奥会将是对他个人的严峻考验。

罗姆尼知道滥用盐湖城机会会有极大的危险。失败将挫伤美国骄傲，让犹他州和摩门教会蒙羞，让罗姆尼与其新世纪领袖之梦渐行渐远。那天罗姆尼告诉达勒桑德罗，“如果不能成功，我可以回归个人生活，但从此以后我在公众心中就什么也不是了”。[54] 达勒桑德罗也认为这种不利影响会危及罗姆尼的商业生涯，因为在商界中他一直以具备超凡能力和诚实品行而著称。“我知道他不仅仅在拿他的公众形象冒险，”达勒桑德罗说，“如果他无法举办一届高品质的冬奥会，他在私募股权投资界的名誉也将严重受损。”达勒桑德罗后来表示对罗姆尼接手冬奥会感到很惊讶。“我认为他接手是因为他感觉摩门教徒有麻烦了。[55] 他从未那样说过，但我想他认为丑闻玷污了他的宗教。我不认为他完全明白他将面临的一切。”他可能无法预计将遭遇的所有挑战，但他能敏锐地知道这是一场大变动。这就是整件事的吸引力所在。“他喜欢处理各种紧急情况和大变动，”安·罗姆尼在其丈夫接手那天说道，“如果事情不是糟透了，他绝不会考虑接手。”[56]

情况确实如此。1999年2月11日正式公布罗姆尼出任盐湖城组委会首席执行官。在其接手冬奥会后的前几周里，他切实感受到了挑战的艰巨。“感觉我们像是处于僵尸地带，整个团队如同行尸走肉般迷茫，”初期他这样说道，“他们先是为赢得冬奥会主办权而欣喜，后来却陷入丑闻——这里是奥运丑闻的焦点，这真让人恶心。”[57]自从接手后，罗姆尼就坚决表示会全面掌控。一个半世纪以前，其祖辈们曾跋山涉水，穿过移民峡谷，投入大盐湖山谷的建设，誓将其打造成正义之地。一个半世纪后，罗姆尼在一个星期二早上抵达盐湖城酒店，在一个冷冷清清的宴会厅里翻开了家族历史的新篇章。对于深陷丑闻的组委会，罗姆尼一开始就向剩余理事发出了严厉警告，誓言恢复组委会的尊严。“我们任何时候都没有理由放弃诚信，”他告诉组委会的53名理事，“在调查进行过程中，如果你们中任何一个人让冬奥会蒙上阴影，即使没有犯错，也请你立刻出局。”[58]

大多数问题的根源在于盐湖城组委会的两名前任执行官：主席托马斯·K.韦尔奇（Thomas K. Welch）和副主席大卫·R.约翰逊（David R. Johnson）。据说，韦尔奇和约翰逊为获得冬奥会主办权采用了一些丑恶做法，长期贿赂国际甄选程序相关人士。盐湖城申办1998年冬奥会输给日本长野市后，韦尔奇和约翰逊将失败归结为，对挑选主办城市的国际奥委会委员不够慷慨。长野市曾不断向国际奥委会委员赠送了总价约54万美元的纪念品，包括笔记本电脑、摄影机等[59]，盐湖城则只送了牛仔帽和盐水太妃糖一类的小东西[60]。为确保2002年冬奥会申办成功，韦尔奇和约翰逊通过组委会向众多相关国际奥委会委员赠送了价值超过100万美元的礼品，且形式多样，让人咂舌，其中包括现金、大学学费、医疗费、工作机会、住房、床、床上用品、卫浴设备、印度地毯、绸缎、门把手、狗、皮靴、皮带、香水、任天堂（Nintendo）游戏、乐高玩具、猎枪、小提琴，前往滑雪胜地、拉斯维加斯旅游的机会以及去迈阿密看超级杯比赛的机会。[61]

接下来，他们得到了应有的惩罚。盐湖城获得冬奥会主办权后，当地电视台KTVx（隶属于美国广播公司）收到消息说组委会为国际奥委会一名喀麦隆委员的女儿支付了大学学费。很快，司法部、国会、犹他州首席检察官、美国奥委会，国际奥委会以及盐湖城奥委会开始着手调查此事。正义之地爆出丑闻，一些批评人士开始穿着将奥运五环描绘成手铐的T恤。[62]达勒桑德罗清楚罗姆尼面临的挑战：“他当时面临的情形，贴切地说，就像是要努力改造一架飞行中的飞机。”[63]

在罗姆尼接手后的几个月里，他的摩门教信仰和教会本身成为争论焦点。选择罗姆尼接手冬奥会，部分原因基于他的摩门教背景，但是犹他州的一些人——其中最著名的是摩门教徒老乔恩·亨茨曼——抱怨教会不该过多卷入这种非宗教活动。[64]尽管如此，教会仍毫不掩饰地希望盐湖城举办冬奥会。犹他州几乎所有政治领袖和大部分人口都信奉摩门教，教会会长戈登·B. 亨克雷也认为冬奥会可以帮助实现先驱杨百翰关于盐湖城将“成为世界的康庄大道”的预言，“这个世界的国王、君主、崇高的人和智者将来到这里。”亨克雷引用杨百翰的话说。[65]教会领袖也与盐湖城组委会一起前往世界各地进行宣传。犹他大学中加尔夫的档案文件显示教会官员曾向组织者推荐过雇员，评论过组委会政策，并曾向冬奥会寻求直接的公共关系利益。[66]摩门教领袖罗伯特·黑尔斯（Robert Hales）长老曾私下在纽约会见过一名美国国家广播公司的行政高管，提出教会可以在冬奥会电视转播方面予以合作。

罗姆尼初期的决定使人们越来越关注教会的参与程度。为了给冬奥会注资，除其他捐款外，罗姆尼要求教会在已承诺的 500 万美元基础上追加 800 万美元——包括借出财产和现金。[67]同时罗姆尼聘请其在贝恩的合伙人、知名摩门教徒弗雷泽·布洛克（Fraser Bullock）担任其首席运营官。这些举动遭到了老亨茨曼对加尔夫和罗姆尼的进一步攻击，指责他们肆意利用自身与耶稣基督后期圣徒教会的关系。“我们的主席是个积极的后期圣徒，现在首席执行官也是个积极的后期圣徒，”亨茨曼说，“他们声称要真正走出去，放眼世界，寻找合适的人选，但米特让他的好友当了首席运营官，任人唯亲，背弃承诺。[68]现在我们的组委会里有三位后期圣徒，他们还是铁哥们，任人唯亲主义登峰造极啊！这可不是摩门教的冬奥会。”

加尔夫、莱维特和罗姆尼很快对亨茨曼进行了多次拜访，亨茨曼逐渐消除了对他们管理层的反对并与三人和解。后来老亨茨曼还资助过罗姆尼的政治竞选。2008 年罗姆尼竞选总统时，老亨茨曼还曾在其国家筹资委员会任职。为避免显得过度影响冬奥会，谨慎的教会领袖让罗姆尼缩减资助金额，罗姆尼也照做了。[69]同时，他们也收敛了希望借助冬奥会宣传摩门教的雄心——但也有少数例外，其中一家摩门教出版公司针对冬奥会发行了《相信的理由》（Why I Believe）一书。书中罗姆尼和其他约 50 位知名摩门教徒一起谈论信仰。“教会让步后，一切进展顺利，先知亨克雷表示不会派任何传教士到街上传教。”加尔夫说。

然而罗姆尼的筹资问题仍然存在。距离在犹他大学山坡体育馆举办开幕式还有三年，罗姆尼得到的预算报告显示需要 14.5 亿美元。他和弗雷泽·布洛克分析后认为组委会至少需要多筹集 4 亿多美元来满足开销。罗姆尼后来开玩笑说："按照之前的筹款进度，就只能把几根韦伯烤架焊到一起，挂在旗杆上当冬奥会主火炬了。"[70] 他把这个挑战视作巨大的难关，一个需要所有相关人员竭尽全力才能渡过的难关。"我们要冒被债权人清算、被人们羞辱的风险。"罗姆尼告诉莱维特。[71]

罗姆尼迅速将预算削减到 13.2 亿美元，发起营销活动并制定财政紧缩方案，包括停止向理事发放免费午餐，不再向委员会成员提供含多道菜式的大型自助餐等（罗姆尼首次跟他们吃饭前一直提供此类自助餐）。后来罗姆尼订了比萨，要求委员会成员付钱享用，每块 1 美元，汽水也每瓶 1 美元。[72] 没人反对这项变革，尽管有一名经济拮据的理事认为这项新的用餐计划是她为公共服务所做的牺牲。在委员会担任运动员代表的前冬奥会滑雪射击运动员琼·盖兹休（Joan Guetschow）说："米特极其坚决地贯彻每条制度，但我只是一个没什么钱的志愿者，我需要利用工作闲暇时间去开会，我想'能至少给我一块免费比萨吗？'"[73] 罗姆尼的餐饮紧缩方案扩展到了整个比赛。多年来奥运会赞助商与其他重要人物早已习惯组委会向他们提供丰盛的自助餐，然而盐湖城冬奥会的主食根本谈不上高级。"我在那两周里吃的辣椒烧牛肉（chili，一道墨西哥名菜，以辣椒、洋葱、西红柿、牛肉和豆类制成。——译者注）比我这一辈子吃得都多。"达勒桑德罗说。[74] 当地一家报纸也刊登了关于罗姆尼节俭的漫画：罗姆尼站在其"米特式节俭"（MittFrugal）打了折扣的冬奥会前说"我们很小气！"而罗姆尼也自豪地把漫画放进画框里。[75]

虽然罗姆尼的大多数象征性、实质性紧缩开支行动激励了组委会，但一些熟悉预算的人坚称罗姆尼的紧急预报夸大其辞。审查归档记录后发现组委会已经确保了近 10 亿美元的收入，包括与美国国家广播公司所签转播合同中 4.45 亿美元的份额，以及罗姆尼到任前近 4.5 亿美元的赞助。[76] 此外，犹他州州议会已将 5900 万美元的销售税收入借给了冬奥会，国会也准备不顾亚利桑那州参议员约翰·麦凯恩的反对提供数亿美元的直接资助，最终提供给冬奥会的直接联邦资助总计达到 3.82 亿美元。[77] 在联邦资助盐湖城冬奥会中扮演重要角色的犹他州共和党参议员罗伯特·贝内特（Robert Bennett）说道："米特来之前大多数联邦资金就已经到位了。[78] 克林顿政府完全支持，认为这是全美国的奥运会，我们将竭尽全力保证其成功举办。我过去唯一担心的是布什政府能否提供同样的支持，最终我们如愿了。"

甚至一些组委会的关键成员，包括推荐罗姆尼的朋友，都不相信预算紧张。“是的，我们缺少资金，但我们有三年的时间来筹办，”罗伯特·加尔夫说，“我认为根本没必要恐慌。”[79]但弗雷泽·布洛克说资金缺口确实存在，他说：“我是首席财务官，所有那些说情况并不紧急的人真该站在我的立场想想。”[80]从那之后罗姆尼开始把对冬奥会的经济救援作为他领导才能的体现加以吹捧，“贿选丑闻爆出后，金融、银行、法律、政府、士气和赞助商的问题接踵而至，让组委会深陷困境，这是我见过的最难扭转的局面”。[81]

罗姆尼确实需要尽快重获企业的支持，这是奥运会的命脉。由于各家公司害怕受到丑闻的不利影响，筹资停滞不前。达勒桑德罗强烈批评奥委会领导进行了的多项调查也吓跑了部分赞助商。达勒桑德罗这样做是站得住脚的，毕竟他的恒康保险公司（John Hancock Mutual Life Insurance）向冬奥会赞助了5000万美元。“国际奥委会的赞助变得像是有辐射一样，让人不敢触碰，”达勒桑德罗在罗姆尼接手前说道，“他们需要找到一种方法使大家能够安全、安心地赞助。”[82]罗姆尼将自己塑造成一个可以恢复冬奥会诚信形象的清白商人。他首先通过个人力量说服了达勒桑德罗，为自己担任“首席推销员”一角，扫清了道路，随后他在全国巡回筹资，额外争取到了超过3亿美元的赞助，将自己的企业家才能展现得淋漓尽致。[83]然而在市场营销类的企业方面，如果有一家已经签订赞助合同，罗姆尼就不能向另一家同类企业寻求赞助——比如百事可乐不能赞助这届冬奥会，因为可口可乐已经赞助了。为此罗姆尼创造了二十多个新种类，包括官方家具供应商赫尔曼·米勒（Herman Miller）、官方在线招聘商巨兽网（Monster.com），他甚至签订了官方指定肉制品合同——经过认证的安格斯（Angus）牛肉，这就是为什么提供给重要人物们的免费自助餐中有那么多辣椒烧牛肉和热狗。

罗姆尼计划从犹他州民众和企业处再筹集1亿美元，他的推销能力甚至扩展到了位于纽约洛克菲勒广场（Rockefeller Plaza）的美国国家广播公司总部。[84]美国国家广播公司已经为转播冬奥会支付了5.55亿美元，公司总部高管们绝不允许这笔投资因不良管理而遭受损失。[85]如果罗姆尼搞砸了，他将激怒迪克·爱博索（Dick Ebersol）这位美国国家广播公司体育台的主席，《体育新闻》（Sporting News）在1996年评出的“最具影响力体育人物”。[86]罗姆尼给爱博索留下了不错的印象。“作为盐湖城冬奥会的主要赞助商代表，我丝毫不怀疑米特·罗姆尼会一手负责起这届冬奥会，并保证其取得巨大成功。”爱博索后来说道。[87]如果要列一个能够成功的人的名单，那么名单上只会有罗姆尼的名字。

罗姆尼的魅力部分源于他对高道德标准的坚持。由于罗姆尼自身也担任史泰博和万豪国际（Marriott International）等一些公司的董事，所以他向这些公司寻求赞助的行为有些冒险，可能会显得有冲突。[88]作为董事，他要负责保护公司利益；作为组委会首席执行官，他承诺为冬奥会争取到最好的交易。但罗姆尼打消了一切顾虑。“这不是利益冲突，”他说，“我是在努力鼓励我认识的人参与到冬奥会中来。”[89]加尔夫认为罗姆尼在一个道德声明里说明其商业关系就足以缓解了一切可能的危机。[90]可以确定的是，罗姆尼的商业介入与其接手时辞职的理事的情形完全不同。[91]其中一位理事艾伦·莱顿（Alan Layton），其建筑公司从组委会获得了价值 2900 万美元的合同；另一位理事厄尔·侯丁（Earl Holding），其滑雪场与组委会签订了价值 1380 万美元的合同。罗姆尼确实允许了与组委会保持相对小规模商业关系的部分理事留任。格伦·贝利（Glenn Bailey）——社团联盟“盐湖 2002 及长远影响组织”（Salt Lake Impact 2002 and Beyond）的领袖说：“他们让那些存在利益冲突的典型人物离开了，但他们还是存在冲突。”[92]

即使财务问题可以解决，但人们真正的疑虑是该如何恢复奥运会、盐湖城和犹他州的名誉。罗姆尼快速出击，想要洗清丑闻带来的污点，比如把错误归咎于韦尔奇和约翰逊，并与莱维特一起指责他们是组委会里的无赖，背叛了奥林匹克事业。[93]案子审判前，罗姆尼一直支持联邦检察官对于韦尔奇和约翰逊的指控，认为他们参与骗取组委会超过 100 万美元的资金用于贿赂国际奥委会委员。他们将面临最高刑期达 75 年的行贿指控，韦尔奇声称参与申办的所有人，包括州长莱维特，都知道给国际甄选委员会成员好处的事。“我们已经收集到不可否认的重要信息。[94]这些信息表明上至州长办公室所有参与申办的人都知道送礼的事。”担任辩护律师之一的马克思·惠勒（Max Wheeler）说道，但莱维特否认知情。

韦尔奇的说法在盐湖城得到了广泛认可。“如果你要责备托马斯·韦尔奇，你可以怪他视野狭窄，”组委会的热巴斯·沙特克·欧文（Zianibeth ShattuckOwen）表示，“他奉命拿下冬奥会主办权，他不是傻子，他知道他所面临的困难，并想方设法获胜。[95]他是魔鬼还是坏人？不，对我而言，都不是。”加尔夫也反对批评韦尔奇、约翰逊，以及委员会在罗姆尼接手前的一些行为。“我们只是跟别人做一样的事罢了，”加尔夫说，“国际奥委会期望并且喜欢得到迁就。”[96]但是罗姆尼还是禁止韦尔奇和约翰逊的名字与其他两万多名组委会工作人员和志愿者的名字一道出现在盐湖城奥林匹克遗产公园（Olympic Legacy Plaza）

的荣誉墙（Wall of Honor）上。[97] 罗姆尼还劝韦尔奇为了冬奥会接受认罪协商。[98] 韦尔奇的朋友悉得莉·弗赖斯贝克（Sydney Fonnesbeck）——盐湖城前顾问，曾以州体育咨询委员会（Sports Advisory Council）成员的身份帮助筹办冬奥会，她表示罗姆尼曾力劝她说服韦尔奇承认部分轻罪，以获减刑。“米特打电话来说他认为这样做对奥林匹克和所有人来说都是最好的。[99] 他说他们会从轻处罚托马斯，这样整件事情就结束了。”

她记得罗姆尼曾对她说：“你永远不知道如果他接受审判会发生什么，他可能会进监狱。”“那我会给他送些书。”她回答说。罗姆尼在整个谈话过程中都表现得很有礼貌，但她不满罗姆尼劝她介入其中。“我不知道这样做是否合法，但我觉得按他说的去做会很不合适。”她说。韦尔奇的辩护团队也同意。“托马斯有代表律师，罗姆尼跟刑事案件的被告谈辩护问题不太合适。”惠勒说。[100]

当联邦法官因证据不足推翻针对韦尔奇和约翰逊的所有 15 项重罪指控，并表扬他们为比赛所做出的贡献时，罗姆尼曾提出的请求显得更加荒唐。美国地区法官大卫·山姆（David Sam）告诉韦尔奇和约翰逊：“我只能想象你们以及你们所爱的人在这场可怕的折磨中所经历的心痛、失望和悲伤。”然而即使指控被撤销，罗姆尼仍表示怀疑韦尔奇和约翰逊的清白，指责无罪释放的部分原因是检察官工作不力。“当然未被定罪并不表示没做错事，并非所有不道德的行为都是犯罪，”罗姆尼争辩道，“即使发生了犯罪行为，可能也很难证明——对于称职的检察官依然如此。[101] 我认为那些起诉韦尔奇和约翰逊的人都不称职。”

“米特希望能尽可能展现完美，将自己塑造成戴白帽子的好人，”韦尔奇说，“他想方设法大肆批评接手前的组委会，他本不需要这样做，但他还是选择了这样做。[102] 他看待事情时总想着该如何提升自己、书写传奇，甚至牺牲别人也在所不惜。他总想表现出温和并且能干。”政府的首席检察官理查德·威迪斯（Richard Wiedis）认为其输掉官司主要因为多名同意作证指控韦尔奇和约翰逊的组委会成员都在庭审时出尔反尔，转而支持被告。[103]“据我所知，米特·罗姆尼从没来过法庭，没看过任何证据，也从来没有要求过检察官提供案情总结，”威迪斯说，“他那些关于起诉团队能力的评价，我不知道是怎么做出来的。”

在此之前，对米特·罗姆尼领导才能的考验大部分是私底下进行的，他的能力和缺点也只有商业伙伴和摩门教友知道。参议院竞选把罗姆尼推到了台前，但他最终失败了，直到他接手冬奥会，他的领导才能方得以集中展现在公众面前。据在盐湖城与罗姆尼共事观察过他的人说，他就像激光聚焦于一点一样，总是专注于手头的事情。对于某些人来说，这是鼓舞人心的。他的许多崇拜者认为他品性质朴、平易近人、为人谦虚，但反对者则认为他心胸狭窄、报复心强、喜欢自夸。对于少数几个敢于质疑他做法的理事，罗姆尼不屑一顾。

罗姆尼的主要对手是肯·布洛克（Ken Bullock）。虽然都姓布洛克，但肯·布洛克和弗雷泽·布洛克并没有什么关系。肯·布洛克在组委会任职，担任犹他州城镇联盟（Utah League of Cities and Towns）执行理事，他认为这个职位让他可以代表官方监管犹他州投入比赛的 5900 万美元。布洛克在谈论罗姆尼时说道："他竭尽全力将自己塑造成救世主、深孚众望的人。[104] 他擅长给人们下定义，严厉地批评他们，同时把自己送上个人崇拜的神坛。"罗姆尼努力在公众面前宣传自己，这似乎与他保守商人的形象不符，布洛克和其他很多人都感到迷惑。罗姆尼是第一个批准在系列纪念别针上印制自身肖像的奥运执行官。[105] 有一种别针将罗姆尼的头像印在一颗心下面，并附上文字：嘿，米特，我们爱你！[106]

罗姆尼和布洛克时常发生冲突，其中最广为人知的一次发生在犹他州州府。那次布洛克拒绝支持罗姆尼延期偿还州里 5900 万美元的请求，于是两人来了次正面交锋。

据布洛克回忆，那天罗姆尼在会议室外的走廊对他说："你不想我们成为敌人吧。特德·肯尼迪和我都能友好相处，为什么我们不能呢？"[107]

"我只是尽我的职责。"布洛克回答道。

罗姆尼再次说："你不想我们成为敌人吧。"

盐湖城市长洛基·安德森（Rocky Anderson），民主党人，在组委会任职且和罗姆尼保持朋友关系。他表示布洛克在这场奥林匹克活动中一直扮演着"极具毁灭性"的角色。他说："我们都失去耐心了。米特最终让他安分下来，我们都感到非常骄傲。"尽管身为组委会主席的加尔夫与罗姆尼从小就认识，但他认为罗姆尼让布洛克沉默的方式不恰当。[108]"米特认为他是来搅局的，"加尔夫说，"但我认为他就是监管人员，我们需要听取他的意见。"[109] 罗姆尼对另一个批评他管理方式的理事也不怎么体谅。这位理事名叫莉莲·泰勒(Lillian Taylor)，是小企业顾问。她质疑组委会为何继续留用一个收费昂贵、人脉广泛却声称丢失了丑闻文件的法律服务公司。"我想知道我们为什么要在这样一家公司身上花费数百万美元，它本该好好保管这些记录，但却告诉我们'文件被偷了'，"她说，"我想我的问题是合理、合法的。"[110] 然而她说罗姆尼并未支持她，只是默默地坐在一旁，看着委员会律师盛气凌人地驳斥她的控诉。“米特应该为那件事感到羞耻，”泰勒说，“他没有站起来保护我，他们把这个问题抛开，就像丢掉一个烫手山芋一样。”

其他情形下，罗姆尼则主动接触冬奥会的主要批评者，并以巧妙方式化解紧张局势。其中最主要的反调来自史蒂芬·佩斯（Stephen Pace），犹他州合理公共支出组织（Utahns for Responsible Public Spending）领袖，同时也是一名商业顾问。佩斯竭力嘲笑罗姆尼的前任们，试图将奥运会渲染成浪费纳税人钱财的一场活动。佩斯的组织制作了一系列嘲笑比赛的T恤，佩斯还曾穿着一件写有“罪恶的冬奥会”的T恤上电视。[111]罗姆尼丝毫不敢耽搁，立即伸出了橄榄枝。“他到犹他州的第一天就给我打电话，大讲特讲，”佩斯说，“我很清楚他在做什么，但他这样做很聪明，他的前任都很瞧不起我们。”[112]

罗姆尼对女同性恋表示尊重，给组委会里身为女同性恋的琼·盖兹休也留下了不错的印象。[113]盖兹休回忆起了罗姆尼到任后新组委会成员的第一次碰面。那是在州长府邸，加尔夫主持完开场祷告后便开始要求成员们起立介绍其配偶。携带伴侣出席的琼·盖兹休最后一个介绍。她当时心里一直在想，“我该怎么办？” 在场的许多理事都是认为同性恋有罪的摩门教徒。轮到琼·盖兹休介绍时，她说：“可能这样讲比较安全，这是我朋友。”“每个人都有点儿被吓到了。”很快，当琼·盖兹休发现组委会的反歧视雇佣政策提案里没有提到性取向时，她自己也被吓坏了。“他们忽略了我这种少数族群，我又太害羞，不敢大声说出来。”琼·盖兹休说道。后来她把这件事告诉了组委会人力资源委员会的莉莲·泰勒，泰勒又转告给了罗姆尼，结果罗姆尼同意修改政策，把反歧视同性恋的内容纳入其中。罗姆尼后来还主动接触了盐湖城的同性恋团体，以增加奥运会工作人员的多样性。“他对我很好，我觉得他真心认为所有人都应该被好好对待。”琼·盖兹休说。

后来，奥运会期间发生了罗姆尼奥运生涯里最广为人知的争议事件。犹他州警察声称罗姆尼曾两次用脏话斥责在奥运比赛场地斯诺本森（Snowbasin）滑雪场疏导拥堵交通的青年学生，随后罗姆尼和警察发生了冲突。罗姆尼否认说过脏话，警察非常气愤。“那个就业工作团（Job Corps）的学生与目睹事件的一名军士说法相同，”负责斯诺本森安保的韦伯县（Weber County）治安长官特里·肖（Terry Shaw）说，“没有任何证据显示他们在说谎。”[114]罗姆尼予以否认，并提出另外两名支持他的证人，包括一名美国特勤局特工和一名奥运会助手。“我上大学后或者是上高中后就再没说过那种脏话，好吗？”罗姆尼说。[115]后来罗姆尼勉强向警察道歉，但却没跟学生道歉，这让执法部门更加生气。“许多负责公共安全的人都非常气愤，”当时的奥运会通讯中心实习生彼特·道森（Peter Dawson）说，“大致舆论是‘真希望他不要找我们帮忙，因为我们的响应速度肯定不会快’。”[116]

米特·罗姆尼和助手匆匆离开国会山时，那天早上温暖的空气里弥漫着浓浓的黑烟。[117]那时他们正准备游说联邦政府提供奥运援助，却听到报道说有飞机撞上了纽约世界贸易中心和华盛顿五角大楼。刺鼻的浓烟滚滚而来，他们的宝马敞篷车逃命般疾驰而去。“空气里充满了战争的味道。”罗姆尼后来回忆说。[118] 2001 年 9 月 11 日的恐怖袭击改变了一切，让罗姆尼迎来了其奥运生涯中最大的挑战。距离 2002 年冬奥会仅有五个月，却不得不重绘蓝图；本来欢乐的庆典，却因为主办国的伤痕累累而蒙上阴影。[119]安全成为头等大事。罗姆尼预计会听到取消冬奥会的呼吁，代表团或运动员可能会拒绝参赛。“我想米特内心肯定在想这届冬奥会还能不能办成，他不能公开说，但这却是他挥之不去的担忧。”安·罗姆尼当时说道，“有几天，就像这个国家的其他人一样，他被悲观的情绪笼罩。[120]但当他意识到冬奥会可能会对事情有所帮助时，他变得异常坚定，坚持认为不管发生什么，我们都要举办这届冬奥会，即便最后来的只有运动员。”

罗姆尼回到犹他州后，将数百名工作人员和志愿者召集到一个户外广场，发表了他在冬奥会期间最具总统气质的演讲。谈到很多人害怕冬奥会期间会再次发生恐怖袭击时，罗姆尼唤起大家心中对爱国主义、公共服务，以及不怕困难的荣誉感。[121]曾担任理事后转做平底雪橇管理人的热巴斯·沙特克·欧文说：“最后他号召大家一起唱《天佑美国》(God Bless America)，但并不是以唱‘空巴亚’（Kumbaya）那种柔和的方式来唱。”“这就是领导才能。”罗姆尼还给工作人员发送了含有类似信息的电子邮件。[122]“这一刻，将被作为关键时刻，载入奥运会史册和犹他州历史，”他写道，“我坚信荣耀将与我们同在。”[123]

发生恐怖袭击后需要加强比赛安保，联邦政府也增加注资予以支持。盐湖城冬奥会成为国家特别安全事件，中央情报局和无数其他国际、国家、州级，以及地方军事和执法机构参与其中，在联邦调查局、美国特勤局和联邦紧急事务管理署（Federal Emergency Management Agency）的监督下共同负责安保工作，同时国会拨付了约两亿美金的专项资金用于比赛安保。[124]恐怖袭击后，另外筹集 3440 万美元的任务就主要落到了参议员、参议院拨款委员会(Senate Appropriations Committee）成员罗伯特·贝内特身上。贝内特请罗姆尼帮他说服重要立法者，“米特信誉好，有了他的帮忙，事情就变得很容易，”贝内特说,“面对质疑，他总是准备充分。有他做推销员，我的工作轻松多了。”[125]

在处理与恐怖袭击相关的其他敏感问题上，罗姆尼的团队则显得没那么老练。麻烦的起因是他的行政助理唐娜·提拉瑞（Donna Tillery）两次拒绝为在世贸中心牺牲的消防员的配偶与孩子提供免费票或打折票。[126]提拉瑞给曾担任盐湖城消防员的 A. J. 巴托（A. J. Barto）发去电子邮件，解释说规定不允许赠票。这让六周后向犹他州立法员赠送百余张、每张价值 885 美元门票的罗姆尼显得很是无情，但罗姆尼表示不知道提拉瑞曾收到要求赠票的请求。[127]“他们的虚伪让我感到愤怒，”巴托说，“他们说要严格管理，但还不到两个月，就给在政治上能帮到他们的人送票。”[128]

随着比赛临近，罗姆尼和其奥委会同事就开幕式基调争论开来。“‘9·11事件’后人们情绪低沉了很多，所以我不知道我们是否会像其他城市一样营造欢愉喜悦的气氛，”当时他说道，“然而这就是我们，这个国家也正在经历其该有的情绪。[129]从某些方面来讲，这个时候举办的奥运会比享乐时代的奥运会更有意义。”

最终，庄严展现不屈精神的一幕成为冬奥会上最令人难忘的时刻。罗姆尼和美国奥委会的桑迪·鲍德温（Sandy Baldwin）说服国际奥委会同意美国队将在世贸中心碎石里找到的一面已经破烂的美国国旗带进开幕式。国际奥委会官员曾争论说这样做政治意味太浓[130]，但他们最终还是同意了[131]，才有了开幕式上八名美国运动员在纽约消防员和警察的陪伴下，在沉默中，小心翼翼地护送国旗进入奥林匹克体育馆的一幕。

“9·11 事件”在罗姆尼的脑海里挥之不去，温斯顿·丘吉尔依然还是他的励志偶像。随着比赛临近，罗姆尼开始喜欢谈论大型同类历史事件。“德怀特·艾森豪威尔（Dwight Eisenhower）曾说全面进攻日临近时，他意识到他唯一能做的就是在士兵离开时向他们敬礼，”他说，“但是比赛时我还是会待在主运作中心，需要不断回复对讲机，不断接听电话，可能也不会有时间坐下来看几场比赛。”[132]接手这项工作时，罗姆尼“经历了其通常会经历的所有阶段”，罗姆尼的前政治战略顾问查尔斯·曼宁说道，“一开始，他是杞人忧天先生：‘这绝不可能，这会是一场灾难。’然后他会想：‘我们先把它分开来看，然后再综合起来。’现在他会想：‘让我们尽力去取得空前成功吧。’”[133]确实，盐湖城圣火最终熄灭前，罗姆尼一直在为奥运会担忧、操心，这正是他的性格。

罗姆尼的紧抓政策最终得到了回报。在 2002 年 2 月的那 17 天里，全球 21 亿人观看了比赛，美国赢得了 34 枚奖牌且几乎各国代表都对这场赛事感到满意。[134] 最后，罗姆尼帮助创造了近一亿美元的预算盈余，也为他的下一步行动积累了非常良好的政治声誉。“有人说他在这件事情上捞到了太多荣誉，不过就是帮助恢复了奥运会声誉而已，”大卫·达勒桑德罗说，“我认为说这话的人根本不了解他当时所面临的问题。”[135]

安·罗姆尼在与多发性硬化症艰难斗争几年后，收到一份让之振奋的特殊惊喜。每届冬季或夏季奥运会前，主办国都会专门发起火炬传递活动，通过途中一个个火炬手的传递，最终将奥运圣火传递到开幕式体育场的主火炬台。许多火炬手都是普通人——那些因为勇气、慈善或其他贡献而被提名的“平民英雄”。2002 年，米特提名了安，让安可以参加火炬传递，把火炬送入盐湖城。“那真是令人惊讶，”安在几年后说道，“刚搬到盐湖城时，我身体太差几乎无法走路，然而三年后，我变强壮了，孩子们帮我举起手臂，丈夫帮我扶着手肘，他们跟我一起跑，我们一起把火炬送到了盐湖城，我是他的英雄。”[136]

如果乔治·罗姆尼能看到这一切，他肯定会为这个小儿子的成就感到骄傲。这是一个经典的罗姆尼项目。在这片一个世纪前祖先克服过重重困难的土地上，罗姆尼没有辜负他的姓氏。米特·罗姆尼为国王、王后、总统、崇高的人、优秀运动员以及汇聚盐湖城的普通人开拓出了杨百翰的“世界康庄大道”。作为传教士、商人、教会领袖和朋友，罗姆尼的一生曾出手挽救过许多事情，但没有一件比得上这次的冬奥会那样壮观。

首席执行官当州长

我认为政府的职能是为民办实事，而不是为少数人谋取私利。

——米特·罗姆尼，2007 年

冬奥会开幕前一年，米特·罗姆尼就因为卓越的领导才能被说成是两个州州长的潜在竞选人。[1] 罗姆尼曾在 1994 年输给特德·肯尼迪，那是段糟糕的回忆，罗姆尼渴望再次竞选，一雪前耻。犹他州的一些评论家认为他的政见与民主党更趋一致，是留在犹他州还是回老家马萨诸塞州再试一把呢？就像他人生其他重大决定一样，这次他当然也不会冲动行事，而是选择对政治环境进行仔细的战略评估。“如果我的政见是综合性的，那该站在哪一边呢？”罗姆尼曾说，“这就要看哪边机会多了。”[2]

朋友及其前首席政治顾问都认为罗姆尼最终会去华盛顿，进入总统乔治·W. 布什的内阁或者是担任其他高级职务。[3] 2001 年 7 月《盐湖城论坛报》(Salt Lake Tribune) 的一篇文章将其描述成“主张堕胎合法者”，罗姆尼表示反对后，人们纷纷猜测罗姆尼要在保守的犹他州参加竞选。“我不希望被贴上‘主张堕胎合法者’的标签。”罗姆尼在给编辑的信中写道。[4] 然而 2001 年晚些时候，盐湖城《德瑟雷特新闻》的一篇专栏援引知情人士的话，暗示罗姆尼想要有一个让他在全国保持高曝光率的平台，为今后竞选总统铺路。对于罗姆尼而言，马萨诸塞州明显是块更好的跳板。[5] 问题只有一个：简·斯威夫特 (Jane Swift) 在其上司保罗·塞卢奇 (Paul Cellucci) 成为美国驻加拿大大使后已升至马萨诸塞州代理州长，当时简·斯威夫特正准备使 2002 年的共和党选票更稳固。罗姆尼说他不大可能跟他的共和党同僚对着干。[6]

然而斯威夫特却在其政治路途上苦苦打拼。恐慌的共和党人害怕在民主党大本营输掉仅剩的州长竞选。当时，一名共和党市镇委员会主席说："人们都准备离开斯威夫特阵营，投靠能在 11 月参加竞选的人。"[7] 芭芭拉・安德森（Barbara Anderson）——马萨诸塞州最知名的反税运动家，回忆曾给罗姆尼的电话应答机留言："我知道你现在为冬奥会的事情忙得不可开交，但那一切结束后请回来拯救马萨诸塞州吧。"[8] 共和党新任州主席凯瑞・希莉（Kerry Healey）飞往盐湖城了解罗姆尼的想法。罗姆尼并未同意，他告诉其他共和党领袖不打算参加竞选。[9]

冬奥会完美闭幕后，罗姆尼因为带领其走出破产和丑闻困扰而广受赞誉。"他就像是在水上行走，丝毫不畏惧挑战。"丹・琼斯（Dan Jones）当时说道。[10] 丹・琼斯在犹他州所作民意调查显示罗姆尼当时的支持率达到 87%。罗姆尼委托在马萨诸塞州进行民意调查，结果显示他是迎战民主党的有力候选人。他的基层代理开始迅速招聘工作人员和顾问并编写了一份正式公告——不考虑斯威夫特出局与否。一名与罗姆尼关系较好的马萨诸塞州共和党成员表示罗姆尼并不想把斯威夫特挤到一边，但州长这份工作实在太有吸引力了，而且共和党高层也不断施压，难以抵抗。"很明显，简赢不了，而罗姆尼可以。"一名共和党成员说。[11] 然而，罗姆尼从来没给斯威夫特打过电话说他改变主意决定参选了。[12] 斯威夫特从获得风声的身旁工作人员处了解到罗姆尼已订好一个大型酒店宴会厅。多个采访均显示这正是罗姆尼尽量避免正面交锋的一贯风格。

安・罗姆尼的健康状况也是罗姆尼决定参选的考虑因素之一。安曾表示对于搬回东部"非常担心[13]"，因为过去三年的犹他州生活减轻了她多发性硬化症的症状。"我在这里很健康。"安说。但是第二天，3 月 17 号，罗姆尼一家人却穿上带有奥运主题的夹克乘飞机去了马萨诸塞州。很多记者去机场接他们，新出炉的民意调查显示罗姆尼可以击败斯威夫特获得共和党提名。[14] 48 小时内，斯威夫特，第一个领导马萨诸塞州的女性，在一个感人的新闻发布会上宣布退出竞选。这个拥有三个小孩的妈妈说她无法同时顾及家庭和州长的工作，从而避免了与罗姆尼的一场大战。[15] 那天下午罗姆尼对斯威夫特很宽厚——甚至取消了宴会厅的大型发布会，选择低调开局。但他还是明确了参选决定，"为打消大家的疑虑"，他告诉聚集在其贝尔蒙特家外车道上的记者，"我宣布参选"。[16]

2002 年再次参加竞选的米特・罗姆尼绝不再是 1994 年的那个政治新手。

可以说，55岁的他已经成为媒体制造出来的神话——《人物》杂志将很快评选他为“全球五十位最有魅力的人”之一。同时，备受瞩目的公共成就也让他更加自信。在惨痛败选给肯尼迪参议员后，他在许多政治方式上变得更具智慧。结果就是，他变得更加强硬。他的竞选团队在几天内就推出专门设计的电视广告，以抢先击退任何民主党的攻击。这正是八年前肯尼迪教他的，那时肯尼迪猛烈攻击他，将他形容为专门侵吞其他公司的凶残的猎食者。这次罗姆尼决定花大力气塑造自己的形象，绝对不把机会留给对手。罗姆尼在接受电视台采访时说：“与肯尼迪参议员的竞选让我明白，不能天真地坐以待毙，并说‘哦，我会积极行动的，尽管他们很消极，‘那样不起任何作用。’”[17]

参选后不久，罗姆尼就往一个新开竞选账户存了7.5万美元作为首期竞选资金，最终他个人为竞选投入了630万美元，创下州最高纪录。[18]但罗姆尼的钱（他现在比参议院竞选时有钱得多）是一把双刃剑。当时关于罗姆尼脱离中产阶级的新一轮批评让其助手很担心，上次这类批评的攻击力就相当可怕，他们至今仍记忆犹新。罗姆尼的竞选团队尤其担心詹姆斯·拉帕波特（James Rappaport）会赢得共和党的副州长初选。詹姆斯·拉帕波特——前任共和党州主席，也是个有钱的商人。罗姆尼声称会在副州长竞选中保持中立，但政治需求改变了他的想法，就像当时对待斯威夫特一样。罗伯特·怀特，罗姆尼来自贝恩的长期幕僚，与迈克尔·墨菲（Michael Murphy），罗姆尼的首席政治战略家开始出招阻止。在评估了包括非裔美国人和女性在内的多名候选人后，他们选中了凯瑞·希莉。[19]凯瑞·希莉前景光明，但知名度较小，有两次州代表竞选失败的经历，丈夫是个有钱人，可以帮忙注资，与自筹资金能力强大的拉帕波特对抗。后来凯瑞赢得初选成为罗姆尼的竞选搭档，但最初这种结盟明显只是一种权宜之计，罗姆尼甚至在一档广播节目中把“凯瑞”叫成了“希瑞”。[20]

就在那个采访中，罗姆尼还表现出对马萨诸塞州政治不甚熟悉的一面，比如叫错某位前任州长的名字、弄错当时民主党州长候选人的家乡。听众可能会愿意原谅他，毕竟他离开马萨诸塞州有几年了。但是民主党却以此为突破口，有了一些其他想法。马萨诸塞州民主党开始质疑罗姆尼是否有资格竞选州长，主张他在犹他州住了三年，没有资格参选马萨诸塞州州长（州宪法规定要在州注满七年才能参加州长竞选）。罗姆尼被激怒了，他说道：“任何想要我出局的卑鄙手段和阴谋诡计都将以失败告终。”[21]

罗姆尼的竞选团队开始坚称罗姆尼是以马萨诸塞州居民身份缴纳的所得税，但很快罗姆尼承认他以犹他州居民的身份缴纳了两年所得税，并在宣布成为候选人后修改了税单以证明马萨诸塞州才是他的家。[22] 2002 年 6 月中的三天，州选举法委员会（State Ballot Law Commission）就罗姆尼的税单和罗姆尼因犹他州住所被划定为“主要住所”而得到每年 18000 美元财产税减免额的情况召开了听证会。罗姆尼把错误归咎于其会计和犹他州当地的估税员。这名估税员宣誓认错，并在委员会审理结束后向罗姆尼寄出了补税 54587 美元的新税单。但如果税务文件显示罗姆尼两边都在下政治赌注，他也有其他证据，比如他一直保留贝尔蒙特这个投票地址——在 2000 年共和党总统初选中选了乔治·W. 布什而非约翰·麦凯恩、特殊情况下也会从犹他州回来，与马萨诸塞州委员会和组织保持联系。[23]选票委员会一致认为罗姆尼的证词“完全可信”，发布 40 页决议书驳回了民主党的质疑。[24]

居住地之争成为与民主党对手莎伦·P. 奥布莱恩（Shannon P. O’Brien）竞争的一场精彩热身赛。莎伦·P. 奥布莱恩是一位活跃的前议员，毕业于耶鲁大学，是州上首位女性财长。她的家族也连续四代活跃于马萨诸塞州政坛。在艰难赢得有四名候选人的初选后，她的竞选资金捉襟见肘。开始时，奥布莱恩不断攻击罗姆尼的可信度与各种软肋。就像肯尼迪 1994 年的做法一样，奥布莱恩把焦点放到堕胎问题上，希望找到罗姆尼立场的不确定性，以削弱他对妇女和独立投票人的吸引力。这在州议会实在构不成紧急事务，且奥布莱恩本人也曾在之前的政治竞选中反对过堕胎，但奥布莱恩的竞选团队知道，作为一块试金石，这张牌似乎还是有希望的。[25]

“我的立场并没改变。”[26] 罗姆尼在 4 月的马萨诸塞州共和党大会发言时作出了不同寻常的辩护声明。他感到必须得这么做，既是对党员喊话，也是在解决人们对于他在关键社会问题上日益增加的怀疑。罗姆尼通过声明发出信号说他仍是那个与肯尼迪竞选的男人，一个财政保守主义者，一个堕胎、同性恋权利，枪支和环境等问题上的温和主义者。但罗姆尼发出的某些信号仍然令人感到疑惑，他不得不再次向持怀疑态度的选民们阐明立场。罗姆尼曾在 2001 年写给犹他州报纸编辑的一封信中表示不希望再被贴上“提倡堕胎合法者”的标签，这封信引起了政治摩擦，让舆论制造者和堕胎权利提倡者纷纷质疑他的立场。罗姆尼试图在大会上明确回答这些问题：“我尊重并将充分保护妇女的选择权。堕胎与否完全是个人选择问题，我们州的妇女应该基于她们自己的信仰，而非我的信仰或者是政府的信仰来决定堕胎与否。”[27] 安·罗姆尼也试图平息女性选民的关注，在一个联合电视采访中她表示：“我认为（他们）可能更担心他对社会问题的处理，其实大可不必，米特处理得非常好。”[28] 当问到是否会“维护并保护”妇女堕胎权时，米特抢着说：“我可以明确地说：是。”

2002 年 4 月，罗姆尼给当地全美堕胎权利行动联盟（NARAL）分会调查问卷的回答也同样明确。[29] 罗姆尼表示将反对任何企图修改州法律的行为，包括增加或放松堕胎限制，并支持向该疗程提供医疗补助资金、增加紧急避孕方式、恢复州计划生育补助、青少年避孕方案、公立学校提供全面性教育，反对“‘禁欲型’性教育”。“事实上两党的州长候选人都不会剥夺妇女堕胎权，”他写道，“让这个本不存在的争论停止吧，让那些完全出于政治利益的挑剔挖苦与离间攻击都到此为止吧。”

当年晚些时候，罗姆尼获得了共和党提倡堕胎合法化联盟（Republican Pro-Choice Coalition）的支持。这个组织向全国赞成堕胎权的共和党候选人提供支持。“我们为你致力于计划生育以及保护妇女选择权的行为鼓掌，”10 月，该联盟的全国主任在给罗姆尼的信中写道，“你树立了一个好榜样。”[30] 在罗姆尼印制给法院女性选民的传单上，第一点就是向她们保证“承诺保护女性选择权”。[31]

堕胎虽然是一种意识形态指标，却并不是州里政治家们真正关注的焦点。2002 年竞选中更大的文化战争围绕同性恋权利展开。自 2000 年佛蒙特州开创性地决定将民事结合合法化后，政治环境就发生了变化。这个决定吓坏了马萨诸塞州的同性婚姻反对者，他们组织推动修改宪法禁止同性恋结合。安和塔格特·罗姆尼签署请愿书要求把这个问题放到选票上，这让罗姆尼的同性恋支持者——其中大多数是他在 1994 年竞选中赢得的——感到惊恐。但罗姆尼很快就将自己与家庭划清界限，表示不会支持禁止提案。[32] 该提案同时要求取消公职人员同性伴侣的“同居伴侣福利”，如丧假和医疗保险，但后来并未获得通过。

罗姆尼并不支持同性婚姻，2002 年他在新英格兰知名同性恋报纸《凸窗报》（Bay Windows）的调查问卷中声明：“我认为婚姻是一个男人和一个女人的结合。”[33] 罗姆尼还表示反对民事结合（civil union，是指由法律，即民事法所确立并保护的等同或类似婚姻的两人结合关系。——译者注），认为这种结合太贴近婚姻。但与此同时，罗姆尼多次在公开和私下场合向同性恋保证不会清理他们。此外，罗姆尼还向听起来非常像民事结合的同居伴侣福利提供声援。理查德·巴布森（Richard Babson），共和党同性恋权利倡导组织木屋共和党人（Log Cabin Republicans）州分会委员会成员，回忆起罗姆尼在波士顿海湾村(Bay Village)社区酒吧向同性恋支持者致辞的一幕。[34]巴布森参加了集会，会后立马进行了更为私密的问答环节，他认为罗姆尼是个讲道理的进步论者。

“他说：‘在尊重人类结合方面，我赞成其所倡导的一切，但是请不要使用婚姻这个词。’”巴布森回忆说。

此外，罗姆尼像1994年一样表示他会是共和党内支持同性恋权利的强有力声音，并发誓将站到台面上勇敢对抗强大的民主党众议院议长兼文化保守派托马斯·芬纳兰（Thomas Finneran）。[35]波士顿的同性恋者举行自我展示的游行时，罗姆尼的竞选团队还到场发放粉红传单，上面写着“米特和凯瑞愿你度过一个伟大、自豪的周末！不论性取向如何，所有公民都应享有平等权利”。[36]在《凸窗报》调查问卷中，罗姆尼表示支持加强反仇恨犯罪法、增加艾滋病防治经费，并承诺“保护同居伴侣的既得权利并为之争取更多基本民权”。[37]总而言之，罗姆尼再次发出信号表示虽然不同意同性恋结婚，但支持同性恋权利，当选后必将推动其发展。如同1994年一样，这种立场为他赢得了木屋共和党人组织的支持。

在竞选的最后几周，罗姆尼坐下来与比尔·索顿斯托尔（Bill Saltonstall）进行了一次私人会谈。比尔·索顿斯托尔是前共和党州参议员，其家族帮助马萨诸塞州在社会问题上树立了温和共和主义的形象。索顿斯托尔有一个同性恋女儿住在阿拉斯加且收养了小孩，他想要罗姆尼保证其关于同性恋权利的主张都是发自内心的。据一位参会人士讲，罗姆尼向索顿斯托尔保证将提倡宽容、反对歧视，还提出对州法律进行一次彻底审查，看法律对长期同性恋关系会产生哪些负面影响以及州上需要改变哪些做法来消除同性恋歧视。[38]那一刻，索顿斯托尔的心情非常舒畅。

罗姆尼认为正是乔治和丽诺尔让他具有了这样的民权观。“在我很小的时候，父母就教会我宽容和尊重，”罗姆尼说，“我这一生都谨遵教诲，如果有幸当选州长，我将继续保持宽容和尊重。”[39]

罗姆尼沿用1994年的立场，将自己定位为变革代表，誓要“开辟通往比肯山（Beacon Hill）的路”，而州政府恰好位于比肯山。[40]需要清理的东西很多——政府内充斥着庇护与浪费。罗姆尼展现能力并承诺引入新思维，这对多年来一直选举共和党州长来制衡民主党（优势党）体系的选民而言非常有吸引力。即使共和党长期占据着重要的权力部门，但政府的行为（共和党内部任人唯亲的做法）或混乱局面（波士顿150亿美元大挖掘道路工程的成本超支和管理不善的熟视无睹），均与罗姆尼无关。

罗姆尼引入一种复杂的“微锁定”程序来深入研究选民行为，试图通过其投票史和其他个人信息来筛选出支持者。[41]他直接将目标锁定在占马萨诸塞州选民一半的独立派上。跟奥布莱恩不同，罗姆尼支持恢复废除已久的死刑和当年选票上用双语教育替代纯英语教育的倡议请愿。随着州失业率上升、预算赤字增加，罗姆尼表示其商业背景就是完美的检验场，并坚称可以在几年内通过消除无用项与减税使230亿美元的州预算减少10亿美元。[42] 在是否增加税项方面，两名候选人都没有保证不增加；罗姆尼竞选团队的发言人称其为“政府花招”，然而罗姆尼在后来的竞选中却作出了不新增税项的保证。[43] 罗姆尼发誓反对任何形式的增税，但却提议增加汽车消费税，针对比如卡车和运动型多功能车这类每英里汽油消耗量较大的车。考虑到需要在选举中争取卡车和运动型多功能车车主的选票，罗姆尼的这个想法让其政治顾问感到紧张。[44]

如果罗姆尼放出的消息是经过巧妙策划的，那他的形象——一位穿着崭新衬衣的金融家——则需要改造。竞选团队首先确保他那辆宝马汽车尚未引人注目。[45] 顾问们并不想让选民觉得罗姆尼就是个坐在欧式豪华车后面的家伙。在后来的竞选中，罗姆尼拍摄了一系列电视新闻“工作日”，里面他脱掉商人的衣服、领带，轮流扮演了多种蓝领工人，包括汽车技工、铺路工、垃圾工，等等。奥布莱恩在初选当晚发表获胜演说时对此大大揶揄了一把，她说：“马萨诸塞州，不需要一个把接触劳动人民看成是化装舞会的州长。”[46]

罗姆尼确实是在努力拉近与普通民众的距离，但他的一支电视广告本来是想展现他人性化的一面，但却事与愿违，反而突出了他的圆满生活与许多选民生活的差距。广告取名为“安”，内容是罗姆尼夫妇谈论其高中罗曼史和家庭生活。其中米特表达了对妻子的爱，他说：“安是一个纯粹的人。”广告的结尾是米特穿着泳衣与儿子们泛舟湖上的镜头。广告推出后，罗姆尼的民意支持率直线下降。为期七周的竞选活动已过去三周，其内部民调显示罗姆尼落后奥布莱恩十个百分点。竞选中，一些顾问认为该广告太腻歪，让罗姆尼显得不自然。“我认为广告让他显得非常完美。”墨菲回忆说。[47] 墨菲是一个不留情面的战略家兼媒体顾问，这则广告正是出自他的手，他坚持认为广告不错，在其他州都会产生好效果，“马萨诸塞州的选民有些愤世嫉俗，我们吃亏就吃在这上面”。

罗姆尼位于北坎布里奇的总部开始恐慌，一些顾问变得对墨菲不满。在2000年共和党总统提名中，墨菲曾带领约翰·麦凯恩勇敢迎战乔治·W. 布什，这一战使墨菲在全国名声大噪。高级竞选助手在罗姆尼家开了一次周末会议，会后罗姆尼决定支持墨菲这个首席战略家。“迈克尔过来说：‘广告没奏效，我的战略有误，我建议你大幅度改变战略，或者你也可以炒了我。’”罗姆尼后来回忆说。[48] 罗姆尼考虑后决定留下墨菲并尝试新策略。这次他们不再自我包装，而是决定攻击对手奥布莱恩——强硬的新米特发起了第二场竞选大战。

那是10月2日早晨，罗姆尼和奥布莱恩结束了在马萨诸塞州中部城市伍斯特（Worcester）技术学院的第二场辩论，许多人都认为奥布莱恩赢了。但那天罗姆尼及其顾问在他贝尔蒙特的家庭活动室里作出了一个精明的判断：他们预计奥布莱恩的主动攻击模式不会管用太久。[49]初期罗姆尼曾反对增加候选人辩论，但现在他来了个180度大转弯，反而要求增加辩论。这个策略奏效了，罗姆尼在随后的冲突中完美地攻击了奥布莱恩，并将自己塑造成一个自信、专注的执行者，让选民立马感觉这就是理想的州长人选。

在最后一场辩论中，罗姆尼在竭力彰显奥布莱恩主动攻击风格时称她的策略“不体面”，这样做可能有点过。奥布莱恩及其支持者认为这种评价带有傲慢的性别歧视，让罗姆尼上了些负面报道。但奥布莱恩的自伤可能来得更深，部分原因是她批准将女孩自行堕胎（无需父母许可）年龄降至16岁。同时她转而支持同性恋结婚——比州最高法院批准早了一年，对堕胎问题的回答也让她失去了部分中间派的支持。“可能最后一场辩论才真正扫清了我的竞选之路，”大选前一晚罗姆尼在波士顿竞选活动中对记者说，“就在那时独立派和一直拿不定主意的人才找到方向。”[50]

与此同时，墨菲制作了两支极具摧毁力的广告，广告主角是“看门狗”——贝塞猎狗邓肯（Duncan），当有人从国库里偷钱时它却在打瞌睡。广告幽默轻松地影射了相关事件，包括在奥布莱恩监管下州养老基金在股票市场损失70亿美元及奥布莱恩丈夫（前州代表）的游说工作，以质疑奥布莱恩的管理能力并将其塑造成局内人。奥布莱恩认为该广告“可耻、错误”，但是效果不错。[51]此时奥布莱恩也推出广告，沿用肯尼迪1994年的高招将罗姆尼塑造成公司侵夺者。其中一支广告的主角是一位失业的钢铁工人，失业原因是贝恩资本购买的一家堪萨斯城工厂倒闭。“这是特德·肯尼迪的招数，但过时了，”奥布莱恩当时的副财长迈克尔·特拉法利尼（Michael Travaglini）表示，“冬奥会让米特成了一个真正的名人。冬奥会的战绩太辉煌了，人们更加信赖他了。”[52]

从落后奥布莱恩两位数开始，罗姆尼的支持率一直在上升，到11月1日，两人打成平手。[53]罗姆尼的团队曾预计奥布莱恩会让人们感到厌烦，事实似乎正是如此。选民表示他们不再像一个月前那么喜欢奥布莱恩，却越来越喜欢罗姆尼。11月5日，也就是四天后，罗姆尼—凯瑞组合轻松击败了奥布莱恩和其竞选搭档克里斯托弗·加布里埃利（Christopher Gabrieli），在总计220万投票中领先106000票（五个百分点）。共和党人保住了他们的小小基地，限制了民主党在城市据点中的势力范围，最重要的是，横扫了大波士顿独立富人聚集的市郊和远郊。罗姆尼根据选民数据制定竞选策略的方针奏效了。“我们采用了一种制胜的机器，然后我们赢了，”他在波士顿公园广场酒店（Boston Park Plaza Hotel）对支持者说，“今晚我们要高声、明确地向世人宣布新时代的来临。”[54] 欢庆胜利的罗姆尼还接到总统乔治·W. 布什从空军一号上打来的庆贺电话。[55]

值得庆祝的实在太多了。在乔治·罗姆尼第一次竞选密歇根州州长成功后的 40 年，他的儿子终于实现了他的人生目标——追随父亲的脚步从政。两人首次当选都是 55 岁，都将商业背景转化成政治资本，都以温和共和党人的形象吸引政治中间派而赢得胜利。尤其令马萨诸塞州摩门教徒激动的是，在 2002 年竞选中罗姆尼的宗教信仰从来就不是什么问题。这种感觉真好，至少在那一刻，一切都过去了。对于罗姆尼而言，能彻底清除 1994 年带来的邪恶影响，这种感觉更棒。肯尼迪轻松取胜后他的痛苦失望、未能清楚表达自己的沮丧、商业生涯遭到攻击时迟缓回应的挫折感，现在都一扫而空，消散在他夺目的成功和日益增加的国民关注度里。米特·罗姆尼将很快成为马萨诸塞州联邦的第 70 任州长。

罗姆尼沿着一些名人的足迹前进——《独立宣言》的三位署名人和一位未来的美国总统，当然，也有一些无赖。罗姆尼自称是马萨诸塞州第一位首席执行官州长并带来了一套新的工作方法。宣誓就职几周后，罗姆尼和州上主要立法委员一同参观了州府的参议院接待室。[56] 马萨诸塞州州府是一处华丽的圣殿，高耸的窗户、桶型拱顶，就在参议院会议厅的旁边。竞选结束了，是时候平息党派言论，共商治州良策了。在一群民主党人的世界里，共和党人罗姆尼奋勇向前，问候握手并发表了简短讲话。

罗姆尼向新同事介绍他曾领导的贝恩公司，在多家大型公司担任过领导职务，现在他希望和大家一起投入到人民事业中去。“我通常的做法，”一位前立法委员回忆罗姆尼告诉大家说，“是为企业制定战略愿景，然后与执行副总裁们一起去实行。”[57] 小安德烈·F. 纽西弗罗（Andrea F. Nuciforo），当时一位来自马萨诸塞州西部的州参议员，说罗姆尼弯下身子，对一位议员同事叹息道：“这将是漫长的四年。”罗姆尼似乎在暗示他才是老大，州立法委员都是他的副手。“我的看法是这个人想要做好事，也有能力，但是一些基本概念却没搞清楚。”纽西弗罗说道。

罗姆尼一直想在政界谋得一份显赫的职务，现在他的愿望实现了。一生的研究、准备以及辛苦似乎得到了回报。但他需要管理一个州，这并不是他熟悉的事情，他也并不了解州府内的小团体以及民主党人在密室里玩了几十年的那套把戏。他是以局外人的身份参加竞选的—— 一个希望走进州政府的贝恩顾问，他想要撕开政府的面纱，把它管得更好。现在局外人进来了，发现自己走进了一个陌生的地方，那里有它自己的游戏规则。每次他说“不会吧！”或是“天哪！”的时候，他就好像是从外星球来的，因为这个政治国度的人从来不会那么说。

在与罗姆尼关于州预算的早期对决中，立法委员们急切地想要这位新任州长领教下这里的游戏规则。众议院和参议院通过最终版联合开支计划后，罗姆尼进行了一连串否决。于是州议会开了一场马拉松式的长会，逐一否决，很快逆转了形势。午夜时分，一位参议院领袖起立提议大家休会“纪念米特·罗姆尼”。[58]纽西弗罗说：“罗姆尼之前一直认为这个地方由他主宰，我们只需待命即可，但州议会让他彻底打消了这个想法。”州政府是一个政治文化根深蒂固的地方，也有很多人认为那种政治文化莫名其妙，不适合带领马萨诸塞州走进新世纪。当罗姆尼想要在那里推行他在公司的那套并展现冷静的敏锐分析力时，他遇到的那点阻碍还只是冰山一角。然而罗姆尼从一开始就摆出要讨价还价的架势，比如阻碍议会领袖们增加副手工资，强制推行避免广泛增税的预算。

罗姆尼希望与共和党外的顶尖人才接触，于是他找到了一些高端能人，如罗伯特·C. 博森（Robert C. Pozen）——富达投资集团（Fidelity Investments）前首席执行官，道格拉斯·I. 弗伊（Douglas I. Foy）——非赢利保护法基金会（Conservation Law Foundation）的长期会长。25 年里，弗伊一直致力于保护法基金会，帮助基金会赢得了众多标志性官司，以实现对新英格兰空气、水和露天场所的保护，包括通过诉讼阻止在新罕布什尔州西布鲁克（Seabrook）修建第二座反应堆、核工厂以及在乔治海岸（Georges Bank）渔场钻油。博森是富达投资集团的副主席，践行并教授法律，同时还是证券交易委员会（Securities and Exchange Commission）的副总顾问。他们是强大阵容里最知名的两位，为此罗姆尼新设“超级部长”一职并给予广泛授权，让两人负责监管经济发展、住房、环境等问题。这是罗姆尼一直以来的信条——和聪明、上进的人待在一起并让他们为你工作吧。

完成团队组建后，罗姆尼开始按照擅长的方式进行管理——要求提交成堆数据和进行热烈的自由讨论。博森的一项主要任务是拯救马萨诸塞州濒临破产的失业保险基金。由于当时失业率较高且州里给的失业补助较为慷慨，失业保险基金迅速减少。博森集中制定计划奖励就业稳定的公司并要求经常裁员的雇主做出更大贡献。“我们可能交给了他十种或二十种不同的（计算机）运行程序，”他在回忆与罗姆尼相处时说，“他会仔细看并真的采用里面的数据来制定解决方案。”[59]

拥有环保背景的弗伊和拥有商业背景的罗姆尼找到了共同点，那就是通过州政府的力量尽量减少无计划发展、改善开发密度并尽可能保留空地。罗姆尼在竞选州长时就曾表示无计划发展是“马萨诸塞州最重要的生活品质问题”。[60]罗姆尼抛出了众所周知的“理智增长”概念，奖励紧凑发展新住房和商业项目的社区，尤其是在大众交通枢纽附近的此类社区。罗姆尼政府的“以补代修”交通政策也体现了经济型发展观，即注重修理现有道路和桥梁，而非应当地政客要求新建道路体系。

在这些或任何其他问题上，罗姆尼总是想要知道对一个行动的所有赞成和反对意见——他是“拥护魔鬼辩论法的决策者”，埃里克·A. 克里斯（Eric A. Kriss）说。[61]克里斯曾与罗姆尼在贝恩共事多年，后被罗姆尼选为州预算长。“他会把相互矛盾的事实和不同观点放到一起，让大家全面讨论。有几次我私下知道他中意的结果，但他后来却实际选择了与自己观点相反的意见。通过讨论他不仅能知道自己的观点恰当与否，还能知道对手的想法。”

从罗姆尼及其团队走进办公室的那一刻起，他们就面临着一项紧迫任务：预算危机。马萨诸塞州面临高达 6.5 亿美元的潜在赤字。更糟的是，罗姆尼的分析员发现下一年的预计资金缺口暴涨——在 230 亿美元的预算中从 20 亿美元涨到 30 亿美元。罗姆尼和州议会决定通过紧缩计划来弥补几乎所有预计缺口。带领马萨诸塞州走出财政漩涡无疑是罗姆尼的重要成就之一，但他和他的助手在复述时总爱夸大其辞。预算缺口从来没有罗姆尼说得那么大，因为实际税收比原估值多了 12 亿美元。[62]罗姆尼也知道救助计划的副作用——费用大增、企业增税、当地财产税压力增大。

通过提高许可证、执照以及公用设施费（上涨约 45%），紧缩计划新增收入至少 3.31 亿美元。马萨诸塞州居民突然发现考驾照、结婚、买房都涨价了。此外，该计划通过调整税法筹款 1.28 亿美元，以填补罗姆尼所谓的企业漏洞。一些公司取消计划并通过空壳公司隐藏收入，以逃避州府征税。很多企业领导都在考虑增税的问题，即便罗姆尼从来不称其为“增税”。后来两年，用于填补所谓漏洞的资金达到 1.81 亿美元。

城镇也感受到了这种深度开支削减计划的影响。在罗姆尼上任的前 18 个月里，州对于城镇的援助就减少了数亿美元。罗姆尼离任时，马萨诸塞州社区53%的预算依靠财产税，创下25年来的新高，而罗姆尼上任前仅为49%。[63]许多社区也选择相应减少公共设施并增加居民收费。埃里克·菲恩斯多姆（Eric Fehrnstrom），罗姆尼的长期发言人，表示地方官员夸大了削减所产生的影响，削减是增加州税收的必要手段，“城镇和州就应该有福同享、有难同当”。[64]对于预算的削减通常是深度的，也是痛苦的，但曾经请求罗姆尼竞选州长的反税运动家芭芭拉·安德森却认为这是一种折衷的做法，“罗姆尼阻止了（广泛）增税，而人们却并没有感谢他”。[65]

罗姆尼的团队从一开始就严格控制消息，并展现出纪律严明的集中式管理风格。整个政府只发出一种声音，通常是罗姆尼的声音。他们聘请总部位于波士顿的管理团队协助整顿官僚机构、筛选数据，以明确低效、浪费和节约项。这项工作为后来被罗姆尼捧为“半个世纪以来州政府最重要的重组”奠定了基础。[66]感觉天降大任，新任州长总是志向远大。他计划全面检查杂乱的公共事业体系，处理受议会干预和庇护困扰的法院系统、检查29所学校的公共高级教育系统。与此同时，罗姆尼想要减少教师联盟对公共教育的影响力，并修改一份帮助城镇筹集校园建筑和维修项目资金的问题方案。有些改变，罗姆尼发布行政命令就能实现。但他最后对于州官僚机构的精简是相当温和的。其政府记录显示，四年后罗姆尼精简了其直接控制机构的603个岗位。[67]与之相比，其共和党前任威廉·F.威尔德在其第一任任期内关闭州医院、将公共设施私有化、大量削减约了7700个岗位，后来经济好转后，岗位数量有所增加。

改革州政府的许多措施都需要获得议会支持，但罗姆尼却常常遭遇阻碍，部分原因是罗姆尼常常忽视立法委员们的存在。罗姆尼及其理想主义的智囊团似乎常常忽略这样一个事实：要彻底改革，绝对不能纸上谈兵，必须动手去做，去获取议会支持。但罗姆尼从来不会表现得过分友好，很少与立法委员拉关系——甚至不认识他们。所以他的法院整合计划最终不了了之，他的高等教育愿景也成为一纸空谈，他的宏伟计划中只有一小部分成为法律。另一个常见的抱怨是，不像前任共和党州长，罗姆尼很少花力气去建立与众人有意义的关系。比如，威尔德曾支持增加议会工资来换取议会领袖对降低资本收益税的承诺。曾在罗姆尼上任后前21个月担任众议院议长的民主党人托马斯·芬纳兰说：[68]“威尔德真正对这栋楼里的人感到好奇，他想了解他们的行为动机以及如何与他们建立有益的实用关系等，而罗姆尼在这方面表现得相当冷淡，态度要保守得多。”[69]

一位民主党立法委员同事更加尖锐地指出："还记得理查德·尼克松和他至高的总统职权吗？在我们这儿就是至高的州长职权。"[70]罗姆尼及其幕僚通常有自己的快捷渠道。电梯的设置限制了通往他办公室的路，地上的指路胶带也明确表示我们"泾渭分明"。这是罗姆尼创造的受控环境，他有他自己的轨道。"我们议员之间经常讨论为什么他记不住我们的名字，完全记不住，"这位民主党立法委员说道，"因为他离州政府的日常运作太远。"

虽然某些全面整改提案在提交现实政治时很轻率，但罗姆尼依然坚信自己的方式。他最有把握的是对经济增长的远见，"我的增加工作岗位计划在这个州的历史上是史无前例的。"罗姆尼在州长竞选中说。[71]但他接手时的经济状况太差了，科技泡沫破灭后没有几个州比马萨诸塞州受创严重。2001 年 2 月到 2003 年 12 月，即罗姆尼当州长的第一年年末，整个州的工作岗位减少约 20 万个、劳动力减少近 6%。[72]随后大环境开始逐渐好转。整个过程中，罗姆尼非常积极地向许多企业领导们推荐马萨诸塞州。据一位发言人说罗姆尼每年平均要见 50 个考虑在马萨诸塞州扩大规模或者进驻的首席执行官。但在罗姆尼任期结束时，全州新增净工作岗位不足 4 万个[73]，大约只增加了 1%[74]，是全美同期工作增长率的倒数第四名。这最终证明在增加就业岗位方面，当选领导们说得多、做得少。

尽管如此，罗姆尼在提高马萨诸塞州竞争力方面颇受好评。其政府简化了企业扩建的公共审批程序、振兴了州里一家招商引资机构。2004 年，自称是"罗姆尼共和民主联盟成员"的兰奇·C. 金博尔（Ranch C. Kimball）接替罗伯特·博森担任经济发展部部长，在金博尔的管理下，三年间马萨诸塞州发展渠道内的公司从 13 家猛增到 288 家，但增加的主要原因是经济复苏、生物技术和生命科学崛起。[75] 2006 年，百时美施贵宝公司（BristolMyers Squibb）放弃北卡罗来纳州、选择波士顿西北一块 89 英亩的地投建价值 7.5 亿美元的综合项目。[76]到 2011 年夏天，这个项目的雇佣人数已超过三百。这笔生意需要罗姆尼和议员这对勉强凑合的组合提供税收减免、相关支持并展现不同寻常的团队协作精神。[77]

在政治协商方面，罗姆尼自始至终都表现得有些勉强。需要推动一项议程时，他喜欢通过精心策划的媒体事件来制造公共压力，而非关起门来说服议员们。罗姆尼的路线就是在助手安排下大搞舞台艺术。"他认为政府就是站在一号讲台上开新闻发布会来打败你、然后你屈服于我。"萨尔瓦托·迪马西（Salvatore DiMasi）说。[78]萨尔瓦托·迪马西，民主党人，罗姆尼任期内的长期众议院议长，后来成为罗姆尼竭力避免进行谈判的代表人物，2011年因贪污被判处八年有期徒刑。

罗姆尼的沟通天赋也为他赢得了一些胜利。比如2005年对多次醉驾司机的惩罚问题[79]，他和副州长凯瑞·希莉找到受害者家属上电视呼吁，大打感情牌，成功促使立法委员们通过加强惩罚的决议；2005年资本收益税补缴事件[80]，当时议会已经通过这份可能影响48000名纳税人的议案，但是罗姆尼拒绝签署，此举引发了广泛的广播节目讨论，立法委员们最终放弃主张。同时，罗姆尼也是个擅长故作姿态的人物，这点在2005年卡特里娜飓风席卷新奥尔良和墨西哥湾沿岸（Gulf Coast）后展现得淋漓尽致。罗姆尼出人意料地批评布什总统领导下的国家救援行动笨拙，称其为“窘迫事件”，并提出在科德角(Cape Cod)安置上千撤离者。[81]他在科德角军事基地搭建了临时安置区，但最终只有235人去了马萨诸塞州。但是罗姆尼承诺马萨诸塞州会尽力帮助所有人，“他们会在这里找到温暖，我们都很好客，”他说，“他们会发现马萨诸塞州人民拥有一个博大的胸怀。”[82]

围绕“大挖掘工程”的争议是罗姆尼与议员的另一个长期斗争，当时这个受到众人谴责的波士顿道路工程已成为权力庇护下的不良工程的代表。马萨诸塞州收费公路管理局（Massachusetts Turnpikc Authority）是负责监管该工程的半独立机构，罗姆尼两次试图控制它，但都遭到议会拒绝，原因是该机构主席、前共和党州参议员马修·J. 阿莫鲁（Matthew J. Amorello）在议会的关系很硬。随后发生的一起悲剧改变了一切：2006年7月10日晚上，沉重的混凝土顶板砸到一辆正在通过大挖掘隧道的汽车上，导致米莱娜·德尔·巴列(Milena Del Valle)，一个来自波士顿、拥有三个孩子的母亲丧生。

阿莫鲁在几个小时内赶到现场，天亮时还待在那里向调查员简述情况、与州首席检察官一起查看事故并向州警察提供协助。罗姆尼的助手给阿莫鲁办公室打电话说州长想见他，但罗姆尼在阿莫鲁到达州府前就失去了耐心，为阿莫鲁迟迟不现身感到愤怒，于是怒气冲冲的罗姆尼决定去找他。到达事故现场后，罗姆尼快速走向阿莫鲁并伸出一只手。在随后异乎寻常的几秒钟里，据一位目击者说，明显情绪激动的罗姆尼跟阿莫鲁握了下手，随后用一只手抓住他的肩膀，另一只手拍拍他的胸部说：“你是大人物，州长都请不动你？”[83]

阿莫鲁和周围其他人都吓到了。“我站在那里，感到非常震惊，”目击者说道，“真是值得一看啊。”随后罗姆尼和阿莫鲁一同尴尬地向隧道走去[84]，罗姆尼的咆哮并未停止，据目击者回忆，后来阿莫鲁告诉他有一位女性在事故中丧生，以试图让他冷静下来。他们之间的热烈交锋被远处的摄影机拍了下来，后来罗姆尼被问到当时的情况时，他说他表达了对阿莫鲁怠慢他感到很“失望”[85]，“所以，既然他不来，只能我去找他了。”罗姆尼说。

多年来，公众一直被这个大型项目的成本超支和设计问题所困扰，而现在这些担心都变成了真正的威胁—— 一时间，乘客们不敢冒险进入拥挤的城市地下隧道，民意站到了罗姆尼一边。事故发生三天后，议会授予罗姆尼处理隧道项目的紧急权力。不久阿莫鲁辞职，罗姆尼立即化身为令人信服的总指挥。他对情况进行了快速研究，掌握了大量复杂的工程设计细节，令人惊叹，颇为传奇。罗姆尼推出检查和修复计划，并发誓要恢复公众信心。这一刻的罗姆尼，连很多批评家都必须承认，正是马萨诸塞州选民们 2002 年选择的那个负责任的首席执行官。曾与他人就大挖掘和其他大型项目出书的大卫·吕贝罗福（David Luberoff）说：“在危急关头，他展现了非凡的领导才能。”[86] 罗姆尼似乎非常喜欢这种角色。事故发生时，罗姆尼正在其新罕布什尔州的度假屋里，却不得不返回波士顿。托尼·金博尔，罗姆尼在当地摩门教领袖圈的前教友回忆说，曾在事后碰见过罗姆尼的第三个儿子乔希，“乔希说‘这是我第一次看到父亲没有因为度假被打断而生气’”。[87]

无论从哪方面来看，前州参议院议长，一位来自南波士顿狡猾又博学的民主党政客威廉·M. 巴尔杰（William M. Bulger），都是米特·罗姆尼的最佳陪衬。在州政府的 42 年里，颇有权势的巴尔杰在议会民主党人中间享有普遍支持，但是他的傲慢和波士顿狭隘主义在民众间的名声却不太好。被尴尬爆出与兄弟，背有 19 起谋杀指控的在逃黑帮老大白鬼詹姆斯·巴尔杰（James “Whitey” Bulger）有联系后，声誉进一步下滑。

当州长的第一年罗姆尼就瞄准了巴尔杰，试图打破马萨诸塞大学的五校区体系并取消巴尔杰的议长办公室。然而，州里主要行业都反对，议会也阻止了这项行动。但是罗姆尼还有其他计划。罗姆尼到任前，巴尔杰曾在国会委员会审查联邦调查局线人问题上使用过宪法第五修正案的相关权利，当时他的兄弟是线人里面最臭名昭著的一个。[88] 2003 年 6 月，威廉·巴尔杰戏剧性地被国会委员会要求第二次出庭，在获得豁免权后进行作证。[89] 听证会前几天，州首席检察官托马斯·F. 赖利（Thomas F. Reilly）重击民主党人，要求巴尔杰辞去州政府职务。第二天，抱怨巴尔杰不配合当局的罗姆尼呼吁马萨诸塞大学理事会将其除名。[90]

在理事会拒绝罗姆尼并表扬巴尔杰工作表现后，罗姆尼开始围绕道德问题展开争议，认为巴尔杰即使没有犯罪，但作为公立大学的校长，应该用“更高的标准”来衡量。[91] 理事会主席格蕾丝·K. 费（Grace K. Fey）、巴尔杰以及理事会其他支持者都担心拒绝辞职会导致罗姆尼为难高等教育体系。巴尔杰的合同还有四年到期，在律师与其协定高价买断后，巴尔杰辞职。[92] 在比肯山上，强龙终于压过了地头蛇。对于罗姆尼而言，这就是责任。

罗姆尼将巴尔杰扫地出门时，两人之间并无私人恩怨。威廉·P. 莫纳汉（William P. Monahan，昵称比尔）的故事则反映了罗姆尼反感争议、看重声誉的一面。当自己阵营里出现任何散漫分子威胁到其声誉时，不论忠诚与否，均将被他扫地出门。巴尔杰出局三周后，莫纳汉接到罗姆尼长达 13 分钟的电话。电话中罗姆尼强迫莫纳汉辞去公务员委员会（Civil Service Commission）主席一职，当时距离罗姆尼任命他为主席仅一个月，此后莫纳汉与罗姆尼长期的个人、政治关系破裂。罗姆尼如此急切地发出逐客令是因为《波士顿环球报》（Boston Globe）的一篇报道。[93] 报道称莫纳汉 23 年前从波士顿有组织犯罪分子手里购买过物业。据莫纳汉回忆，罗姆尼从其新罕布什尔州沃尔夫伯勒（Wolfeboro）的湖边别墅打来电话说：“比尔，我很难受，我的高级官员们一直要求我让你辞职。[94] 我并不想这么做，但是少数得服从多数。”愤怒之下，莫纳汉聘请律师和前贝尔蒙特镇长一起向美国地方法院起诉罗姆尼，要求官复原职。莫纳汉一直是罗姆尼的政治竞选后盾、贝尔蒙特摩门教堂的主要支持者，他痛苦地回忆说：“他把我扫地出门了。过去他需要我时，我一直都在他身边支持他。”

2007 年谈到那场诉讼时，罗姆尼并不愿意多谈，表示如果一开始就完全了解莫纳汉的那些生意，肯定不会任命他。[95] 2009 年，联邦法院的法官也选择站在了罗姆尼及其助手一边。

罗姆尼在州议会时对待州议员颇为冷淡，但这并不包括詹姆斯·瓦利（James Vallee），至少开始时是这样。瓦利，民主党人，主要众议院委员会的主席，是少数几个与罗姆尼关系不错的议员，曾经支持过罗姆尼的多个高调提案。“最初那两年他会给我打电话，我们碰过几次面，”瓦利说，“当我不赞成我的同僚们时，他支持我那么做。”[96]

瓦利不当主席后，罗姆尼也就不再给他打电话了，但在瓦利离任前几天，罗姆尼还是对瓦利表示了感谢并询问是否需要帮忙。当时州议会通过法案额外发给瓦利家乡一张售酒执照，就差罗姆尼签字了。瓦利把这件事告诉了罗姆尼，“离任前我会处理的，”瓦利说罗姆尼当时表示，但后来罗姆尼称记不起曾有这样的对话。[97] 罗姆尼离任时，那张申请也没有签字，夹在一大堆只差他签字的法案里。“那段关系并不是双向互利的。”瓦利说。

其他曾与罗姆尼共事或者仔细观察过他的人认为：罗姆尼是一个功利主义者，有时候他看人的标准是这人有无利用价值。瓦利的遭遇也印证了这一点。“米特总是像一颗耀眼的明星，”一位共和党同僚说，“而其他人都是小角色。”事实上，罗姆尼很多时候都在唱独角戏，他那种超然物外的处世姿态让很多州议会的老议员们感到苦恼，因为他们早就习惯了渗透在马萨诸塞州政治里的交易文化——选票是用来交易的、政治支持者可以在州里获得职位、政治家的家庭成员可以谋得肥差、有门路的人退休金也高。但是，罗姆尼完全不搞这套。当他说“猪头”、“糟了”，而非其他更粗俗的语言时，这些不好对付的政治老手们都会揉揉眼睛，好像在说：“这个人是谁啊？”

在罗姆尼任期内，民主党立法委员逐渐明白没必要找他帮忙。“我从来不要求州长做任何政治上的事情，从来不，”罗姆尼在位时的参议院议长罗伯特·特拉法利尼（Robert Travaglini）说，“我观察过他，他从来没表现得像是我们当中的一员。”[98]但是尽管罗姆尼相对疏远的做法有时候是一种阻碍，但也是对污浊、狭隘政治文化的正面挑战。“他逼得我们所有人把一切都摊到桌面上来，”特拉法利尼在罗姆尼任期结束时说，“如果要谈谈罗姆尼这个人，在某种程度上，他还是发起了改革行动并指明了改革方向……他让参议院的人都表现出了自己最好的一面。”[99]

罗姆尼的一项变革是整顿司法选举程序，要求提名委员会在不知道候选人姓名、性别、相关资料的情况下进行初步匿名评审。“这种评审制度完全没有政治意义。”在罗姆尼一半任期内担任司法提名委员会（Judicial Nominating Commission）主席的拉尔夫·C. 马丁二世（Ralph C. Martin Ⅱ）表示。[100] 2005年7月，《波士顿环球报》对罗姆尼的司法成果进行总结，并没发现任何哲学模式或党派模式。[101]实际上，罗姆尼在做最终选择时知道司法候选人的所有信息，但仍将30个司法空缺中的3/4给了注册民主党人或无党派人士，包括两名支持增加同性权利的同性恋律师。他同样没有明显倾向对其竞选有功的候选人。[102]

罗姆尼不喜欢裙带政治，这点与其性格极其相符，也展现了他的坚毅、正直。但要在州议会组建一个几乎没有绯闻、裙带关系被相对节制的领导班子则是另外一回事。“他从来没说过想要雇谁，从来没说过‘这是个财神爷，看看我们能为他做些什么’。”弗伊回忆说。罗姆尼给后来成为其法律顾问的丹尼尔·B. 温斯洛（Daniel B. Winslow）也留下了同样的印象。“他说‘可能会有很多人给你打电话，想给他们的亲朋好友在法律团队里谋个一官半职，’”在罗姆尼手下干过两年的温斯洛回忆说，"'但是别那么做'，罗姆尼说，'我需要最好、最聪明的律师，不用考虑政治。'" 对于很多公众人物而言，这可能是在晚辈面前讲的场面话，但对于罗姆尼来说这正是他所期望的。

作为州长，罗姆尼确实给其竞选团队的许多成员谋得了一个职位，但他在驱逐自己党内的老员工时也是非常敢作敢为的，其中就包括大卫·巴尔弗（David Balfour），大都市区域委员会（Metropolitan District Commission）会长。大都市区域委员会是裙带关系的避风港，后来罗姆尼将其与州里另一个机构进行了合并。再后来，罗姆尼拒绝任命参议院共和党领袖布莱恩·P. 里斯（Brian P. Lees）到马萨诸塞州西部一个地区法院担任行政长官一职。"我想要改变马萨诸塞州这股任人唯亲的风气，应该任人唯贤，"罗姆尼解释说，"我认为政府的职能是为民办实事，而不是为少数人谋取私利。"[103]

但罗姆尼的用人制度也很灵活，也会雇佣有政治关系的人，比如安吉洛·R. 巴欧洛潘（Angelo R. Buono-pane），前共和党政府老手，罗姆尼与工人、意大利裔美国选民之间的重要纽带。2005 年 4 月，《波士顿环球报》报道其职位是个闲差、八天里每天的平均工作时间不足三小时，随后，巴欧洛潘辞去年薪达 10.8 万美元的州劳工主管一职。[104] 当州长的最后几个月，罗姆尼将两百多个忠实党员、州雇员和其他人士安排进了委员会，以填补空缺。其新闻主管埃里克·菲恩斯多姆被提名进入镇住房局兼职委员会，但后来《波士顿环球报》报道菲恩斯多姆是想借该任命获得州里大笔退休金。[105] 菲恩斯多姆因此辞职，并抗议对罗姆尼的"无根据政治攻击"。[106]

当州长的第二年，罗姆尼就不得不认清民主党州议会对他的提案拥有生杀大权。如果最开始他还不甚明白，那现在他已经痛苦认清。立法委员的阻碍让他感到沮丧，决定越过他们直接接触人民。

罗姆尼在 2004 年 1 月发表的州情咨文后来成为 2004 年选举中正面攻击民主党的提纲。在州情咨文中，罗姆尼不下十次地提到了"改革"，正式摆出了挑战之姿。[107] "非常简单，改革就是把人放在第一位，"罗姆尼说，"陌生人应该高于政治盟友、学生应该高于教师联盟、纳税人应该高于特殊利益群体。"[108] 这些观点可能很合理，但政治是危险的。过去，多名共和党州长想要取消一些议员席位，以建立自己的势力。但罗姆尼不同，他开始积极招募，五月候选名单揭晓时，共和党有 131 人参与竞选 200 个州议会席位，创下十年之最。[109] 就在这一年，深受拥戴的美国参议员约翰·F. 克里（John F. Kerry）对于赢得民主党总统提名并在 11 月当选信心满满。

罗姆尼个人参加了超过 40 位共和党候选人的竞选活动，在州里各处奔走，跑了差不多 70 趟。在罗姆尼的帮助下，马萨诸塞州共和党筹集了 300 万美元，并发出一连串直接邮件抨击民主党堂而皇之地支持向非法移民提供大学学费、在性侵法上表现宽容。共和党显得很强硬，某些时候甚至具有误导性，民主党愤怒了。[110] 后来罗姆尼进一步加码，支持一名候选人挑战强大民主党委员会主席一职。事先收到太多警告的民主党人早已做好战斗准备，但大多数共和党人却没有；众所周知，马萨诸塞州是民主党的大本营，共和党一向不占优势，许多有希望当选议员的共和党人并没做好登台亮相的准备。州里选举那天，克里轻松取胜，领先乔治 · W. 布什约 26 个点，帮了民主党大忙。"我们应该让十二门徒来参选。"一名与罗姆尼关系不错的马萨诸塞州共和党人说。[111]

对罗姆尼来说，这是列车事故般的一连串失败。共和党不仅未能新增席位，还在众议院净失两席、参议院净失一席。众议院 160 席仅占 21 席、参议院 40 席仅占 6 席，共和党在议会的席位跌至 1867 年以来的最低点。[112] 罗姆尼的推动可能还是保护了许多共和党议员，包括几年后赢得美国参议院选举的新星斯科特 · P. 布朗（Scott P. Brown）。但从总体看来，罗姆尼投入的巨额政治资金打了水漂。"他把他的个人名誉也押上了，"沉浸在胜利喜悦中的州民主党主席说，"但是他输了。"[113]

大败让罗姆尼下定决心，"从今以后，"他说道，"只有我自己，我自己。"[114] 在令人失望的选举结果公布后不久，罗姆尼的思想转变相当明显。他告诉《波士顿环球报》编辑部他绝对不会再花这么多时间来打造马萨诸塞州共和党了。"整个大环境变了，"罗伯特 · 特拉法利尼说，"他们开始把目光放到其他地方了。"[115]

早在 2004 年选举前，罗姆尼就开始提高他在全国的知名度。那年 9 月，他获准在纽约共和党全国代表大会的黄金时段发表讲话，像是见风使舵的风向标，他猛烈抨击了克里，成为总统乔治 · W. 布什竞选连任的州外代表。[116] 罗姆尼及其助手对于其长期打算的问题不予理会，但他 10 月到爱荷华州为布什站台时再次引起了这方面的讨论。[117] 实际上，罗姆尼已经为他的总统之路默默准备几个月了。[118] 2003 年夏天，罗姆尼当州长还不到六个月，他的密友罗伯特 · 怀特就和两名政治战略家迈克尔 · S. 墨菲、特伦特 · 维斯卡普（Trent Wisecup）以及一名顶级共和党律师本杰明 · 金斯伯格（Benjamin Ginsberg）在华盛顿召开了一次私人会议，商讨罗姆尼下一步的动向。就在金斯伯格位于乔治敦（Georgetown）附近的法律办公室里，以及稍后莫顿牛排馆（Morton's）

包厢的一餐饭上，让罗姆尼竞选总统的想法悄然萌芽。他们构思成立联合政治行动委员会来帮助罗姆尼建立团队、在全国巡回为共和党领袖们献金、助选、助力。罗姆尼的顾问创造性地组建了政治委员会，在六个关键州设立分会——包括一些对政治献金没有限制的州，以方便罗姆尼的巨富同僚们，特别是几个贝恩合伙人提供五位数、六位数的政治献金。政治行动委员会后来筹集了至少 880 万美元，少额发放了 130 万美元作为救济金，其中大部分是在总统初选关键州发放的。[119]

同时罗姆尼进入共和党州长协会（Republican Governors Association）领导层，并瞄准了 2006 年的主席之位。设计这一步是为了让罗姆尼增加曝光度、与共和党捐赠人接触并到其他州访问，结果显示这是步好棋。与此同时，罗姆尼在州府的工作人员开始收集其个人资料，包括 20 世纪 60 年代其在密歇根征兵局的记录，以应付媒体关于罗姆尼背景的问题。“我不知道我是否想参加竞选，我不知道将会发生什么，我也不知道对手会是谁，”罗姆尼在谈到早期准备时说道，“但是我知道我不想排除这种可能性。”[120] 据一名与罗姆尼走得比较近的共和党人说，这是罗伯特·班尼特的建议。罗伯特·班尼特当时是犹他州共和党参议员，其家族与罗姆尼家族是世交。班尼特告诉罗姆尼，在政治博弈中时机决定一切，如果想要竞选，现在就必须开始。[121]

罗姆尼为一场可能到来的竞选展开了热火朝天的准备，却在 2006 年 10 月引发了争议。[122]当时《波士顿环球报》报道其政治团队秘密接触摩门教领袖，就建立全国性摩门教支持者系统咨询其意见。电子邮件显示罗姆尼的政治操盘手、家庭成员和教会官员曾讨论利用杨百翰大学商学院在全国的校友分会建立一个基层政治组织。教会掌管下的杨百翰大学代表与罗姆尼的政治行动委员会也开始寻求知名摩门教友的帮助，包括罗姆尼自己推荐的著名作家，以制定被其顾问称为“共同价值与优先事项”（MVP）的计划。

电子邮件还显示杰弗里·R. 霍兰德（Jeffrey R. Holland），帮助管理全国教会的十二门徒之一，当时正为摩门教领袖们处理该提议，并于 2006 年 9 月 19 日在其位于盐湖城的教会办公室召开了相关会议，到场人士包括米特的第三个儿子乔希·罗姆尼、罗姆尼联合政治行动委员会顾问唐·斯特林（Don Stirling）、帮助罗姆尼进入冬奥会的朋友凯姆·加德纳。邮件还表明霍兰德，杨百翰大学前校长，提议通过杨百翰大学商学院的校友人际组织——杨百翰大学管理协会（BYU Management Society）来建立一个支持者基地，这样罗姆尼就能拥有一个成型的基础体系——那时该团体在约 40 个美国分会拥有 5500 名会员——来帮助筹集资金并提供政治支持。

罗姆尼团队低调处理了“共同价值与优先事项”计划，将问题归于过度热心的顾问和支持者，斯特林和加德纳受到责备。对于教会而言，风险是违反联邦法律禁止免税组织参加政治宣传的规定；对于罗姆尼而言，则是政治冒险。加德纳在《盐湖城论坛报》的采访中也承认，“我们知道米特不能利用教会，”他说，“没人希望那变成摩门教的总统竞选，那些福音团体会杀了我们。”[123]

渐渐地，罗姆尼离他的日常工作越来越远，几乎总在外面为他本人和共和党造势——2006 年年底的统计显示当年罗姆尼有两百多天都不在马萨诸塞州。[124]一直非常低调的马萨诸塞州第一夫人安·罗姆尼也开始加紧在全国性竞选活动中频频亮相，以帮助罗姆尼塑造模范丈夫和父亲的形象，这点是共和党总统初选中罗姆尼的其他几名对手比不上的。自始至终，罗姆尼都把更多精力放在准备可能的总统竞选上，而非筹资和与党的高层拉关系。事实上，罗姆尼在某些州的知名度较低，如果不能在那些州赢得初选，那么他钱再多、与党高层关系再好都没有用。为了打造新的政治形象，罗姆尼又回到过去那套谨慎、系统、行之有效的策略上。

2004 年 11 月 9 日，即增加共和党席位计划失败后一周，米特·罗姆尼及两名助手在其州府办公室会见了哈佛大学著名干细胞研究员道格拉斯·A. 米尔顿（Douglas A. Melton）。[125]后来罗姆尼回忆说米尔顿冷静解释了其工作对于人类胚胎克隆的依赖性。他说：“你不需要把干细胞研究提升到道德层面，因为我们 14 天后就会销毁那些胚胎。”后来米尔顿强烈否认了罗姆尼关于那次见面的描述，“我们并没有讨论销毁干细胞以及任何相关的事情，”米尔顿说，“我只是向他解释了我的工作，告诉他我对生命充满尊重，我的工作是为了改善那些衰竭性疾病患者的生活。”

但对罗姆尼而言，那是开创性的一天，按照他的说法，是让他对“生命”问题觉醒的一天。从此他对此类问题的看法发生了巨大转变，与其先前整个政治生涯截然不同。在罗姆尼关于其重生为社会保守主义者的正式说明中，与米尔顿的见面被描述成一个创世故事。2005 年 2 月 10 日，那次见面后三个月，罗姆尼在《纽约时报》的采访中强烈地反对克隆技术，认为其越过了“伦理界限”。[126]他发誓要推动立法来宣判这项工作有罪。罗姆尼的反对震惊了科学家、立法委员和评论员，因为他过去是支持胚胎干细胞研究的，至少大体上支持。六个月前，他的妻子安还曾公开表示希望干细胞可以治疗她的多发性硬化症。

一些科学家认为他可能根本不了解干细胞研究，所以他们与罗姆尼的办公室副主任彼特·弗莱厄蒂（Peter Flaherty）开了一次会，会上弗莱厄蒂明确表示他们非常了解这个问题。[127]一同参会的伦纳德·佐恩（Leonard Zon），波士顿儿童医院干细胞科学家，后来说道："我感觉他们已经认真思考过了，他那样做要么是因为他确实相信，要么是因为政治。"很多批评家指责这是罗姆尼在政治上的权宜之计，"有证据显示他非常关心国家议程，"不顾罗姆尼反对主导通过干细胞法案的罗伯特·特拉法利尼曾表示。[128]

罗姆尼否认这种改变是出于政治原因。"很多人明明强烈反对堕胎却始终纠结不敢站出来，'让别人来做决定吧'，我之前也是这样，但我现在改变主意了，"罗姆尼说，"如果你认为'你是一个正直的人，就不应该让别人来做决定。'"[129]

"是的，每个人都可以有自己的想法，"罗姆尼继续说，"我认为有些人是从信仰、宗教角度来看待生命起源问题的，他们会问'灵魂什么时候会进入人的身体？'但一个世俗的领导人不应该从这个角度来看问题。站在科学角度上，我不知道灵魂什么时候会进入身体，这不是我想要费力研究的问题。"罗姆尼说向科学家们了解克隆过程后他得出了他的道德答案。"克隆时，当你们把男性的皮肤细胞或皮肤细胞核放到女性的卵子中去时，那一刻，你们是在创造生命吗？"罗姆尼回忆曾经这样问道。"然后他们说，'毫无疑问，那就是生命。当你把两者放到一起，你就是在创造生命'。这就是所有我想知道的关于人类生命开始的定义。"

罗姆尼表示进行了潜心思索，也敏锐地知道他的新观点具有何种政治意义。在保守派间巡回演讲时，罗姆尼好好利用了哈佛大学一把，并在一封筹款信里把自己猛夸了一番，以表彰他个人在其所谓的"人类克隆"问题上与自由派的英勇斗争。[130]

2005 年 7 月，通过《波士顿环球报》的专栏，读者对罗姆尼的转变有了更为清晰的认识。他在专栏中谈到流产，表示"当州长后觉悟提高了"。[131]罗姆尼开始自称为"坚决反对堕胎者"。在此基础上，他甚至专门从新罕布什尔州的度假屋返回，以否决要求在马萨诸塞州销售非处方类紧急避孕药、要求医院向强奸受害者提供紧急避孕药的提案。提案支持者注意到这种药属于避孕品一类[132]，可以终止排卵、授精、受精卵植入子宫壁，但对已稳定植入的受精卵没有影响，然而罗姆尼认为这也算是"堕胎药"[133]。罗姆尼的否决最终被议会撤销，也让罗姆尼遭到了生殖权提倡者的谴责，因为仅仅在三年前罗姆尼在回答他们的调查问卷时还表示支持增加紧急避孕方式。2006 年，罗姆尼的助手告诉全国政治媒体：如果罗姆尼是南达科他州（South Dakota）的州长，他会签署那份有争议的反堕胎法案，禁止包括强奸和乱伦在内的堕胎，并在其他法律中批准这些例外情况。[134]

在州长任期内，罗姆尼发生了一系列转变——有时甚至与过去的观点截然相反，有时则是重大改变——主要集中在与堕胎和生命形成无关的问题上。他的这种全面调整让人们确信他的野心绝不仅限于马萨诸塞州。这与他做推销员的天赋有一定关系，“他极易改变自己的立场，且愿意兴致勃勃地去谈论它们，”一名前顾问说，“很多候选人则做不到。”[135]在表示反对禁欲型性教育后，罗姆尼在 12 岁至 14 岁的青少年身上实施了这种教育（主要集中在西班牙人和黑人社区）；[136]他反对马萨诸塞州帮助起草的一份多州联合减少温室气体计划——但之前曾声援过该计划；[137]最引人注目的可能是他全新的同性恋权利论调，让之前十年里相信他论调的人感到了深深的背叛。

2003 年 11 月 18 日的一个裁决如同晴天霹雳，震惊全国。马萨诸塞州最高法院，这个美国历史最悠久的上诉法院在终审裁决中宣布同性恋婚姻合法，使马萨诸塞州成为第一个将同性恋婚姻合法化的州。突然，马萨诸塞州被推到了这一重大民权事件的风口浪尖上，其州长，正在考虑参加全国大选的米特·罗姆尼坐不住了。

1994 年，罗姆尼承诺要在争取同性恋“完全平等”方面比特德·肯尼迪走得更远。关于同性婚姻，虽然从不支持，但 1994 年他也并没排除其可能性，且曾表示应由州里自行决定，还批评共和党“极端分子”将自己的意见强加给了别人。[138]“正直的人不会把自己的信仰强加于人，”那时罗姆尼说道，“他们允许别人遵循不同的信仰生活。”然而现在，自己州上的裁决引起巨大争议，搞得社会保守派们在全国上下鸣钟示警。于是罗姆尼作出一个重大决定：他要领导一场反同性恋结婚运动。

罗姆尼斥责那些“激进主义法官”，指责他们企图依靠法令来重造美国社会，并宣称马萨诸塞州司法部作出那种标志性裁决是为了宣扬他们及“他们社区里同道中人”的自由价值观。[139]这可能是在嘲笑哈佛大学所在地坎布里奇与首席法官玛格丽特·H. 马歇尔（Margaret H. Marshall）。他要求国会通过联邦同性恋结婚禁令，并就州禁令提案积极游说马萨诸塞州立法委员。[140]议会拒绝就此事举行投票后，罗姆尼还作秀向议员们印发州宪法。在一个全国播出的波士顿教会反同性恋结婚集会上，罗姆尼告诫人们警惕“宗教与教育分离派”的威胁。[141]

罗姆尼在全国巡回，四处嘲笑那个他生活了三十多年的州，讲述那里的情况时总带着嘲讽。“有些真的在准备生小孩。”2005 年 2 月罗姆尼在对南卡罗来纳州（South Carolina）共和党人的全国电视讲话中谈到同性夫妇时说。[142]罗姆尼有次还指责马萨诸塞州已变成“东部的旧金山”。（旧金山以同性恋和嬉皮士闻名，尤其是上世纪六七十年代，同性恋很多。马萨诸塞州位于美国东部，罗姆尼将其比喻为东部的旧金山，是讽刺马萨诸塞州同性恋多。——译者注）[143]他表示同性恋婚姻合法化是马萨诸塞州的一个污点，如果不制止，将蔓延到全国。但罗姆尼并没有就此打住，他试图修改马萨诸塞州反歧视法，让天主教收养机构拒绝同性恋夫妇的收养要求；[144]不再提倡同性恋在军队“公开”服役[145]。州长青年同性恋委员会（Governor’s Commission on Gay and Lesbian Youth）是资助同性恋青少年及其学校的机构，罗姆尼感到不安，后将其撤销。[146]这本是威廉·威尔德 10 年前为处理青少年自杀研究问题设立的开创性机构，罗姆尼也曾在 1994 年表示过关心。“他给了这个全国独一无二的项目致命打击。”协助威尔德创立该委员会并在 2000 年前担任主席的大卫·拉方丹恩（David LaFontaine）表示。[147]

罗姆尼的所有这些举动都在向共和党选民暗示紧要关头会和他们站在一起。他在离任后不久的一次保守派会议上说：“我站在战场的中心，[148]在每一个重大社会问题上，我一直竭力维护我们的传统价值观。”在面对观点反复这个问题上，罗姆尼总表示：不要在乎我过去说了什么，看看我当州长后干了什么。“我知道有人喜欢揭老底，然后说‘看看你 1994 年讲了些什么。’”罗姆尼说道，“我说，‘我当了四年州长，看看我当州长时做了什么，看看我当州长后都延续了什么。’”[149]罗姆尼还暗示在同性恋问题上，并非他变了，而是他的观众变了。“有人会说‘是的，但看看你 1994 年给木屋俱乐部（Log Cabin Club）写了些什么。’”罗姆尼说，“好吧，那我们看看那是给谁写的吧。”

2005 年 12 月罗姆尼宣布不竞选连任，没人感到惊讶，都觉得意料之中。几个月后，罗姆尼与其他马萨诸塞州政治领袖聚到一起参加波士顿著名的圣帕特里克节（St. Patrick’s Day）早餐会，据说那天他遭到了很多挖苦。一年一度的早餐会通常会有很多讥讽挖苦，但那天早上萨尔瓦托·迪马西来了点特别的。

这名经常与罗姆尼发生冲突的自由派众议院议长给罗姆尼颁了一堆山寨奖，其中包括一尊奥斯卡小金人，“这个奖用于表彰你在扮演马萨诸塞州州长一角中表现出的伟大演技。”迪马西面无表情地说道。[150]然后他给了罗姆尼一张小纸条，“这上面记录了你作为州长取得的所有成就”，并解释说州长没领过工资。“我想这就是人们常说的，”迪马西说道，“一分钱，一分货。”迪马西表现得非常刻薄，但罗姆尼坐在那里，令人钦佩地接受了一切。轮到他上场时，他也表现得非常有风度。

抛开他们的政治斗争不说，迪马西的尖刻言语确实贴切地反映了马萨诸塞州许多人对于州长常年在外的不满。罗姆尼针对总统竞选的重新包装也引起了广泛回响，反映普遍消极。他在一些问题上的180度大转弯，让与之有切身利害关系的群体感到愤怒；也有人认为罗姆尼的总统野心使他无法作出对马萨诸塞州最有利的判断。“他在当州长初期就盯上了联邦职位，我认为这反而影响了他的州长表现，也影响了共和党的整体运气。”马萨诸塞州参议院前共和党少数派领袖理查德·R. 迪西（Richard R. Tisei）表示。[151] 后来理查德·R. 迪西因为在2008年总统竞选中支持罗姆尼的对手而与许多共和党议员同事闹僵。

罗姆尼严重脱离马萨诸塞州，让许多选民、州立法委员、政治改革者、环境保护论者、企业领导、前同性恋支持者以及无数其他人对他不仅仅是失望、沮丧、愤怒，还有一种愁闷，一种对他那未实现的选举承诺的哀悼。罗姆尼自己的高目标以及他显著的高能力最终只是让情况变得更糟。“他当上州长时，我非常激动。他是非意识形态者，独立分析每个问题，且不会敷衍搪塞。我一直以为他会为马萨诸塞州政坛带来一股清风，”一名民主党立法委员说，但是“这阵风来得快、去得也快。”罗姆尼任期结束时，《波士顿环球报》联合进行的民意调查显示，大多数选民均对他不满。[152] 后来其副州长凯瑞·希莉竞选2006年州长时也尽量与他保持距离（后竞选失败）。

当公众对他总统野心的不满日渐高涨时，罗姆尼开始竭力安抚。这让信奉自由主义的马萨诸塞州难以理解，毕竟这个州对共和党总统候选人来说不重要。就当许多人以为罗姆尼会完全退出时，罗姆尼选择了完全加入，表现出高度的奉献精神和专注力，连周围的人都觉得惊讶。罗姆尼急切地想在离任前取得些许标志性成就，于是开始着手处理一个棘手的问题，一个许多人努力过却都失败的问题。这个问题他在脑子里面想了很多年，之前没有一个州能够完全处理好。然而现在，罗姆尼决定：马萨诸塞州的每个公民都应该有医疗保险。他找到了自己的解决方法。

医疗改革者

划时代的伟大成就。

——米特·罗姆尼的医疗计划

2008年10月一个阳光灿烂的午后，米特和安·罗姆尼回到马萨诸塞州州政府去见一位肖像艺术家理查德·惠特尼（Richard Whitney）。[1]他们一起走到三楼罗姆尼曾经的办公室，那里视野宽阔，透过窗户可以看到波士顿公园（Boston Common）和繁华的市中心。继任州长民主党人德瓦尔·帕特里克（Deval Patrick）安排他们用这间办公室拍照。惠特尼需要拍几张照片来完成罗姆尼的标准画像，这是每位州长应该享受的待遇。

罗姆尼清楚地知道他要留给后人的形象是什么，那就是蓝西装、白衬衫加条纹领带（商人的标准着装），坐在办公桌前，身后挂着美国国旗，旁边是他一生最在乎的两样东西。一个是他妻子的照片（他一直将妻子视为自己个人世界的中心），另一个是马萨诸塞州医疗法—— 一份封面凸印金色蛇杖标志（医疗行业的象征）的正式文件。这项法律让罗姆尼深感自豪，并强烈认为应放在肖像画的显著位置，与从殖民时代起的所有州长肖像画挂到一起。惠特尼说："这个标志出现在画面当中很重要，他想要人们一看到这个标志，就想起他。"

罗姆尼破天荒地将其医疗改革方案制定成法律，并希望以此增加其总统候选人的分量。除他以外，共和党内还从来没有第二个人敢以这么大的胆量，处理如此棘手的问题，更别提真正做到了。但事情没那么简单，保守派和竞选对手对其医保法条款、范围及效果的无情攻击接踵而至——由于总统巴拉克·奥巴马2010年所签署的国家全民医疗保险法出现了两极分化，他们指责这项改革方案会成为这部医疗保险法的翻版。

从这部马萨诸塞州法律的构思、编写、商议及通过过程我们可以看到罗姆尼复杂多样的个性：超凡的能力、绝不妥协的精神和灵活的思维。他愿意用创造力和自信挑战常规，有发现并解决问题的天赋且有勇气忽视某些政治风险。但是，虽然一方面罗姆尼以旁观者的思维模式为一个旧的难题注入了新的活力；但另一方面，由于他厌恶政治领域的基本游戏规则——拉帮结派、编织关系网、行贿受贿，这反而使协商过程从本质上变得复杂起来。最终，我们可以看到，他对自己的政治抱负倾注了更多热情，而对于党派之间的妥协显得漠不关心。事实证明，他对更高职位的渴望，既是一种动力，也是一种桎梏，这使得他急于求成，但对如何讨好全国的共和党人的问题却置之不顾。

无论从罗姆尼的政治前途考虑，还是从长期以来将医疗作为主要产业的马萨诸塞州的利益出发，一个州要推动全民医疗保险事业，而且是在右翼势力的领导下，都是一种异想天开的事情，也是一场高风险的赌博。全国都在看，还没有其他州搞过这么彻底的医疗改革，也没有任何领导人这般积极地去推动过。这一切都源于他与老友的一场谈话。

自从贝恩资本在办公用品零售商史泰博发展初期向其注资以来，他们就一直是好友。从罗姆尼进入史泰博董事会算起，史泰博创始人托马斯·斯坦伯格（Thomas Stemberg，昵称汤姆）与其共事已长达约16年。罗姆尼向来以谨慎著称，斯坦伯格称其为“怀疑主义者”[2]。长久以来，罗姆尼习惯推动、督促并鼓励提问，直到一项决定的所有风险（如果没有消除）被大家全部了解。在史泰博的董事会会议室里，罗姆尼经常问：“这样做合理吗？”“我们确信这样做有效吗？”

现在罗姆尼当上马萨诸塞州州长，该是斯坦伯格从旁指导了，于是他加入了罗姆尼的过渡小组。在一次讨论罗姆尼新任期目标的非正式会议上，斯坦伯格决定激励老朋友要大胆些。“我们谈了很多事，”斯坦伯格回忆说，“我说，‘米特，如果你真的想为马萨诸塞州民众办件实事，你应该想办法让他们都能享受医保。’”现在的医疗体制行不通，斯坦伯格继续说：“非常多的人跑到急诊室看病，花费是去医务室的三倍、四倍、五倍。”这样不好，斯坦伯格告诉罗姆尼，这是在让别人承担他们的医疗费。

全民医保能否行得通，罗姆尼也不确定。“那让我感到震惊，坦白说，汤姆提出那个建议时，我认为那是不可能的，”罗姆尼说道，“全民医保意味着大量增税，我没有接受汤姆的提议。”[3] 罗姆尼还有其他事情需要担心，主要是迫在眉睫的州预算危机。州长竞选期间，罗姆尼大概作出了 93 项承诺，全民医保并不在其中。“你能找到解决办法的。”[4] 斯坦伯格告诉罗姆尼。

这种情况在罗姆尼一生中经常出现。面对巨大挑战——竞选参议员、接手奥运会、竞选州长，在刚开始，他总持怀疑态度或者完全不赞成。然后经过一段时间的思考，在确信数据可能有用后，他会转而接受。在医疗问题上，他也是如此。几个月后，罗姆尼开始想：也许斯坦伯格是对的，可能时机到了。“我必须承认，我们的谈话让我顿悟，‘我们已经在为没有医保的人群支付医疗费了。’”他后来说，“这些人获得治疗，他们也在享受医疗。州里承担了这部分费用——有人为这些人买单。如果我们回到源头帮助人们购买保险，那这些费用将会减少。”

罗姆尼当州长的前两年，其助手围绕复杂的医疗问题悄然行动，筛选数据、评估专家意见、进行理论测试，他们希望能制定出覆盖全民但不会让银行破产的医保方案。为此，他们还首次引入了一些概念。在很长一段时间，斯坦伯格都没有这位州长朋友的消息。“于是我知道他正在努力工作，真正去做这件事，”斯坦伯格说，“他打来电话说是我给了他这个想法。”[5]

在其州长生涯的一个低潮时期，罗姆尼首次将医保方案推到了台前。就在他亲手挑选的共和党议员候选人在 2004 年选举中饮恨的几周后，罗姆尼令人意外地发出了两党合作的呼吁。在《波士顿环球报》的专栏中，罗姆尼指出之前其办公室与民主党议员合作取得了很多成就。他写道：“让我们两党再度合作，以同样方式解决医疗问题吧。”[6] 最初，人们的反应是摇摆不定，半信半疑。当时，州代表克里斯汀 · E. 卡纳文（Christine E. Canavan）说道：“这届政府一直喜欢独立行事，不愿与人合作，我刚参加完一场竞选，我的对手一直想把我赶走。”[7]

然而就在两天内，罗姆尼收到了意想不到的积极回应。特德 · 肯尼迪，这个曾在罗姆尼十年前初涉政坛时给予他沉重打击的“自由之狮”发出了强有力的鼓励。作为全民医保的重要支持者之一，肯尼迪在罗姆尼的策略中看到了希望。“我们（在华盛顿）已经基本陷入僵局了，不得不让各州来想办法。”肯尼迪说。[8] 在刊登专栏前，罗姆尼已经提前将它发给了肯尼迪。[9]

罗姆尼的方案还未完全成型，但他清楚哪些事情该做，哪些事情不该做。罗姆尼卫生与公共事业部的一等秘书罗纳德 · 普雷斯顿（Ronald Preston）在一份 29 页的研究报告中指出，可以实现基本的全民医保，但每年花费将超过

20 亿美元，这需要扩大医疗补助，并强制要求个人和企业都购买医保。[10] 罗姆尼读后认为企业强制参保令和扩大医疗补助是无法实现的，同时也成本太高，无法保证。但罗姆尼团队内越来越多的人认为必须作出决断。美国卫生与公共事业部（Department of Health and Human Services）开始发出不好的信号，说马萨诸塞州每年收到的用于扩大在岗穷人参保范围的 3.85 亿美元医疗救助金出现了很大的麻烦。这占到该州医疗补助的 5% 以上，没有这笔钱，享受医保的人将减少，而不是增多。情况非常紧急。当时的州卫生专员克里斯汀·弗格森（Christine Ferguson）说道："这造成了真正的损害，原本的计划必须改变。"[11]

于是他们去找罗姆尼信任的、能激发灵感的源泉之一：数据。分析表明州里不缺资金，这结果让人震惊。[12] 在估计没有医保的 46 万名马萨诸塞州居民中，有超过 1/3 的人可以支付基本保费。还有很多没享受医疗补助的人其实符合要求，可以纳入当前的州医疗补助计划，由联邦政府来分摊费用。剩下 3.6 万名暂时失业者和约 15 万名处于医保中间地带的工人——收入高于医疗补助线、低于商业保险线，这些群体需要医保补助，全民医保方案变成解决医保补助问题。从这方面看，这个数字不小，但也不是天文数字。突然，问题似乎找到了突破口。

首要任务是制定方案，让有能力支付保费的未参保人群去购买保险。于是罗姆尼找到了乔纳森·格鲁伯（Jonathan Gruber），麻省理工学院经济学教授、民主党重要医疗顾问。格鲁伯有一个专门用来预测个人和公司对医疗系统改革反应的计算模型。[13] 结果显示，格鲁伯说，让个人参保"具有极其重要的意义"。[14] 这激起了罗姆尼的兴趣，因为他信奉个人责任原则。如果能够说服更年轻、更健康的人群加入该系统，保费将降至大部分人能接受的合理价格。"罗姆尼就像一个工程师，"格鲁伯回忆道，"'现在我们的解决方案在经济上行得通，这不是很棒吗？'他不想出错，要干，就要干好。"

然而，尽管罗姆尼的政治顾问并不热心支持他接受这样一个没有成功把握的巨大挑战，但他还是冒险进入了那片向来由民主党人主宰的政策领域。虽然罗姆尼的方法在很多方面具有根本性的不同，但一位亲密助手私下叫他"杜卡吉斯第二"（指 1988 年在逐步实施基本全民医保方案上失败的州长迈克尔·S. 杜卡吉斯，Michael S. Dukakis）。格鲁伯说："他们提出了现实政治论的观点，其理论依据就是，'共和党不会那么做'。"[15] 但是罗姆尼向反对派发起了挑战。"不，这是件正确的事情，我们应该去做。"格鲁伯补充说。

2005 年晚春时节，就在与格鲁伯开会后不久，罗姆尼将一帮高级政策和政治顾问召集到他的州府三楼办公室旁的会议室。当时罗姆尼的团队正在进行医改提案的最终定案，罗姆尼也准备近期提交州议会。那是一场关键的会议，罗姆尼以他首席执行官的惯有风格主持了一场自由辩论，以明确他们大胆提案的优势和劣势。会上讨论了一个将从多方面决定该计划以及罗姆尼各种政治抱负的关键问题：是要求收入丰厚的成年人购买基本医疗险还是罚他们款？“我们讨论了人们需要为其医疗负责的问题。”州医疗政策主管艾米·里斯奇可（Amy Lischko）说。[16] 罗姆尼被引到那个基本道德原则上来。“会议室里的每个人都很清楚这是一个新方法，”罗姆尼医改核心人员提摩西·R. 墨菲（昵称蒂姆，Timothy R. Murphy）回忆说，“米特在全国声名鹊起，我认为这肯定会有影响，但我们中的很多人都没想到这会引起一场全国大讨论。”[17] 相反，他们集中精力寻找既对马萨诸塞州有效，又符合罗姆尼要求与理念的方案。“我们认为个人责任感与州长的主张一致。”墨菲说。

如果说罗姆尼的政策团队都赞成了这个方案，但他的政治智囊团仍然持怀疑态度。认为该决策的风险太高。2005 年中，罗姆尼政府内部已经预计他不会寻求连任，会转而寻求 2008 年共和党总统提名。积极推动医改会让民众认为罗姆尼在从事左派事业——即使个人强制参保概念具有深远的保守派和共和党渊源。20 世纪 90 年代初，保守派智囊团传统基金会（Heritage Foundation）支持该想法，同时一些共和党人在辩论中建议用该想法替代当时第一夫人希拉里·罗德姆·克林顿（Hillary Rodham Clinton）已成败局的全国医改方案。[18] 前罗德岛州参议员约翰·查菲是最早支持个人强制参保的共和党人之一，罗姆尼在与肯尼迪的竞选战中也曾声援过。[19]

尽管罗姆尼的一些助手存在担心，但在那场晚春时节召开的会议上，罗姆尼的小圈子里并没有人明确反对强制参保。罗姆尼本人倾向于支持，但并没准备好去实施。此外，他在寻找一个能引起关注的好时机，伺机推出该方案，于是时机来了。罗姆尼将于 2005 年 6 月 21 日在约翰·F. 肯尼迪总统图书馆（John F. Kennedy Presidential Library）举行的医疗峰会上发表重要讲话。对于是否采用个人强制参保的方案，罗姆尼始终守口如瓶，就像他的大多数决定一样，时机没成熟时，绝不会漏出半点口风。

医疗峰会前 12 天，安德鲁·德雷福斯（Andrew Dreyfus），当时的马萨诸塞州蓝十字蓝盾基金会（Blue Cross Blue Shield of Massachusetts Foundation）主席正在忙着探听各类改革计划所需支持者的口风。他来到墨菲的办公室，介绍说正在制作一张图表，需要在不同人群（包括罗姆尼和议员）支持的各个医改项目旁边做标记。当看到个人强制参保字样时，墨菲拒绝了。峰会前一天，德雷福斯给墨菲打电话，再次表达他希望能把图表空格填满的意愿。“能谈谈对个人的要求吗？”[20]德雷福斯问道。“电话里沉默了好一会儿，”墨菲说，“我的意思是，应该让州长先说。”墨菲告诉德雷福斯。

罗姆尼发表讲话，首次公开支持个人强制参保。他后来告诉记者：“如果有人说‘我有钱也不会买医保’，好吧，只要你愿意，我们将不再给他们提供免费医疗。”[21]他将其称为“终极保守观点”，告诉人们：“如果你能照顾自己，就不要指望政府照顾你。”各方反响不一，预示了未来几年人们的普遍反应，很多人为州长的勇气欢呼，却也对强制个人参保方案持怀疑态度。这是一大步，大大超过了罗姆尼预料。这也是一个大胆的想法，首次让州政府和相关行业的激烈讨论持续了几个月。医生、议员、保险公司、研究员、企业团体和提倡者——几乎马萨诸塞州大医疗产业复合体的所有群体都会受到影响。罗姆尼强有力地掀起了一股波澜。每个人，从乡镇家庭医生到华盛顿特区的共和党舆论领袖都在焦急等待这场试验的结果。

最吸引眼球的是个人强制参保方案，但罗姆尼和其团队还在这份方案中融入了很多其他新的元素。他们提议用州里的濒危医疗救助金和给医院的大部分“免费医疗金”来为贫穷员工新设一个补贴保险计划。蒂姆·S. 墨菲在与传统基金会的官员们开完会后“灵光乍现”[22]，根据他们所谓的交换概念提出为小公司和个人提供一站式商业医疗保险。其目的是创建一个由消费者选择引导的医疗市场，这也是长久以来保守派在医疗问题上的基本原则。这后来也被证明是奥巴马全国医保方案的前身。

如果全民医保问题将由某个州来解决的话，那马萨诸塞州可能是拥有最佳机会的州。罗姆尼的数据评审显示马萨诸塞州未参保居民的百分比在全国属于最低等级，因为州里的企业参保率高于全国平均水平。[23]同时，马萨诸塞州也是全国为数不多拥有大笔资金的州，可用于支付未参保人群的住院费和医疗中心费。[24]另外，马萨诸塞州禁止保险公司因为人体健康记录而拒绝参保或提高保费，该做法在全国也并不多见。[25]马萨诸塞州民众对于这种制度还拥有很深的印象。许多当地医疗群体都曾有过类似经历，并了解相关可能性和缺陷。保险公司、主要医疗机构和企业联盟执行层中有部分人员参加过扩大参保人群计划，然而当时大环境不好，计划终告失败。但罗姆尼 2003 年上任时，大环境已经发生了变化，这与上届共和党政府积极控制医疗补助费用的举措是分不开的。[26]

罗姆尼团队筹备该方案的同时，企业领导们展开了另一场行动。带头的是州里最大保险公司马萨诸塞州蓝十字蓝盾保险公司（Blue Cross Blue Shield of Massachusetts）以及联盟医疗体系（Partners HealthCare）的最高层官员。[27]联盟医疗体系是一个医疗机构供应商网络，拥有九家医院（包括两家全球最好的医院），约 5500 名医生，或换句话说，马萨诸塞州约 1/5 的执业医生。蓝十字蓝盾的首席执行官威廉 · C. 范 · 法斯森（William C. Van Faasen）与联盟医疗体系主席小约翰 · 康纳斯（昵称杰克，John “Jack” Connors）联手支持扩大医保覆盖人群，但他们的动机并非完全无私，他们希望借此换得州里大幅度提高长期落后的利率。州里按照长期落后的利率向接诊医疗补助患者的医院提供报销，是医院的一个主要收入来源。

借鉴杜卡吉斯 20 世纪 80 年代改革行动的失败经验，联盟医疗体系与蓝十字蓝盾保险公司决定在马萨诸塞州商界建立统一战线。于是范 · 法斯森和康纳斯，这对广告执行官加民间商业领袖的组合提议民主党长期政治活动家约翰 · 萨索（John Sasso）来操纵州府的这项改革。萨索曾担任杜卡吉斯的首席政治战略家，与民主党关系深厚，成功解决过很多大事、难事。同时萨索在全国都较有名气，深受很多民主党要员信赖，行事一贯谨慎。但萨索也面临阻碍：他并不认识罗姆尼，在罗姆尼的小圈子里也没有熟人。[28]康纳斯提议找约瑟夫 · J. 奥唐纳，这个地区无可争议的运动和娱乐场所特许经营公司大佬，如同康纳斯，奥唐纳几乎认识所有人，也是罗姆尼的超级仰慕者，是同住贝尔蒙特的朋友和邻居。

奥唐纳告诫萨索说罗姆尼对他心怀不满：萨索曾在罗姆尼 1994 年与特德 · 肯尼迪的参议院竞选战中参与攻击过罗姆尼。[29] 1994 年选举结束后，罗姆尼曾在《环球》专栏中写道“我必须承认他们工作一流。约翰 · 萨索，特德的首席竞选战略家，从 1988 年杜卡吉斯败给李 · 艾特沃特（Lee Atwater）的竞选中学到不少。”[30] 奥唐纳撮合大家见面。三人坐下后，他向罗姆尼表达了对萨索的信任。[31]起初气氛有点尴尬、紧张，但很快他们就把过去的恩怨抛到了一边。“我们是在谈政策，而不是政治，”罗姆尼说，“（萨索）说，‘看看，我的客户们认为我们可以合作。’”[32]

如果说萨索与罗姆尼的结盟令人意外，那么他与肯尼迪的合作同样出人意料。这两名曾经的对手在 1994 年的参议院竞选中曾大打医疗战，但从那以后，他们互动得不错，比如肯尼迪支持贝尔蒙特的摩门教堂修建尖塔、两人共同要求延迟关闭州里的军事基地。现在罗姆尼和肯尼迪再次联手争取挽回联邦医疗救助金中可能取消的 3.85 亿美元，这是进一步医疗改革的关键。罗姆尼和肯尼迪找到当时的美国卫生与公共事业部部长汤米·G. 汤普森（Tommy G. Thompson），希望能获得联邦政府的支持。2005 年 1 月 14 日，汤普森在乔治·W. 布什政府工作的后期，罗姆尼、肯尼迪及其助手到华盛顿休伯特·H. 汉弗莱大楼（Hubert H. Humphrey Building）与汤普森及其工作人员谈了约两个小时，最终达成一致。[33]“我从来没有百分之百的把握说（汤普森）最后会签字。”肯尼迪后来说。[34]他们商讨细节时，楼上不时传来汤普森退休派对的声音。“一直有人下来说，‘所有人都到了，在等你，’”肯尼迪首席医疗助手斯泰西·B. 萨克斯（Stacey B. Sachs）说，“接下来我们都去参加派对了。”[35]罗姆尼和肯尼迪“在台上很奔放，那对出人意料的组合说个没完没了。”萨克斯说。这是他们自 1994 年竞选辩论后首次同台。

肯尼迪对马萨诸塞州医疗法的支持后来成为罗姆尼保守派政治对手讨论的话题，罗姆尼需要在审视的目光下思索如何谈论肯尼迪所扮演的角色。但大部分罗姆尼的批评者夸大了肯尼迪的功劳，有人甚至表示这项法律能够通过是两人“交易”的结果。然而，并没有什么交易。肯尼迪和他的工作人员都没有直接参与提案编写。[36]但肯尼迪确实起了重要作用，有些民主党人处处提防，怕被说与共和党州长合作，肯尼迪就成了他们打掩护的好借口。他还帮助说服参议院议长罗伯特·特拉法利尼和众议院议长萨尔瓦托·迪马西化解提案版本僵局问题。肯尼迪在确信罗姆尼确实想扩大医保人群后，作出了支持罗姆尼的“战略性决定”。萨克斯说：“每个人都以为肯尼迪会抓狂，但他说‘这看起来不错，如果他真的想做，那我们就跟他一块儿做。’有人想要反对，因为这是罗姆尼的提案，但肯尼迪出手相助后，他们都闭嘴了。”

迪马西和特拉法利尼都是攻坚克难的高手，他们分别是各自议院的首位意大利裔领袖。他们都生活在紧凑的波士顿社区，中间隔着城市内港；他们都是精明的民主党立法员，花了多年时间仔细研究州议会的奥秘与游戏规则。但参议院议长与众议院议长这对好友却在医改问题上看法不一。两人之间争论不休，愈演愈烈，大有全面失控、不可收拾的架势。罗姆尼担心其所有的努力毁于一旦，变得焦急起来。

虽然罗姆尼在推动医疗辩论，但他很清楚自己什么都做不了，他需要参议院和众议院的支持。他也知道参众两院都想因这份划时代的提案留名青史。虽然两院的版本有一些共同点，但在州推行全民医保的范围与方式上却存在着关键分歧。比如迪马西坚持在所有方案中对不购买保险的企业征收薪资税，许多自由派运动家也赞同这个观点，但特拉法利尼反对。初期特拉法利尼倾向于缩小提案范围，“一切并不顺利，”罗姆尼说，“确实遇到很多困难。”[37]

罗姆尼知道自己不是那种在决策者中间游说或替别人牵线搭桥的人。与其共和党前任不同，罗姆尼从来不喜欢与民主党议员拉关系。深知这次的事至关重要，罗姆尼明智地把大部分撮合游说交给了别人。“罗姆尼知道他越少露面，越能帮助提案尽快通过。”积极参与商议的企业领导阿兰·G. 麦克唐纳德（Alan G. Macdonald）说。[38]但眼看商议进展缓慢，议会仍僵持不下，罗姆尼越来越担心事情会泡汤。2005 年 12 月初，肯尼迪参加公开辩论，表示不认可参众两院任一版本的提案，但如果总体协议里有罗姆尼提出的“个人强制参保”，他将明确支持。[39]“我过去从来不赞同个人强制参保，但我确实认为这次提出的个人参保方式以及要求人人负责的做法，是一种折衷方案，”肯尼迪说，“我愿意加入。”然而，特拉法利尼和迪马西的僵局仍然没有打破，马萨诸塞州错过了将方案提交华盛顿的截止时间：2006 年 1 月 15 日。[40] 12 天后的星期五，谈判失败。第二天，蒂姆·S. 墨菲出门购物时，他黑莓手机上收到一封罗姆尼私人账号发来的电子邮件。罗姆尼想给迪马西和特拉法利尼发私人邮件，以让整件事重回正轨。“飞机在盘旋，”墨菲引用罗姆尼的话说，“我们得让它着陆。”[41]

星期天，从未如此积极推进过一项提案的罗姆尼采取了不同寻常的一招：到议员领袖家中去。迪马西不在家，罗姆尼在他门上留了封信。特拉法利尼在家，穿着运动服和拖鞋。罗姆尼进门后开始劝说特拉法利尼，并警告如果不尽快解决问题会丧失大量联邦基金。他们谈了约五分钟。“州长居然星期六早上来我家，太意外了。”特拉法利尼笑着回忆说。[42]大约两周后，罗姆尼请迪马西去他办公室做了次罕见的单独谈话。[43]据迪马西说一向镇定的罗姆尼表现得很激动。“他竭尽所能向我施压，希望我在企业偿付金问题上改变立场，我试图离开，但他不让我出门。我都把门打开了，他说：‘不、不、不，回来，我得和你谈谈。’”迪马西从没见过这样的罗姆尼。“他显得非常活跃，”迪马西说，“我还第一次见他这样。”迪马西离开时，问题依然没有解决。

与此同时，一帮企业领导准备在“不参保企业罚款”问题上让步。[44] 2006 年 3 月 1 日，杰克·康纳斯在其位于波士顿科普利广场（Boston’s Copley Square）约翰·汉考克大厦（John Hancock Tower）的办公室召开了一次高级执行官会议。参会的有四大企业联盟、联盟医疗体系和蓝十字蓝盾保险公司的高级执行官，会上大家就折衷方案进行了讨论。折衷方案提议雇员人数不少于 11 人的未参保公司每年为每位雇员缴纳 295 美元的“平摊费用”。

第二天晚上，迪马西和特拉法利尼各自偕夫人一起到波士顿意大利社区用餐。[45]餐厅位于迪马西所在的北角区（North End），一餐饭下来，两人终于讲和。迪马西的妻子黛比（Debbie）与特拉法利尼的妻子凯莉（Kelly）也是朋友，为消除误会，两人专门安排了这个饭局。“当我们沟通失败时，妻子们可能会听到我们骂对方，”特拉法利尼笑着说，“喝到第三瓶酒时，情况有了些许好转。”3 月 3 日，和好宴后第二天，迪马西和特拉法利尼在州府召开了一场企业领导闭门会议。他们的提议解决了最后的问题：提案将按每名工人征收 295 美元的偿付金。至此，州议会终于达成一致。

此时距离汤姆·斯坦伯格提议米特·罗姆尼处理全民医保问题已经过去了三年多，马萨诸塞州上次处理这个问题则是更久远的事情，但是现在，马萨诸塞州最终站到了改革的临界点上。这一切极大程度归功于投下全部政治资本的罗姆尼。罗姆尼非常开心，“今天，马萨诸塞州就和这个国家其他所有州都不一样了，”立法员公布医改提案后罗姆尼眉飞色舞地说道，“这是划时代的伟大成就。”[46]新闻发布会前，罗姆尼还去到迪马西和特拉法利尼的办公室表达了感谢与祝贺。

由于罗姆尼在惩罚企业问题上不愿多谈，他对整个事件的言辞让记者团很惊讶。当被问道是否会否决提案的某部分内容时，罗姆尼说还需要全部审查一遍，但“我们的愿望实现了”。[47]反税运动家认为他对企业的惩罚是在征税，罗姆尼难道不这么认为吗？他不是保证不会增税吗？“这不是增税，”罗姆尼回答说，“这是一种费用，一种偿付金。”购买医疗保险的公司和工人已经支付了用作“免费医疗”基金的偿付金，他指出：“所以扩大偿付金征收范围是有意义的”。随着新闻发布会的进行，罗姆尼表示对企业偿付金和民主党州议会新增的其他各项保留审查权。但其整体语气显示对该提案并无重大异议。快结束时，罗姆尼再次被问道：真的能接受新的员工偿付金吗？罗姆尼说他松了一口气，因为他最害怕的对企业广泛开征薪资税并没有出现在提案中。那才是罗姆尼说的“完全无法接受的提案”。“这个，”他继续说，“性质不一样。”

第二天，4 月 4 日，参众两院几乎全票通过该提案，他们称其为“经济型高品质责任性医疗险提供法案”，并决定于 2006 年 4 月 12 日在具有历史意义的波士顿法尼尔厅（Faneuil Hall）举行该法案的签字仪式。罗姆尼和州立法员都知道自己干了件大事。然而，两党的友好并没有维持太长时间。签字仪式前一天，罗姆尼在《华尔街日报》的专栏发表了名为“全民医保？我们说可以”的庆贺特稿，透露出他在最后一刻的转变。他的“民主党同僚”，他写道，要求不参保企业为每位雇员支付 295 美元偿付金。这项一周前他还能接受的费用现在被说成是“没必要、可能会适得其反”。罗姆尼承诺会“采取纠正措施”，即否决。民主党人感觉被攻击了。这个折衷方案是由包括企业界在内的多方经过深思熟虑制定的。它无法大量增收——估计为4500万美元（被认为有夸大成分）。[48]但对于许多参与制定该法案的人来说，原则很重要：这场游戏里，企业也应当出把力。

就在4月12日签字仪式开始前，罗姆尼的助手在新闻发布会上宣布罗姆尼否决了147节中的8节，包括企业强制参保令。罗姆尼知道这样做没什么风险，因为州议会可以轻易推翻他的否决，三周后州议会确实这么做了。罗姆尼此举，一是想为新法律赢得更多赞许，二是想与其中的疑似税项脱离关系。罗姆尼极力讨好的国内共和党支持者对这些疑似税项存在疑问，脱离关系对罗姆尼有利。然而，罗姆尼最后时刻对企业强制参保令的反对影响了庆祝气氛。迪马西被激怒了，但特拉法利尼则并不惊讶，也不太在乎，因为他知道州议会将推翻罗姆尼的否决。“我并不介意，”他说，“因为我可以投票表决。”[49]

就像罗姆尼处理大多数重大公共事件一样，法案签署盛会堪称政治舞台艺术的杰作。整个设置让人联想起这个民族的许多重大历史事件。来宾们收到的流程表印制在仿羊皮纸上，并配有纪念徽章。雄伟的大厅舞台增设了乐队指挥台和伸展台，伸展台上放了一张桌子，下面垫着圆形的东方地毯。两边挂有纪念横幅：“创造医保历史”。上台时，笛鼓合奏乐队在前面带路，乐队戴三角帽，穿马裤、长筒袜，演奏殖民风格的音乐。罗姆尼上台后，观众席上的数百名贵宾向其致以了热烈而长久的欢呼。[50]

罗姆尼讲话时，他的头顶上方正是这处庄严之地的焦点，乔治·P. A. 希利（George P.A. Healy）的巨作《韦伯斯特答海恩问》（Webster Replying to Hayne），画作描绘了美国参议院在州权利问题辩论期间的一个重要演讲。“这是一个政治家的梦想，你必须承认。”罗姆尼开始说道。他向筹划这场活动的已故好莱坞史诗巨片制片人赛西尔·B. 德米尔（Cecil B. DeMille）表示感谢，“这确实是超越巅峰之作”。罗姆尼私下并不喜欢这类浮华的东西，不知道之后该怎样描述他与这部法律的政治关联。[51]谈到他和肯尼迪上次一同出现在法尼尔厅还是1994年的一场关键辩论时，罗姆尼打趣道：“我感觉就像泰坦尼克号又回去看冰山一样。”他开怀大笑，介绍肯尼迪时称其为“我的同事和朋友”。“我儿子说我和肯尼迪参议员一起站在台上，站在这样一部里程碑式的立法后面可以有效缓解地球变暖，因为地狱已全部冰冻了。”

肯尼迪上台时也受到了热烈欢迎，在表达对罗姆尼的感谢后，他说：“我儿子也说，如果我和罗姆尼共同支持一项立法，那通常是其中有个人没读过。”

笑声逐渐退去时，他转向罗姆尼说道："今天显得那么不可思议，是吗，州长？"随后肯尼迪开始切入正题。"这是我们联邦所有人民的成就，可能也会是其他美国人的成就，"肯尼迪宣告说，"我们将充分利用好这项成就。"罗姆尼走到桌前，用所有的 14 支纪念笔进行了签字。"现在这终于成为一项法律了，"签完后罗姆尼说道，"祝贺你们。"整个签字仪式持续了 40 分钟。

在这部法律上签字的那个春天，罗姆尼知道未来几个月他将发起一场全国性的竞选活动，但并不知道这场医改行动会在他的政治生涯里扮演何种角色。"我不得不说，能参与其中，我感到非常非常骄傲，"罗姆尼在签字仪式后说道，"但我不知道未来这究竟会成为助力还是阻力。时间会证明一切。"[52]

然而五年多以后，这个问题依然没有解决。虽然这部法律的通过仍然是罗姆尼最大的政治成就，但其保守派批评家认为这部法律与奥巴马总统及其国会民主党盟友推动的全国医疗改革有千丝万缕的联系，让其饱受批评。罗姆尼多次表示这部马萨诸塞州法律可以成为其他州的典范，但拒绝将其与国家方案相提并论。"我认为，在我和其他人的领导下，我们所做的一切都只是在遵循宪法赋予的州权利原则，这点是能达成共识的——我们就是一个民主制度的实验室，"罗姆尼说，"我们进行了一场试验，做了一件宪法认为正确、恰当的事，而总统所做的是向这个国家推行一刀切的通用方案。"[53]

迈克尔·莱维特，美国卫生与公共事业部部长最终于 2006 年 7 月批准了这部马萨诸塞州法案，并在后来表示约有一半的州都就发展马萨诸塞州模式进行过咨询。"我不知道米特·罗姆尼这样做到底算保守派还是自由派，"莱维特说道，"但它肯定是一个创新派。"[54]

这部法案实施的效果如何呢？ 2011 年《波士顿环球报》对大量医疗和金融数据进行了细检并采访了医疗系统各部门的关键人物，结果显示：虽然推行得有些磕绊，某些地方也还不完善，但医改实施得很顺利，超过预期，尤其是在推行近似全民医保方面。[55] 调查显示，未参保居民所占百分比迅速下降至低于 2%；未参保儿童则仅占 1%。这在全国是最低的[56]。然而最近的美国人口普查数据显示从 2009 年到 2010 年未参保群体的百分比略有上升。[57]

法律颁布后，越来越多的企业为员工购买了保险；产生的担心是怕出现相反的结果。[58] 医改方案在州里居民中间仍然非常受欢迎；事实上，它是越来越受欢迎。但也有一些不乐意的群体——主要是小公司老板，他们希望州里大力推行医改的同时能降低某些保费、减少摩擦。2011 年 6 月的一份民意调查显示：对个人强制参保的支持率下滑至微弱多数。[59]

医疗费用持续高涨，且全国都是如此，但行业领袖和医疗经济学家一致认为这种趋势不是医改引起的，要归咎于当前医疗支付体系的成本压力。马萨诸塞州的医疗费在全国处于最高水平，但早在罗姆尼推行全民医保前就已经是这样了。然而，州里承担的费用一直在增加，医院的工作量也在增加。

尽管罗姆尼的对手直言其医改失败，但合理评估显示，其全民医保改革绝对不能说是失败。医改法也算不上纯粹的成功，它依然是一件尚未完成的工作，一项正在进行的试验，在降低费用问题上尤其如此。

罗姆尼离开州府踏上总统竞选之路后，在处理医改法形象问题上他显然非常谨慎。在共和党支持者面前，他一直称医改法为“保守的”、“以市场为基础”的法律，并暗示如果民主党人来“插一脚”，那医改成功与否就很难说了。对于肯尼迪出席签字仪式的事他总是轻描淡写，还曾说：“当特德·肯尼迪出现在签字仪式现场时，我有点担心。”[60]（罗姆尼之后坚持说这番话仅仅是在说笑[61]）罗姆尼后来还批评他的民主党继任人在推行医改法时笨手笨脚。[62]

但罗姆尼从来没有按照一些人建议的那样进行全面否定。“全国很多评论家都说我应该站起来承认这整个事件是个错误，是个愚蠢的主意，”罗姆尼说，“但只有一个问题：这样做是在撒谎。事实上，我只是为我们州的人民做了我认为正确的事。”[63]罗姆尼列举说，曾经在住家附近的超市门口一个男人将他拦下来说：“你的医改方案救了我的命。”[64]“那真是温暖人心的一刻啊！”罗姆尼说。

罗姆尼的医改成就在马萨诸塞州显得很突出，一是因为其可取之处，二是它解释了罗姆尼一开始就能成为热门州长候选人的原因。人们希望罗姆尼能整改原有的体系，且在医改这件事上他史无前例地投入了巨大精力。但成功也带来了一个问题：如果他能更加投入工作，那他还能取得哪些成就呢？“巨大成就”，就像医疗改革“足以证明如果罗姆尼多专注于州政策领导工作，那他作为州长将取得不凡成就”。代表数千产业的马萨诸塞州产业协会（Associated Industries of Massachusetts）执行副主席布莱恩·R. 吉尔摩（Brian R. Gilmore）说。[65]其他人相信随着时间的流逝，罗姆尼这项纪录会越来越好。“我不会天真地以为人们（没有）一点点失望，”马萨诸塞州众议院共和党领袖、罗姆尼紧密盟友小布兰迪·H. 琼斯（Bradley H. Jones, Jr.）在罗姆尼任期结束时说，“我希望，就像人生很多事情一样，站得高，才能看得远。”[66]

罗姆尼对于自己在民主党主宰的州议会里所做的一切表示满意。“事实上，看看我的记录，这比我预想中四年能做到的事情多多了，”罗姆尼说，“这可以把美国任何其他州长比下去，这不是因为我聪明，而是我和州议会的完美配合。”[67]

2007 年 1 月 3 日晚，罗姆尼离开州府，完成了一场惯常的谢幕表演，当然台风好极了。[68] 在摄影机的记录下，罗姆尼离开其三楼的办公室，并在安的陪伴下走下州府的 31 级台阶。过程中，他按照计划做了几次停留，以凸显其政绩：向梅勒妮·鲍威尔（Melanie Powell）一家致意，13 岁的梅勒妮·鲍威尔死于一起多次醉驾司机导致的交通意外，为此罗姆尼签署了严惩醉驾的《梅勒妮法》；接见其所创约翰和阿比盖尔·亚当斯奖学金（John and Abigail Adams Scholarships）资助的州立大学学生；接待因新医保法的实施而买得起医保的两个家庭。随后罗姆尼一家离开波士顿贝肯山回到贝尔蒙特的家中度过了宁静的一晚。罗姆尼的州长生涯至此翻篇，新篇章的开场白也已经写好。就在罗姆尼离开州府前的一个小时，联邦选举委员会（Federal Election Commission）受理了一份长达四页的新政治组织申请表：罗姆尼总统竞选考察委员会（Romney for President Exploratory Committee）。

竞选之路峰回路转

我知道什么叫兵荒马乱，很显然米特·罗姆尼正身陷其中。

——竞争对手，参议员约翰·麦凯恩

医疗保健法案——他政治生涯中最伟大的一项成就，才通过几个小时，州长米特·罗姆尼的思绪便飞到了爱荷华州。入住丽思卡尔顿酒店（Ritz-Carlton）的顶层套房，俯瞰波士顿公园（Boston Common），他计划在这与几位来自第一次党团会议的共和党领袖们共同度过一个轻松、惬意的夜晚。但是，这次会面在短时间内就与他的预期背道而驰。罗姆尼原本希望他的一位客人，道格·格罗斯（Doug Gross）成为他爱荷华州的竞选主席。而格罗斯的性格极其激烈，他从小在一个名叫迪法恩斯（Defiance）的小镇长大，现在是得梅因（Des Moines）一位极具影响力的律师。想说服他根本不可能。他咄咄逼人地盘问着这位马萨诸塞州的州长，刚一开始便抛出了一个明知会惹恼罗姆尼的问题——在这么一个由基督教保守派占主导地位的共和党州党团里，这些保守派人士并不认为摩门教徒算是基督徒，罗姆尼要如何处理关于对摩门教信仰的质疑呢？

“我不会改变我的信仰。”[1] 罗姆尼说。据另一位参与者回忆，他开始变得有些急躁。格罗斯却回应道：“我可没有要求你改变。”

他接着抛出第二个问题，气氛变得越发的紧张。“我们正坐在丽思卡尔顿酒店的顶层，你是如此的成功，你所拥有的财富让大多数人望尘莫及，”格罗斯注视着罗姆尼挺括的衬衫、精心整理过的头发以及贵族般的姿态，继续说道，“你真的能够与那些普普通通的选民站在一起，与他们感同身受吗？”听到这儿的时候，罗姆尼的妻子安就怒气冲冲地出了房间。而罗姆尼也变得十分生气，以沉默进行反击。甚至后来在这两位男士并排坐在一起观看女子大学生篮球锦标赛时也依然如此，格罗斯说：“他接下来整晚都没再开口跟我说话了。这是我所经历过的最冷淡的对峙。”

米特·罗姆尼认为他已经准备好投入总统竞选，准备好在他的职业生涯中再向前迈进一步，实现他的梦想，在他父亲乔治摔倒的地方取得成功。然而，他还没有准备好应对那些可能遭遇到的最显而易见的问题。他也许觉得没有这个必要，因为解决问题和回答难题是他引以为傲的技能，而他的这种才能当他在贝恩投资集团、在犹他州冬奥会、在他刚刚取得的关于医疗保险政策的胜利中都已显露无遗。尽管如此，他在自我肯定方面的弱点在格罗斯面前暴露无遗。而且对于像他这样的潜在盟友来说，那是十分令人担忧的。

但这并未扼杀他们之间的合作，格罗斯决定加入。他的结论是：罗姆尼拥有的许多特质，可以使他赢得竞选并成为一名优秀的总统。罗姆尼在很多领域都非常出色，包括在一个民主党占主导地位的州做一名共和党州长，但关键的一点是，他拥有层出不穷的财政手段。而就罗姆尼而言，抛开格罗斯在质问方面的针锋相对，罗姆尼知道他需要格罗斯的人脉。因此，格罗斯同意担任罗姆尼在爱荷华州的竞选主席，让这位州长沐浴在公众的赞誉中。这是一段关系的开端，一个坏的开端，并且注定朝更糟糕的方向发展。从一开始便困扰着格罗斯的是——罗姆尼在受到挑战时的防御性，对于来自他的小圈子之外的建议的排斥性，以及他无法正视他对总统竞选的知之甚少——这些最终会让他的竞选之路崎岖不平[2]。留下的只有创伤、受损的同盟，以及一个挥之不去的问题——他能从中汲取到什么样的教训？

PPT 幻灯片在屏幕上翻动着，每一张都对这位候选人作出了相当残酷的描述：

感觉——矫揉造作[3]。

圆滑——不是指人（头发？）

威拉德·米特·罗姆尼名不见经传……

除了过去的商业经历、奥林匹克大逆转、CEO 州长以外，没有其他故事。

这并不是罗姆尼对手的攻击，而是他自己的媒体团队在推演可能对他发起的攻击。这是丽思卡尔顿那次会面的几个月后，罗姆尼的顾问聚到一起，试图解决一系列的问题——谁是米特·罗姆尼？选民对他的观感如何？这次竞选要如何塑造或者重塑他的形象？随着幻灯片的滚动，一条建议出现了。上面说：需要什么？需要打造一个“罗姆尼品牌的主代码”——一个可以植入选民思想中的核心信息。

这次介绍背后的媒体顾问——艾利克斯·卡斯特罗（Alex Castellanos）非常了解政治游戏。他是古巴人，当他的父母逃离菲德尔·卡斯特罗（Fidel Castro）的掌控，将他带到美国时，口袋里只有 11 美元。因其根深蒂固的保守派思想，对政治形势的严苛评判及其强硬的策略，卡斯特罗已经成为共和党总统候选人的宠儿。罗姆尼雇用了卡斯特罗，并告诉他不要手下留情。因此卡斯特罗为他这位新客户编了一份严厉的目录，其中列举了已经察觉到的所有不利条件。这份 PPT 演示将罗姆尼与两位领先的潜在对手——参议员约翰·麦凯恩和纽约市前市长鲁迪·朱利安尼进行了对比。麦凯恩曾经是一场战争中的败将，但也曾是一位英雄；朱利安尼因其在“9·11 事件”中的反应而闻名，获得了“美国市长”的称号。两个人均因在反恐战争中临危受命而获得了信任状。但罗姆尼却没有相似的经历。

鉴于罗姆尼关于堕胎等问题的立场转变，竞选中一个主要的担忧是害怕罗姆尼会被贴上“摇摆不定的米特”的标签，正如一张幻灯片中指出的那样。媒体团队敦促罗姆尼将这归入前瞻性标签中。其中一张幻灯片建议罗姆尼将“是的，我们能。”作为他的口号。但是巴拉克·奥巴马在罗姆尼之前抢先使用了。无论口号是什么，罗姆尼的“卖点”将是“乐观的保守派领袖，将唤起美国民众的力量，从而领导我们进入未来，一个更美好的未来”[4]。

罗姆尼的竞选团队还将精力集中在他们称之为“三个 M”的问题上——摩门教徒、百万富翁、马萨诸塞州（Mormon, millionaire, Massachusetts，英文均以 M 开头。——译者注）。“由此得出的看法是—— 一个来自自由主义之州、信仰奇怪的有钱人。”[5] 作为罗姆尼竞选经理的贝丝·迈尔斯（Beth Myers）说，后来她将这个问题带到了哈佛大学政治学院的一个研讨会上。《洛杉矶时报》（Los Angeles Times）和彭博社（Bloomberg）进行的一次民意测验显示，37% 的受访者表示不会投票赞成摩门教徒成为总统，这一百分比甚至比共和党党团会议和初选中的结果还高。[6] 与此同时进行的盖洛普民意调查中，66% 的被调查者表示他们不认为这个国家能够接受摩门教徒担任总统。

然而，要想在爱荷华州、南卡罗来纳州等早期的几个关键州获胜，需要宗教保守派人士的支持，而这些人不可能支持一个摩门教徒。这是罗姆尼面临的需要尝试从多个不同角度解决的课题，或者尝试将其作为不相干的问题不予理睬。但是，最终竞选活动不可能忽视民意测验。许多人完全不了解摩门教。竞选活动的最终结论是罗姆尼需要一个代理人，最好是拥有国家信任状的福音派领袖，为罗姆尼作担保。

看起来似乎是天意，正当罗姆尼试图决定如何解决该问题时，他的一位助手接到了一个主动打来的电话，致电人是美国最具影响力的福音派教徒——马克·戴摩思（Mark DeMoss）——不是牧师，而是一位经验丰富的亚特兰大公共关系代理人。他已经成功地建立起自己的事业，宣传推动保守派基督教组织，这让他几乎与国内的每一位重要的福音派领袖建立了关系。戴摩思从未见过罗姆尼，但他相信这位州长受到了不公正的待遇。尽管戴摩思知道一些基督教领袖不承认摩门教属于基督教，但他认为没有理由剥夺一个摩门教徒成为总统的资格。而且，戴摩思很赞赏罗姆尼，罗姆尼在政界和商界的经历都给他留下了深刻印象。州长推掉了其他的日程安排，与戴摩思见了面。

“您无需支付我任何酬劳，永远不用。”[7] 在 2006 年 9 月 11 日见面时，戴摩思这样对罗姆尼说。如果有人认为戴摩思想要利用关系谋取利益，那就大错特错了。戴摩思强烈要求罗姆尼与福音派领袖见面，直面关于对摩门教的质疑。罗姆尼同意了。六周后，福音派的几位领袖来到了州长位于贝尔蒙特的家，其中包括杰瑞·法威尔（Jerry Falwell）牧师、富兰克林·格雷厄姆（Franklin Graham）牧师——比利·格雷厄姆（Billy Graham）之子。厨房里摆了一盘三明治，之后，客人们跟着罗姆尼和他的妻子进了一个小房间。他们各自就座，坐成一圈，罗姆尼说：“问我任何你们想知道的问题。”

理查德·兰德（Richard Land）博士，国内最具影响力的福音派领袖之一，凌晨 5 点便在酒店醒来，急着赶去得克萨斯州拉伯克（Lubbock）机场完成他的协议，然后与其他福音派教徒一起跟罗姆尼会面。作为美南浸信会道德与宗教自由委员会的主席，兰德通常被认为是教派中最受认可和最受尊敬的人，该教派在遍布全美的 42000 个教会中拥有 1600 万名成员。他的声音低沉，腰身肥胖，说话率直，他的身影出现在任何一个探讨总统政治的舞台上。与很多和他拥有共同信仰的人一样，兰德怀疑摩门教是否属于基督教，他曾经说，可以将摩门教看做除基督教、伊斯兰教和犹太教之外的“第四种亚伯拉罕宗教”。但是兰德也认为，引用托马斯·杰斐逊（Thomas Jefferson）著名的一句话——教会与国家之间存在“一堵隔墙”。正是美南浸信会遭受的迫害促使杰斐逊确信政府不应干涉宗教。摩门教也是，相信他们也一直饱受政府的困扰——罗姆尼的曾祖父曾因一夫多妻的指控被美国武装部队追捕。罗姆尼也许永远也无法使兰德和美南浸信会教徒了解摩门教的道德标准。但是有理由相信，他和兰德可以达成一致的是政府机构应与教会分离。因此，对罗姆尼宗教信仰的担忧也开始逐渐消失。

在兰德倾听与他同道的福音派领袖向罗姆尼提问时，其中一个人直接提出了一个问题："州长，您真的知道大部分福音派教徒不接受摩门教是正统的三位一体信仰吗？"[8] 罗姆尼回答，他非常清楚并且肯定兰德和其他人会将他的摩门教信仰排除在政治决策之外。之后，兰德敦促罗姆尼进行一次演讲，向美国民众保证摩门教不会影响身处白宫的他，最好在爱荷华州。为了强调他的观点，兰德给罗姆尼看了约翰·F. 肯尼迪于 1960 年向休斯敦的部长们作的一次著名演讲的副本，兰德认为这是一篇措辞精确的演讲，肯尼迪保证他的决策不会受天主教会的影响。作一个这样的演讲，兰德说，罗姆尼同意他的想法。[9] 在这次见面即将结束时，在座的男士、女士都低下头，为罗姆尼，为他即将到来的总统竞选祈祷。不久之后，每位参与者都收到了一把殖民风格的椅子。椅子上有一块黄铜铭牌，背后刻着，"我的餐桌永远为你保留一个位置——米特·罗姆尼"[10]。

现在，他们确信可以使基督教保守派站在自己的立场上，罗姆尼的团队确定了他们的战略。罗姆尼不是要躲避社会问题并与福音派保持距离，而是"投身于"并且有把握在福音派拥有非凡力量的地方取胜——举行爱荷华州第一次党团会议。[11] 如果罗姆尼能在那里取胜，摩门教问题将不再是问题，罗姆尼可能就此迈入提名之路。

在商业街 585 号，之前的罗奇堡（Roche Bobois）家居店，是他们称之为"罗姆尼的世界"的竞选总部，那是一幢位于北角区的三层灰褐色的临水建筑。透过罗姆尼位于顶层的转角办公室的窗户，波士顿港、伦纳德·P. 扎吉姆大桥和邦克山纪念碑一览无余。在突出的位置上，乔治·罗姆尼的形象对于他的儿子来说，始终是成功与失败的标杆。"罗姆尼的世界"不仅是一个实际位置，它表现出罗姆尼最亲密无间的、几乎无人能敌的顾问团队对于他的忠诚。即使对于那些稍微超出这个圈子的人来说，似乎都无法理解这位候选人。在这个集团的顶部，在罗姆尼隔壁办公室的是贝丝·迈尔斯，她作为这位州长的办公室主任已经有四年之久，现在负责管理全国竞选活动，这是她从未做过的。

一直以来，人们都推测罗姆尼 2002 年竞选时的政治顾问麦克·墨菲（Mike Murphy）将在 2008 年再次出任该职位。墨菲因其俏皮、时而让人感到吃惊的风格而闻名，这点与保守老套的罗姆尼相比似乎有些格格不入。他外表随意，乐于扮演一个与罗姆尼相反的角色，但他在自我肯定方面却与这位候选人很像。罗姆尼的有些助手称墨菲是竞选活动的"斯文加利""幕后操纵者""保护神”[12]，而另外一些则称之为双刃高手。正如卡尔·罗夫（Karl Rove）在乔治·W. 布什的两届总统竞选中被看做是“布什的大脑”一样，墨菲是米特背后的力量。

墨菲的成功一部分来自于他的游说能力，他能说服固执的候选人刊登针对其对手的负面攻击性广告，有时是通过幽默的方式让广告产生发酵般的效果。正是在2002年的州长竞选中担任罗姆尼顾问的墨菲告诉罗姆尼，他本身的那些柔软而模糊的家庭式广告不起作用，并说服罗姆尼攻击对手莎伦·奥布莱恩。[13] 罗姆尼在他的书《逆转》中称赞墨菲“才华卓越”[14]，并说他“幽默搞笑”。在此期间，墨菲将他时髦的家安在了月桂谷（Laurel Canyon）街区的最高处，可以眺望整个洛杉矶盆地（Los Angeles Basin）。在这里，他把时间的一部分用来写剧本，另一部分用来规划罗姆尼的总统竞选。即使当墨菲试图为罗姆尼关于堕胎的观点转变给出一个令人费解的解释时——告诉保守的《国家评论》（National Review）罗姆尼是“一个反对堕胎的摩门教徒，假装赞成堕胎合法化”，罗姆尼仍站在墨菲一边，并接受了“之前的评论是断章取义”的这一解释。[15]

在罗姆尼竞选总统初期，人们普遍认为墨菲会成为他的首席策略顾问并欣然接受竞选经理的职位。事实上，墨菲已经向罗姆尼保证他会加入，并且他的一些合伙人也已加入了团队。能扰乱计划的只有一件事：墨菲曾长期为麦凯恩工作。墨菲说过，如果麦凯恩和罗姆尼再次同时参加总统竞选，他不会选择任何一方并且不为任何一方工作。所以，当麦凯恩宣布参与竞选时，墨菲致电罗姆尼称：“我退出”[16]。

波士顿核心集团之外的罗姆尼顶级助手们对于墨菲的离开深感遗憾。爱荷华州竞选班底的主席道格·格罗斯在其失败的爱荷华州州长竞选中雇佣过墨菲，他知道这位顾问对于罗姆尼来说有多么重要。“麦克·墨菲从小在底特律的街区长大，他懂得人们在思考什么，什么能够刺激他们。而米特·罗姆尼不知道，因为从任何方面来说他都不是一个普通人。”[17] 没有了墨菲，“罗姆尼只有靠他自己的直觉”，听那些影响远不及墨菲的顾问们提出的形形色色、相互冲突的建议，格罗斯说。

罗姆尼让人寻找能够管理竞选的人，他的顶级助手面试了六个以上国内最有经验的竞选经理人。然而，面试了一个又一个，他们都拒绝了。大部分是因为他们都不符合在一年左右的时间里放下一切并搬到波士顿来的这个要求。注意力转移到了迈尔斯。“贝丝说：‘我不想做竞选经理，我确实不想做一个战略顾问。’她这样说了上百次，”据参与研究的罗姆尼的一名助手说，“并不是她找到了这份工作，而是这份工作找到了她，因为再没有其他人选了。”[18]

在整个竞选过程中，迈尔斯饱受罗姆尼州一级顾问的苛责和批评。但是她的拥护者强调，她接受了一件其他人都不愿接受的困难的工作，并且她一直都在执行罗姆尼的指令。迈尔斯制定的战略在很大程度上依赖于在早期投票州的良好运作，例如，爱荷华州、新罕布什尔州、密歇根州、内华达州、南卡罗来纳州和佛罗里达州。秘诀是“先胜则常胜”[19]。与此同时，按照计划筹集大量资金应该也不成问题。2007 年 1 月 8 日，即罗姆尼向总统竞选评估委员会提交文件后第五天，通过举行为期一天的资金筹集马拉松活动，罗姆尼的可信度得到了验证。这一天结束时，罗姆尼募集的资金竟然达到了 650 万美元。[20]

当天罗姆尼回答记者提问时，被问到是否会用自己的钱负担竞选的经费。罗姆尼回答道，“那将会是场噩梦”[21]。而罗姆尼和他的员工并没有透露这位候选人累计已经开出了 240 万美元的支票。后来，当他投入大量个人资金这一消息被披露时，《波士顿环球报》引用他助手的话，说明他只是临时提供资金。“贷款就是贷款，”这位助手说，“只是启动资金。”[22] 实际上，罗姆尼最后为竞选总共提供了 4500 万美元[23]。在竞选结束后，他的员工承认所谓的贷款是永远不会偿还的。

迈尔斯领导的竞选团队现在已经建立。反观罗姆尼的情况却不容乐观。很明显，目前存在最大问题的就是罗姆尼认为绝对有把握取胜的州——新罕布什尔州，在那里他亲自招募了一个人做他的竞选主席：布鲁斯·基奥[24] (Bruce Keough)。

基奥是一位房地产开发商，曾经在埃克塞特被选为州议员。在罗姆尼当选为马萨诸塞州州长的同一年，基奥在新罕布什尔州州长的竞选中落败。当罗姆尼和他首次接洽，希望他主持花岗岩州（新罕布什尔州别称）的工作时，基奥对此很有兴趣，但令他困扰的是：罗姆尼要以什么样的信息作为竞选主轴？他建议罗姆尼集中精力把自己塑造为经济方面的“改造先生”，一个能把他商业机构改革方面的才华用于重整华盛顿的人。而罗姆尼却认为确定竞选主轴的时机还不成熟，据基奥回忆，罗姆尼当时说：“太早了，谁会知道总统预选时的主要议题是什么呢？”

但基奥并不认为这为时过早，对于罗姆尼来说，当务之急就是把自己塑造成为能够在经济方面扭转乾坤的人。在波士顿北端的意大利餐馆里共进晚餐时，罗姆尼不断讨好基奥，给他戴高帽子。终于，基奥同意担任罗姆尼在新罕布什尔州的竞选主席，并前往罗姆尼的波士顿总部参加来自早期投票州的高级竞选工作人员会议，这几个州包括爱荷华州、新罕布什尔州和南卡罗来纳州。随即，他说，有“危险信号”。他重申了他关于候选人竞选主轴的关注。他担心罗姆尼的团队有些过于关注竞选的基础建设，却忽略了支持竞选人资格的基本理由。同时他认为罗姆尼对社会保守派人士表现得过于殷勤。关于这一战略的强烈反对意见不单单来自新罕布什尔州（根据盖洛普民意调查，该州去教堂做礼拜的人数在美国排倒数第二，仅领先于佛蒙特州）的高级员工，也来自爱荷华州和南卡罗来纳州的社会保守派阵营。[25] 在所有三种情况下，高级竞选工作人员建议波士顿总部的罗姆尼团队更多地关注经济消息。

爱荷华州的竞选主席道格·格罗斯和高级顾问理查德·施旺（Richard Schwarm），都参加了最初在丽思卡尔顿酒店与罗姆尼的晚餐，其间，格罗斯还盘问过这位候选人。他们试图让竞选团队相信他们陷入了一个误区，应正确看待社会问题，注意到很多爱荷华州的保守派人士，更不用说广播脱口秀节目的主持人，都不愿意接受一个曾经的堕胎权利的支持者现在却“反对堕胎”。施旺说：“这正是道格和我与竞选团队不断争吵的问题。”[26] 但罗姆尼的波士顿团队说他们了解爱荷华州并会坚持他们自己的策略。

其他主要州府的顾问很快加入到对这个竞选策略的批评当中。罗姆尼的南卡罗来纳州团队特地起草了四页的备忘录给迈尔斯，恳求竞选团队停止关注社会问题，而是推行经济主张。备忘录中指出，南卡罗来纳州的许多政客都因关注经济主题而获得成功；眼前正缺少这样的一个候选人，而罗姆尼正是填补这一空缺的不二人选。[27] 备忘录中写道：“每当州长罗姆尼谈及社会问题时，总是会被称做‘墙头草’并受到谴责，而且这种谴责仍将继续。”罗姆尼所有要做的就是“被反堕胎民众接受”，而不是成为反堕胎“斗士”。对此，南加利福尼亚团队非常担心，以至于在几个月后，他们采用非常规手段，在与罗姆尼的秘密会议中坚持了他们的主张，并表达了他们的担忧。会议发生在罗姆尼前往州首府哥伦比亚的旅途中，在酒店，两名来自南卡罗来纳州的高级顾问告诉罗姆尼，如果他一如既往地努力将自己塑造成一个真正的社会保守派人士，将产生适得其反的结果。罗姆尼对他们的关心表示感谢。但与会的一位南卡罗来纳州的竞选工作人员并未看到什么改变，最终给罗姆尼定论“并不想解决这一问题”[28]。

2007年2月13日，在设计的一个唤起罗姆尼与父亲之间关系的背景板下，米特·罗姆尼笑容满面地宣布正式竞逐美国总统职位。他昂首阔步走上密歇根州迪尔伯恩市的亨利·福特博物馆的台阶，他似乎已远离他所管理的州，来到另外一个世界。事实上，这正是他成长的地方，他父亲曾任州长的地方。在这位候选人的一边，停放着一辆纳什漫步者（Nash Rambler）古董车——美国最早的小型车，时任美国汽车公司董事长的乔治·罗姆尼正是凭借这一车型声名鹊起。另外一边，停着象征革新的一辆福特混合动力车。

米特随后开始讲述他与父亲之间的关系以及他自己的故事。“父亲和我都很爱汽车，”他说，“大部分孩子热衷于读体育赛事积分表，父亲和我读《汽车新闻》（Automotive News）。我们一同来到这里，他教我关于那个时代之前制造的汽车的各种知识。”

在他整个竞选过程中，被问及最多的问题就是：谁才是“真正的罗姆尼”？是曾经支持堕胎合法化的温和的罗姆尼，还是自称反对堕胎的激进的里根主义者？或许在宣布日当天的场面中就能找到线索。过去，他的父亲研究汽车市场，并断定那个时代对于小型车的需求大于对车身宽敞的大型车的需求。而现在，小罗姆尼将商业模式应用于政治，应政治观点的需求进行转变和调整。在商业领域，随着不断变化的市场改变定位是生存的秘诀。在政治领域，这样做则会被打上“墙头草”的烙印。罗姆尼的挑战是他要证明他所做的转变并不是权宜之计，而是有理有据、真心实意的。他辩称转变代表的是改革的能力，不是心无定数，华盛顿需要改革。在他的演讲中，他 13 次使用“改革”及其近义词来强调这一观点。[29]

罗姆尼团队公开表示对这一开端十分满意。他们独自沉浸在这种感觉中。然而两周后，在罗姆尼和他的工作人员结束了一次活动前往当地机场的路上，一位新闻助手打开他黑莓手机收到的一封邮件。新一轮 ABC 电视台 /《华盛顿邮报》（Washington Post）的民意测验结果刚刚发布了，这位助手脱口而出。结果显示罗姆尼的支持率从一个月前的 9% 下降到了 4%。领头羊鲁迪·朱利安尼的支持率达到了 44%；麦凯恩占 21%；前众议院发言人纽特·金里奇（Newt Gingrich）占 15%，但他最终并没有成为候选人。这位新闻助手后来回忆说，当他说出“4%”这个数字后立即意识到他犯了个错误。他感觉好像车里的每个人都对他视而不见。[30] 唯一的好消息是调查显示有 40% 的人对罗姆尼没有意见。竞选团队需要填补这一空白，避免支持率进一步下滑。

罗姆尼的竞选活动面临着一个难题。罗姆尼在总统竞选中最显著的优势，除了他的经济背景，就是人们普遍认为他是一个成功的州长。但他也为这一成功付出了高昂的代价。他以相对温和的立场赢得了州长职位，为了完成工作，他不得不与波士顿和华盛顿的自由党议员共事。对于许多保守的共和党人来说，罗姆尼在与自民党人士共事中取得的成功并不值得庆祝。这使他饱受猜疑。

无论是1994年与肯尼迪竞争，还是2002年竞选州长，罗姆尼都力图从主张堕胎合法的选民那里获得选票，他在总统竞选活动中承认他曾经“大力支持堕胎合法”[31]。他也曾支持同性恋权利，但反对同性婚姻。他的标志性成就——通过国家医疗保险法案，要求几乎所有居民都拥有保险，而一些保守派人士认为这听起来和民主党总统候选人想让国会通过的提案过于相似。罗姆尼团队试图通过兜售他在扭转局势方面的技能将关注点转移到他当州长的那几年。他们开始通过广告把罗姆尼描绘成“在民主党占主导地位的州扭转局势的共和党州长”。这是一个非常讨巧的立足点，但是要让他所面对的保守派观众信服这还远远不够。

罗姆尼不断地解释，或通过解释消除他的立场，最终让马萨诸塞州的信息变得有些混乱。真实的罗姆尼，渐渐变得看上去像是个找不到立场的人，或者更糟糕——成为一个在核心问题上随竞选风向不断改变的人。

罗姆尼的团队还担心他的财富会让选民流失。确实他们对于第二个“M”的担忧——百万身家这一点——远远低于实际情况。罗姆尼2007年财务状况披露表将他的财富定位在1.9亿美元到2.5亿美元之间。根据资料来看，与缅因街相比，他似乎更适合华尔街，与探讨选民每天的关注点相比，他更适合与对冲基金经理打交道。当然，如此多的财富自然有好的一面——他能够承担让电视广告快速开播的费用。竞选活动决定在极早阶段便开始广告宣传——几乎在首次党团会议或者初选前一年便开始了——想方设法将他定义为一个就业机会的创造者、商业领袖、顾家男人以及解除争端的政治家。

尼尔森公司（Nielsen）进行的一项关于共和党初选期间广告的分析报告表明，罗姆尼在极大程度上依赖于这种战略。[32]从2007年2月到9月，罗姆尼播放了10866条电视广告，主要集中在爱荷华州。同样在这七个月期间，麦凯恩只播放了五条，而赫卡比和朱利安尼一条都没有。广告的狂轰滥炸提升了罗姆尼名字的曝光率和民众的投票数。罗姆尼正按部就班地稳步前行。虽然民意测试更多地反映的是知名度，而非深度支持，但进展看上去是真实的。这也给了竞选团队以信心，促使他们竭尽全力要赢下爱荷华州。

尽管有铺天盖地的广告和持续了数月的竞选活动，对于爱荷华州的许多选民来说罗姆尼仍是个谜团。由于他对于堕胎是否合法的主张举棋不定，一些选民将他从候选人的名单中剔除掉，竞选团队最终意识到他们很可能失去了这些选民。但仍然可以将那些认为罗姆尼只是一个深谋远虑的政客的人们争取过来，前提是能够让他们相信罗姆尼对于其观点的反思是真诚的表现，并且证明他善于分析。发言人埃里克·菲恩斯多姆在《得梅因纪事报》（The Des Moines Register）一篇披露事实的特别批评中解释了罗姆尼的思维定式。“他不是一个不切实际的领袖[33]。他对数据更感兴趣，那么数据意味着什么呢？”使用“不切实际”这个词是有用意的。菲恩斯多姆的评论很明显是想突出罗姆尼相信事实胜于理论，但这也许会给一些选民留下疑问——罗姆尼是否认为自己是一个拥有伟大思想的人呢，这通常是一个成功的竞选活动不可或缺的要素。

毫无疑问，罗姆尼是个数据控，他的助手到处炒作这种思想。的确，他热衷于数字，相信可以通过这些数据制定出成功的政治策略。这使他痴迷于“微观定位”的潜在力量。他的想法是搜集关于每个选民的大量数据，从杂志订阅到俱乐部会员。这些信息输入到一个数据库中，与潜在选民的姓名相互对照，使得竞选活动可以收集到可能参与党团会议投票的几乎每一个人的详细资料。之后将这些数据资料用于竞选活动中，将特别定制的消息发送给关键选民。

但是，一些参与竞选的人想知道，要达到什么目的呢？道格·格罗斯，爱荷华州竞选主席遗憾地表示：“我们有大量数据，但却没有任何参考价值。”[34]他几乎看不到任何迹象表明这一策略有助于建立赢得党团会议所需的联盟。罗姆尼无法看到，但他的问题就在于“宏观”，正如一个竞选顾问指出的那样。他无法在现场抓住选民燃烧的激情，不像迈克·赫卡比（Mike Huckabee），这位阿肯萨斯州的前州长，一个本没有机会与资金充足、人员齐整的罗姆尼阵营相抗衡的候选人，但他拥有罗姆尼没有的东西。赫卡比根本不打算在微观目标上花一分钱。

不过，早期罗姆尼更担心的是麦凯恩。在这方面，新闻看起来还不错——麦凯恩的竞选似乎正处于崩溃的边缘。截止到 7 月，据估算，麦凯恩的竞选活动已经花费掉了 2500 万美元竞选专用资金中的绝大部分。大多数罗姆尼的顾问认为他们的主要对手已经被终结。但其中一个助手告诉罗姆尼，那个在越战中作为战俘在牢狱中待了五年的人仍然是个威胁。

“等等，他还没死，我们要继续打压他。”这位助手叮嘱罗姆尼。[35]

据迈尔斯回忆，罗姆尼说：“不！不！我们不会再投入任何钱、时间或精力。”

这一决定帮助麦凯恩挺过了难关，得以择日再战。但麦凯恩并未声张。他的媒体团队由斯图尔特·斯蒂文斯和拉斯·施里弗（Russ Schriefer）组成，他们已经做好了一则可猛烈抨击罗姆尼“墙头草”作风的毁灭性广告，用罗姆尼的言语攻击他自己。广告中罗姆尼说：“堕胎在这个国家应该是安全和合法的。”随后又说：“在马萨诸塞州我们有严格的枪支法案。我支持他们。”这则广告还显示，罗姆尼关于他的狩猎背景也说得模棱两可，有一处说他曾经猎杀过一两次“令人厌恶的动物（尤指狐狸等）”。最后，广告中重现罗姆尼关于他在里根——布什执政期间是无党派人士的言论。广告以总统竞选人罗姆尼所说的话作为总结，“这不是我们在保守主义面前退缩的时候”。[36]

广告的字幕打出：“他说得很对”，并配有“我是约翰·麦凯恩，我赞同该广告词”的声音作为结尾。但这并不是麦凯恩的声音，而是广告制作人的声音，制作人等待麦凯恩审批完成该则广告。麦凯恩从未批准该广告，广告也未播出，直到数月后，一个删减版才在网上出现。制作该广告的媒体团队，斯图尔特·斯蒂文斯和拉斯·施里弗，跳槽到了罗姆尼的竞选团队，担任罗姆尼的首席策略和媒体顾问。

同时，在罗姆尼的竞选阵营中，就在新一轮的电视广告中是否宣传罗姆尼反对堕胎的立场而发生了激烈的争论。卡斯特罗曾经提议播放一则强烈“反对堕胎”的广告。但是罗姆尼的南卡罗来纳州顾问不同意。那是南卡罗来纳州团队写备忘录敦促罗姆尼将自己塑造成经济方面的“改造先生”而不是社会保守派人士的数月之后。该建议不但被忽略了，现在还提出制作一则强调社会保守派信息的广告，这势必会引起人们对罗姆尼关于堕胎问题摇摆不定的新一轮审视。在最为激烈的一次竞选团队电话会议中，一位南卡罗来纳州的顾问争论说，这则广告和潜在的策略将给罗姆尼带来伤害。卡斯特罗说当下别无选择，除了承认“我们的左翼选民在流失，我们的右翼选民也在流失，世界上再没比这更糟的了。[37]我们曾经打过关于米特是个经济巨人的广告……我们不会把米特塑造成一个疯狂的右翼分子”。

竞选团队分裂成两个派系，这是非常危险的，进一步加剧了各州与波士顿之间的紧张关系，这种情况已经持续了数月。新的媒体成员——斯蒂文斯和施里弗的加入，使卡斯特罗突然感觉到他的权威受到了质疑。他向罗姆尼和核心集团的成员表示抗议，据几位知情人士透露，他被告知这并不是降职，而是在执行“贝恩方式”，这种方式来自于罗姆尼在贝恩资本公司时的管理风格。[38]罗姆尼说，他是想尽可能多地将头脑敏捷的人聚集在一起，通过头脑风暴，使最佳方案脱颖而出。卡斯特罗考虑过辞职，但是出于对罗姆尼的忠心，他同意留下来。至此，据参与竞选活动的很多人回忆说，来自竞争团队的战略家们开始了无休止的内战，激烈地辩论留下的通常只是恼人的头痛。一连串的抱怨来自于州一级的竞选工作人员，他们说自己从来都搞不清楚到底谁是负责人。罗姆尼，这个处于核心位置的人，看上去并不想干预。他喜欢倾听各种争论，并且充分相信自己有能力剔除干扰，从中得到正确的答案。

罗姆尼的佛罗里达州竞选主管曼迪·弗莱彻（Mandy Fletcher）说，她最初被罗姆尼吸引是因为“他是一个扭转乾坤的人和一个商业领袖”。[39]但她也说，国家竞选活动中决策的延迟和冲突证明了“运作竞选活动是一种十分困难的业务。在商界你有大量的时间，即使没有几个月的时间，也有几周的时间，在某些项目上，甚至可以用几年的时间”来作一些关键性决策并执行。“而在竞选活动中，可能只有一个小时或者几分钟。”

罗姆尼在南卡罗来纳州的高级顾问沃伦·汤普金斯得出了同样的结论：“在整个运作过程中的明显缺陷是缺乏一个纵观全局的策略专家，没有一个人能在一天结束时举手表明‘这就是我们要做的’。[40]总有人要去指挥大局。具有讽刺意味的是，一个人是这儿的一切，他设置了各种组织机构去作决策、着眼于底线并提出关键问题，然而竞选却偏偏不是这样。”但是迈尔斯坚称这就是计划的全部。“这无疑是一个富有创造性的动力，”她说，“罗姆尼不会采用任何其他方式。”[41]

罗姆尼的策略在很大程度上依赖于这样一种想法，那就是麦凯恩和朱利安尼在共和党总统预选和党团会议中将竭力争取更多的温和派选民，这样就留给罗姆尼更多获得右翼支持的空间。然而，风险是他可能会被半路杀出的更老牌的保守派人士击败。关于这个想法，罗姆尼几乎没有把来自迈克·赫卡比的挑战计算在内，所以当麦凯恩和朱利安尼都决定只在爱荷华州投入极小的努力时，罗姆尼的竞选团队都坚信爱荷华州已是罗姆尼的囊中之物。结果发现这是个巨大的误判。

爱荷华州的党团会议一直以来都是福音派人士占主导地位，他们支持那些冷门候选人——这些候选人拥有相同的宗教信仰，但获得选举的希望十分渺茫。1988年，保守派基督徒、电视福音传道人帕特·罗伯森（Pat Robertson）在党团会议中排名第二，领先于乔治·H.W.布什。这使得布什的竞选团队提出了新口号：“爱荷华州挑选玉米，新罕布什尔州挑选总统。”布什确实赢下新罕布什尔州并最终赢得提名。这样的前车之鉴让罗姆尼的顾问开始考虑全力赢下爱荷华州是否值得。但罗姆尼投入了大约两百万美元，致力于赢得2007年8月爱荷华州共和党举行的这场测验民意的投票。[42]这场没有约束的投票毫无科学性可言，它只是测量组织方的技术，不是实际投票。允许候选人向参与者支付费用，所以资本最雄厚、竞选网最广的人最有希望获胜。数年来，评论家称这一活动只不过是出价最高的竞标人赢得拍卖罢了——这次没人比罗姆尼出钱更多。麦凯恩和朱利安尼也敬而远之。

然而，罗姆尼参加这次民意测验投票遭到了两个不参加投票的评论家——得梅因 WHO 电台保守派脱口秀主持人的严厉攻击。这个名为五万瓦特发电站的电台曾经有一位年轻的广播员，他的名字是罗纳德·里根，在他成为总统后，电台也就成了个圣地，同时是美国最具影响力的媒体之一。该电台雇用了一名叫斯蒂夫·迪斯（Steve Deace）的当红主持人，像面向全美观众的拉什·林堡（Rush Limbaugh）那样主持爱荷华州的电台脱口秀节目。他拥有天鹅绒般柔软的声音，热衷于基督教保守派价值观，并强烈反对堕胎。这位电台主持人利用“迪斯的下午”这档节目声援赫卡比，反对罗姆尼。“鉴于他在每个问题上‘与时俱进’的立场变化，”迪斯在一次节目中说道，“在‘总统竞选中最卑劣的骗子’排行榜上，罗姆尼州长排名是数一数二的，仅次于（民主党候选人）约翰·爱德华兹。在我眼里没有任何共和党人比罗姆尼州长更虚伪了。”[43]

关于一些评论家指责他是摩门教反对者，迪斯回应：“我知道你们中有些人认为我反对罗姆尼是因为我在宗教方面的偏执。别误解我，你知道，我算是一个宗教偏执狂。我不相信传统的摩门教教义能与两千年的基督教教义和传统共融。但我并不认同用宗教检验政治态度的做法。罗姆尼的问题不在于他是摩门教徒，那并不是困扰我的因素。”困扰他的是罗姆尼的“墙头草”作风让他成为共和党内最危险的候选人。迪斯不断地攻击让罗姆尼爱荷华州的一位高级顾问——布莱恩·肯尼迪（Brian Kennedy）出现在了节目中，就在民意测验投票前夕。在为罗姆尼辩护称其对于堕胎主张上的改变是出于真诚之后，肯尼迪再也受不了迪斯的冷嘲热讽了。“你在节目和节目之外进行的这些宣传就是要搞垮米特·罗姆尼。”[44]他说，这也反映了整个罗姆尼阵营的广泛心声。

迪斯对此几乎无法否认。尽管他在爱荷华州之外鲜为人知，但他影响选民的能力在州内被认为是共和党总统选举政治中最重要的因素之一。

赫卡比 2008 年爱荷华州的竞选经理埃里克·沃尔森（Eric Woolson）说，迪斯是赫卡比声势飞涨的关键人物。“如果你观察他节目辐射的那些同心圆，你会发现大部分在爱荷华州的中心区域，那里的大部分民众都听他的节目，从数据上可以看到罗姆尼州长本该表现出色的地方反而处处受限，而赫卡比则异军突起。”[45]沃尔森说。

“那基本上就是反对罗姆尼州长、支持赫卡比州长的长达三个小时的广告。”迪斯后来说：“我不认为我是迈克·赫卡比获胜的原因……但很大程度上我可能是米特·罗姆尼失败的原因所在。”[46]罗姆尼没出现在迪斯的节目中，但他去参加了另外一个 WHO 节目，“米克尔森的早晨”，他希望这儿能友好一些。但主持人詹·米克尔森（Jan Mickelson）在罗姆尼戴上耳机、拉紧话筒之时便发起了攻击。米克尔森用大部分的采访时间指责罗姆尼在竞选州长时支持堕胎合法，破坏了摩门教教义。[47] 在节目插播广告时，米克尔森说节目结束后他会继续追问此事。罗姆尼显然没意识到谈话都被录音了，向米克尔森发起了攻击。

“我不喜欢参加广播节目，也不想你追着我的教派和我不放。”他说。

“我并不是要追击——我赞同你的教派！”关于反对堕胎的教义，米克尔森说道。

“没错！我没像一个摩门教徒那样做，我开始有一点厌倦参加你做这种节目，厌倦全部是关于摩门教的节目内容。”罗姆尼愤怒地说。

而米克尔森刨根问底问个不停，罗姆尼打断了他：“那么我该怎么做？告诉我，我到底该怎么做？我就不应该主张堕胎是合法的。那么我在这儿就完蛋了。‘但是，你是支持堕胎合法化，因此你就背离了你的信仰，你完蛋了。’是的，那不是我的教派倡导的。在我的教派中有的领导者是支持堕胎的！你错了！那是你的问题。”

很快，有人在一个在线论坛上发布了这段可能未播出的评论视频。这段视频在爱荷华州引起了轰动。迪斯使形势不利于罗姆尼，而现在米克尔森似乎作了一个了解。这一遭遇被一些福音派教徒大肆渲染，作为罗姆尼在堕胎问题上缺少承诺的证据。米克尔森后来说：“我曾认为这个人会是下一个伟大的人，没有人比我更惊讶了。”他说他给罗姆尼的助手打电话说：“真是太糟糕了，罗姆尼没理解我的意思……我们化解误会吧。”而罗姆尼再也没有出现在米克尔森的节目中。

在米克尔森看来，罗姆尼在他节目上的表现，加上他的同事迪斯每天的抨击，“使罗姆尼失去了爱荷华州中部”[48]。但一些爱荷华州人却印象深刻：一直被认为是很冷、很机械化的候选人显示出了激情，捍卫了自己的信仰，并成为了爱荷华州的偶像。私下里的罗姆尼，也许比大多数人看到的更加真实，能够坚持自己的立场。

罗姆尼赢得了测验民意投票，支持率达到 31%，并宣称“这着实是一个好的竞选开端”，并强化了他想要赢下的党团会议的思想。他几乎没有注意排在第二位，只花了他 1/10 的投入支持率便达到 18% 的人。在最佳的政治回旋传统中，迈克·赫卡比称他的亚军终结了“一场伟大的胜利”。他讽刺罗姆尼，并告诉他的支持者们“我可没办法将你们买过来[49]”。

抛开罗姆尼的虚张声势，他的一些高级顾问感到担心。一些人聚集在走廊，彼此交换着对于在爱荷华州下大赌注的担忧。关于这位竞选人是否应该将投入在爱荷华州的大部分资源抽出，以标志他不会努力赢得党团会议的问题，开始了长达数月的争论。根据一些参与者的描述，这场争论的结果是赫卡比的崛起和另一位来自肯萨斯州的基督教保守派参议员山姆·布朗巴克（Sam Brownback）的失败。随着布朗巴克退出竞选，赫卡比在竞选中的立场已相当清晰——寻求福音教派的支持。所以，尽管罗姆尼的一些助手们在庆祝胜利，另一些人仍然看见前途并不光明。为什么不现在就宣布胜利，不在爱荷华州投入较小的努力，不撇开数百万美金，投入其他州，例如佛罗里达州？[50]

但罗姆尼坚持全押在爱荷华州的策略。内部投票显示他在新罕布什尔州依旧呼声很高。据他的顾问讲，如果他赢下了爱荷华州，新罕布什尔州的一切即应尘埃落定，提名肯定是他。所以罗姆尼在福克斯新闻责骂麦凯恩和朱利安尼未参与民意测验投票的竞争，同时进一步提高他赢得党团会议的期望。“如果你无法争夺腹地，如果你就无法在 8 月赢下爱荷华州，你又怎能在 1 月举行党团会议时取胜？”他问道，“进而你又怎能在 2008 年 11 月取胜？”[51]

他已经做好了收获的准备。“数据”告诉他他已经获胜了，在爱荷华州花上数百万美金来确保支持者是值得的。《得梅因纪事报》在头版新闻中告诉读者，罗姆尼在民意测验投票中的胜利“有一点没意义”。同时，国内最有名的基督教保守派人士，鲍勃·琼斯三世（Bob Jones Ⅲ），南卡罗来纳州一所以其家族名称命名的原教旨主义学校的校长，赞同罗姆尼参加总统竞选——但这看上去有点过于没有意义。[52]“作为基督徒，我完全反对摩门教的教义，”琼斯在 10 月宣布他的支持时说，“但我不是在投票选传教士，而是在投票选总统。”

罗姆尼不能再拖延这个问题了。从他成为候选人那天起，他就希望不必因摩门教信仰而作一次正式演讲。他认为他已经在无数的采访中对此作过交代，他担心大型的演讲只会为此带来前所未有的关注度。与此同时，他一直在收集建议并开始打草稿。最后，赫卡比的上升势头让罗姆尼别无选择，他必须进行一次演讲，问题是在哪里演讲。几个月前，米特私下里和前总统乔治·H. W. 布什见面探讨，从参与竞选的严酷、家庭的影响到宗教的角色，无所不谈。现在罗姆尼接受邀请，到布什在位于得克萨斯州的总统图书馆进行他人生中最重要的演说之一。

但他会说些什么呢？有人建议他解释他为什么信仰摩门教并直接解决一些福音教派信徒称摩门教是邪教的指控。罗姆尼断然拒绝了这个建议。取而代之，他听取了美南浸信会领导人理查德·兰德的建议。一年前，兰德曾劝说他效仿约翰·F. 肯尼迪的例子——仅仅是为了捍卫拥有各种信仰的美国人民众的权利而竞选总统。兰德个人认为罗姆尼等了一年才作这个演说是个“错误[53]”。但现在既然罗姆尼即将进行这样一个演讲，他同意在布什图书馆的显著位置进行。

2007 年 12 月 6 日，大约在爱荷华州党团会议开始的一个月前，罗姆尼走向演讲台，站在一排美国国旗前。几家电视新闻网络都中断了节目，提供现场新闻报道，纷纷预测这次演讲将成就或毁掉罗姆尼的竞选。但那些想听关于摩门教教义的听众们，他们可要失望了。他只提到了“摩门教徒”这个词一次，然后过渡到该教的前领导人杨百翰。他说他相信耶稣基督是上帝之子，是人类的救世主。隐晦地提及摩门教的信仰，即其他宗教是错误的，基督来过美国。他说：“我们关于基督的信仰也许和其他宗教的不完全一致。每个宗教有其自己独特的教义和历史。这些不是我们批评的依据而是对我们宽容的考验。如果只保留我们认同的信仰，那么宗教的宽容就太肤浅了。”

罗姆尼向选民保证他不会“为任何一个宗教服务[54]”而是“为全美国人民的共同目标服务”。他反复强调他的选举资格应该被视为国家宗教信仰自由的证据。“有一些人会让总统候选人解释和描述他的宗教的独特教义。这样做将有悖于创始人在宪法中对特殊宗教测试的禁止要求。任何候选人都不应成为他的教派的发言人。因为如果他成为总统，他需要各种宗教信仰者的支持。”

在演说的结尾，他以一个故事作为总结：1774 年，在费城举行的大陆会议上，当不同信仰的成员因是否祷告而产生分歧时，波士顿的塞缪尔·亚当斯（Samuel Adams）是如何做的。当罗姆尼讲述这个故事的时候，亚当斯站起来说：“他会倾听每一个虔诚、品格优良的人的祷告，只要他们是爱国的。所以他们共同祷告，一起团结战斗，受上帝的恩赐，他们共同建立了这个伟大的国度。”

就这样，来到总统图书馆的观众都站起来，大声喝彩，尽管演说并未结束。罗姆尼看上去很高兴，他的助手表示他们从没有见过他如此富有激情的演说。反响太好了。当时的 CNN 主持人格伦·贝克（Glenn Beck，本身是摩门教徒）向全国的听众宣布罗姆尼打出了一记“全垒打”。但好景不长，至少在爱荷华州——这个对候选者的宗教观如此看重的地方是这样。在罗姆尼演说几天之后，《纽约时报》刊登了一篇文章，描述了一篇即将刊登的关于赫卡比的杂志故事。[55] 在一次《纽约时报》作家进行的采访中，赫卡比似乎一反常态，煽风点火，激起了关于罗姆尼宗教问题的质疑。他问道：“摩门教不是相信耶稣和撒旦是兄弟吗？”报纸在报道赫卡比这个夸张的问题时，提到权威的《摩门教百科全书》(Encyclopedia of Mormonism) 中提到耶稣是上帝之子而撒旦是堕落天使，并不是“兄弟”关系。

罗姆尼对赫卡比的言论十分气愤，并寻找机会将此变为自己的有利条件。“我认为攻击别人信仰的做法实在太过分了。起码这不是美国人的做事之道，我想民众也会排斥这种做法。”[56] 罗姆尼说。但赫卡比仍是当前炙手可热的人物。尽管罗姆尼的演说受到普遍欢迎，并且是在赫卡比的民意支持率上升时进行的。在罗姆尼的竞选团队中，关于如何回应赫卡比的挑衅的争论仍在继续。卡斯特罗，罗姆尼最初的媒体团队负责人催促给赫卡比一个强有力的回击。大量的竞选对手情况调查——竞选术语中称之为“oppo”——已经准备好了。一份文件对赫卡比支持提高税收的观点进行了详细描述。另一批文件的内容是，赫卡比作为阿肯色州州长时支持释放一名定罪的强奸犯，当假释委员会释放了这名强奸犯后，他强奸并谋杀了一名妇女，于 2003 年被定罪。

由于卡斯特罗主张继续进行攻击，罗姆尼第二媒体团队的一名成员斯图尔特·斯蒂文斯开始贬低赫卡比的重要性。“为什么会突然关注赫卡比？”[57] 斯蒂文斯在 2007 年 10 月 23 日给卡斯特罗和其他竞选工作人员写的一封电子邮件中说。“有任何理由让我们相信从一周或两周之前当我们拿到数据时开始所有的事情都变化了吗？我们表现得就像在竞选竞争中有了新的进展……我们可别认为我们在爱荷华州的任务就是一举挫败赫卡比。”

但那是卡斯特罗的思想，他经历过很多次竞选，深知此类决策往往决定了竞选的成败。他命令制作一则广告，直击赫卡比的假释记录。这是整个竞选中最有力的转折点，和使马萨诸塞州民主党人迈克尔·杜卡基斯（Michael Dukakis）在 1988 年总统竞选落选的那则臭名昭著的“威利·霍顿（Willie Horton）”广告如出一辙。取代了没有说服力的旁白，卡斯特罗和他的团队找到并采访拍摄了一位母亲，她的女儿被赫卡比执政期间释放的定罪的强奸犯谋杀。在这则广告中，这名母亲手拿着她女儿的项链坠，指控赫卡比支持释放强奸犯。伴随着这位母亲激动的言语，一个画面出现，指出“迈克·赫卡比一共批准了 1033 项特赦和减刑”。[58]

罗姆尼的其他顾问担心播放这则广告会造成反效果。他们争论，这会提高赫卡比在这次竞选中的重要性并可能失去一些选民。最终的决定权抛给了罗姆尼。考虑到这样的攻击太孤注一掷并可能为赫卡比赢得同情，他否决了这则广告。[59]罗姆尼竞选团队选择了一个“软点”取而代之。标题是“选择：记录”，从友好地对比罗姆尼和赫卡比切入，夸赞他们是“两位前州长，两位优秀的顾家男人，都反对堕胎，都支持保护传统婚姻的宪法修正案”。[60] 从广告中，反映出的不同点是，罗姆尼反对非法移民（一篇报道打擦边球，称他曾聘用过一家雇佣非法移民的园林公司），而赫卡比主张宽松的移民政策。这则广告激怒了罗姆尼的一些顾问，他们认为这对赫卡比只是无关紧要的一个侧击，并对此非常怀疑。

在爱荷华州的竞选活动结束时，罗姆尼已经在广告和微观定位方面花费了近一千万美元。[61] 在爱荷华州的这笔惊人费用几乎是赫卡比竞选总费用的十倍。这极大地减少了应对接下来竞争的可用资源，尤其是在加利福尼亚州和佛罗里达州。资金上的优势是压倒性的，赫卡比起初几乎没有获胜的机会。赫卡比的助手说，他们的竞选资金十分短缺，甚至无力支付三万美金购买在以往党团会议中投票的共和党人名单，而这是大部分竞选都需要的最基本的信息。但赫卡比有一个意想不到的同盟——帕特里克·戴维斯（Patrick Davis）——一位来自科罗拉多州的政治顾问，在竞选过程中，他没有涉足爱荷华州，筹集了一百万美元的独立资金，计划用于支持赫卡比，挫败罗姆尼。戴维斯曾是共和党参议院全国委员会的政治委员，他相信罗姆尼关于堕胎的摇摆不定会使他丧失资格。他通过电话采访进行所谓的“政治调查”。这次采访规模很大，在党团会议之前给爱荷华州的85万个家庭打了两次电话。这种调查在政治中称为“推离式民意调查”，其中的问题设计用于影响他人主张而不仅仅是调查统计。

其中一个问题是这样的：“在前五名总统候选人中，只有赫卡比州长始终反对堕胎，保护未出生生命，并在整个政治生涯中给予我们社会中的弱势群体以绝对优先权，这些情况有没有让你想了解更多关于州长赫卡比的情况呢？”“调查”结束后，被采访的人被告知可以通过网站“TrustHuckabee.com”获得更多的信息。[62] 罗姆尼竞选团队非常气愤，但他们对此无能为力。同时，在罗姆尼竞选团队内部，让他们感到挫败的是没有类似的独立组织站出来力挺罗姆尼。“我们一直在等待有人来帮忙，但似乎永远都不会到来。”负责管理罗姆尼在该州东部的竞选的前爱荷华州共和党主席布莱恩·肯尼迪如是说。

罗姆尼在爱荷华州的问题给他在新罕布什尔州带来了潜在灾难性的影响。罗姆尼的竞选回到了花岗岩州，在这里，他的竞选团队的过分自信带来的问题日益明显。[63] 罗姆尼最新的策略是攻击麦凯恩支持外来移民法案，他说，“难道让非法来到这里的每个人永远留下吗？”但罗姆尼被该州最重要的两家报纸攻击。[64] 自由主义倾向更明显的《康科德箴言报》（Concord Monitor）发表社论称罗姆尼是个“骗子”并建议选民支持别人。尽管罗姆尼的竞选团队反驳称《康科德箴言报》的编辑方针是自由主义，但更具影响力并且更可信的保守派报纸《工会领袖》(Union Leader)对麦凯恩的认可则令人出乎意料，并称罗姆尼对亚利桑那州的攻击是不属实的。

麦凯恩立即批准了一则毁灭性的广告，其中引用《康科德箴言报》把罗姆尼比做“骗子”，并转引自《工会领袖》社论“花岗岩州人们需要的是一个可以直视他们并告诉他们真相的候选人”[65]。约翰·麦凯恩达到了目的。米特·罗姆尼却没有，他似乎开始惊慌失措了。这位马萨诸塞州的前州长、新罕布什尔州湖边别墅的主人在本应该是主场的地方陷入了可能失去一切的危机当中。麦凯恩乐见罗姆尼雪上加霜。“我知道什么叫兵荒马乱，”这位前海军飞行员说道，“很明显米特·罗姆尼正身陷其中。”[66]

罗姆尼在新罕布什尔州再也待不下去了。他在爱荷华州的竞选团队似乎要炸开了，正如他的工作人员公然保持乐观，确信这些“数据”预示着胜利，他们公开轻视赫卡比和他的组织。就在爱荷华州党团会议的前几天，保守的《国家评论》的一名曾给予罗姆尼宝贵支持的作家让罗姆尼的发言人埃里克·菲恩斯多姆评价一下这场竞争。

“我们即将面对一个由公平纳税人、家庭教育者和圣经研究成员组成的一个松散的联盟，所以这将是一场测试，看谁能在党团会议日提供最大的支持。”[67]菲恩斯多姆回答道。

“并不是说那些团体有任何不对的地方吗？”《国家评论》的作家问道。

“并不是说有什么不对，只是事实情况而已，”菲恩斯多姆回答，“他只是在那里寻得了支持。关于迈克·赫卡比为什么在爱荷华州进行一些诸如理发或慢跑的公开活动，或者离开爱荷华州跑去加利福尼亚州参加杰·雷诺(Jay Leno)的节目，我有自己的看法。那是因为他没有基建团队为他做活动策划。当他在爱荷华州做活动时，他去比萨农场，因为那里有一大群人，不用你打电话召唤。我们为在爱荷华州建立组织感到非常自豪。”赫卡比的国家竞选经理奇普·索特曼(Chip Saltsman)即困惑又气愤。他说，“埃里克的引证显示了他对我们是多么的无礼。”但索特曼很高兴他的候选人被低估了。[68]

在2008年1月3日，爱荷华州党团会议这一天，罗姆尼的竞选助手有一个目标，他们相信这会带给他们胜利——25000票。起初他们欣喜万分，因为很显然他们会超过这个目标，最终获得了30021票。但随着晚上时间的推移，罗姆尼团队的自信——有些人称之为傲慢，被证明是错误的。最终的结果超出了他们的预期，赫卡比最终赢得40954票，远远超过了罗姆尼。

爱荷华州前共和党主席兼罗姆尼竞选高级顾问理查德·施旺确信摩门教反

对者在罗姆尼的失败上起了重要作用。“很多爱荷华州人认为他们自己并不偏执，但就是不相信摩门教是基督教的一种，”施旺说，“更糟的是，我听说了很多次‘我不是一个偏执狂，但我姑妈和姐姐是’。”[69]迈尔斯说，在爱荷华州摩门教反对者“是个主要问题”，尽管爱荷华州竞选团队发出了警告，但她起初并没有意识到福音教派会起这么大的作用。要是她知道他们影响的范围，她说，罗姆尼将不会如此重视这个州。“如果我们早知道会有 11 万人参加党团会议，并且其中大部分是福音派基督徒，我们应该会想到形势非常不利于米特取胜。”[70]（实际共和党出席者达 119188 人）

这是一个值得注意的问题。福音教派在爱荷华州党团会议中的影响力已经有很长一段历史。而罗姆尼，这个对数据和细节如此富有热情的人，怎么会低估它呢？更让人惊讶的是，他的波士顿政治团队又怎么会呢？简言之，罗姆尼在爱荷华州的策略已经成为一场灾难。没有了进入新罕布什尔州的强劲势头，他要做的是挣扎着保住自己的候选人资格。

然而，一些基本条件看起来还不错——他在整个州都享有知名度，他的家安在这里，几乎没有关于他信仰的质疑。但是竞选团队未能注意新罕布什尔州的工作人员提出的建议，在该州取胜的希望似乎也正在从罗姆尼的指缝间流逝。

在新罕布什尔州初选数周前，罗姆尼的国家副总统、美国国会参议员贾德·格雷格（Judd Gregg）到波士顿的竞选总部参加一个情况汇报会。在会议室落座后，格雷格开始听罗姆尼的顾问描述这位候选人将如何轻而易举地赢得新罕布什尔州初选和提名。格雷格被震惊了。根据他多年的经验来看，他太了解一个候选人如何能够在数日内在新罕布什尔州赢得或者失去 20 个投票点，这种地震般的改变取决于参选人的势头和选民的情感。然而，罗姆尼的助手通过定量分析和民意测验表——格雷格称之为“数据分析专家”——认定取得提名已如囊中取物。“民意调查人完全肯定罗姆尼将会是下任美国总统。我认为这是关于竞选的非常荒谬的‘量化论’观点，”格雷格说道。“我只记得我摇着头走出了房间。”[71]作为竞选的国家副总统，他觉得完全跟不上竞选的脚步。他出席一些活动，有时介绍罗姆尼，但除此之外，大部分时间他都不参与作决策。罗姆尼的竞选团队“不想我或者我的组织做任何事，”他说，他没有尝试把自己推进核心集团。当被问及为什么竞选团队在新罕布什尔州没有发挥这位经验最丰富的政治运作者的优势时，格雷格只用一个词回答：“自负。”他解释道：“在这些竞选团队中，人们往往很抵制局外人。所以在思考如何运作他们的竞选活动时，我的决定不会被考虑在内，因为他们显然不想知道。”

罗姆尼在新罕布什尔州的竞选团队主席布鲁斯·基奥，这位罗姆尼在北角区餐厅内强烈争取来的人，决定采用更激进的方法。

几个月来，他一直都很沮丧，波士顿团队不理会他和其他了解实际情况的人提出的担忧。他说竞选团队召集主要州的工作人员参与电话会议，但大多数时候都是单向的，由罗姆尼的助手介绍他们的最新计划。此外，罗姆尼积极地将他争取过来后，基奥几乎没有机会和这位候选人互动。在整个新罕布什尔州的竞选活动中，他说，他只有两次短暂的机会和罗姆尼同车穿越新罕布什尔州。他说罗姆尼只愿意和一个助手旅行，那就是新闻秘书埃里克·菲恩斯多姆。“在新罕布什尔州两个活动之间的旅途，他愿意和埃里克单独待在车里，而不会利用日程表里的空闲时间‘去了解州内的情况’，‘而我认为这是很古怪的’。”基奥说。他很沮丧，因为罗姆尼不采用“走动式管理的古老格言。如果你想了解事情的进展，到工人的工作现场去，去和工厂的工人们谈谈”。[72] 基奥给迈尔斯和鲍勃·怀特（罗姆尼最亲密的朋友和贝恩资本的助手）发了一份备忘录。[73] 他重申了与竞选团队之间的问题，并陈述了罗姆尼需要苦心研究财政领域消息的理由。对于罗姆尼是否看过这个备忘录，他一直都无从知晓。

罗姆尼的天平正向错误的方向倾斜，并且他的时间所剩无几。竞选备忘录已经警告这位候选人早期初选过程就像“火箭滑车一样，为期两周半，几乎没有时间进行调整”。[74] 通常，在爱荷华州和新罕布什尔州的投票之间至少有一周时间，而这次只有五天。

一方面，赫卡比现在成为罗姆尼右翼的真正挑战。不但使罗姆尼的竞选团队错误预估了赫卡比在爱荷华州的实力，而且也没想到他将在新罕布什尔州竭尽全力。迈尔斯后来说她曾认为赫卡比会跳过新罕布什尔州——这里的社会保守派人士并不像其他州那样重要——然后直接去首个开展南方初选的南加利福尼亚洲。“对于（赫卡比）去新罕布什尔州，我很吃惊。”[75] 但是赫卡比的上升势头促使他的竞选团队的主席埃德·罗林斯（Ed Rollins）在赫卡比赢下爱荷华州的三周前便飞到新罕布什尔州，明确表示他的候选人会在花岗岩州进行竞选活动。他在州首府康科德说：“我们将在这里全力以赴。”

更糟的是，罗姆尼的左翼面临新的问题。罗姆尼的竞选计划曾经认为麦凯恩和朱利安尼会平分温和派选票。但是朱利安尼却出人意料地进行了一次非常不好的竞选活动。[76] 从未受到党内保守派的欢迎，因为他们不赞成他支持堕胎合法的立场，此时一系列报道破坏了朱利安尼在选民心目中的形象，这也使他很难获得支持。事情是这样浮出水面的，当这位前纽约市长跟与他有婚外情的女人幽会时，不时会让这座城市的政府部门报销他们的安保账单。与此同时，他的前警务处长伯纳德·克里克（Bernard Kerik），这位朱利安尼曾推荐作为国土安全部部长的人，因税收问题受到联邦指控。

朱利安尼在新罕布什尔州的竞选团队主席韦恩·萨普里尼（Wayne Semprini）曾相信该州是为他的候选人量身定做的。选民并不因为朱利安尼支持堕胎而困扰，他们喜欢他作为财政保守主义者的立场，也欣赏他是一位强有力的领导人。在竞选初期，作为该州共和党前任主席的萨普里尼，为朱利安尼制定了一个大胆的广告预算，相信这位前纽约市市长将会赢下该州，并将此作为最终胜利的出发点。现在萨普里尼要开始行动了。当他与朱利安尼乘坐一辆竞选车时，他告诉这位候选人在新罕布什尔州播放主要电视广告的时间到了。朱利安尼拿起手机，据萨普里尼回忆，他命令在纽约总部的助手开始播放广告。萨普里尼激动万分。但狂轰乱炸的广告并没有如期而至。朱利安尼的助手后来告诉萨普里尼，竞选团队没有资金，这也是为什么朱利安尼在新罕布什尔州只停留很短的时间，大量的时间都用来在国内奔波，筹集资金。

罗姆尼的竞选团队得知朱利安尼退出了新罕布什尔州的竞选活动这一消息时大为震惊。他们一直认为他们需要朱利安尼，他们才能凭借良好表现争取到之前支持麦凯恩的选民。现在，罗姆尼的竞选团队利用朱利安尼的退出，告诉选民，投票支持这位前纽约市市长实际上就是投票支持罗姆尼。“鲁迪退出了在新罕布什尔州的宣传活动，这是我们竞选活动中遇到的最糟糕的事情之一。”[77]迈尔斯后来这么评论道。数月前，麦凯恩曾被认为已获胜无望，但现在，他在新罕布什尔州的支持率不断上扬。他又恢复了舒坦自若的状态，他将大部分时间都花在了市政会议上，与选民交流谈话。

罗姆尼也努力尝试，希望像麦凯恩一样，与选民之间形成良好交流，但他说的每句话都遭到了质疑。当他被问及前巴基斯坦领导人贝娜齐尔·布托（Benazir Bhutto）遇刺后缺乏外交政策经验的问题后，罗姆尼回应道：“总统不是专家。总统是领导人，引导美国作出重大决定，以保证美国人民的安全。”[78]罗姆尼曾说过他亲眼看到父亲与民权运动领导人马丁·路德·金一起游行，这句话遭到了质疑，之后，罗姆尼对此闭口不谈。

罗姆尼知道他必须改变他的信息点。新罕布什尔州初选前五天，他坐在朴次茅斯酒店的房间里，拿出一本黄色的便签本，草草写下“华盛顿已经沦陷”[79]。言下之意，只有局外人才能带来真正的变革。罗姆尼在接下来的竞选活动中抛出这一话题作为其信息，并在2012年的竞选中再次抛出这一口号。

但是罗姆尼的对手已经感觉到罗姆尼精心构筑的竞选活动已逐渐失去章法，对他进行猛烈抨击。1月5日晚上，在曼彻斯特圣·安塞姆学院举行的辩论会上，麦凯恩揶揄罗姆尼试图将自己描述为能够给美国带来变革的总统候选人。"我同意，你确实是一个善变的候选人。"麦凯恩说道，暗指罗姆尼在许多问题上的立场不坚定。当罗姆尼指责麦凯恩支持一项特赦非法移民的方案时，后者回击道，这项方案中还包括了对这些非法移民采取的处罚措施，同时他引用了罗姆尼在先前场合对这一方案的评论"……合理而且不算是特赦。"然后，麦凯恩利用这次交锋将罗姆尼描绘成一个腰缠万贯的骗子："你可以把你的所有财富都花在这种攻击对手的宣传活动上，但是这……不会起到效果。"

1月8日，新罕布什尔州初选当天早晨，罗姆尼的首席竞选智囊团聚集在位于曼彻斯特的总部。正当投票结果出来的时候，竞选顾问和民意调查员正仔细讨论罗姆尼的口号和他的"标签"。新罕布什尔州竞选主席基奥简直无法相信他所听到的。一年前，基奥曾参加了在波士顿举行的一次类似讨论会，在这次会议上，罗姆尼的所有成员都在讨论需要确定一条口号。现在，这种讨论会在位于榆树街的竞选总部再次上演，基奥已经失望到了极点。

"你们这些人去年都在干什么？"他怒气冲冲地问道。

他环顾四周，问题显而易见。就像一名助手所描述的，问题在于"诺亚方舟竞选活动"。每件事都有利有弊，竞争媒体团队也是如此。曾有竞选报道称罗姆尼喜欢有创造性的张力，但是基奥注意到，这位候选人在爱荷华州失利后，态度有所转变。"米特不确定他不惜花费金钱换来的竞选活动是否能得到最好的结果。"[80]他说。当晚，投票结果显示，麦凯恩以37%对32%的微弱优势打败罗姆尼，赢得了新罕布什尔州的初选。[81]

罗姆尼的顾问相信，他还有最后的机会重拾最初的竞选理念，即"作为'改造先生'参加竞选"。罗姆尼承诺要给华盛顿带来变革，这与奥巴马的竞选宣言不谋而合。对社会问题的关注不是放弃了就是变得不重要了。新罕布什尔州初选结果出来的时候，罗姆尼发了一封电子邮件给卡斯特罗，邮件里面写，他最终仍坚持着竞选顾问一直以来向他灌输的口号。"唉，艾利克斯，世事难料啊——就像你一开始时说的那样，"他写道，"再没有比这更贴切的描述了。现在如此，将来我们也要面对——很快。希望今后会更好……米特。"[82]但是现在，出人意料的是，竞选团队遇到了资金问题。罗姆尼曾从自己的财产中捐出数百万美元，这接近了他所愿意捐献的财产数额的极限。但是，竞选活动的资金缺口深壑难填。接下来，罗姆尼还将到密歇根州、内华达州、南卡罗来纳州参加初选。他的竞选团队相信，在罗姆尼的出生地——密歇根州，他打出的经济口号能够帮助其奠定胜局；而在摩门教徒人口占多数的内华达州，胜利如同囊中物。事实证明，罗姆尼确实在这两个州的初选中获胜。

问题在于，按照罗姆尼最初的安排，他将到南卡罗来纳州拉选票，但这么做是否值得。正当罗姆尼纠结于此类竞选策略问题时，他在公共场合少有的一次发火将他对其竞选方向的困扰显露无遗。他的飞机由于暴风雪在南卡罗来纳州迫降，于是，他即兴在一家史泰博商店举行了一场新闻发布会。他站在圆珠笔陈列架前面，记者们争先抢占最佳报道位置。美联社记者格伦·约翰逊（Glen Johnson）（后来加入了《波士顿环球报》）抓到了一把椅子，然后将其笔记本电脑的插头插入附近的插座。约翰逊听到罗姆尼试图强调他与其对手的不同。罗姆尼说道："我不会雇用说客来帮我竞选。我不会将他们联系到我的……"[83]

"不对，州长先生，您说得不对。"约翰逊站起来，打断了罗姆尼的发言。他曾与罗姆尼的竞选团队搭乘过同一班飞机，而且知道罗恩·考夫曼，华盛顿最著名的说客之一，恰好就是罗姆尼器重的策略师。"罗恩·考夫曼就是名说客。"

罗姆尼很生气地否认考夫曼在管理其竞选活动。"你听到我刚才的话了吗？格伦，听到我刚才的话了吗？我说我没有让说客来帮我竞选，而且他（考夫曼）并没有管理我的竞选活动。"但是罗姆尼承认，考夫曼是"一名顾问"。罗姆尼怒气冲冲地继续争论，否认考夫曼曾参与"高级策略会议"，但是在约翰逊进一步追问下，他开始前言不搭后语，承认考夫曼曾帮助他进行候选人辩论准备。至此，尽管罗姆尼因失言而生气，但如果他没有在新闻发布会后让约翰逊单独留下的话，那么这次事件也就不会发酵。一位摄影师拍到了这位候选人与约翰逊面对面对峙的画面。"仔细听我说。"罗姆尼说。然后镜头转向了前来解围的罗姆尼的新闻秘书菲恩斯多姆，他责怪约翰逊"对候选人纠缠不休，这简直不能接受，你太出格了"。

这一时刻使负责报道竞选的许多记者对罗姆尼的难以接近及其内部互相推诿和争强好胜的行事风格感到失望。之后，罗姆尼自己也承认，在史泰博的遭遇后，大家回到了竞选活动专用飞机上。作为一名乘客，罗姆尼慢步走到新闻发布室，手上拿着一盘热乎乎的什锦小吃，递给了约翰逊，旁边的一名助手提出双方和解。后来，罗姆尼在参加"晚间秀"的时候，简略谈到这件事情，向公众说起了他事后采取的补救措施。他告诉《杰·莱诺晚安秀》记者们"工作很辛苦。他们必须向我提刁钻的问题使我难堪，我对此表示理解，但是如果我不同意，争论会更激烈"。[84]

一些人认为这段录像表明罗姆尼是个敏感的人，但是其他人却认为这表现出来他未刻意修饰的真实的一面。毫无疑问，这个电视节目带来了高收视率。尽管如此，最根本的是，罗姆尼失言了，而且在谈到南卡罗来纳州初选时，他未能作出承诺。

考虑到后面的竞选活动，罗姆尼的竞选团队希望能节约经费，用于接下来在佛罗里达州和许多“超级星期二”初选州的活动。在位于波士顿的竞选团队总部看来，南卡罗来纳州花费了不少经费，却未能取得预期的效果。因此，罗姆尼在新罕布什尔州初选失利后不久，其南卡罗来纳州竞选顾问勉为其难地打电话到波士顿总部。他们表示，除非罗姆尼在初选前多花些时间在南卡罗来纳州，否则他将没机会赢得初选。于是，罗姆尼决定撤走投入在南卡罗来纳州的资源。贝丝·迈尔斯后来坚持说：“事实上，我们并没有在南卡罗来纳州展开拳脚。我们没有投入太多……我们的竞选活动并没有在南卡罗来纳州全面展开。”[85]

罗姆尼几乎把所有的赌注都投在了佛罗里达州。如果说之前几个州的竞选团队与波士顿总部之间的分歧较大，那么佛罗里达州的情况可以称得上是最糟糕的。在佛罗里达州，罗姆尼的竞选团队承受着巨大的压力，他们获得的资源不断减少，但却要利用这有限的资源扭转不利局势。一开始的情况并非如此，当罗姆尼第一次与佛罗里达州的竞选团队会面时，他保证会根据他们的意见和建议来作决定，并且他会捐出个人财产以确保佛罗里达团队获得所有必需的资源，借此，他成功说服了佛罗里达团队为他效力。2007 年 10 月 19 日，罗姆尼及其波士顿团队（包括迈尔斯和策略师团队）在奥兰多的一家宾馆与佛罗里达州竞选智囊团进行了一次极为重要的会谈，他们讨论了如何赢得初选以及人员任命。

佛罗里达州竞选团队准备了一份报告材料，采用 PPT 这种罗姆尼最喜欢的汇报形式。[86] 报告的题目是“条条大路通向佛罗里达”。这份报告列出了要赢得佛罗里达州初选所要面对的难题，即十多个主要媒体市场以及预期有 150 万共和党选民参与其中——这一人数相当于出席爱荷华州党内会议的人数的 13 倍。尽管罗姆尼的竞选团队将投入 1000 万美元把赌注押在爱荷华州，但是，要想在佛罗里达州赢得更多选民，1000 万美元是远远不够的。罗姆尼的团队在佛罗里达州竞选的具体投入不得而知，电视竞选广告上的投入约为 550 万美元，占该州总投入的绝大部分。

根据佛罗里达州竞选团队的报告，赢得佛罗里达州的关键在于利用罗姆尼极为重视但价格昂贵的“微目标”数据发送数百万封邮件。根据对象的不同，邮件的内容也有所区别，目的是为了争取以下三个团体：45 万名社会保守派人士、45 万名支持私人拥有枪支的选民以及 25 万个可能会有成员缺席选举的家庭。佛罗里达州的人口以老年人居多，且这些老年人都较容易接受邮件这种拉票方式，因此，竞选团队认为写信这种策略对于初选获胜尤为重要。

佛罗里达竞选团队希望罗姆尼向他们保证，他会按照之前的承诺，向佛罗里达的竞选团队拨付所需资金。该团队认为，如果罗姆尼在爱荷华州和新罕布什尔州失利，那么赢得这个阳光之州就变得至关重要了。但是罗姆尼的全国竞选策略师却坚决认为罗姆尼不会在爱荷华州和新罕布什尔州的初选中失败，他们甚至不给人机会讨论失败的可能性。“他们在房间里激烈地争论说‘大家不要把所有鸡蛋都放在一个篮子里’‘大家的眼光要放长远一点’，”罗姆尼的佛罗里达竞选团体主管曼迪·弗莱彻这样说，“竞选团队的顶层决策者非常确信，不管是在爱荷华州还是在新罕布什尔州，他们所采取的策略肯定会赢得胜利，会给我们提供支持。但是，佛罗里达州竞选团队关心的是‘如果失败了怎么办？’实际上没有任何补救计划。”[87]

由于竞选资金逐渐见底，波士顿竞选团队经常改变策略，以至于后来，佛罗里达竞选团队不得不制定了至少七个不同的方案，方案的最终版甚至是在初选的前几周才确定。有时候佛罗里达竞选团队针对在电视上的投放作出提案，但是他们的提案又遭到波士顿方的否决。佛罗里达竞选团队反对把经费投入在主要是支持民主党的选民居住的地区播放的电视上，但是波士顿方不同意。佛罗里达竞选团队强烈建议将资金投入在麦凯恩拉票活动较多的潘汉德尔地区（Panhandle region），却遭到了波士顿方的拒绝。

罗姆尼佛罗里达竞选团队中的高级顾问萨莉·布拉德肖（Sally Bradshaw）举例说明了他们的不满。“我真的很关心罗姆尼州长，”她说，“我真的相信他会当选。我愿意和他一同战斗、赢得胜利。但我总是唠唠叨叨，太过于强势。可能就是这个原因，我比其他人都感到灰心失望。我们已经在电话里挑明了。”[88]

最明显的是，波士顿选举团队花费了大量资金获取选民的详尽资料，但是他们却拒绝了佛罗里达竞选团队按照计划——利用这些资料以邮件的方式拉选票的请求。事实上，据佛罗里达竞选团队的策略师说，一封邮件都没有发出去。罗姆尼的竞选团队对这一决定保密，这使佛罗里达州负责罗姆尼初选的策略师们感到很郁闷。“如果要归结（罗姆尼在佛罗里达州的初选失利）原因，那么没有采取邮件拉票这个方案是个主要原因，我相信，如果当时这么做了，结果肯定不会是这样，”佛罗里达团队主管弗莱彻说，“如果他在佛罗里达州初选中胜出了，他就会获得提名。”[89]

麦凯恩的竞选团队现在将矛头指向了罗姆尼，他们打算在佛罗里达州断了这位马萨诸塞州前州长的竞选之路。麦凯恩的计划是邀罗姆尼参与辩论是否应该制订一份从伊拉克撤军的“时间表”，这项计划成功了。“罗姆尼州长希望确定撤军的具体日期，这同民主党人的观点一致，但在我看来，这会给基地组织获得胜利的机会。”[90]麦凯恩说。罗姆尼从未就具体日期提出建议，但他还是上钩了。“我不知道他为什么要骗人，”罗姆尼回应道，“但这就是欺骗。”

这次交锋持续了数天，几乎所有的新闻报道都在报道这次辩论。麦凯恩的一位首席顾问后来表示：“罗姆尼的表现在我们的掌控之中。”[91]他没法把话题引到他在行的经济方面而只能围绕在国家安全上，而后者正是麦凯恩所擅长的。1月29日佛罗里达州的初选结果表明，麦凯恩以36%对31%的微弱优势战胜了罗姆尼。[92]

罗姆尼最后的希望是在2月5日“超级星期二”初选前举行的辩论中扳回一局，这次初选将确定最终提名候选人名单。疲劳的候选人们从佛罗里达州飞到加利福尼亚州，参加这次决定罗姆尼最终命运的辩论。这次辩论在加利福尼亚州的罗纳德·里根总统图书馆举行。麦凯恩指责罗姆尼支持为美军从伊拉克撤兵制订时间表，后者进行了回击。他指责麦凯恩耍弄把戏，“这种肮脏的把戏，我认为罗纳德·里根都会觉得应该加以谴责”。麦凯恩对此进行了反击，他指责罗姆尼在遇到恐怖主义的时候，缺乏总统应具备的“经验和判断力”。

事后，麦凯恩对他的表现感到后悔。他说，由于长时间的跨州飞行，他已经筋疲力尽了，并向罗姆尼道歉。“我当时太累了，”麦凯恩说，“我在那场辩论中表现得很暴躁，很明显，我输了。我只是过于激动了。我和米特有点儿像。我那天的表现很糟糕，教训就是在参加辩论的时候不能太疲劳。”[93]

但是，麦凯恩对罗姆尼的攻击还是取得了效果。2月5日，麦凯恩赢得了许多关键州的支持，其中包括伊利诺伊州和纽约州，从而确保他获得了共和党内提名。罗姆尼赢得了包括马萨诸塞州和科罗拉多州在内的一些州的支持，他发誓还将继续参加竞选。他说：“我们还将继续战斗，我们会一路坚持到全国大会。我们会获胜，最终会赢得大选。”[94]这时，似乎这两个人之间的敌意是无法消除了。但是事实证明，罗姆尼要坚持参选的誓言只是一句空话。两天后，罗姆尼退出；一周后，他表示支持麦凯恩。双方早该取得和解、展望未来。毕竟，副总统的人选还悬而未定。

卷土重来

我的关注焦点是经济。

——米特·罗姆尼

不同的人们身着运动衫、风衣、波士顿红袜队T恤、格子牛津衬衫甚至家常毛线衫，也有的系着领带，戴着牛仔帽、棒球帽，如潮水般涌入麋鹿俱乐部（Elks Club）。一名竞选助手认真地用笔记本电脑把每个人的名字一一记录下来，人数在不断增加。这些人都是新罕布什尔州的选民，他们急切盼望白宫出现一个新的领导。入场的每个人都被问到一个问题：你支持米特·罗姆尼吗？很多人作了肯定回答后拿到一个标签，还有的在观望。座位很快被坐满。后来的人只好与媒体记者一起挤在电视摄像机后面的廉价座位上。这个挂满罗姆尼的宣传海报和红白蓝三色彩旗的房间比较低矮，随着人员的增加开始变得拥挤起来，再加上从地下室飘出的香烟烟雾，整个房间人声鼎沸，烟雾弥漫，让人喘不过气来。

然而，在2011年那个凉爽的秋日傍晚，齐聚新罕布什尔州萨勒姆的这几百名党派人士却并不在意。他们已经受够了——受够了总统奥巴马，受够了没有工作，也受够了无论走到哪里都能看到用其他语言打出的标语和指示牌这一事实。一位妇女抱怨道："银行自助取款机上居然用了不下八到十种语言！"米特·罗姆尼的手表在灯光下闪闪发亮，他在聚光灯下侃侃而谈，谈难以接受的真相，谈艰难的抉择，谈经济现状。他在提供一剂令人心动的济世良药，他本人承诺将身先士卒、全力以赴，请求全国人民与他齐心协力。他说，"我会重塑美国，请求更多的美国民众更加努力工作、更好地保护能源、更加热情并努力为国家奉献，共同关注我们所面临的挑战，从孩子开始人人发愤图强——这将需要我们的教师和年青的一代树立更高标准，同时也呼吁家长与孩子共同努力。我们能够做得更好。”

时年64岁的他双鬓斑白，脸上皱纹也多了起来，但精力却一如既往，不见一丝减少，他的真诚和雄辩的口才仍然是打动所有听众的利器。如果你愿意用心去回忆的话，你依然能想象到，多年前他如何在某户法国人家坚持为自己的宗教信仰辩护而被对方甩门；他如何坚持地恳求安等着自己，恳求她拒绝杨百翰大学里那些乘虚而入的漂亮小伙子；他如何以海量数据为后盾，让一家公司看到提高盈利能力的前景，直至后来创办了他自己的公司；你能想象，临危受命的他如何带领一个意志消沉的团队令奥运赛事重放异彩；你也能想象，他如何摩拳擦掌地审视一个错综复杂的州政府——急切地想把它拆散重建。

在这一天，他的自信有时显得有些自大。“那些没有为商界奉献过一生——或者说连一天也没有的人，很难知道它是怎么运作的。”他说。不过，谦卑的语气冲淡了这些话里的自大，这是更有经验的候选人的表现。不过他也不是事事都理解。在一次竞选活动的即兴谈话中，他对无处不在的照相机镜头抱怨了几句。“这是对参加竞选的惩罚，顺便提一下，”他说，“你碰到的每个人都有相机，每个人都想跟你合影！这占用了大量时间。”随后他转念意识到自己正在跟一群说不定一会儿就会跟他要合影的人说话，于是迅速话锋一转。“开个玩笑，现在脸谱网（Facebook）上到处都是我的脸，”他用高兴的口吻说，“有点儿像免费打广告。保持，伙计们，保持下去。”

这一切源于他对美国创新精神的惊叹，这个来自底特律的男孩儿依然还能深切感受到最新发明、小机械和新型汽车的魅力，依然被科技进步这一具有创造性的炼金术深深吸引。“我可以用我的手机拍一张漂亮的照片！”他说。语气听起来还像多年前那个跟在父亲身边瞪大双眼看着最新汽车模型的小米特。

如今，他早已远离底特律，在人生的道路上已经走过了六十几个春秋，而且还在继续寻找未来的路。四年前，他曾一度接近过自己的最终目标，但后来却不得不放弃激烈的竞争，与约翰·麦凯恩站到了同一阵营。事实上，两人在罗姆尼的竞选总部召开的宣布和好的新闻发布会上尴尬至极。但是，对罗姆尼而言，失败不过是又一道要跨越的障碍。无需太久，他又会重新启程开始新的努力。

从其商业生涯最初开始，米特·罗姆尼便从未屈居第二——即便有时间也不长。然而，从退出2008年竞选后，这就成了他追求的目标。这也是唯一的出路。他希望能被麦凯恩选为竞选伙伴，从而挽救自己的初次全国竞选；如果这样还不行，他便准备下一次竞选。他以自己标志性的分析方法开始行动，就像对待另一场初选，不过这次的目标不是赢得选民支持，而是获得麦凯恩的认可。他摆脱失败的痛苦，或者说至少暂时抛到了脑后，开始卖力地为这个曾击败自己的人开展竞选活动。

罗姆尼以主要筹资者的身份代替麦凯恩这位逐渐面临资金紧缺的候选人到各州进行巡回演讲。他赢得了大好人的赞誉，称赞他不顾自己受伤的自尊前来助共和党一臂之力。麦凯恩也注意到了。“我对他的忠诚度绝对有信心，”麦凯恩说，“无论何时，不管谁叫他去任何地方为我们的竞选做点儿什么，米特一定不会推辞。”[1]

麦凯恩在考虑自己的竞选伙伴人选时把罗姆尼也列入其中，有时候还把他视为重要人选。在麦凯恩的许多助手看来，他无疑是所讨论的人选中最具成就与资格的一位，但是这位亚利桑那州参议员要的并不一定是“成就”和“资格”。在民意调查中远远落后的麦凯恩觉得自己必须考虑一个出乎意料的人选，一个惊喜，一个能力挽狂澜、剥去巴拉克·奥巴马的“改革”这层外衣的人。从私人关系上来说，麦凯恩也决心找一个让自己觉得更轻松自在的人。而事实上，尽管他与罗姆尼当过数月的竞选对手，但两人彼此并不熟悉。在是否要作出大胆选择这个问题上，麦凯恩还需要再仔细考虑。但是，消除两人在私人关系上的隔阂倒是可以马上办到。

于是，2008 年 5 月，在罗姆尼退出总统竞选几个月后，他和安坐着一辆白色的福特野马车（Ford Mustang）前往亚利桑那州塞多纳（Sedona）附近的峡谷。[2] 那时他还在懊恼因为竞选策略的不足、雇员骨折受伤和反常的表现而错失良机。但是此刻不是自我批评的时候，而是重新推销自己的时候。罗姆尼和其他有希望的候选人一起被邀请到麦凯恩的农场度周末。趁着吃烧烤、到溪边散步和到该地区令人惊叹的红岩周围徒步的时候，麦凯恩可以按自己的方式从友好的角度去重新评估罗姆尼。

为了打破尚未完全消失的紧张气氛，麦凯恩邀请罗姆尼一家与自己的家人一起在位于杰罗姆（Jerome）的一个自己常去的餐厅吃饭。杰罗姆是一个古老且奇特的矿业小镇，位于高原沙漠里 30 英里远的地方。这个餐厅是一栋具有历史意义的西班牙布道院风格建筑，曾经是为矿工们服务的医院兼精神病院，现在则变成了一家名叫“阿塞勒姆”（Asylum，英文里有“精神病院”的意思。——译者注）的高级餐厅。麦凯恩和罗姆尼两家人入座后，饱览了一番佛得谷（Verde Valley）的壮丽景色。很快，麦凯恩便发现坐在桌子对面的人令自己刮目相看。“在之前的竞选中，他留给我的印象总是有点拘谨古板。”麦凯恩说。“当我真正开始接触他和他的家人，”他说，“我才发现事实上完全不是这样。在非正式场合里，他是个经验丰富、健谈又有趣的人。”

两人在很多方面都正好相反：罗姆尼是个严于律己的人，性格沉稳，从不发誓，也不饮酒；曾当过海军、有过更丰富生活体验的麦凯恩则热情似火，性格急躁。但是，在亚利桑那州，他们却在对方身上发现了一些共同点。其中一个便是家族历史。双方家庭都有些亲戚关系在此州。还有另一个共同点：两人都试图摆脱生活在父亲的影子里。麦凯恩的父亲和爷爷都是海军将军，罗姆尼则是州长的儿子，两人在各自的成长过程中都被寄予了厚望。渐渐地，令两人的助手惊讶的是，“米特和我成为了朋友，”麦凯恩说，“我觉得，对我来说，米特就是那种我越了解就越喜欢的家伙。”

结束亚利桑那州之行后，罗姆尼成为麦凯恩竞选伙伴的热门人选之一，他承认说如果麦凯恩选了自己，那会是自己的“荣幸”[3]。麦凯恩的助手们被要求列出各候选人的强项和弱项。毫无疑问，罗姆尼可列出的强项一大堆：有能力、保守主义、善于筹资。但是，麦凯恩的一些助手更注重他的弱项。罗姆尼是在商业上取得了成功没错，但是有时候却是以牺牲工人的血汗为代价。用这些助手的话来说，在他的很多交易背后都“有人付出惨痛代价”，这一点可能不太好向选民们解释。另外，他在社会问题上犹如风向标一般摇摆不定的立场也是个问题。麦凯恩的一位助手一直对罗姆尼在初选中嘲笑麦凯恩一事耿耿于怀，有位顾问同僚把他的意见作了如是总结：“马萨诸塞州墙头草的形象和勇敢无畏的人的形象完全不搭界。”[4]

麦凯恩核心阵营里支持罗姆尼的人继续为他们看好的人争取机会，麦凯恩为评估潜在竞选伙伴而雇佣的律师团对罗姆尼进行了彻底评估。[5] 但是麦凯恩开始更多地倾向于作一个不同寻常的选择。他手下负责民意调查事务的比尔·麦金塔夫（Bill McInturff）告诉他，超过 2/3 的民众认为国家正“误入歧途”[6]，这些人中的绝大多数都会给民主党提名的候选人投票。基于这样的数据，麦金塔夫告诉麦凯恩：“自第二次世界大战以来，在美国政坛上还从未有过共和党提名候选人胜出的先例。”麦凯恩的竞选经理里克·戴维斯（Rick Davis）也同样严肃地对麦凯恩说：“我们再不做点什么能反败为胜的事，你就输定了。”[7]

麦凯恩接受建议放弃了罗姆尼，出人意料地选了一位名不见经传但大有希望的阿拉斯加州州长莎拉·佩林（Sarah Palin）。麦凯恩想要一个能力挽狂澜的人，希望这个人能令共和党重整旗鼓，拉拢支持民主党提名希拉里·克林顿

(Hillary Clinton) 的女性选民，转移民众对奥巴马的注意力。作为一位来自堪萨斯州的肯尼亚裔黑人，奥巴马感人的背景故事为他的竞选赋予了一种历史意义。从麦凯恩决定选择难以驾驭的年轻的佩林那一刻起，米特·罗姆尼的竞选年便结束了。是回家的时候了。

2011 年 2 月初的一天，罗姆尼刚刚抵达华盛顿的一家高级餐厅，准备私下会见全国最具影响力之一的福音派信徒。桌子对面坐着的是美南浸信会 (Southern Baptist Convention) 下属负责公共政策的道德宗教自由委员会 (Ethics and Religious Liberty Commission) 的负责人理查德·兰德。当兰德坐飞机赶到波士顿在罗姆尼家中与其商谈竞选策略时，感觉仿佛四年前的故事再次重演。兰德亦是曾劝罗姆尼争取社会保守主义者支持的许多人中的一位，现在他准备旧事重提，不过这一次的经济与政治气候已大不相同。

罗姆尼、兰德和其他几个人坐在阿卡迪亚娜餐厅 (Acadiana) 的一个隔间里，点了一些具有路易斯安那州风味的美食。兰德发表了对政治形势的看法，他看到了罗姆尼在当前依然未能走出低迷的美国经济中的优势，也看到了他在马萨诸塞州推动立法的备受争议的医疗计划给他带来的风险。不过，兰德主要想说的还是劝罗姆尼不要受那些建议他少关注在堕胎、同性婚姻和其他社会问题上的立场的人的影响，[8] 那会是一个致命错误。他说，因为在共和党内依然闹得轰轰烈烈的茶党 (Tea Party) 运动 (兴起于 2009 年初的一个美国社会运动，主要参与者是主张采取保守经济政策的右翼人士。——译者注)，虽然重点关注的是缩小政府规模，但其中很多人还是对社会问题保持了高度关注。

但这并非 2008 年，罗姆尼对兰德所提建议的答复表明了在这位候选人身上已经发生了重大的转变。他感谢兰德提出的建议，但没有说这份建议自己会采纳多少。数月后，答案似乎清楚了：罗姆尼以经济复苏问题为焦点拉开了竞选大幕。在竞选声明中，他并未提到堕胎问题。即便是在宣布竞选后的第二天与一个宗教信仰团体谈话的时候，他也只在一句话里提了提堕胎，然后便迅速换到了另一个他更为熟悉的话题：刺激美国经济高速增长。这是一次明显的转变，是有意为之。

2008 年竞选失利后，罗姆尼仔细分析了自己的竞选团队，与最心腹的顾问讨论了失败的原因。他一如既往地将重点放在数据分析上，对结果进行了彻底评估，明白了在哪些方面出了问题：他的信息没有表达清楚，在爱荷华州耗费了太多时间与金钱，错误估计了自己在新罕布什尔州的人气，过多地寄希望于对手的行为。罗姆尼承认自己在政治本能上的局限性，两位顾问指出，而且他自己也特别懊悔没有一位像迈克·墨菲那样的竞选策划人。“我从来没有一个战略师，”罗姆尼告诉朋友，“虽然我找到了谜语的所有细节，却没能把它们拼凑出来。”[9] 他需要的是一支能让他毫无保留地信任的团队，这在他的生活与事业中很多时候都是成功的关键。2008 年，他的团队出现了分化。一些顾问坚持认为在这样的情况下，调停观念冲突和以首席执行官的身份作出最终决定反而能让罗姆尼成长。但是 2008 年留下的教训似乎是，在紧张的有限时间及趋势不明的情况下竞选总统，跟做一州之长、组织奥运会和公司交易是完全不同的两码事。

展望 2012 年，罗姆尼决定自己需要一种截然不同的竞选团队。他把目光重新投向自己在波士顿的顾问圈子，这些人在这几年里已经从自己的失误中学习成长起来了，并且有了一些转变。一支团队曾帮助共和党人斯科特·布朗（Scott Brown）取得过惊人的胜利，从特德·肯尼迪手中夺走了美国参议院的席位。另一支团队曾为共和党在中期选举中取得全国性胜利发挥了关键作用。在为第二次尝试做准备的过程中，有着多年总统竞选活动经验的斯图尔特·斯蒂文斯（Stuart Stevens）搬到了波士顿，被授权首席战略师。2008 年的两支争吵不休的媒体团队被缩减到了一支。2007 年花了 200 万美元却只为在爱荷华州民意测验的投票中胜出，四年后的今天，罗姆尼拒绝重蹈覆辙。他没有在早期竞选广告里投入数百万美元，而是保留了竞选资金。他也没有耗费大量时间寻求福音派新教会领袖的支持，他说，讨论他的宗教问题的时候已经过了。他援引宪法第六条说：“不得进行宗教检验。”（《美国宪法》第六条明确规定不得以宗教信仰作为担任合众国任何官职或公职的必要资格。——译者注）

罗姆尼坦陈，自己在 2008 年的主要失误其实很简单：他没能表达清楚自己的真实态度，在 1994 年参议员竞选结束后他也同样确认过这一问题。之后再次缺乏清晰定义。“我认为，在竞选中有一件事情非常重要，那就是确保公众知道你的真正动机，”他说，“我需要更好地把自己的竞选活动聚焦在经济、经济复苏和创造就业岗位上。不管是通过广告、通过对争议问题的回复还是通过演讲的形式，我的关注焦点都是经济。”[10]

他的助手们说，这一次罗姆尼会始终注意扬长避短。不过还是存在预期风险。在外交政策上，他依然无法有力证明自己。对于许多共和党人来说，社会问题依然是重点。保守主义者不喜欢他在马萨诸塞州推行的医疗计划，尽管他承诺一旦当选总统就会废除“奥巴马的医改计划”。如果选民们依然认为他更多地代表了华尔街而非受到挤压的中产阶级的话，他作为融资收购专家的事业便会成为阻碍。但是，如果经济依然占据热点问题榜首，他和他的团队想，也许，只是说也许，这个谜语的所有细节便能成功组合。

在进行 2012 年的飞跃之前，罗姆尼如同往常一样先征求了安的意见。安告诉他应当放手去做，不要让自己后悔。他也写了一本书，书名叫《无可致歉》。书中对他和他的家庭涉及甚少，几乎全是阐述他的保守主义原则的政治处方，就像竞选白皮书。面对如此多询问自己真实态度立场的人，罗姆尼现在有了一些能够展示的明确态度。就在这本书里，他说，读一读就知道了。

不过，这本书讲述的却是罗姆尼未曾强调过的东西。《无可致歉》总结了一套 64 项“行动步骤”，他称其为“实现自由与强大美国的议程”[11]。这套行动步骤中没有提到堕胎，也没有提到同性婚姻，不过他留出了一些建议空间，比如“使用动态调整政策”。在这本 309 页的书中，他只是简短地提了提自己“不需要道歉的反堕胎态度”和“对同性婚姻的反对”。当被问及他这次为何把在其 2008 年的竞选中占据重要地位的社会问题放到如此次要的位置上时，他温和地回道：“对那些质疑候选人的人来说，了解他们在社会问题上的立场态度总是一个特别的兴趣点所在，但是我知道这还不是用雄辩和分析就能解决的话题。在这个话题上，不同的人有不同的观点，谁也不用说服谁。”[12]换句话说，他这次并不打算把重点放在这个话题上。

2011 年 4 月 12 日，罗姆尼走进纽约市的哈佛俱乐部（其自称为“本市最高级的私人俱乐部”），出现在上百名美国最有权、有钱的共和党人面前。听众中大多数人承诺会从其朋友圈子里筹集至少 2.5 万美元，预计很多人筹到的会远不止这个数。这些人里面有华尔街商人、高管，也有欣赏罗姆尼的商业背景和解决经济问题方针的其他人。罗姆尼告诉与会者，在他们的帮助下，他可以筹集到数千万美元并且向白宫进发。[13]与会者更看重的是罗姆尼所做的不会疏离华尔街和商界的决定。同时，他与茶党的一些原则保持了距离。他赞扬茶党对大政府问题的关注，支持一些茶党候选人，但他同样也说过选民们应当警惕“平民主义的诱惑”。“我所说的平民主义是把社会中的某些成员妖魔化：商人，华尔街受过高等教育的人，担任首席执行官的人，”他说，“这种‘把我们的所有问题全部归咎于这个群体’的态度于事无补。”[14]

考虑到其与华尔街和投资界的深厚渊源以及获得的两个哈佛大学学位，毫无疑问，在某种程度上，罗姆尼是在自我辩护。同时他开始更加努力地加强与普通老百姓的联系。在 2008 年的竞选活动中，他的雇员曾与一位佛罗里达州顾问发生争执，因为该顾问希望这位候选人在与歇业者会面时别打领带。在这一次的竞选中，他在准备接受 CNN 电视台的皮尔斯·摩根（Piers Morgan）

采访时，征求了妻子的意见。“我今天要接受皮尔斯的采访，我该穿什么好呢？我觉得我该打个领带，你认为呢？”安答道：“不，不，不。就穿你身上的这件衬衫就好，蓝色衬衫加运动外套。”正如罗姆尼在讲述这次交流的时候所说的那样，“我按照夫人的命令做了”。[15] 事实上，罗姆尼之前也常常是以商务休闲装示人，不打领带，穿着简单的休闲裤和衬衫。有时他甚至会穿牛仔裤（有时候是一条时髦的盖普 1969 牛仔裤，有时候是一条李维斯 514 牛仔裤）。2008 年，他的媒体发言人曾批评对手迈克·赫卡比（Mike Huckabee）邀请摄影师见证他在爱荷华州的一家理发店里打理头发。而这次，罗姆尼也邀请了摄影师见证自己花 16 美元理发，并且之后还把照片贴到自己的推特网（Twitter）主页上，说“刚在亚特兰大的汤米理发店（Tommy's）修了头发”[16]。

不过，重塑形象的努力可能会以尴尬的方式实现。8 月，罗姆尼在爱荷华州博览会上爬上干草堆，开始像狂欢节上的推销员一样按照传统宣扬自己的主张。面对包括激烈质问者在内的人群，他提出反对通过提高税赋来增加社会保险金、医疗保险和医疗补助。人群中有人高喊：“公司！”罗姆尼上钩了，他说：“公司也是人，我的朋友。”[17] 一位激烈质问者喊道：“不，他们不是！”“他们当然是，”罗姆尼回道，“公司所赚取的一切最终都将归于人民。”这段令左翼人士嘘声一片的评论完完全全与罗姆尼关于资本主义服务于大众的坚定信念相吻合。对于一个试图让自己对工人阶级选民更有吸引力的人而言，这样的措词似乎有些失策，但是他坚持了这一评论。

在负责 2002 年冬季奥运会的时候，罗姆尼为运动会提出的口号是“点燃心中之火”[18]，作为对持久精神和内在能量的颂扬。现在回想起来，这个口号也可以被解读为罗姆尼人生的指导思想；他从来都不缺乏动力——无论是当年那个在克瑞布鲁克学校跑步比赛里跌跌撞撞地冲向终点的少年，还是那个在磨练中一步步坚定内心信仰的传教士，还是那个用了多年时间赶超父亲的怀揣雄心抱负的儿子，还是那个坚持不懈直到实现商业目标的商人，抑或是那个按自己的思路在医疗改革上实现历史性突破的州长。

事实上，罗姆尼从来都是一个有持久力的人，一个有雄心壮志的人，一个毅力非凡的人。他在政治生涯中所苦苦挣扎的问题是他到底是谁，该如何解读他的政治 DNA。多年来，他在父亲的影子下经营，避免那些个人层面的难题，凭借着聪明的头脑和优秀的领导能力渡过难关。但是，正如他所说，他的形象已经铸就——如果他决定以真实的自我出现的话——他必须在总统竞选的耀眼光芒下证明并坚持这一形象。而对米特·罗姆尼来说，保持某一种形象一直都是最难的一件事。

2011 年秋的一天，罗姆尼以主角身份出席了在马里兰州（Maryland）贝塞斯达（Bethesda）的一家万豪酒店（Marriott）的舞厅里举办的一场筹资宴会。他的老朋友，万豪国际集团主席小万里奥（J.W. “Bill” Marriott, Jr.）以祝贺他担任该公司董事的方式介绍他出场，并对大约 250 名与会者说，罗姆尼在公司面临经济困境时帮助他拯救了公司。现在，小万里奥说，他可以拯救国家。戴恩·麦克布莱德（Dan McBride）也在听众里，很少有人比他更了解罗姆尼这些年的发展历程。麦克布莱德是他所就读的北卡罗来纳州高中里的唯一一名摩门教徒，他童年时的偶像就是乔治·罗姆尼。后来，麦克布莱德又成了米特的传教士同事，一同进行传教工作。他从一开始便相信这个年轻人心中的抱负总有一天会不逊于他的父亲。他参加过罗姆尼的婚礼，两人也一起去过杨百翰大学。现在，在罗姆尼面临一生之中最大考验的时候，他始终支持这位朋友。那天，看着万豪酒店里的罗姆尼，对往事的回忆涌上了麦克布莱德的心头。“他依然还是与我在 19 岁那年认识的那个激情四射的人。”他说。[19]

回忆往昔传教岁月，麦克布莱德说，罗姆尼从中学会了如何谨言慎行以免让人误会自己是来自某个边缘宗教的极端分子。他学会了在一个自己只能算少数派的环境里，作为一个与潮流正好相反又不能一味地遵循教条主义的人，该如何处世。灵活性、适应能力、谦卑的态度——这些都是基本技巧。但是，麦克布拉德抱怨说，在政治里，寻找共同点“可能被解读为不可靠”。如果被烙上这种标签，将对竞选十分不利。当罗姆尼在 2012 年的竞选活动中步步深入时，这种不可靠的标签仍然是一种重大风险。此外还有其他风险。比如说，这位千万富翁是否能说服他认识的每个人相信他所奋斗的目标？罗姆尼和他的竞选团队希望当前的形势——存在对经济的严重焦虑——与他所表达的扭转乾坤的豪言壮语相吻合。如果罗姆尼无法用这个说服民众，那他就别想用其他任何话说服他们。

镜头回到新罕布什尔州萨勒姆，罗姆尼用颇具其个人特色的宏伟的表达方式结束演讲。他告诫说，在不稳定的世界局势里，美国必须始终高举力量与自由的大旗。“如若不然，”他说，“自由就会面临威胁。”

之后他在现场停留了一段时间。身后的海报像个框架把他的脸套在里面，上面写着红色与蓝色的标语：新罕布什尔州支持米特。他在一些棒球上签名，随口提到自己此刻有种专业运动员的感觉，要是被他的儿子们听到肯定会觉得搞笑。他蹲下身子与人们保持平视。一位爱国者打扮的妇女在减税问题上质疑他，他直截了当的反驳立刻令对方哑口无言。“如果你想提高税赋，很简单，”他说，“给民主党投票就是了。”

他慢慢地向一扇侧门走去。他没有时间与大家一一握手，没有时间在每本宣传册上签名，也没有时间回答媒体问题。他还有最后一笔交易要完成，接下来还有很多工作要做。该是出发的时候了。

致　谢

尽管本书首页上出现了两位作者的名字，但是，本书从很多方面来说是众多记者与编辑辛勤劳动的成果。多年来，他们先后在《波士顿环球报》上发表过有关罗姆尼生平与职业生涯的文章，为本书的撰写提供了积极支持。我们很荣幸能够加入他们的行列，为本书的发行贡献一份微薄的力量。

本书由业界最知名的办报人之一、环球报副总编辑马克・S. 莫罗负责编辑，他直接领导了本书的整个编写过程，本书的每一页都凝聚了他的辛勤汗水、真知灼见和人格魅力。对于他在本书的编写过程中所起到的不可替代的领导作用，我们表示衷心感谢。

该项目得到了该报各个层面的帮助，首先是环球报的编辑马丁・巴伦(Martin Baron)，是他发现了利用环球报记者与编辑对罗姆尼生平与职业生涯的无与伦比的丰富知识撰写一本内容全面、公正翔实的著作所能带来的巨大价值（及作用）。我们感谢他在编辑这部作品中所表现出来的远见卓识和敬业精神；我们也要感谢环球报发行人克里斯多夫・M. 迈尔（Christopher M. Mayer)，感谢他对严肃、深沉、形态多样的新闻事业所倾注的全部信仰与支持。其他环球报资深编辑，包括总编辑迦勒・所罗门（Caleb Solomon)，副总编辑克莉丝汀・S. 钦龙德（Christine S. Chinlund）和都市专栏编辑詹尼弗・彼得（Jennifer Peter）也都为我们提供了大力支持，在此一并向他们表示衷心的感谢。

《真实的罗姆尼》是在环球报部分记者与编辑组成的核心小组的共同努力下完成的。贝丝・希利（Beth Healy）是这个团队中不可多得的人才，她对波士顿私募股权投资领域的了解是我们所有记者都无法比拟的，而布莱恩・C. 穆尼（Brian C. Mooney）曾花了数周时间收集罗姆尼在马萨诸塞州任职期间在政坛上的活动记录。尼尔·斯韦迪（Neil Swidey）和皮特·S. 加尼罗斯（Peter S. Canellos），一直是该项目的积极支持者，在很大程度上为本书的成功出版奠定了坚实的基础。迈克尔·保尔森（Michael Paulson）为我们了解罗姆尼的信仰和在法国期间的传教经历提供了源源不断的数据支持。鲍勃·科勒（Bob Hohler）对 2002 年举办的冬季奥运会的深入研究对本书的撰写起到了关键作用。斯蒂芬尼·阿尔伯特（Stephanie Ebbert）对罗姆尼青年时代、家庭生活以及政治生涯的描写为我们提供了宝贵的参考材料。另外，罗伯特·加文（Robert Gavin）和萨沙·普发（Sacha Pfeiffer）对罗姆尼从商经历的报道也对本书的编写工作提供了极大的支持。

在哈珀·科林斯出版集团，我们的编辑蒂姆·达根（Tim Duggan）从一开始即敏锐地察觉到了该项目的潜在价值，并在整个项目的执行过程中倾注了所有智慧与热情，促成了该项目的迅速完成。其助理编辑埃米莉·坎宁安（Emily Cunningham）在整个项目的实施过程中提供了宝贵的帮助与支持。哈珀·科林斯出版集团的蒂娜·安德利迪斯（Tina Andreadis）和贝丝·哈珀（Beth Harper）的宣传活动对本书的出版提供了精神支持，约翰·加辛诺（John Jusino）、香农·塞西（Shannon Ceci）和林恩·安德森（Lynn Anderson）对本书的出版都起到了关键作用。

环球报的图书发展专家贾尼斯·裴吉（Janice Page）从一开始就以满腔热情对该项目进行了指导，环球报的文稿代理人雷恩·扎卡里（Lane Zachary）和扎卡里·舒斯特哈姆斯沃斯文稿代理公司（Zachary Shuster Harmsworth）的托德·舒斯特（Todd Shuster）对本书的出版提供了专业支持。我们也要感谢我们的事实调查专员斯蒂芬妮·瓦列霍（Stephanie Vallejo）和马特·马奥尼（Matt Mahoney），他们敏锐的洞察力让人赞叹不已。环球报的图书馆馆长丽莎·土伊特（Lisa Tuite）和她的同事耶利米·马尼恩（Jeremiah Manion），查理·斯迈里（Charlie Smiley）和玛莲·李（Marleen Lee）以充沛的精力按照要求完成了无数的研究工作。其他对该项目的顺利实施做出重大贡献的人员还包括安·西尔维奥（Ann Silvio）、斯科特·拉皮埃尔（Scott LaPierre）、西娅·布雷特（Thea Breite）和朱莉·扎仁（Julie Chazyn）。Boston.com 的政治专栏编辑格伦·约翰逊（Glen Johnson）倾囊相助，不吝赐教，向我们介绍了罗姆尼的大量情况。环球报国家政治专栏编辑唐纳德·马克吉利斯（Donald MacGillis）也在项目的各个阶段给予了大力支持。我们采纳了环球报许多作者多年来撰写的报道，其中比较突出的有：米歇尔·朱可夫（Mitchell Zuckoff）、本·布莱德利（Ben Bradlee）、查尔斯·斯坦（Jr., Charles Stein）、弗兰克·菲利普斯（Frank Phillips）和斯科特·利哈伊（Scot Lehigh）。卡洛琳·瑞恩（Carolyn Ryan）和戴维·达尔（David Dahl）在罗姆尼在国家政治舞台崭露头角之际，对本书的编辑工作提供了强有力的指导。

环球报的广告专员玛丽·扎诺尔（Mary Zanor）一如既往地在本书的编写过程中提供了大力支持，密歇根大学本特利历史图书馆（Bentley Historical Library）的助理档案员玛尔高莎·Myc（Malgosia Myc）和《斯坦福日报》（Stanford Daily）的安娜·舒斯勒（Anna Schuessler）也提供了协助。犹他州大学和杨百翰大学的档案管理员也提供了宝贵的帮助，同样提供帮助的还有理查德·B. 安德森（Richard B. Anderson）、格兰特·班尼特（Grant Bennett）和约翰·莱特（John Wright）。

为了撰写本书，我们于 2011 年进行了上百次采访，很多受访者都从来没有在公开场合发表过讲话。从斯坦福大学同学，到贝恩资本风险投资公司合作伙伴，再到摩门教领袖以及 2008 年总统竞选活动赞助人，我们都深深地感谢他们，感谢曾经从百忙中抽出时间帮助过我们并从一本完整、独立的传记作品中发掘出宝贵价值的人。由于篇幅有限，可能很多帮助过我们的朋友没有出现在这本书中，或不愿出现在这本书中。罗姆尼的堂弟迈克·罗姆尼以慈爱的胸怀带领迈克尔·克拉尼奇实地考察了罗姆尼家族在墨西哥建立的摩门教侨居地。环球报的摄影师艾斯达斯·M. 苏亚雷斯（Essdras M. Suarez）愉快地跟随考察团沿着罗姆尼祖先走过的足迹重新体验了罗姆尼祖先在美国西南部和墨西哥进行长途跋涉的经历。

迈克尔·克拉尼奇的致辞：

我衷心感谢环球报华盛顿分社社长克里斯托弗·罗兰（Christopher Rowland），是他让我从日常工作中抽出时间来专门从事这一项目，他和我华盛顿分社同事们的支持是我们集体智慧的重要来源。这些同事包括马特·维塞（Matt Viser）（他曾追随罗姆尼进行巡回演讲，为竞选做准备），多诺万·斯拉克（Donovan Slack）（曾掌管罗姆尼的竞选经费）和特蕾西·简恩（Tracy Jan）以及布莱恩·本德（Bryan Bender）。我也要感谢我的家人，是他们允许我将“工作中，请勿打扰”的提示贴在门上，并理解我为如期完成任务所承受的压力和我对此类项目所倾注的热情。这是他们一直以来对我的支持，我过去也从事过类似的项目，为环球报撰写过约翰·克里（John Kerry）的传记，后来又撰写过一本关于托马斯·杰斐逊（Thomas Jefferson）的单行本传记，他们都给予了我大力的支持。我的妻子西尔维亚和女儿杰西卡和劳拉每次都会出现在我写的书的首页。我的母亲安丽在离白宫一条街的位置拥有一家具有北欧风格的书店。我的父亲阿瑟是我家族中出的第一个驻华盛顿记者，是他培养了我对总统竞选活动和早期历史的兴趣。对我在环球报的记者和编辑同事来说，你们就是鼓励我们不断前进的榜样。

斯科特·赫尔曼的致辞：

我衷心感谢我在环球杂志社的编辑们，是他们毫无怨言地允许我抽出时间专门从事本书的写作，并慧眼识珠地发现了撰写这本书的实在价值。这些编辑同事包括安妮·V. 尼尔森（Anne V. Nelson）和道格·蒙斯特（Doug Most），还有弗朗西斯·斯托尔斯（Francis Storrs）、维拉妮卡·曹（Veronica Chao）和梅丽莎·肖尔（Melissa Schorr）。他们都对我的工作给予了热情的支持。我的妻子杰西卡从一开始就给予了我声援和支持，当我在小小的阁楼里奋笔疾书时，她与我的儿子乔纳斯和伊莱陪伴着我度过了无数个不眠之夜和枯燥的周末。我永远不会忘记我的父母凯和拉里，他们的中西部价值观，以及对密歇根州的乔治·罗姆尼的记忆，即使从优越的北部州迁到南部，仍然记忆犹新，并从很多方面为这本书的撰写提供了参考来源，这是他们没有料到的。在此，我也要衷心感谢我在环球报的全体同事，感谢他们给我提供的所有指导和帮助。

后　　记

2012年上半年的一天，朋友高强来电询问是否在关注美国的大选？他的朋友，后来成为我们合作伙伴的北京大学国际法学院教授、重庆大学校长助理荣丽亚女士，长期在国外著名大学任教，有着良好的人脉关系，征询是否对罗姆尼的传记感兴趣。

中国民主法制出版社一直致力于在国家改革开放与民主法制建设方面有所建树，借鉴和学习国外先进文明的成果也一直是我们的出版方向之一，我们坚信民主法制的完善与健全是世界人民的福祉，是包括美国在内全世界人民的追求。作为有可能影响和领导目前世界上最强大国家的总统候选人的传记，我们为什么说不呢？

于是，有了北京香格里拉酒店与荣丽亚女士面谈《真实的罗姆尼》一书经由她引进的细节。说实话，之前对罗姆尼竞选美国总统仅仅是一个题目上的概念，并没有倾注太多的关心。引进版权后的今天，也就是离揭开谜底不足六十天的现在，才发现有关罗姆尼竞选总统的海量资讯，以及与奥马巴政府在包括中国问题在内的一系列政治、经济、军事、外交政策上的口水战，这是一个怎样的人呢？《真实的罗姆尼》一书介绍了他不寻常的仕途、家庭和众多的施政理念，不论他最后是否登上总统宝座，他都是美国政坛的重量级人物，我们都应该关注和研究他。这是我们引进该书的目的。

图书引进是一件耗时费力的工程。经过与多家出版社的角逐，哈珀·科林斯出版集团最终将版权授予了中国民主法制出版社。我们可以想见以荣老师为领导团队的努力和为之付出的艰辛。中国政法大学江平教授、中华全国律师协会任继圣大律师、清华大学公共管理学院崔之元教授、北京大学法学院郭自力教授、哈佛大学北京校友会孙玉红秘书长、外交部条法司美国问题专家孙国顺先生、中国政法大学许兰亭教授、北京政法职业学院宋北平所长更是为本书涉及的术语、背景、知识点提出了中肯的意见。赵大伟先生勤奋认真的工作态度和李芳女士对细节问题的坚持都给我们留下了极其深刻的印象。

作为一部引进的作品，翻译的好坏决定了她生命力是否长久。感谢语言桥翻译公司以朱宪超董事长为领导的团队。负责翻译业务的副总经理邓春燕主抓了图书的执行和协调，抽调了经验丰富、英语基础扎实、中文功底深厚、译文流畅的人员组成强有力的队伍，他们是文艺、黄敬尧、何静、李杨以及参与审校的吴伯辉等，尤其感谢外籍审校 Frances Nicole 女士。原本一部近三十万字稿件的翻译不可能在如此短的时间内完成，但他们实现了。呈现在大家面前的作品，文风飘逸，语言雅畅、可读性极强，得益于他们辛勤的劳动。

昨天，“九一八事变”八十一周年。旧耻未忘新恨又生。连日来日本非法购岛，染指我钓鱼岛事件愈演愈烈。当国人在为钓鱼岛事件群情激愤、痛斥日本辱我国土之际，我们的团队集中在北京郊区平谷一个封闭且幽静的小院对翻译后的稿件进行最后的加工。合作伙伴陈刚老师提供的优越环境，使我们得以在闹市中取一隅静所。由本人带队，成员包括胡玉莹、逯卫光、姚丽娅、陈曦、翟琰萍、田小敏的团队每天工作至午夜，乐此不疲，这或许是职业热爱而迸发出的工作热情。其间，出版社出版部主任曲静、社长肖启明先后驱车前来探望、指导、协调，出版社其他部门也通力合作使该书即将顺利付梓。

在此后记如流水账般收尾之时，正值又一个午夜。想到月底该书即将面市，五十多天后美国大选即将揭晓，作为一个重要的选题，从酝酿到成熟，充满了期待和欣喜。感谢所有为之付出的人们，正是由于你们，使即将呈现的这本书把我们的友情串联在了一起。

《真实的罗姆尼》其实无关乎大选的结果，也无关乎中美关系的大局，她只是美国名人传记中最平常的一本，仅仅是因为她出版的时机和大选的临近而显得与众不同。我们相信引进她绝不是代表了我们的立场，只是想藉此让我们更客观地走近这个也许会影响美国乃至世界的一个男人。说实话，这部作品做到了。

刘海涛

2012 年 9 月 19 日夜于大隆

尾　　注

序　　言

[1]“……就不会有好的领导……”：A F 马汉，“罗姆尼仓促应战”，美联社，1962 年 2 月 8 日。

[2]“政治就像洗尿布……”，尼拉吉·沃里库，“前州长夫人自有主张”，《底特律自由新闻报》，1998 年 7 月 8 日。

上帝保佑

[1]“我从小就崇拜他……”：罗姆尼，《逆转》，第 11 页。

[2] 现在（1946 年）……：尼尔·斯维迪，“父亲的教训”，《波士顿环球杂志》发表，2006 年 8 月 13 日。

[3] 她必须尽快做手术：乔治·罗姆尼，致家人的一封信，1947 年 3 月 13 日，密歇根大学本特利历史图书馆提供。电话：852178 Aa 2。

[4]“我记得我父亲当时的表情……”：对简·罗姆尼的采访，2006 年。

[5]“……长时间的激烈争吵……”：克拉克·雷蒙德·莫伦霍夫，《乔治，政界中的摩门教徒》，(纽约梅雷迪斯出版社，1968 年)，第 44 页。

[6]“……绝不嫁给他”：出处同上，第 45 页。

[7]“……丽诺尔小姐……”：“令人鼓舞的一生：乔治·罗姆尼”，http://byutv.org/watch/1c61253ffe442ad808de3b3486c1c7e#!page=2&season= AllSeasons。

[8]“……最大的一笔买卖”：乔治·罗姆尼，《公民的担忧》，(纽约帕特兰出版社，1968 年)，第 259 页。

[9]“绝不后悔……”：摘自“命运改变了罗姆尼夫人成为影星的计划”，《霍兰（密歇根州）夜间哨兵报》，1962 年 2 月 24 日，第 4 页。

[10]“这就是我们家传奇故事……”：对简·罗姆尼的采访。

[11]“他辞去了联络官的工作……”：莫伦霍夫，《乔治·罗姆尼》，第 44—48 页。

[12]“我们认为这是神的旨意……”：乔治·罗姆尼，致家人的一封信，1947 年 3 月 13 日。密歇根大学本特利历史图书馆提供。电话：852178 Aa 2。

[13] 1953 年：“共和党：全民候选人”，《时代周刊》，1962 年 11 月 16 日，www.time.com/time/magazine/article/0, 9171, 829375, 00.html。

[14]“我们要把这个公司……”：米特·罗姆尼，《逆转：危机、领导能力和奥林匹克运动会》，(华盛顿特区莱格尼里出版社出版，2007 年)，第 11 页。

[15] ……要保持胜利果实……：莫伦霍夫，《乔治·罗姆尼》，第 118—119 页。

[16]“如果‘漫步者（Ramblers）’汽车是辆好车……”：对斯科特·罗姆尼的采访，2007 年。

[17] ……每加仑汽油可跑 30 英里……：莫伦霍夫，《乔治·罗姆尼》第 103 页；“汽车：用步游者汽车赌一把”，《时代周刊》，1955 年 12 月 19 日出版；美国交通部，“燃油经济性总结，”2011 年 4 月 28 日，www.nhtsa.gov/staticfiles/rulemaking/pdf/cafe/2011_Summary_Report.pdf。

[18] ……每加仑汽油 30 美分……：1955 年每加仑汽油的价格为 30 美分。通胀计算来自 www.westegg.com/inflation/。

[19]“好像他是……”：罗姆尼，《逆转》，第 11—12 页。

[20] 当米特长到 14 岁时……：亚瑟·欧西和伯特·伊曼纽尔，“摩门教：人人是牧师，人人都传教”，《底特律自由新闻报》，1961 年 4 月 16 日。

[21]“好男儿要胸怀大志……”：罗姆尼，《公民的担忧》，第 263—267 页。

[22]“爸爸待在家里的时间都要多些了”：对简·罗姆尼的采访。乔治·罗姆尼出现在《时代周刊》封面，1962 年 11 月 16 日。

[23]“……的真正突破……”：“回到大厦”，《时代周刊》，1963 年 1 月 11 日。

[24]“老冤家”：对塔格·罗姆尼的采访，2007 年。

[25]“独行侠”：布鲁克·布劳尔，《令人费解的领先者》，生活周刊，1967 年 5 月 5 日。

[26] 米特不想在他这一代复制……：杰克·托马斯，“安·罗姆尼的私下交易”，《波士顿环球报》，1994 年 10 月 20 日。
[27] “米特更像……”：对简·罗姆尼的采访。
[28] 当乔治召开……：尼尔·斯韦迪和麦克尔·保尔森，“遭遇悲剧，优越环境中长大的领导”，《波士顿环球报》，2007 年 6 月 24 日。
[29] “……最具魅力的建筑环境之一……”：www.cranbrookart.edu/Pages/History.html。
[30] “他个头很高……”：尼尔·斯韦迪和麦克尔·保尔森，“遭遇悲剧，优越环境中长大的领导”。
[31] “米特表现不错”：米特·罗姆尼，克瑞布鲁克学校成绩单，1961 年，www.boston.com/news/daily/24/romney_reportcard.pdf。
[32] “他来到车前……”：对格雷汉姆·麦克唐纳的采访，2011 年。
[33] ……“由衷地感到伤心……”，对格雷格·德斯的采访，2011 年。
[34] “显然人们钦佩……”，对西德尼·巴斯韦尔的采访，2011 年。巴斯韦尔是罗姆尼班上的一个孤独的黑人，后来成为密歇根州的治安法官及成功的长跑运动员。
[35] ……腿抽筋了：对格雷汉姆·麦克唐纳的采访。
[36] “……这件事……”：对格雷格·德斯的采访。
[37] ……穿过新罕布什尔州（New Hampshire）森林……：“罗姆尼的领导能力与湖边跑步”，《华盛顿邮报》，2007 年 8 月 8 日，http://blog.washingtonpost.com/channel–08/2007/08/ad_watch_romneys_leadership_an.html。
[38] 乔治答应……：莫伦霍夫，《乔治·罗姆尼》，第 163—167 页，173 页，萧条信息：http://recession.org/history/early1960srecession。
[39] “你们知道吗……”：“封面故事”，新英格兰有线新闻，2002 年 10 月 31 日。
[40] 乔治决定……：莫伦霍夫，《乔治·罗姆尼》第 167 页。
[41] “我向路人介绍自己……”：罗姆尼，《逆转》，第 12 页。
[42] “你们在……找不到……”：汤姆·韦克尔，“肯尼迪在底特律讲话中攻击共和党的贸易政策，他说共和党阻止的议案的通过”，《纽约时报》，1962 年 10 月 7 日。
[43] 但即便是肯尼迪总统……：罗姆尼以后会与肯尼迪家人有很多交往，他会在议员竞选上输给肯尼迪总统的弟弟爱德华，但后来作为州长与其共同在保健立法上合作。
[44] ……小册子：“谁是真正的乔治·罗姆尼”（底特律：密歇根州美国劳联产联，1966 年）
[45] “商业化的党派”：“公民的候选人”，《时代周刊》，1962 年 11 月 16 日。
[46] “罗姆尼的儿子……”：斯韦迪和保尔森，“遭遇悲剧，优越环境中长大的领导”。
[47] “……还更有趣些”：“时间不多了，米特·罗姆尼仍保持清醒，听到父亲的争论，赢得梭伦的观点”，《本顿哈勃（密歇根州）News-Palladium》，1963 年 12 月 19 日。
[48] “他们会……很好”：对迪克·米利曼的采访，2007 年。
[49] “生活在戏剧之中”，对简·罗姆尼的采访。
[50] “某些人的权利……”：莫伦霍夫，《乔治·罗姆尼》，第 235 页。
[51] “充满教条思想的党派倾向”：出处同上，第 230 页。
[52] “对待同胞时是自由主义……”：BYUtv—令人鼓舞的生活乔治·罗姆尼”，http://byutv.org/watch/31c61253 ffe442ad808de3b3486c1c7e#!page= 2&season= AllSeasons。
[53] 当后来米特被问及……：米特·罗姆尼，出现在记者招待会上，2007 年 12 月 16 日。同样在出席招待会时，罗姆尼错误地说他的父亲比得上马丁·路德金。
[54] “学校里基本上都是……”：对西德尼·巴斯韦尔的采访。
[55] 在米特父亲……：对斯科特·罗姆尼的一次访问。
[56] 米特第一次遇见安时……：“米特谈到安，” http://web.archive.org/web/ 20080215013646/http://www.mittromney.com/Learn-About-Mitt/Photo-Album/The-Romney-Family/Mittxs_Tribute_to_Ann。
[57] “我引起了他的注意……”：托马斯，“安·罗姆尼的大买卖”。
[58] “……爱上她了”：米特·罗姆尼竞选广告，2002 年。
[59] 米特学着跟上她：托马斯所著“安·罗姆尼的大买卖”。
[60] “不管他身处何地……”：出处同上。
[61] 她的父亲……：“米特·罗姆尼迎娶安·戴维斯”，《纽约时报》，1969 年 3 月 22 日。
[62] “创意天才”：托马斯，“安·罗姆尼的大买卖”。

[63] 安的哥哥罗德里克·戴维斯（Roderick Davies）说道“爸爸……”：对罗德里克·戴维斯的采访，2007年。

[64] 她问道……：对米特·罗姆尼的采访，2007年。

使 命

[1] “我信仰……”：米特·罗姆尼，关于信仰的演讲，休斯敦，得克萨斯州，2007年12月6日。

[2] 五个孩子：关于罗姆尼一家带了多少孩子同行有不同的叙述。五个孩子的说法来自摩门教会的家谱网站 www.familysearch.org。该网站列出了生于英格兰逝于美国的五个孩子，尽管有可能其中有些孩子与他们的父母亲分开抵达。五个孩子分别是乔治、伊丽莎白、莎拉、约瑟夫和艾伦。参见迈尔斯·罗姆尼的家谱 https://www.familysearch.org/search/treeDetails/show?uri=https%3A%2F%2Ffamilysearch.org%2Fpal%3A%2FMM9.2.1%2FMB23ZR3。

[3] “总技师”：托马斯·科塔姆·罗姆尼（Thomas Cottam Romney），《迈尔斯·帕克·罗姆尼的一生》（Life Story of Miles P. Romney）（独立城，密苏里州：Zion 出版社，1948年），第7页。

[4] “一束光……”：“约瑟夫·史密斯的第一次异象”，www.lds.org/library/display/0，4945，104-1-3-4，00.html。

[5] “神圣的决定”：“还原真相”www.lds.org/manual/truth-restored/chapter-13-years-of-endurance?lang=eng。

[6] ……几十个妻子：弗恩·麦凯·布罗迪（Fawn McKay Brodie），《没人知道我的历史：摩门教先知约瑟夫·史密斯的生平》（No Man Knows My History：The Life of Joseph Smith，the Mormon Prophet）（纽约：Vintage 出版社，1995年），第457—488页。

[7] “独裁”：出处同上，第381页。

[8] “我们真心希望……”：《纳府（伊利诺伊州）评论员》，1844年6月7日，www.solomonspalding.com/docs/exposit1.htm。

[9] ……纳府市议会：破坏《纳府评论员》的命令见 http://law2.umkc.edu/faculty/projects/ftrials/carthage/expositororder.html。

[10] “……动用武力……”：“威廉·法林顿·卡宏（William Farrington Cahoon），1813—1897” www.boap .org/LDS/EarlySaints/WFCahoon.html。正当罗姆尼一家逃走时，迈尔斯的妹妹，五岁的艾伦于1846年2月24日因病去世，参见 www.familysearch.org/search/treeDetails/show?uri=https%3A%2F%2Ffamilyse arch.org%2Fpal%3A%2FMM9.2.1%2FMB23ZR3。

[11] ……两万：“纳府，伊利诺伊州：1839—1846年，” http://lds.org/gospellibrary /pioneer/02_Nauvoo.html。

[12] 相反，罗姆尼一家逃往……：罗姆尼，《迈尔斯·帕克·罗姆尼的一生》，第18—19页。根据 http://awt.ancestrylibrary .com/cgi-bin/igm.cgi?op=GET&db=flakey&id=I555148915&ti=5542，艾伦·罗姆尼死于1846年5月12日。

[13] 老罗姆尼：罗姆尼，《迈尔斯·帕克·罗姆尼的一生》，第8页。

[14] “野蛮行径的一对余毒”：www.ushistory.org/gop/convention_1856republicanplatform.htm。

[15] “……逃散”：其中一名逃兵是普鲁士移民卡尔·海因里希·维尔根（Carl Heinrich Wilcken）。他皈依摩门教后，他的女儿嫁给了摩门教一位领袖的儿子。这对夫妻，朵拉·普拉特和希拉曼·普拉特日后是米特·罗姆尼的曾祖父母。

[16] “他们打算……”：米特·罗姆尼专访，《60分钟时事》（60 Minutes），哥伦比亚广播公司电视台（CBS-TV），2007年5月13日。

[17] “迈尔斯成长为……”：罗姆尼，《迈尔斯·帕克·罗姆尼的一生》，第23—25页。关于扮演哈姆雷特的叙述参考了迈尔斯儿子加斯克尔的一本未曾出版的家庭传记。

[18] “漂亮的苏格兰少女”：罗姆尼，《迈尔斯·帕克·罗姆尼的一生》，第25页。

[19] 夫妇俩结婚一个月：出处同上，第27页。

[20] “……从日出到日落整天地”：汉娜·伍德·希尔·罗姆尼（Hannah Hood Hill Romney），“汉娜·伍德·希尔·罗姆尼的自传，”《我们先驱的遗产》（Our Pioneer Heritage），第5册（盐湖城：犹他先驱者的女儿们，1962年），第264—265页。

[21] “你回去……”：迈克尔·S. 达勒姆（Michael S. Durham），《山间的沙漠：摩门教徒、矿工、神父、山里人和1772—1869年大盆

地的开拓》(Desert Between the Mountains：Mormons, Miners, Padres, Mountain Men, and the Opening of the Great Basin 1772—1869)(诺曼，俄克拉荷马州：俄克拉荷马大学出版社，1999年)，第164页。

[22] “现在有很多人想知道……”：迈尔斯·帕克·罗姆尼，“迫害”，《千禧之星》(Millennial Star)，1864年10月，第629页。

[23] “从未给奶牛挤过奶……”：罗姆尼，《迈尔斯·帕克·罗姆尼的一生》，第294—297页。

[24] “我们很高兴……”：罗姆尼，“汉娜·伍德·希尔·罗姆尼的自传”，第266页。

[25] “迈尔斯兄弟……”：出处同上，第266页。

[26] “只因坚信……”：罗姆尼，《迈尔斯·帕克·罗姆尼的一生》，第61页。

[27] “……我觉得我无法……”：罗姆尼，“汉娜·伍德·希尔·罗姆尼的自传”，第266页。

[28] “……还将修建……”：杨百翰，引自 www.stgeorgetemple visitorscenter.info/by/byowner-baker2.html。

[29] “一个小棚屋里……”：罗姆尼，“汉娜·伍德·希尔·罗姆尼的自传”，第266—267页。

[30] 那个时代犹他州最豪华的住宅之一：作者对犹他州圣乔治市杨百翰故居的访问。迈尔斯·阿奇博尔德·罗姆尼修建了杨百翰住所的主体部分，迈尔斯·帕克·罗姆尼修建了一个附属建筑。翻修后的故居现在接待着来自世界各地的摩门教徒，他们都会听到关于迈尔斯·帕克·罗姆尼在修建住所中所起的作用的讲解。

[31] “很妒忌……”：罗姆尼，“汉娜·伍德·希尔·罗姆尼的自传”，第267页。

[32] “……带来的考验”：罗姆尼，《迈尔斯·帕克·罗姆尼的一生》，第74页。

[33] “反重婚法……”：出处同上，第71—73页。罗姆尼和其余人指出：该项立法违反了《独立宣言》就所有人享有“生存、自由和追求幸福”的权利的保证以及《权利法案》就宗教自由的保证。

[34] “圣乔治市最漂亮的女孩”：詹妮弗·慕同·汉森(Jennifer Mouton Hansen) 等，《多妻制妻子凯瑟琳·科塔姆·罗姆尼的信件》(Letters of Catha-rine Cottam Romney, Plural Wife)(厄班纳和芝加哥：伊利诺伊大学出版社，1992年)，第1页，第10页，第19页。

[35] “喝酒的嗜好”：迈尔斯的后代说他后来戒酒了。

[36] “……最杰出的……”：罗姆尼，《迈尔斯·帕克·罗姆尼的一生》，第13—14页。

[37] “我说我就得带上它……”：罗姆尼，“汉娜·伍德·希尔·罗姆尼的自传”，第269页。

[38] “从这儿你可以看到……”：汉森，《凯瑟琳·科塔姆·罗姆尼的信件》，第26页。

[39] “整个家噪音不断、混乱不堪……”：罗姆尼，“汉娜·伍德·希尔·罗姆尼的自传”，第269页。

[40] “罗姆尼一家终于找到了……”：梅丽尔·罗姆尼·华德(Meryl Romney Ward)，“加斯克尔·罗姆尼传”(Biography of Gaskell Romney)(未曾出版的家族文件，1984)，第5页。

[41] “绞死几个……”：大卫·金·尤德尔(David King Udall)，《1851—1938亚利桑那州摩门教先驱：他的故事和他的家庭》(Arizona Pioneer Mormon：His Story and His Family, 1851—1938)(图森：亚利桑那剪影公司 Arizona Silhouettes，1959年)，第116页。这段话刊登在《阿帕奇酋长》1884年5月30日的一期中。尤德尔的后代将包括两位知名的孙辈：斯图尔特·尤德尔(Stewart Udall)曾担任肯尼迪政府和约翰逊政府的内务秘书；莫里斯·尤德尔(Morris Udall)，亚利桑那州众议院议员，1976年竞选总统未果。

[42] “脸上疙里疙瘩……”：卡罗尔·史勒腾(Carol Sletten)和埃里克·克雷默(Eric Kramer)，《美国西部的故事》(Story of the American West)(派恩托普 Pinetop，亚利桑那州：Wolf Water 出版社，2010年)，Kindle 版42，位号：3709。

[43] “此外……”：汉森，《凯瑟琳·科塔姆·罗姆尼的信件》，第13页。

[44] “憎恨到罗姆尼身上”：尤德尔，《亚利桑那州摩门教先驱》，第116页。

[45] “美国的西伯利亚”：爱德华·威廉·图立吉(Edward William Tullidge)，《盐湖城历史》(History of Salt Lake City)(盐湖城：Star Printing 公司，1886年)，第149页。

[46] “因为证据不足”：罗姆尼，《迈尔斯·帕克·罗姆尼的一生》，第160—166页。

[47] “我告诉他罗姆尼先生……”：罗姆尼，“汉娜·伍德·希尔·罗姆尼的自传”，第271—272页。

[48] “他乔装打扮得很彻底……”：汉森，《凯瑟琳·科塔姆·罗姆尼的信件》，第 111 页。

[49] “最后迈尔斯受命……”：米特·罗姆尼，《逆转：危机、领导力与奥运会》（Turnaround：Crisis, Leader-ship，and the Olympic Games）（华盛顿市：Regnery 出版公司，2007 年），第 8 页。

[50] ……华雷斯聚居区：合著者克拉尼奇对华雷斯聚居区的访问。

[51] “有时候我想……”：汉森，《凯瑟琳·科塔姆·罗姆尼的信件》，第 113 页。

[52] 此时此刻，汉娜仍试图……：罗姆尼，“汉娜·伍德·希尔·罗姆尼的自传”，第 271—275 页。

[53] “一下雨……”：出处同上，第 276—277 页。

[54] “我们一共有 21 个人……”：罗姆尼，《凯瑟琳·科塔姆·罗姆尼的信件》，第 118—119 页。

[55] ……加斯克尔……：梅丽尔·罗姆尼·华德，“加斯克尔·罗姆尼传”（未曾出版的家族文件，1984 年），第 9—10 页。米特·罗姆尼的堂弟迈克·罗姆尼住在附近的小镇上，根据他的说法，克里夫农场不再由罗姆尼家使用，原先的建筑已不复存在。

[56] “本人兹宣告……”：“官方宣言，” http://lds.org/scriptures/ dc-testament/od/1?lang=eng。

[57] “……相处和睦……”：华德，“加斯克尔·罗姆尼传”，第 10 页。

[58] “行啊，见鬼去吧……”：出处同上。

[59] 1895 年，在盐湖城学成之后：罗姆尼，《迈尔斯·帕克·罗姆尼的一生》，第 317—318 页。加斯克尔的妻子安娜死后，他娶了她的妹妹艾米。

[60] “积累了大量……”：罗姆尼，“汉娜·伍德·希尔·罗姆尼的自传”，第 281 页。

[61] 孩子们去……：汤姆·马霍尼（Tom Mahoney），《乔治·罗姆尼传：建造者、销售员和圣骑士》（The Story of George Romney：Builder，Sales-man，Crusader），第一版（纽约：Harper 出版社，1960 年），第 53—54 页。

[62] 1904 年 3 月初的一天：罗姆尼，《迈尔斯·帕克·罗姆尼的一生》，第 289 页。

[63] 他的财富让他得以……：克拉克·雷蒙德·莫伦霍夫（Clark Raymond Mollenhoff），《乔治·罗姆尼：从政的摩门教徒》（George Romney: Mormon in Politics）（纽约：Meredith 出版社，1968 年），第 26 页。

[64] 乔治·维尔根·罗姆尼：他的中名是为了纪念普鲁士逃兵卡尔·海因里希·维尔根，他离开了美国部队，加入了摩门教，是乔治的曾祖父。

[65] 曾有那么一刻……：莫伦霍夫，《乔治·罗姆尼》，第 24—26 页。

[66] “宁死……”：“兰姆博亚德的难民营；摩门教徒仍然逃来我市”（Refugees Camp in Lumberyard; Mormons Are Still Fleeing to City），《艾尔帕索先驱报》，1912 年 7 月 30 日。

[67] 明显在人数上占了上风……：莫伦霍夫，《乔治·罗姆尼》，第 26 页。

[68] “……首批流离失所的人群”：马霍尼，《乔治·罗姆尼传》，第 60 页。

[69] “我五岁的时候被踢出了……” 乔治·罗姆尼，《公民的担忧》（The Concerns of a Citizen）（纽约：G. P. Putnam and Sons 出版社，1968 年）第 263—267 页。

[70] “准备等局势安稳后……”：“萨拉扎在 52 公里处报道；为摩门教徒提供水和食物”（Salazar Reported at Kilometer 52; Gives Food and Water to Mormons），《艾尔帕索先驱报》，1912 年 10 月 25 日。

[71] 可是加斯克尔一家……：汉娜返回墨西哥内的聚居区，1928 年在那儿去世；参见罗姆尼，“汉娜·伍德·希尔·罗姆尼的自传”，284。根据一部未曾出版的题为“摩门城镇和小径”的家庭手稿，加斯克尔和他的家属，包括乔治，于 1941 年回到墨西哥内的聚居区访问。

[72] “即便爸爸……”：华德，“加斯克尔·罗姆尼传”，第 16—19 页。

[73] 加斯克尔请求了 26753 美元：加斯克尔·罗姆尼和墨西哥合众国一案，盐湖城，犹他州，1938 年 3 月 15 日。

[74] “迈尔斯·帕克从各个方面来讲都是一位先驱……”：迈克·罗姆尼访谈，2007 年。

远离纷争

[1] 胡佛塔：“书：胡佛图书馆”，《时代周刊》，1941 年 6 月 30 日。

[2] “校园生活过于脱离……”：对韦恩·布雷兹的采访，2011 年。

[3] 马克·马奎斯：对马克·马奎斯的采访，

2011 年。马奎斯任斯坦福大学棒球教练超过三十年。自从大学时光逝去后，直到 2011 年年末，他与罗姆尼才有了第一次交谈。

[4] “他一改穿大衣、打领带的装束”：尼尔·斯维迪（Neil Swidey）和迈克尔·波尔森（Michael Paulson），“一位感动于惨剧而从优越生活中挺身而出的领导者”，《波士顿环球报》，2007 年 6 月 24 日。

[5] 哈里斯投身于反战运动……：对大卫·哈里斯的采访，2011 年。

[6] “现在看来有点蠢……”：对迈克·罗伊克的采访，2007 年。

[7] “我想……”：对马克·马奎斯的采访。

[8] “他是个保守的人……”：2011 年对詹姆斯·巴克斯特的采访。

[9] “他从不在任何事情上摆架子或装腔作势……”：对马克·马奎斯的采访。

[10] 与米特同住一层楼的……：小罗伯特·马迪安的父亲是罗伯特·C. 马迪安（Robert C. Mardian）。老罗伯特后来在尼克松政府担任助理司法部长，后来又参与了尼克松总统的连任竞选活动。在“水门事件”中，他被判串谋妨碍司法公正罪，但这一定罪被上诉推翻。参见“罗伯特·马迪安——水门事件人物”，丹尼斯·麦克莱伦（Dennis McClellan），《洛杉矶时报》，2006 年 7 月 21 日。

[11] “就算在人前我也会说……”：对小罗伯特·马迪安的采访，2011 年。

[12] 肯·克西：克里斯托弗·莱曼·豪普特（Christopher Lehmann-Haupt），“66 岁的肯·克西，《飞越布谷鸟巢》的作者，迷幻年代的定义者，与世长辞”，《纽约时报》，2001 年 11 月 11 日。肯·克西的“兴奋剂实验”冒险行为被汤姆·伍尔夫（Tom Wolfe）写进了其著名的作品《令人振奋的兴奋剂实验》（The Electric Kool-Aid Acid Test），该书于 1968 年出版。

[13] “……涌现出了这种文化思潮”：对大卫·哈里斯的采访。

[14] “和平”：http://a3m2009.org/archive/photos/1965—1966_photos/stanford_com mittee/scpv/index.html。

[15] 琼·贝兹：大卫·哈里斯，《梦想难灭》（Dreams Die Hard）旧金山：Mercury 出版社，1993 年，第 123—124 页。

[16] “……与我国建国之初衷如出一辙……”：安德鲁·L. 约翰斯（Andrew L. Johns），“阿喀琉斯的脚跟：1967—1968 越南战争与乔治·罗姆尼的总统竞选”，《密歇根州历史评论》（Michigan Historical Review）总第 26 期，(2000 年 4 月 1 日)第 1 期：第 10 页。

[17] 从越南回来后……：乔治·罗姆尼的州长文件里的一份日程表显示他从越南回来后曾在旧金山希尔顿酒店停留过。米特的一位同窗说，乔治在从越南返回底特律的途中曾在斯坦福大学稍做停留。此外乔治可能还去过一次，因为有人说他曾跟他的太太和安·戴维斯一同出现在学校。本文提到的晚餐似乎就是他在旧金山停留期间发生的事。1965 年 11 月 12 日晚上，罗姆尼住在希尔顿酒店。乔治·罗姆尼书信集，本特利历史图书馆（Bentley Historical Library），密歇根大学。

[18] “他聊起了……”：对皮特·达芬波特的采访，2011 年。

[19] “他不想让父母……”：杰克·托马斯，“安·罗姆尼的甜心交易”，《波士顿环球报》，1994 年 10 月 20 日。

[20] 米特的哥哥斯科特……：对斯科特·罗姆尼的采访，2007 年。

[21] “……削减……”：对阿兰·阿尔伯特的采访，2011 年。

[22] “这一点尤为有趣……”：对迈克·罗伊克的采访。

[23] ……领头召开校园集会……：《梦想难灭》，哈里斯，第 125 页。

[24] “你根本不可能……”：出处同上，第 135 页。

[25] 哈里斯……赢得了选举：出处同上，第 133—135 页。

[26] 850 名学生……：“斯坦福大学正在进行征兵检查”，《奥克兰论坛报》（Oakland Tribune），1966 年 5 月 21 日。

[27] 哈里斯不在其中：哈里斯与其他抗议示威者一起游行到了静坐地点，但是他说他晚上并没有留在那里过夜，因为他担心此举的合法性。

[28] 有话就说……：杰伊·托尔瓦森（Jay Thorwaldson），“州长之子与抗议示威者对抗”，《帕罗奥图时报》，1966 年 5 月 20 日；密歇根大学，本特利历史图书馆，3V 档案柜，乔治·罗姆尼参考文献集。当天的情况在对罗姆尼的同窗威廉·布莱克（William Black）的采访中也有提及，2011 年。

[29]“拒绝暴民统治”：杰伊·托尔瓦森，“州长之子与抗议示威者对抗”。

[30]“离开……”：对米特·罗姆尼的采访，2007年。

[31]“我们在……有过激烈……”：出处同上。

[32]“……什么也不是”：对大卫·哈里斯的采访。哈里斯说他知道乔治·罗姆尼的儿子在学校里，但不记得两人之间有过任何交际。

[33]“在某些教区……”：2007年对巴里·梅耶的采访。

[34]……犹他州的一些非摩门教徒……：华莱士·特纳（Wallace Turner），“摩门教传教士的延期入伍在犹他州被起诉”《纽约时报》，1970年2月7日。

[35]“如此众多的……”：对理查德·利迪的采访，2007年。

[36]“我支持……”：对米特·罗姆尼的采访。

[37]“当时我并未打算……”：乔·巴顿菲尔德（Joe Battenfeld），“共和党参议院种子选手罗姆尼获准延期入伍不用去越南”，《波士顿前锋报》（Boston Herald），1994年5月2日。

[38]……数字是300……：米特·罗姆尼的兵役记录，第206747252号。

[39]“……根基薄弱”：大卫·柯克帕特里克（David Kirkpatrick），“罗姆尼在法国迎来了生命中的转折点”，《纽约时报》，2007年11月17日。

[40]……虽然罗姆尼的父母……：对戴恩·麦克布莱德的采访，2011年。

[41]她告诉罗姆尼，如果他不去的话……：本·布拉德利（Ben Bradlee，Jr.）“罗姆尼追求新的胜利篇章”，《波士顿环球报》，1994年8月7日。

[42]到了20世纪50年代……：“国家信息：法国”（Country Information: France），2010年1月29日，www.ldsch urchnews.com/articles/58571/Countryinformation France.html。

[43]勒阿弗尔：“勒阿弗尔——奥古斯特·佩雷重建之城”（LeHavre，the City Rebuilt by Auguste Perret），http://whc.unesco .org/en/list/1181。

[44]罗姆尼……共用一套只有一间卧室的公寓：对级别高于罗姆尼的同事唐纳德·K. 米勒的采访，2007年。

[45]“砰！……”：对米特·罗姆尼的采访。

[46]……当罗姆尼洗完一个时间很长的热水澡后……：对唐纳德·K. 米勒的采访。

[47]“当时对方有20个人……”：斯维迪和波尔森，“一位感动于惨剧而从优越生活中挺身而出的领导者”。

[48]“……具备更优秀的人格个性……”：对玛丽·布兰奇·考斯的采访，2007年。

[49]《思考致富》：拿破仑·希尔，电子版www.archive.org/details/Think_and_ Grow_Rich，1，第160—175页。

[50]“当时我们都是热血沸腾的美国青年……”：对戴恩·麦克布莱德的采访。

[51]“……重大消息……”：对戴恩·麦克布莱德的采访，2007年和2011年。

[52]“……唱歌、篮球表演……”：米特·罗姆尼于1968年7月16日给父母的信件，3号档案柜，乔治·罗姆尼书信集早期系列，本特利历史图书馆，密歇根大学。

[53]后来，罗姆尼说……：布拉德利，“罗姆尼追求新的胜利篇章”。

[54]“你可以想象……”：劳伦斯·莱特（Lawrence Wright），“圣徒生活”，《纽约客》（The New Yorker），2002年1月21日。

[55]“在传教工作中……”：柯克帕特里克，“罗姆尼在法国迎来了生命中的转折点”。

[56]“……而是在对我自己传教。”：对米特·罗姆尼的采访。

[57]“历史正在改变……”：对保罗·理查森的采访，2011年。

[58]“有很多人……”：对大卫·哈里斯的采访，2007年和2011年。

[59]“成为天国的传承者”：“皈依”（Conversion），http://lds.org/study/topics/con version?lang=eng&query=conversion。

[60]……所以吉姆只得站在……外听讲：斯维迪和波尔森，“一位感动于惨剧而从优渥生活中挺身而出的领导者”。

[61]“……最优秀的传教士之一……”：“令人不解的领跑者”：布洛克·布劳尔（Brock Brower），《生活》，1967年5月5日。

[62]“……被社会所排斥的人”：斯维迪和波尔森，“一位感动于惨剧而从优越生活中挺身而出的领导者”。

[63]“……我感到很激动……”：乔治·罗姆尼于1967年2月16日和同年3月6日写给米特·罗姆尼的信，乔治·罗姆尼书信集，本特利历史图书馆，密歇根大学。

[64]“据我所知……”：克拉克·雷蒙德·莫伦霍

夫（Clark Raymond Mollenhoff），《乔治·罗姆尼：从政的摩门教徒》纽约：梅雷迪斯出版社（Meredith Press），1968年，第256页。

[65]“实在难以想象……”：出处同上，第337页。

[66]“没能……”：B·J.威狄克（B. J. Widick），《种族阶级暴力冲突之城》（底特律：韦恩州立大学出版社 Wayne State University Press, 1989年），第170—172页。

[67]这次暴乱事件令罗姆尼难以释怀……：莫伦霍夫，《乔治·罗姆尼》，第287—288页，第292页。

[68]……最厉害的洗脑：“父亲的教训”，尼尔·斯维迪，《波士顿环球杂志》，2006年8月13日。

[69]“说话爱冲动，遇到困难又喜欢退缩”：出处同上，第301页。

[70]“……我将非常高兴”：米特·罗姆尼于1968年7月16给父母的信，3号档案柜，乔治·罗姆尼书信集早期系列，本特利历史图书馆，密歇根大学。

[71]……消息越来越糟：莫伦霍夫，《乔治·罗姆尼》，第253页；“尼克松在民意调查中胜出”，美联社，1967年11月20日。

[72]“米特感到非常愤怒……”：对拜伦·汉森的采访，2007年和2011年。

[73]“当父亲说……”：对米特·罗姆尼的采访。

[74]“罗姆尼最初相信……”：巴顿菲尔德，“共和党参议院种子选手罗姆尼获准延期入伍不用去越南”。

[75]“我认为我们都被洗脑了……”：“内阁成员子女反对战争”，《新闻周刊人物专访》（Newsweek Feature Services），《波士顿环球报》，1970年5月31日。

[76]“‘洗脑’那件事……”：“父亲的教训”，斯维迪；对简·罗姆尼的采访。《波士顿环球报》的记者尼尔·斯维迪给米特·罗姆尼看了当年的节目片段。

[77]过后没多久，乔治便前往……：“返回美国的罗姆尼称此行‘受益良多’”，克莱顿·诺尔斯（Clayton Knowles），《纽约时报》，1968年1月4日。

[78]“我清楚地意识到……”：“罗姆尼退出总统竞选”，《波士顿环球报》，1968年2月29日。

[79]“我们是……唯一的美国人……”：对戴恩·麦克布莱德的采访。

[80]……要求当时的……：“法国工人想加入而不是破坏小康社会”，《纽约时报》，1968年6月16日。

[81]通信变得困难：柯克帕特里克，“罗姆尼在法国迎来了生命中的转折点”。文章援引一位传教士同事拜伦·汉森的话说，法国缺乏对权威的尊重这一点“影响了米特”。

[82]“当时我们都有一种感觉……”：对戴恩·麦克布莱德的采访。

[83]“这一恐怖事件”：安德森家族资料中，莱奥拉·安德森从1968年5月28日到同年6月5日所写的日记。

大难不死

[1]“我们很快就到”：对理查德·安德森的采访，2007年和2011年，http://freepages.history.rootsweb.ancestry.com/~timbaloo/SuchALife/pages/Ch3/8Miss/8Miss05.htm。

[2]在南行的途中：http://freepages.history.rootsweb.ancestry.com/~timbaloo /SuchALife/pages/Ch3/8Miss/8Miss24b1.htm。

[3]坐在了前排：对汽车所有者的采访，2007年。

[4]一位34岁的男子……：《西南报》（Sud-Ouest，法国当地报纸）中的一篇文章，1968年6月17日。

[5]罗姆尼停下车……：对米特罗姆尼的采访，2007年。

[6]“我们都在谈论……”：出处同上。

[7]一位天主教牧师……：《西南报》文章，1968年6月17日；对车内人员的采访。

[8]……撞到……：对布鲁斯·鲁滨逊的采访，2007年。

[9]“事情来得太突然了……”：对米特·罗姆尼的采访。

[10]……他们的车速很慢……：对苏珊·法雷尔的采访，2007年。

[11]“Il est mort”（法语）——“此人已死亡”：对布鲁斯·鲁滨逊的采访。

[12]救援人员费了不少力气才将他……：对米特·罗姆尼的采访。

[13]“我记得电话打进来时……”：对吉姆·戴维斯的采访，2007年。

[14]由于撞击严重……：理查德·安德森，在1968年9月19日的莱奥拉·安德森日志中写道。

[15]“痛苦不堪”：出处同上。

[16]“……遭遇了车祸……”：对拜伦·汉森的

采访，2007 年，以及汉森日志。

[17]“当我们刚刚抵达的时候……”：对拜伦·汉森的采访。

[18] ……医生们都不愿意……：对乔尔·麦金农的采访，2007 年和 2011 年；以及理查德·安德森，在莱奥拉·安德森日志中写道。

[19]“……正在密歇根的医院查房……”：对布鲁斯·鲁滨逊的采访。

[20] 全家人还担心……：对安德烈·萨拉涅尔的采访，2007 年；以及对布鲁斯·鲁滨逊的采访，2007 年和 2011 年。

[21]“米特才刚刚苏醒过来……”：对布鲁斯·鲁滨逊的采访。

[22]“他当时距离死亡可能……”：出处同上。

[23] 肇事的梅赛德斯车司机……：《西南报》文章，1968 年 6 月 17 日；对现场目击者的法国摩门教徒的采访。一名西勒伊郊区的牧师，在 2007 年证实教堂的前任牧师，现已去世，名叫阿尔贝特·马里耶。

[24]“罗姆尼说，当时与马里耶会车的货车司机……”：对米特·罗姆尼的采访。

[25]“杜安·安德森无意……”：对安德烈·萨拉涅尔的采访。

[26] 戴维·L. 伍德说他记得……：对戴维·伍德的采访，2007 年。

[27] 但罗姆尼却没有印象：对米特·罗姆尼的采访。

[28]“我们开得很保守……”：对戴维·伍德的采访。

[29]“嗯，是的，我……”：对米特·罗姆尼的采访。

[30]“米特是完全没有……”：对理查德·B·安德森的采访。

[31] 杜安·安德森……：对布鲁斯·鲁滨逊的采访；以及对理查德·安德森的采访，在莱奥拉·安德森日记中写道。

[32] 对于米特·罗姆尼而言，这场严重的车祸……：对米特·罗姆尼的采访。

[33] 给他的恋情出主意的人……：对理查德·安德森的采访。

[34]“……难以接受……”：对米特罗姆尼的采访。

[35] 教堂领袖们给……致电：对 J·菲尔丁·纳尔逊的采访。

[36] 教会会长……：出处同上。

[37] 但是当纳尔逊到达……：出处同上。

[38]“虽然这是一次不同寻常的经历……：对戴恩·麦克布莱德的采访，2007 年。

[39] 罗姆尼拒绝了回家休养的建议……：对布鲁斯·鲁滨逊的采访。

[40]“他的恢复力……”：对乔尔·麦金农的采访。

[41] 但是他想要把这一切……：对米特·罗姆尼的采访。

[42] 杜安·安德森……回来：理查德·B·安德森，在莱奥拉·安德森的日记中写道。

[43] 他却在……一场小型斗争中败下阵来：http://freepages. history.rootsweb.ancestry.com/~timbaloo/SuchALife/pages/Ch3/8Miss/8Miss25c.htm。

[44] 他个人基本上没有邀请新会员……：对米特·罗姆尼的采访。

[45]“我又不是为了除草而去的”：亨利·B·艾林，“等待上帝”，在杨百翰大学的演讲，1990 年 9 月 30 日。

[46]“他是有求必应”：对米特·罗姆尼的采访。

[47]“这让我痛切地感受到……”：出处同上。

[48]“我害怕……”：出处同上。

[49] 很明显，罗姆尼有理由担心：对米特·罗姆尼和比尔·瑞安（Bill Ryan）的采访，2007 年。

[50] 在从法国回来的路上：对米特·罗姆尼的采访。

[51]“是不是也有一个位置……”：出处同上。

[52]“太可怕了……”：出处同上。

[53]“他变得非常、非常狂躁”：对达内·麦克布赖德的采访，2007 年和 2011 年。

[54] 安……的室友……：对米特·罗姆尼、辛迪·波顿和基姆·卡梅伦的采访，2007 年；以及对达内·麦克布赖德的采访。

[55]“老天，这感觉……”：对米特·罗姆尼的采访。

[56]“我认为丽诺尔……过得并不快乐”：对辛迪·戴维斯的采访。

[57]“要做一些不同寻常的事情……”：对米特·罗姆尼的采访。

[58] 1969 年春……：劳瑞娜·普林格尔（Laurena Pringle），“安·戴维斯和米特·罗姆尼喜结连理”，《底特律自由新闻报》（Detroit Free Press），1969 年 3 月；美国联合通讯社（Associated Press），“新人民间仪式完婚”，1969 年 3 月 22 日；“米特·罗姆尼赢取安·戴维斯”，《纽约时报》（The New York Times），1969 年 3 月 22 日。

[59] 与他们一位……好友同名：塔格特·罗姆

尼，“为爸爸竞选”，与《华盛顿邮报》(The Washington Post）在线交谈，2007 年 12 月 20 日。
[60] 新科父母激动不已：对达内·麦克布赖德的采访；美国联合通讯社，“新人民间仪式完婚”；“米特·罗姆尼赢取安·戴维斯”，《纽约时报》。
[61] 虽说罗姆尼也很反对……：戴维·D. 柯克帕特里克（David D. Kirkpatrick），“热心和探索的罗姆尼花甲之年设定目标，”《纽约时报》，2007 年 11 月 15 日。
[62] 罗姆尼应邀……：对达内·麦克布赖德的采访。
[63] “最高荣誉”：来自迈克尔·斯马特（Michael Smart）的电子邮件，杨百翰大学通信系，2011 年 8 月 26 日；米特·罗姆尼《逆转》(Turnaround：Crisis，Leadership，and the Olympic Games)（华盛顿大区：莱格尼里出版社（Regnery Publishing)，2004 年），第 13 页。
[64] “我希望……”：小本·布拉德利（Ben Bradlee），“罗姆尼寻求成功的新篇章”，《波士顿环球报》，1994 年 8 月 7 日。
[65] “他抬头看我……”：对霍华德·C. 塞金的采访，2007 年。
[66] “当我们刚入学的时候……”：对贾尼丝·斯图尔特的采访，2007 年。
[67] “我们将自己视为……”：对霍华德·布朗斯坦 (Howard Brownstein) 的采访，2007 年。
[68] 斯蒂芬·布雷耶：休伊特（Hugh Hewitt)《摩门教徒进白宫？美国人需了解米特·罗姆尼的 10 个地方》（华盛顿大区：莱格尼里出版社，2007 年），第 46 页。
[69] “他不知厌倦……”：对加雷特·拉斯姆森的采访，2007 年。
[70] “我们大部分人都穿得……”：对威廉·内夫的采访，2007 年。
[71] “这种怠慢……”：约翰·亚列舒曼，《权力的见证：尼克松的年代》（纽约：西蒙（Simon）和舒斯特，1982 年），第 104 页。
[72] “……是我们需要摒弃的做法。”：约翰·赫伯斯，“罗姆尼质疑美国体制，使其在政府以外发挥最大影响力，”《纽约时报》(The New York Times)，1965 年 5 月 15 日。
[73] 乔治·罗姆尼拒绝了……：克里斯托弗·伯纳斯蒂亚（Bonastia)《探路石：联邦政府试图在郊区内废除种族隔离》（普林斯顿，N.J.：普林斯顿大学出版社，2006 年)，第 108 页。
[74] “这是一个出乎意料的打击……”：丽诺尔·罗姆尼给约翰·亚列舒曼的信件，www.boston.com/news/daily/27/lenore_letter.pdf。
[75] 抵达威尔克斯—巴里之后……：路易斯·库克，“艾格尼斯洪水后重建工作继续进行”，美国联合通讯社，1972 年 8 月 10 日。
[76] 乔治·罗姆尼……倾诉了……：乔治·罗姆尼和理查德尼克松的会面，1972 年 8 月 11 日，尼克松录音带。
[77] ……写了一封言辞犀利的辞职信……：www.presidency.ucsb.edu/ws/index.php?pid=3709。
[78] 他只是考虑……：小鲍勃·贝尔尼克（Bob Bernick, Jr.)，“贝内特做出一些改变；虽然发生 1992 年誓约风波，参议员仍计划第二次连任”，《德瑟雷特新闻》(Deseret News)，2001 年 8 月 29 日。
[79] 米特和安……：布拉德利，“罗姆尼寻求成功的新篇章。”
[80] “他并不介意……”：对霍华德·塞金的采访。
[81] 其中一位演讲者：对霍华德·布朗斯坦的采访。
[82] “他谈过一次……”，对马克·梅佐的采访，2007 年。
[83] “他给人的感觉就是……”：对霍华德·布朗斯坦的采访。
[84] “他是优秀的潜在员工……”：对查尔斯·法里斯的采访，2007 年。
[85] 可以……在当地从事司法实践：密歇根州法律考试委员会记录。
[86] “这里有我的朋友……”：乔·安·巴纳斯：“罗姆尼全力投入奥运会中；密歇根本地人挽救了谣言中的奥运会，”《底特律自由新闻报》，2011 年 2 月 14 日。
[87] “在波士顿咨询公司，分析是王道……”：对朗尼·史密斯的采访，2007 年
[88] “他工作起来……”：采访查尔斯·法里斯。
[89] “对于我和这里的所有人而言……”：对朗尼·史密斯的采访。

忠实的丈夫，虔诚的信徒

[1] 对于马克·尼克松和雪莉·尼克松……：对马克和雪莉·尼克松的采访，2011 年。
[2] 离开停车场后不久……：汤姆·莫罗尼（Tom

Moroney)，“后果”，《波士顿环球杂志》，1996年12月8日。

[3] 罗姆尼夫妇一直引用……：小本·布拉德利(Ben Bradlee，Jr.)，“罗姆尼寻求成功的新篇章”，《波士顿环球报》，1994年8月7日。

[4] 在随后的十年内……：埃里克·福恩斯特伦(Eric Fehrnstrom) 发来的电邮，2011年8月25日。

[5] 和很多摩门教徒一样……：布拉德利，“罗姆尼寻求成功的新篇章”，对塔格特·罗姆尼的采访，2007年。

[6] “对我们而言……”：对米特·罗姆尼的采访，2007年。

[7] 星期二晚上……：布拉德利，“罗姆尼寻求成功的新篇章”；埃里克·福恩斯特伦发来的电邮，2011年9月22日。

[8] 在上中学之前……：对塔格特·罗姆尼的采访。

[9] 她没有毕业……：“安的传记”，www.mittromney.com/AnnRomney/Biog raphy，2011年9月2日访问（目前网页已关闭）；埃里克·福恩斯特伦发来的电邮，2011年8月28日。

[10] 她本可以在……：“安的传记”，贝拉·英格利希（Bella English)，“罗姆尼夫妇夫唱妇随”，《波士顿环球报》，2002年10月29日。

[11] 她丈夫更喜欢用……：安·罗姆尼，“首席家庭官”，http:// fivebrothers.mittromney.com，2007年6月22日（目前网页已关闭）。

[12] “在这个家中”……对道格拉斯·安德森的采访，2011年。

[13] 童子军鹰级徽章：休·休伊特（Hugh Hewitt)，《摩门教徒执掌白宫？美国人需了解米特·罗姆尼的10件事》，华盛顿特区Regnery出版公司，2007年版，第79页。

[14] “它不仅具有很大的挑战性”：布拉德利，“罗姆尼寻求成功的新篇章”。

[15] 有一次，安忘记……：对约翰·赖特的采访，2011年。

[16] ……安的厨艺得到……：安·罗姆尼，“盐湖城奥运会的回忆》，http://fivebrothers.mittromney.com，2007年9月20日（目前网页已关闭）。

[17] ……甚至一度还开办了小型的烹饪学校：安·罗姆尼，“阳光明媚之州”，http://fivebrothers.mittromney.com，2007年11月23日（目前网页已关闭）。

[18] 最受欢迎的一道……：出处同上。

[19] “我其实很愿意去……”：梅雷迪斯·布赖恩（Meredith Bryan)，米特·罗姆尼为父之道的免费建议”，《智族》，2007年6月，第194页。

[20] “我身体几乎每一块骨头都骨折过”：休伊特，《摩门教徒执掌白宫？》，第84页。

[21] 在一个寒冷的冬天……：对约翰·赖特的采访。

[22] 每个孩子迟早都……：对塔格特·罗姆尼的采访。

[23] “他们是非常招人喜爱的年轻人”：对菲利普·巴洛的采访，2011年。

[24] “米特教导孩子们……”：对约翰·赖特的采访。

[25] 的确，所有五个孩子……：《本周》，美国广播公司，2007年2月18日。

[26] 米特·罗姆尼说……：布赖恩，《米特·罗姆尼为父之道的免费建议》，第194页。

[27] “在这样一个家庭长大……”：对米特·罗姆尼的采访。

[28] 塔格特说，他的父亲……：对塔格特·罗姆尼的采访。

[29] “我们尽力想要管教……”：电视现场节目“罗姆尼竞选州长”，2002年。

[30] 15年来……：巴恩斯特布郡（Barnstable County)，马萨诸塞州契约登记处(Massachusetts Registry of Deeds)，http://barnstabledeeds.org；对伊莱恩·普赖斯(Elaine Price）的访问，2011年。

[31] 贝内特站在滑板上……：对格兰特·贝内特的采访，2011年。

[32] 米特是在五大湖上学会滑水的……：对约翰·赖特的采访。

[33] 1981年6月……：弗兰克·菲利普斯（Frank Phillips)，“共和党竞选热门人选于1981年被捕”，《波士顿环球报》，1994年5月5日；对约翰·赖特的采访。

[34] 塔格特说他童年……：对塔格特·罗姆尼的采访。

[35] 后来，马修、乔舒亚和克雷格……：埃里克·福恩斯特伦发来的电邮，2011年9月22日。

[36] 塔格特说：“一夜之间，……”：对塔格特·罗姆尼的采访。

[37] 之后不久的一天夜里……：出处同上。

[38] 而在米特的眼中，家里特别的那个人……：

出处同上。

[39] 在母亲节这一天……：约瑟·安东尼奥·瓦尔加斯（Jose Antonio Vargas），“罗姆尼兄弟与父亲的闲谈”，《华盛顿邮报》，2007年6月9日。

[40] 米特凡事都很理性……：对塔格特·罗姆尼的采访。

[41] 但是，她始终是……：对约翰·赖特的采访。

[42] “如果他们双方……，米特就不会去做”：对简·罗姆尼的采访，2006年。

[43] “我知道有时候她说的话……”：对塔格特·罗姆尼的采访。

[44] 米特制定了严格的规矩：出处同上。

[45] 行程的目的地是……：对家人和朋友的采访，2007年。

[46] “……，他会表现得非常热情……”：对前任助理的采访，2011年。

[47] “他对别人……完全不感兴趣”：对前任助理的采访，2011年。

[48] “他在……立起了一堵无形的墙”：对共和党人的采访，2011年。

[49] “很多时候他给人感觉是……”：对前任助理的采访，2011年。

[50] ……，罗姆尼举家……：马萨诸塞州米德尔塞克斯郡（Middlesex County）契约登记处，http://masslandrecords.com/malr/controller。

[51] “你们怎么买得起……”：对塔格特·罗姆尼的采访。

[52] 一家人不再去……：房地产记录、新闻剪影、作者参观。

[53] 罗姆尼在1994年承认……：布拉德利，“罗姆尼寻求成功的新篇章”。

[54] 他异常节俭……：罗姆尼家庭录像，2007年提供给《波士顿环球报》。

[55] “我有时候在想……”：对约瑟夫·J. 奥唐纳的采访，2011年。

[56] “他的战略就是……”：对约翰·赖特的采访。

[57] ……凯姆·加德纳说：“米特……”：对凯姆·加德纳的采访，2007年。

[58] “每个人都不如我父亲勤劳”：对塔格特·罗姆尼的采访。

[59] “米特一直在工作……”：对海伦·克莱雷·西弗斯的采访，2011年。

[60] “他打开箱子……”：对格兰特·贝内特的采访。

[61] 约翰·赖特记得……：对约翰·赖特的采访。

[62] 每天晚上我回家时……：对米特·罗姆尼的采访。

[63] “在我们眼里，他就是爸爸而已”：对塔格特·罗姆尼的采访。

[64] ……摩门教谱系：对海伦·克莱雷西弗斯和肯·哈钦斯的采访。

[65] 摩门教的圣会……：对海伦·克莱雷西弗斯和肯·哈钦斯的采访。

[66] 还有一个与……不同的是……佩姬·弗莱彻·斯塔克（Peggy Fletcher Stack），“米特和他的信仰：记住候选人罗姆尼也是主教罗姆尼”，《盐湖城论坛》，2008年1月11日。

[67] 他们由……仔细审查选出：对肯·哈钦斯的采访。

[68] “……确实被赋予了极高的信任”：对托尼·金博尔的采访，2011年。

[69] 米特·罗姆尼首次担任……：对格兰特·贝内特的采访。

[70] ……共近4000名成员：对格兰特·贝内特和肯·哈钦斯的采访。

[71] 罗姆尼在教会中担任领导……：对菲利普·巴洛的采访，2011年。

[72] 在那之前，教会的做法一直反映了……：佩姬·弗莱彻·斯塔克：“‘黑色诅咒’是耶稣基督后期圣徒的争议传统”，《盐湖城论坛》，1998年6月6日。

[73] “……最激动、最快乐日子中的一天”：斯科特·利哈伊（Scot Lehigh）和弗兰克·菲利普斯（Frank Phillips），“罗姆尼就信仰问题攻击肯尼迪”，《波士顿环球报》，1994年9月28日。

[74] “我在收音机中听到……”：《会见新闻界》(Meet the Press)，美国国家广播公司，2007年12月16日。

[75] 然而，虽然教会……：佩姬·弗莱彻·斯塔克，“在锡安的流放者”，《盐湖城论坛》，2003年8月16日。

[76] 但是，在……存在着两种对立的观点……：莉萨·旺斯尼斯（Lisa Wangsness），“共和党竞争对手对摩门信仰有不同的反应”，《波士顿环球报》，2011年8月15日。

[77] 波士顿地区……：对托尼·金博尔的采访。

[78] ……凌晨，天还没亮：珍妮特·彼得森(Janet Peterson)，“伪装下的贝尔蒙特祈福”，《旌旗》(Ensign)，1987年4月。

[79] 他们担心的是，这场火灾……：对菲利普·

巴洛的采访。

[80]“我不知道什么时候……”：彼得森，“伪装下的贝尔蒙特祈福”。

[81] 因为当时有些当地人反对……：马克·米勒（Mark Miller），“几近完工的贝尔蒙特摩门教堂毁于一场离奇火灾”，《波士顿环球报》，1984 年 8 月 2 日；彼得森，“伪装下的贝尔蒙特祈福”。

[82] 教会急切地需要……：彼得森，“伪装下的贝尔蒙特祈福”。

[83] 还有的人开了一家小型的咨询公司……：卡萝尔·皮尔逊(Carol Pearson),“两次庆祝：开始和结束”，《波士顿环球报》，1986 年 6 月 6 日。

[84] 几年之前……：彼得森，“伪装下的贝尔蒙特祈福”；弗兰克·菲利普斯（Frank Phillips）和唐·奥库安（Don Aucoin），“罗姆尼对宗教信仰保持缄默”，《波士顿环球报》，1994 年 5 月 22 日。

[85]“贝尔蒙特有些人……”：彼得森，“伪装下的贝尔蒙特祈福”。

[86] 然后，发生了一些意想不到的事情：对格兰特·贝内特的采访；彼得森，“伪装下的贝尔蒙特祈福”。

[87]“给我留下……”：对康妮·埃丁顿的采访，2011 年。

[88]“现在仍有……”：对格兰特·贝内特的采访。

[89] 将近三千人前往：彼得森，“伪装下的贝尔蒙特祈福”。

[90] ……卡通里头不同角色……：戴维·D. 柯克帕特里克（David D. Kirkpatrick），“热心探索的罗姆尼在 60 年代设定目标”，《纽约时报》，2007 年 11 月 15 日。

[91]“我有一点儿惊讶的是……”：对菲利普·巴洛的采访。

[92] ……像是义务：对肯·哈钦斯的采访。

[93] 罗姆尼的教会同事都说……：斯塔克，《米特和他的信仰：记住候选人罗姆尼也是主教罗姆尼》。

[94]“他很通情达理……”：对菲利普·巴洛的采访。

[95]“他的领导能力……”：对道格拉斯·安德森的采访。

[96]“他让他周围的人……”：对肯·哈钦斯的采访。

[97] 哈钦斯有一次对……：对菲利普·巴洛的采访。

[98]“后来我得知……”：对戴维·吉勒特的采访，2011 年。

[99] 一个星期六……：对格兰特·贝内特的采访。

[100] ……而对方还未归还：对海伦·克莱雷·西弗斯的采访。

[101] 罗姆尼还承担起缴纳什一税的义务……：埃里克·福恩斯特伦发来的电邮，2011 年 9 月 22 日。

[102] 1989 年的一个星期天是美国橄榄球超级杯大赛：对道格拉斯·安德森的采访。

[103]“辛勤探索……”耶稣基督后期圣徒教会，《教义和条款》，第 90 节，第 24 句。

[104] 在门外的台阶上……：对道格拉斯·安德森的采访。

[105] 罗姆尼的慈善行为远远……：对约瑟夫·J. 奥唐纳的采访。

[106] 有一次……：对格兰特·贝内特的采访。

[107] 1993 年春……：对海伦·克莱雷·西弗斯的采访。

[108] 最后……：斯塔克，“米特和他的信仰：记住候选人罗姆尼也是主教罗姆尼”；对海伦·克莱雷·西弗斯的采访。

[109] 托尼·金博尔说……：对托尼·金博尔的采访。

[110] 她认为这是个很好的时机……：对海伦·克莱雷·西弗斯的采访。

[111] 大家认为安·罗姆尼……：对成员的采访，2011 年。

[112] 米特·罗姆尼……也显示了很大的灵活性：对托尼·金博尔的采访。

[113]“他们体会到了一种被需要感”：朱莉·A. 道克斯塔德尔（Julie A. Dockstader），“让自己和他们的生活富足起来”，1992 年 2 月 8 日，http://www.ldschurchnews.com/articles/22302/ Enriching-theirs-and-others-lives.html。

[114] 佩吉·海斯在……加入了教会：对佩吉·海斯的采访，2011 年。

[115] 教会是鼓励收养的：“收养”，http://lds.org/study/topics/ adoption?lang=eng。

[116] 罗姆尼之后否认了……：弗兰克·菲利普斯和斯科特·利哈伊：“单身母亲讲述摩门教顾问罗姆尼给她的建议”，《波士顿环球报》，1994 年 8 月 26 日。

[117] 1990 年秋……：佚名，“未曾听说”，《拥护者 II》15，第 4（1990）期：第 5 页。

[118] 教会领袖说……：“堕胎”，http://lds.org/

study/topics/abortion? lang=eng。

[119] 有一天在医院……：杰奎琳·博伊尔（Jacquelynn Boyle），“积极精神永胜”，《底特律自由报》，1995 年 10 月 26 日。

[120] 罗姆尼随后反驳说……：斯科特·利哈伊和弗兰克·菲利普斯，“罗姆尼承认反对堕胎”，《波士顿环球报》，1994 年 10 月 20 日。

[121] 还有一位……妇女：对朱迪·杜仕库的采访，2011 年。

[122] 挂在教会波士顿分支的世界地图……：唐 L. 布鲁格（Don L. Brugger），“气候呼唤变革”，《旌旗》，1993 年 9 月。

[123] ……住在郊区的……：出处同上。

[124] “……是一个巨大的挑战……”：谢里丹·R. 谢菲尔德（Sheridan R. Sheffield），“波士顿：福音书在全国最悠久的城市之一迅速发展”，1991 年 9 月 28 日，www.ldschurchnews.com/articles/20681/Boston-Gospel-rolls-forward-in-one- of-nations-oldest-cities.html。

[125] 罗姆尼和其他摩门领袖……：布鲁格，“气候呼唤变革”。

[126] 传教士们要与……打交道：谢菲尔德，“波士顿：福音书在全国最悠久的城市之一迅速发展”。

[127] “要去爱这些人”：对基思·奈顿的采访，2011 年。

[128] 戴维·吉勒特……：对戴维·吉勒特的采访。

[129] 因此他还能够……：对托尼·金博尔的采访。

[130] 在宴请传教士……：对戴维·吉勒特的采访。

[131] “……让我等感到无比谦卑”：谢菲尔德，“波士顿：福音书在全国最悠久的城市之一迅速发展”。

[132] “要了解我的信仰……”：休伊特，《摩门教徒执掌白宫？》，第 96 页。

捞金高手

[1] “我记得他……”：对比尔·贝恩的采访，2007 年。

[2] “这个家伙迟早有一天……”：同上。

[3] “……轻易或轻率地……”：对米特·罗姆尼的采访，2007 年。

[4] 贝恩说：“因此……”：对比尔·贝恩的采访。

[5] “我放弃了一份稳定的工作”：罗姆尼在新罕布什尔州斯特拉汉姆（Stratham）的公开演说，2011 年 6 月 2 日。

[6] 即使他把公文包带回家：对米特·罗姆尼的采访。

[7] “沉湎在数据中”：米特·罗姆尼，现身全国评审学会会议，华盛顿特区，2007 年 1 月 27 日。

[8] ……比他小十岁左右：对贝恩资本合伙人的采访，2011 年。

[9] “并没有多大的意义”：罗伯特·盖伊的演讲，“内心和超越内心：现代企业中良心的作用”，杨百翰大学，2002 年 4 月 26 日。

[10] 对罗姆尼业绩最透彻的分析……：亚历克斯·布朗（Alex Brown），“特殊机会资金：投资由贝恩资本管理的资金”，德意志银行，2000 年。

[11] “曾跟我说过……”：对哈里·斯特罗恩的采访，2011 年。

[12] “我们调查了……”：米切尔·朱克夫和小本·布拉德利，“罗姆尼的商业成就展现更宏伟目标”，《波士顿环球报》，1994 年 8 月 8 日。

[13] “……他会烦恼……”：对科尔曼·安德鲁斯的采访，2007 年。

[14] “照着他鼻子上来一拳”：罗伯特·加文（Robert Gavin）和萨夏·普法伊费尔（Sacha Pfeiffer），“研究、汗水和利润：贝恩资本光鲜表面下的业绩引发批评”，《波士顿环球报》，2007 年 6 月 26 日；对罗伯特·怀特的采访，2007 年。

[15] “我一直在思考……”：对贝恩公司合伙人的采访，2011 年。

[16] “米特当时一直在纠结”：加文和普法伊费尔，“研究、汗水和利润：贝恩资本光鲜表面下的业绩引发批评”。

[17] 关键航空公司开设了……的往返航线：对杰弗里·雷纳特的采访，2011 年。

[18] 另一笔较早的投资交易：对罗伯特·怀特的采访，2011 年。

[19] 豪尔林布恩集团：对杰弗里·雷纳特的采访，2011 年。

[20] “看，”施滕贝格对罗姆尼说道：对托马斯·施滕贝格的采访，2007 年和 2011 年。

[21] 但是之后，罗姆尼采取了主动：同上。

[22] 后来，贝恩公司投资史泰博共计 250 万美元：加文和普法伊费尔，“研究、汗水

和利润：贝恩资本光鲜表面下的业绩引发批评”。

[23] 首次公开发行股票时：史泰博的首次公开发行招股书，1989 年 4 月。

[24] “优秀的‘同类杀手’”：史蒂文·弗拉克斯（Steven Flax），“回形针交易的风险”，《纽约时报》，1989 年 6 月 11 日。

[25] “帮助创造了数万个工作岗位”：对米特·罗姆尼的采访，《记录》，美国有线电视新闻网，2011 年 9 月 6 日。

[26] “这就是我为什么一直以来……”：朱克夫和布拉德利，“罗姆尼的商业成就展现更宏伟目标”。

[27] “你不能说……”：对霍华德·安德森的采访，2011 年。

[28] “为什么……都不能归功于他呢”：对托马斯·施滕贝格的采访。

[29] “如果企业成功与否……”：对米特·罗姆尼的采访。

[30] 贝恩要求管理层和工会……：弗雷德里克·F. 赖克霍德（Frederick F. Reichheld）和托马斯·蒂尔（Thomas Teal），《忠诚效应：增长、利润和持久价值背后的隐藏力量》（The Loyalty Effect: The Hidden Force Behind Growth, Profits, and Lasting Value），（波士顿：哈佛大学商学院出版社，1996 年），第 172—173 页。

[31] “忠诚效应”：同上，第 174 页。

[32] 1.21 亿美元：同上。

[33] “我都把……扔到……”：对杰弗里·雷纳特的采访。

[34] “使我非常投入地……”：罗姆尼在新罕布什尔州斯特拉汉姆的公开演说，2011 年 6 月 2 日。

[35] “实际上，我从未经手……”：米特·罗姆尼，《逆转：危机、领导力与奥运会》（华盛顿特区：莱格尼里出版社，2007 年），第 16 页。

[36] “伊凡雷帝”：“‘伊凡雷帝’投资者博斯凯”，《时代周刊》，1986 年 12 月 1 日。博斯凯达成认罪求情协议并终生不得从事证券交易。

[37] “我不是企业的破坏者”：奥利弗·斯通（Oliver Stone），导演，《华尔街》，1987 年。

[38] “不断地破坏旧的体制……”：约瑟夫·熊彼得，《资本主义、社会主义与民主主义》，电子书，泰勒弗朗西斯出版集团（Taylor and Francis），2003 年，第 83 页。

[39] “创造性破坏的问题就是……”：艾伦·格林斯潘，在参议院银行业房产业及市政事务委员会（Senate Committee on Banking, Housing and Urban Affairs）前的证词，2005 年 7 月 21 日。

[40] “让政府袖手旁观……”：米特·罗姆尼：《无可致歉：相信美国》（No Apology: Believe in America），（纽约：圣马丁出版公司，2010 年），第 110 页。

[41] 的确，他为……写了 2008 年开篇词：米特·罗姆尼，“让底特律破产吧”，《纽约时报》，2008 年 11 月 18 日。

[42] “我们都很高兴”：对乔希·贝坎斯汀的采访，2011 年。

[43] 1.05 亿美元：对贝恩资本合伙人的采访，2011 年。

[44] “……但是米特难能可贵的是……”：对马克·沃尔珀（Marc Wolpow）的采访，2011 年。

[45] 曾经负责……的检察官说……：对德崇证券破产案的检察官的采访。

[46] “……我们没有说……”：朱克夫和布拉德利，“罗姆尼的商业成就展现更宏伟目标”。

[47] 皇家宫殿连锁店：“贝恩收购了服装连锁店”，《纽约时报》，1988 年 12 月 30 日。

[48] “要确保……”：康妮·布鲁克（Connie Bruck），《掠夺者的舞会：德崇证券的内幕和垃圾债券扰乱者的崛起》（The Predators' Ball: The Inside Story of Drexel Burnham and the Rise of the Junk Bond Raiders）（纽约：企鹅出版社，1989 年），第 366—369 页。布鲁克引用了约瑟夫的书面证词，其中提到了罗姆尼的电话。

[49] “通过这笔交易……”：对詹姆斯·T. 科夫曼的采访，2011 年。

[50] 德崇证券承认有罪：“德崇证券的倒塌”；德崇证券的重大事件”，《纽约时报》，1990 年 2 月 14 日。

[51] 最终，米尔肯承认其证券犯罪：斯图尔特·普法伊费尔（Stuart Pfeifer）和汤姆·彼得鲁诺（Tom Petruno），“迈克尔·米尔肯仍在寻求救赎”，《洛杉矶时报》，2009 年 2 月 3 日。

[52] 第二年……：莫妮卡·佩林（Monica Perin），“服装零售商突然遭遇股东诉讼”，《休斯敦商业周刊》（Houston Business

Journal)，1999 年 4 月 11 日。

[53] 该百货公司……申请：贝恩资本合伙人说他们对该公司后来遭遇的财务问题不承担责任。破产之后，该公司东山再起，宣布已经开始盈利。格雷格·哈塞尔（Greg Hassell），“破产让舞台百货公司感觉良好；重组之后零售商销售强劲”，《休斯敦纪事报》(Houston Chronicle)，2001 年 8 月 25 日。

[54] “情况非常糟糕”：查尔斯·斯坦（Charles Stein），“‘他们的任务就是赚钱’，但在这一过程中罗姆尼重‘建’轻‘减’”，《波士顿环球报》，1994 年 10 月 9 日。

[55] GST 钢材公司：罗伯特·加文（Robert Gavin），“贝恩裁员，罗姆尼旁观”，《波士顿环球报》，2008 年 1 月 27 日。

[56] 累计债务已达 16 亿美元之多：丹尼尔·G. 雅各布斯(Daniel G. Jacobs)，“结束生命保障”，《智能商务》(Smart Business)，2005 年 5 月。

[57] 它与德国德灵诊断产品有限公司合并后：加文：“贝恩裁员，罗姆尼旁观”。

[58] 与此同时：乔希·科斯曼（Josh Kosman），《美国收购》（The Buyout of America），（纽约：企鹅出版集团，2010 年），第 107 页。

[59] “如果……一件事情……”：戴维·D. 柯克帕特里克，“罗姆尼的财富来自于商业财产”，《纽约时报》，2007 年 6 月 4 日。贝恩资本的合伙人后来说，大德的破产主要是由于美元对欧元贬值，使公司的债务超过银行所允许的极限。合伙人辩称是债务投资人向大德施加了压力，而贝恩帮助其重振旗鼓。

[60] 在获得巨大成功……的同时：米切尔·朱克夫，“罗姆尼拯救贝恩咨询公司——损益之研究”，《波士顿环球报》，1994 年 10 月 25 日。

[61] “千钧一发”：休伊特，《摩门教徒执掌白宫？美国人需了解米特·罗姆尼的 10 件事》（华盛顿特区：莱格尼里出版社，2007 年），第 53 页。

[62] “有一个坏消息要告诉您”：同上，第 54—55 页。

[63] 如果……那么根据马萨诸塞州的法律规范：马萨诸塞州法律规定，在工资结算期末的一周内须支付工资，否则对首次违反工资法律的行为最高处以一年的监禁。见 www.malegislature.gov/Laws/ GeneralLaws/PartI/TitlexxI/Chapter149/Section27C。

[64] “在马萨诸塞州这属于犯罪”：休伊特，《摩门教徒执掌白宫？》，第 55-56 页。

[65] 有一次：斯特凡妮·施特罗姆（Stephanie Strom），“投资困境公司的资金出现偏差”，《纽约时报》，1996 年 9 月 25 日。

[66] 谈话渐渐白热化：对贝恩资本合伙人的采访，2011 年。与高盛集团银行家谈崩的最早报道见戴维·斯诺（David Snow）“米特搭建的机构”，《国际私募股权投资》（Private Equity International），2007 年 9 月。

[67] 他说服……：朱克夫，“罗姆尼拯救贝恩咨询公司——损益之研究”。

[68] “他乐于……”：对哈里·斯特罗恩的采访，2011 年。

[69] 结果，只有一个人走了：对贝恩合伙人的采访，2011 年。

[70] “如果贝恩咨询公司破产的话……”：对杰弗里·雷纳特的采访，2011 年。

[71] 该公司偿还了部分欠款：“戴蒙公司——第五届年度全球 100 强 / 马萨诸塞州最佳企业”，《波士顿环球报》，1993 年 6 月 8 日。

[72] 罗姆尼个人获得 47.3 万美元：兰克·菲利普斯（Frank Phillips），“使罗姆尼盈利的企业后涉嫌欺诈”，《波士顿环球报》，2002 年 10 月 10 日。罗姆尼说他的收入包括个人投资交易的 10.3 万美元再加 5% 的贝恩利润分红（37 万美元），共计 47.3 万美元。

[73] 合并完成之后的第二天：梅格·瓦扬古（Meg Vaillancourt），“罗姆尼支持的交易促使戴蒙工厂关闭”，《波士顿环球报》，1994 年 10 月 9 日。

[74] “纠正措施”：菲利普斯，“使罗姆尼盈利的企业后涉嫌欺诈”。

[75] 缴纳了 1.19 亿美元的罚金：金伯利·布兰顿（Kimberly Blanton），“尼德姆实验室因欺诈被处 1.19 亿美元罚金”，《波士顿环球报》，1996 年 10 月 10 日。

[76] “在……有一个捣乱分子”：伊冯娜·亚伯拉罕（Yvonne Abraham），“两候选人电视竞选‘开战’”，《波士顿环球报》，2002 年 10 月 22 日。

[77] 仿真公司：2001 年财务披露报告，米特·罗姆尼，马萨诸塞州道德委员会。

[78] 贝恩公司亏了本：对迈克尔·戈斯（Michael Goss）的采访，2007 年。

[79] 汽车宫殿：布朗，“特殊机会资金：投资由贝恩资本管理的资金”。

[80] 加特纳集团后来成为……：对斯蒂芬·帕柳的采访，2011 年。

[81]“我认为米特喜欢的事情不是……”：对托马斯·施滕贝格的采访。

[82] 努内力把随后的约 45 分钟……：对马克·努内力的采访，2011 年。

[83] 1998 年秋：查纳·R. 舍恩博格（Chana R. Schoenberger），“空中楼阁：达美乐披萨店带来的所有麻烦对贝恩资本是否值得？”，《福布斯》，2001 年 9 月 17 日。

[84]“我们就是最大的傻瓜”：米特·罗姆尼，现身全国评审学会会议。

[85] 贝恩公司……收获了 1 亿多美元：达美乐的首次公开发行申请，2004 年。

[86] 赚取了 500% 的投资回报：“多米诺效应”，《底特律新闻》，2006 年 12 月 9 日。

[87]“铁皮人”：对贝恩司合伙人的采访，2011 年。

[88]“不管……”：米特·罗姆尼，“搜寻”，总统竞选宣传片，2007 年 12 月 17 日，http://abcnews.go.com/video/video?id=4026797&tab=948293 1§ion=2808950&page=1。

[89]“投资公司暂停营业……”：雪莉·梁（Shirley Leung），“投资公司暂停营业寻找失踪女孩”，《波士顿环球报》，1996 年 7 月 12 日。

[90]“不久之后”：罗伯特·C·盖伊（Robert C. Gay），“大海捞针：对商业道德勇气的思考”，在杨百翰大学的演讲，2003 年。

[91]“确实让人震惊”：彼得·卡内洛斯（Peter Canellos），“贝恩资本回忆在纽约的搜寻”，《波士顿环球报》，1996 年 12 月 8 日。

[92]“米特做了很多……”：罗姆尼，“搜寻”。

[93]“比……还有价值”：卡内洛斯，“贝恩资本回忆在纽约的搜寻”。

[94] 罗姆尼在贝恩资本的 15 年内：布朗，“特殊机会资金：投资由贝恩资本管理的资金”，对贝恩公司合伙人的采访，2011 年。

[95]“标准投资银行家惯用的方法”：罗姆尼，《逆转》，第 16 页。

[96] 第一笔交易……：对斯科特·斯珀林的采访，2011 年。

[97] 益百利：对贝恩资本和托马斯·H·李公司合伙人的采访，2011 年。

[98] 在收购后仅仅七周的时间：詹姆斯·S·赫希（James S. Hirsch）和马修·罗斯（Matthew Rose），“收购集团中 5 亿美元‘头彩’——大世界百货公司同意收购益百利为投资者带来快速收益”，《华尔街日报》，1996 年 11 月 15 日。

[99]“……被载入史册”：同上。本次交易中的合伙人说实际的回本时间要长于七周，并解释说贝恩和李享有将近六个月的有条件的所有权，在这一期间内电脑系统正在调试当中。

[100]“被幸运棒点了一下”：对贝恩资本合伙人的采访，2011 年。

[101]“嗯，马克，你确定吗？”：对马克·努内力的采访。

[102]“我们意外发现了……”：对菲尔·库内奥的采访，2011 年。

[103]“互联网明星”：同上。

[104] 不到三年的时间：斯坦·佩斯（Stan Pace），“快刀斩乱麻：为何‘迅速、专注和同步’最适合公司转型”，《策略和领导》（Strategy & Leadership）30，第 1 期(2002)：第 4—9 页。

[105]“不像是……”：对贝恩资本合伙人的采访，2011 年。

[106]“投资回报很抢眼”：对杰弗里·雷纳特的采访。

[107] 银行储蓄存折：米特·罗姆尼，现身全国评审学会会议。

[108] 罗姆尼本人的财富也成倍增长：朱克夫和布拉德利，“罗姆尼的商业成就展现更宏伟目标”。

[109]“谈我的净资产……”：对米特·罗姆尼的采访。

[110] 根据联邦税法的规定：www.econlib.org/library/Enc/CapitalGainsTaxes .html。2011 年，亿万富翁沃伦·巴菲特（Warren Buffett）提到税率差异是造成财政赤字的元凶，并说他的适用税率比他秘书的还低，这是不公平的。此番言论引起奥巴马总统的重视。

[111]“目标是……”：对罗斯·基特尔的采访，2007 年。

[112]“情况恰好相反”：对马克·沃尔珀的采访。

[113] ……这一数据是准确的：对贝恩资本合伙人的采访，2011 年。

[114]“贝恩资本投资者的目标……”：对霍华德·安德森的采访。

[115]“工作并不仅仅是……”：罗姆尼，《逆转》，第 11—14 页。

[116]“我是不是要……”：同上，第 14 页。

挑战政坛巨鳄

[1] ……叫他“老爹”的孙辈：对吉姆·戴维斯的采访，2007年；对米基·费多尔科（Mickey Fedorko）的采访，2011年；来自戴维斯和费多尔科的电子邮件，2011年。

[2] “我讨厌……”：杰克·托马斯，“安·罗姆尼的甜心交易”，《波士顿环球报》，1994年10月20日。

[3] 数十年前……：来自吉姆·戴维斯的电子邮件，2011年。

[4] “他说：‘安，你……”：托马斯，“安·罗姆尼的甜心交易”。

[5] “我在这里生活了……”：《竞选年鉴》（Campaign Almanac），CSPAN，1994年。

[6] “难道我们要等到死的……”：小本·布拉德利，“罗姆尼写下新的胜利篇章”，《波士顿环球报》，1994年8月7日。

[7] “你可以不断地抱怨……”：出处同上。

[8] “不！不！……”：《竞选年鉴》，CSPAN，1994年。

[9] 我还能做什么？：米特·罗姆尼，《逆转》，莱格尼里出版社（Regnery Publishing），2004年，第14页。

[10] 那年十月……：布拉德利，“罗姆尼写下新的胜利篇章”。

[11] 再加上，肯尼迪自己……：皮特·S·加尼罗斯，《最后的雄狮：特德·肯尼迪之沉浮》纽约：西蒙与舒斯特出版公司（Simon & Schuster），2009年，第261—281页。

[12] “我意识到了自身的不足……”：柯蒂斯·威尔基，“肯尼迪在演说中承认个人‘不足’，发誓为自由主义事业‘继续奋斗’”，《波士顿环球报》，1991年10月26日。

[13] “从竞选一开始……”：对肯尼迪前雇员的采访，2011年。

[14] ……脸上长斑……：莎莉·雅各布，“海湾州再次认可肯尼迪”，《波士顿环球报》，1994年9月19日。

[15] “人们对我说……”：对米特·罗姆尼的采访，2007年。

[16] 后来罗姆尼说：“这是一次千载难逢……”：安东尼·佛林特（Anthony Flint）和安迪·达比利斯（Andy Dabilis），“参议员及其反对者都采用了罗姆尼的言论”，《波士顿环球报》，1994年10月31日。

[17] “他了解游戏规则”：对共和党工作人员的采访，2011年。

[18] 甚至在这之前……：对约瑟夫·D. 马龙的采访，2011年。

[19] “……非常有魅力……”：对共和党工作人员的采访。

[20] “没有自己的观念体系”：唐·菲德尔（Don Feder），“罗姆尼：一个浅薄的共和党人”，《波士顿前锋报》，1994年10月20日。

[21] “他的竞选活动重点就在于此”：对赛斯·韦恩罗斯的采访，2011年。

[22] “整顿整顿畸形……”：斯科特·里海（Scot Lehigh）和弗兰克·菲利浦斯（Frank Phillips），“共和党的罗姆尼说肯尼迪过时了”，《波士顿环球报》，1994年2月3日。

[23] 拉吉恩与罗姆尼曾于1994年初……：对约翰·拉吉恩的采访，2011年。

[24] 于是，罗姆尼家族成员在……：对前竞选助手的采访，2011年。

[25] ……后来安说，“那些共和党积极分子，我们一个也不认识。”：小本·布拉德利和丹尼尔·戈登（Daniel Golden），“罗姆尼写下新的胜利篇章”，《波士顿环球报》，1994年11月10日。

[26] ……尤具吸引力的人物：对前竞选助手的采访。

[27] “他取得了很大的进步……”：对里克·里德的采访，2011年。

[28] 竞选团队组织了一个……：对前竞选助手的采访。

[29] “显然每个人都清楚……”：对赛斯·韦恩罗斯的采访。

[30] “直到今天”……：对前雇员的采访，2011年。

[31] 安担当起……：对前助手的采访，2011年。

[32] “虚有其表”：盖尔·费（Gayle Fee）和劳拉·拉普萨（Laura Raposa），“内圈跑道”，《波士顿前锋报》，1994年4月11日。

[33] “他不会坐在……”：对迈克尔·苏努努的采访，2011年。

[34] “你会立马……”：对前顾问的采访，2011年。

[35] 罗姆尼的策略……：对赛斯·韦恩罗斯的采访。

[36] “这位曾……”：出处同上。

[37] ……至少一次钉子：“儿代受父之过”，《波士顿环球报》，1994年5月15日。

[38] 《波士顿环球报》在这个周末公布了……：斯科特·里海和弗兰克·菲利浦斯，“民意

调查显示肯尼迪支持率下滑”，《波士顿环球报》，1994 年 5 月 14 日。

[39] 罗姆尼用他在代表大会上的发言……：弗兰克·菲利浦斯和彼特·J·霍伊（Peter J. Howe），“罗姆尼获共和党认可”，《波士顿环球报》，1994 年 5 月 15 日。

[40] “他走出来说……”：对约翰·拉吉恩的采访。

[41] “当晚……”：对赛斯·韦恩罗斯的采访。

[42] 有些人呼吁拉吉恩自动退出……：菲利浦斯和霍伊，“罗姆尼获共和党认可”。

[43] 而且他反而指出……：斯科特·里海，“共和党的两位竞选参议员的种子选手在堕胎基金问题上冲突”，《波士顿环球报》，1994 年 5 月 27 日。

[44] “我不确定……”：对约翰·拉吉恩的采访。

[45] “我们眼前有很多问题……”：对米特·罗姆尼的采访。

[46] “……真正机会到了”：罗姆尼竞选参议员的录像带，1994 年。

[47] 与此同时，肯尼迪和他的顾问们……：弗兰克·菲利浦斯和斯科特·里海，“肯尼迪早前向竞选团队施压”，《波士顿环球报》，1994 年 6 月 22 日。

[48] ……挖罗姆尼的老底：弗兰克·菲利浦斯，“肯尼迪竞选团队向罗姆尼派出侦探”，《波士顿环球报》，1994 年 8 月 19 日。

[49] “我望着眼前……”：对肯尼迪前助手的采访，2011 年。

[50] ……的电视广告：布拉德利和戈登，“战略成就史诗般的竞选”。

[51] “民意调查结果总是起起伏伏”：PI 通讯社，“肯尼迪遭遇强硬对手”，《西雅图邮讯报》（Seattle Post-Intelligencer），1994 年 9 月 20 日。

[52] ……面对大约五百名支持者……：吉塔·安纳德（Geeta Anand）和弗兰克·菲利浦斯，“罗姆尼品尝胜利滋味，挑战肯尼迪”，《波士顿环球报》，1994 年 9 月 21 日。

[53] “我记得当时那种感觉……”：对前助手的采访，2011 年。

[54] 罗姆尼说，自己从……：对米特·罗姆尼的采访。

[55] “你根本不可能赢”：罗姆尼，《逆转》，第 14 页。

[56] “初选过后……”：对米特·罗姆尼的采访。

[57] “你能看到一闪而过的怒气”：对肯尼迪前助手的采访，2011 年。

[58] 肯尼迪团队里负责民意调查的汤姆·基利……：布拉德利和戈登，“战略成就史诗般的竞选”。

[59] 房间里的人们……：对肯尼迪前顾问的采访，2011 年。

[60] 施勒姆建议说……：布拉德利和戈登，“战略成就史诗般的竞选”。

[61] “现实如此”：对肯尼迪前顾问的采访，2011 年。

[62] 数月以来，肯尼迪的研究员们……：对肯尼迪前助手的采访，2011 年。

[63] “SCM 办公用品供应公司将资产……”：彼特·G·戈瑟琳（Peter G. Gosselin），“印第安纳州罢工者紧追罗姆尼”，《波士顿环球报》，1994 年 10 月 3 日。

[64] 一位后来到……：鲍勃·德洛金（Bob Drogin），“要评判罗姆尼，先看看底线”，《洛杉矶时报》，2007 年 12 月 17 日。

[65] “这件事杀伤力极大”：对肯尼迪前雇员的采访，2011 年；布拉德利和戈登，“战略成就史诗般的竞选”。

[66] 工会的一位官员……：布拉德利和戈登，“战略成就史诗般的竞选”。

[67] 为主角的广告：出处同上。

[68] 视频拍摄后的第三天……：斯科特·里海和弗兰克·菲利浦斯，“肯尼迪就印第安纳州工厂罢工事件斥责罗姆尼”，《波士顿环球报》，1994 年 9 月 30 日。

[69] “……不比拍那些没成功的强吗？”：出处同上。

[70] “这不是什么梦幻天堂……”：弗兰克·菲利浦斯，“罗姆尼公司涉及劳资纠纷”，《波士顿环球报》，1994 年 9 月 23 日。

[71] 罗姆尼并没有在电视广告里……：布拉德利和戈登，“战略成就史诗般的竞选”。

[72] 他们四处派发……：出处同上。

[73] 10 月 7 日……：弗兰克·菲利浦斯，“罗姆尼同意谈判；工会拒绝”，《波士顿环球报》，1994 年 10 月 8 日。

[74] 两天后……：梅格·瓦扬古（Meg Vaillancourt）和莎拉·A. 麦克诺尔（Sarah A. McNaught），“罗姆尼与罢工者碰面；工人与候选人在活动中遭遇”，《波士顿环球报》，1994 年 10 月 10 日。

[75] 民意调查显示罗姆尼的支持率……：斯科特·里海和莎莉·雅各布，“罗姆尼就电视攻击策略猛烈抨击肯尼迪”，《波士顿环球

报》，1994 年 10 月 13 日。

[76] “对于这个问题，我们原本应当……”：布拉德利和戈登，“战略成就史诗般的竞选”。

[77] “看着一个候选人的眼睛，你就知道他能否……”：对约瑟夫·马龙的采访。

[78] “刚开始，对他来说放权……”：对前雇员的采访，2011 年。

[79] “那些共和党人士……”：对罗姆尼前助手的采访，2011 年。

[80] 对于一个认为政治领袖……：斯里达尔·帕普（Sridhar Pappu），“不会吧！候选人”，《大西洋月刊》（Atlantic Monthly），2005 年 9 月，第 106 页。

[81] “这一点我们都已经……”：对马萨诸塞州共和党领袖的采访，2011 年。

[82] “社会革新”：PI 通讯社，“肯尼迪遭遇强硬对手”。

[83] 9 月……：对理查德·塔菲尔的采访，2011 年。

[84] “在米特心里……”：对马萨诸塞州共和党人士的采访，2011 年。

[85] 罗姆尼当时是男童子军执行……：彼特·G. 戈瑟琳，“肯尼迪与罗姆尼继续就事实相互指责”，《波士顿环球报》，1994 年 10 月 27 日。

[86] “……我支持你的看法”：对理查德·塔菲尔的采访。

[87] 于是，不久之后……：米特·罗姆尼，给木屋共和党人的信，1994 年 10 月 6 日。

[88] 罗姆尼之前曾说过……：斯科特·里海，“肯尼迪与罗姆尼争抢中间派”，《波士顿环球报》，1994 年 10 月 10 日。

[89] 甚至在该组织……：对理查德·塔菲尔的采访。

[90] ……令他感动不已：理查德·塔菲尔，《不速之客：同性恋共和党人照常挑战政治》（纽约：西蒙与舒斯特出版公司，1999 年），第 224 页。

[91] 事实上，他公开表示的观点……：斯科特·里海，“罗姆尼进一步关注堕胎问题”，《波士顿环球报》，1994 年 9 月 10 日。

[92] 后来立场有所松动……：里海，“肯尼迪与罗姆尼争抢中间派”。

[93] 6 月，他又以……：斯科特·里海，“罗姆尼承认建议不堕胎”，《波士顿环球报》，1994 年 10 月 20 日；迈克尔·列文森（Michael Levenson），“罗姆尼否认资金筹集会照片，称自己为坚定的反堕胎者”，《波士顿环球报》，1997 年 12 月 19 日。

[94] 安·罗姆尼向该组织……：斯科特·赫尔曼，“罗姆尼夫人向‘家庭计划协会’捐款”，《波士顿环球报》，2007 年 5 月 10 日。

[95] ……1963 年 10 月……死于……：安·基南，死亡证明书，密歇根州卫生部门，1963 年 10 月 8 日。

[96] 基南的过世……：对简·罗姆尼的采访，2007 年。

[97] “支持妇女的选择权”：罗姆尼竞选州长的传单，2002 年。

[98] 2005 年 6 月……：艾琳·麦克纳马拉，“进化中的历史”，《波士顿环球报》，2005 年 6 月 26 日。

[99] 普拉维基说堕胎问题在他的成功竞选中……：对大卫·普拉维基的采访，2011 年。

[100] “我认为我们得重新……”：诺林·墨菲（Noreen Murphy），“丽诺尔谈观点”，《奥沃索阿尔戈斯报》，1970 年 5 月 11 日。

[101] “堕落行为”：斯科特·里海和弗兰克·菲利浦斯，“罗姆尼在与摩门教徒谈话中声称同性恋者有罪”，《波士顿环球报》，1994 年 7 月 15 日。

[102] 罗姆尼自始至终都坚称……：里海，“罗姆尼承认建议不堕胎”。

[103] ……变得更加模糊：布鲁斯·莫尔（Bruce Mohl），“马萨诸塞州反堕胎组织支持罗姆尼”，《波士顿环球报》，1994 年 9 月 8 日。

[104] 他支持提高……：《布尔克雷一周回顾》（This Week with Da-vid Brinkle）对米特·罗姆尼的采访，美国广播公司（ABC），1994 年 10 月 16 日。

[105] 他拒绝了……：罗德·德赫尔（Rod Dreher），“肯尼迪在与罗姆尼的最终辩论中避免强攻”，《华盛顿时报》（Washington Times），1994 年 10 月 28 日。

[106] 他支持遭到……：斯科特·赫尔曼，“罗姆尼的枪支记录遭质疑”，《波士顿环球报》，2007 年 4 月 5 日；斯科特·里海，“拉吉恩誓要反对枪支管制”，《波士顿环球报》，1994 年 8 月 19 日。

[107] 罗姆尼也不赞同……：布拉德利和戈登，“战略成就史诗般的竞选”。

[108] 他与华盛顿的共和党领袖……：德赫尔，“肯尼迪在与罗姆尼的最终辩论中避免强攻”。

[109] 他对约翰·拉吉恩关于……：斯科特·里海和弗兰克·菲利浦斯，“罗姆尼与拉吉恩就犯罪、税收与堕胎问题展开辩论”，《波士顿环球报》，1994年9月7日。

[110] 他对联邦政府开支……：杰夫·雅各比（Jeff Jacoby），“罗姆尼应从肯尼迪的成功中吸取的教训”，《波士顿环球报》，1994年7月12日。

[111] 后来在竞选中……：约翰·B. 朱迪斯（John B. Judis），“暴风雨中的摩门教”，《新共和》（The New Republic），1994年11月7日，第20页。

[112] 查菲计划的关键是……：保罗·斯塔尔（Paul Starr），“医疗改革怎么了？”，《美国前景》，1995年，第20—31页。

[113] “我告诉人们……”：对米特·罗姆尼的采访。

[114] 肯尼迪声明支持工作福利制……：彼特·G. 戈瑟琳和安东尼·佛林特，“自由与部分真相”，《波士顿环球报》，1994年10月26日。

[115] 他也试图……：里海，“肯尼迪与罗姆尼争抢中间派”。

[116] 所有人都来了……：对前竞选助手的采访，2011年。

[117] 他稍后又道歉……：弗兰克·菲利浦斯，“肯尼迪代表就摩门教问题向罗姆尼道歉”，《波士顿环球报》，1994年9月24日。

[118] “……罗姆尼先生怎么看？”：斯科特·里海，“肯尼迪认为摩门教种族问题提得正好”，《波士顿环球报》，1994年9月27日。

[119] “在公共事务上，我说的话不……”：弗兰克·菲利浦斯和斯科特·里海，“罗姆尼在宗教信仰问题上反击肯尼迪”，《波士顿环球报》，1994年9月28日。

[120] “乔治·罗姆尼直接冲进……”：对罗姆尼前助手的采访，2011年。

[121] “我认为在宗教问题上……”：菲利浦斯和里海，“罗姆尼在宗教信仰问题上反击肯尼迪”。

[122] “每一次……”：布拉德利和戈登，“战略成就史诗般的竞选”。

[123] “我这一生……”：出处同上。

[124] “我问安……”：对前助手的采访，2011年。

[125] 乔治有自己的行程安排……：出处同上。

[126] “青出于蓝……”：休·麦克迪尔米德（Hugh McDiarmid），“前州长满意儿子的努力”，《底特律自由新闻报》，1994年10月7日。

[127] CSPAN拍摄的一系列……：《竞选年鉴》，C-SPAN，1994年。

[128] 有一次，他停下了……：对罗姆尼前助手的采访，2011年。

[129] 罗姆尼告诉她……：对里克·里德的采访。

[130] 大概在选举日的前一周……：弗兰克·菲利浦斯和莎莉·雅各布，“跟踪民意调查显示罗姆尼行情看涨”，《波士顿环球报》，1994年11月2日。

[131] ……罗姆尼问他目前……：对肯·史密斯的的采访，2011年。

[132] 就在波士顿辩论举行的当天……：布拉德利和戈登，“战略成就史诗般的竞选”。

[133] “我看到一些带着安全帽……”：对前助手的采访，2011年。

[134] 尽管难以控制……：对1994年10月辩论的电视新闻报道。

[135] “在这个演讲台上待……”：布拉德利和戈登，“战略成就史诗般的竞选”。

[136] “我认为选举结局已定”：对约翰·拉吉恩的采访。

[137] “这个问题……”：布拉德利和戈登，“战略成就史诗般的竞选”。

[138] 但是在300万观众面前……：加尼罗斯，《最后的雄狮：特德·肯尼迪之沉浮》，第300页。

[139] 在离选举日不到两周的时候……：弗兰克·菲利浦斯和斯科特·里海，“肯尼迪支持率在民意调查中上升20个百分点”，《波士顿环球报》，1994年10月27日。

[140] 后来，在与肯尼迪的最终辩论中……：布拉德利和戈登，“战略成就史诗般的竞选”。

[141] “肯尼迪城乡一体化计划留下的遗产……”：菲利浦斯和雅各布，“跟踪民意调查显示罗姆尼行情看涨”。

[142] “你能对一个从贝尔蒙特来的候选人……”：弗兰克·菲利浦斯和斯科特·里海，“民意调查结果：肯尼迪保持遥遥领先”，《波士顿环球报》，1994年10月29日。

[143] 在作为进出波士顿的……：罗伯特·W·特罗特（Robert W. Trott），“罗姆尼关于城市颓败现象的言论惹恼多尔切斯特居民”，美联社，1994年10月28日。

[144] 安·罗姆尼接受的一次采访……：托马斯，“安·罗姆尼的甜心交易”。

[145] 竞选团队花了10万美元……：弗兰克·

菲利浦斯，“罗姆尼计划投放半小时电视广告”,《波士顿环球报》,1994年11月4日。

[146] TED KENNEDY OUT：迈克尔·库伯(Michael Cooper)，“罗姆尼在最终冲刺中采用折衷主义”，《纽约时报》，1994 年 11 月 6 日。

[147] 在选举之前的日子里……：对罗姆尼前助手的采访，2011 年。

[148] 选举日上午 8 点 45 分……：安东尼·佛林特，“罗姆尼参选结局苦乐参半”，《波士顿环球报》，1994 年 11 月 9 日。

[149] 当晚，罗姆尼在……：出处同上。

[150] 被残酷的竞选……：对前助手的采访，2011 年。

[151] “你就算付我钱……”：布拉德利和戈登，“战略成就史诗般的竞选”。

[152] 但是她也留下了一个机会：佛林特，“罗姆尼参选结局苦乐参半”。

[153] “他上周为什么不说？”：对前顾问的采访，2011 年。

[154] 他自己在竞选中投了 300 万美元……：斯科特·里海和弗兰克·菲利浦斯，“共和党执掌国会：威尔德、肯尼迪再次当选；罗斯福、罗姆尼失败；州形势与全国潮流相反”《波士顿环球报》，1994 年 11 月 9 日。

[155] “……我只是惊讶……”：斯科特·里海和弗兰克·菲利浦斯，“罗姆尼说将考虑与克里竞选”，《波士顿环球报》，1994 年 11 月 23 日。

[156] “我想，人们是在寻找……”：对里克·里德的采访。

[157] “他的主要原因……”：对老共和党人的采访，2011 年。

[158] 竞选过后不久……：对共和党人的采访，2011 年。

[159] “我相信我得罪了不少人……”：罗姆尼，《逆转》，第 15 页。

点燃火炬

[1] 在他们 64 年……：美联社，“前州长遗孀丽诺尔·罗姆尼去世”，《环球日报》(Daily Globe)（密歇根州艾恩伍德），1998 年 7 月 8 日。

[2] 在乔治追求丽诺尔的初期……：玛利亚·桑德斯（Marya Saunders）和鲍勃·盖恩斯（Bob Gains），“乔治·罗姆尼的传教生涯”，《家庭周刊》(Family Weekly)，1963 年 3 月 3 日，第 5 页。

[3] ……早上 9 点刚过……：罗恩·德望克斯基(Ron Dzwonkowski) 和安吉拉·塔克（Angela Tuck），“密歇根预想家，同事眼中的他：精力充沛、目光远大的人”，《底特律自由新闻报》，1995 年 7 月 27 日，对罗姆尼前助手的采访，2011 年。

[4] 乔治两周前过生日……：默娜·奥利弗(Myrna Oliver),“乔治·罗姆尼；州长竞选总统”,《洛杉矶时报》，1995 年 7 月 27 日。

[5] “他明白了我为什么……”：对简·罗姆尼的采访，2006 年。

[6] “他的整个人生……”：对约翰·赖特的采访，2011 年。

[7] 大约 1200 名悼念者……：马尔科姆·约翰逊（Malcolm Johnson），“州长，孩子们喜欢乔治·罗姆尼”，美联社，1995 年 8 月 1 日。

[8] “走进路边……”：米特·罗姆尼，《逆转：危机、领导力与奥运会》（华盛顿特区：莱格尼里出版社，2004)，第 16 页。

[9] “我不知道……”：对米特·罗姆尼的采访，2007 年。

[10] 接下来的五年……：罗姆尼，《逆转》，第 16 页。

[11] “在投资史上最景气的几年里……”：乔安·巴纳斯（Joann Barnas)：“罗姆尼全力投入奥运会中；密歇根本地人挽救了丑闻中的奥运会”，《底特律自由新闻报》，2011 年 2 月 14 日。

[12] 1996 年，他非常关注……：大卫·沃什(David Warsh),“下一代”,《波士顿环球报》，1999 年 2 月 21 日。

[13] 两年后……：对同事的采访，2011 年。

[14] “在得克萨斯州州长乔治……”：对共和党的采访，2007 年。

[15] 几年前……：对格兰特·贝内特和肯·哈钦斯（Ken Hutchins）的采访，2011 年。

[16] 20 世纪 90 年代中期……：斯瑞达·帕普(Sridhar Pappu)，“摩门教堂给米特·罗姆尼的小区留下阴影”，《华盛顿邮报》，2007 年 12 月 15 日。

[17] 在看完贝尔蒙特山上那块地后……：对格兰特·贝内特的采访。

[18] “送给世界的纪念品”：迈克尔·保尔森，“看得见的信仰；贝尔蒙特山上摩门教堂的开放实现了摩门教的梦想，‘送给世界的纪念

品'”，《波士顿环球报》，2000 年 8 月 27 日。

[19] “能在这附近修一座摩门教堂……”：出处同上。

[20] 但是工程也存在明显疏漏：出处同上。

[21] 2000 年 9 月的一个下午……：布莱恩·麦克卡利（Brian MacQuarrie），“老对手同游摩门教堂”，《波士顿环球报》，2000 年 9 月 9 日。

[22] 第二年春天……：迈克尔·保尔森和卡罗琳·路易斯·科尔（Caroline Louise Cole），“摩门教获得世俗胜利；最高法院说教堂可以修建尖塔”，《波士顿环球报》，2001 年 5 月 17 日。

[23] 医生所做的测试越多……：对米特·罗姆尼的采访。

[24] 那里没有什么……：出处同上。

[25] “做了很多测试，一项接一项，安都没能通过”：出处同上。

[26] “当我听说……”：对塔格特·罗姆尼的采访，2007 年。

[27] “米特未来的人生也会是这样”：对简·罗姆尼的采访。

[28] 在此时……：尼拉吉·沃里库（Niraj Warikoo），“前州长夫人有自己的想法”，《底特律自由新闻报》，1998 年 7 月 8 日。

[29] “克雷格，这个病不会要我的命”：麦克·梅兰逊（Mike Melanson），“安·罗姆尼与多发性硬化症搏斗”，《波士顿环球报》，2003 年 9 月 13 日。

[30] “坦白说，我宁愿……”：保拉·帕里什（Paula Parrish），“米特·罗姆尼迎接挑战，这可谓其生命中最大的挑战”，斯克利普斯·霍华德报业公司（Scripps Howard News Service），2002 年 2 月 4 日。

[31] 她的身体非常虚弱……：安妮·爱尔德里奇（Annie Eldridge），“花式骑马让安·罗姆尼的灵魂歌唱”，《马术纪实》（Chronicle of the Horse），2008 年 1 月 3 日。

[32] 最初她接受的是静脉注射……：希拉·勋伯格（Shira Schoenberg），“安·罗姆尼不设限；通过锻炼治疗多发性硬化症”，《波士顿环球报》，2011 年 9 月 22 日。

[33] “很多人……”：对约翰·赖特和格兰特·贝内特的采访。

[34] 最后，安偶然发现……：迈克尔·勒文森（Michael Levenson），“罗姆尼妻子直言竞选问题”，《波士顿环球报》，2007 年 2 月 16 日。

[35] “骑马让我很开心……”，爱尔德里奇，“花式骑马让安·罗姆尼的灵魂歌唱”。

[36] “你不需要完美……”：对塔格特·罗姆尼的采访。

[37] “我现在感觉自己非常强壮……”：马修·罗德里格斯（Matthew Rodriguez），“罗姆尼增强多发性硬化症意识”，《波士顿环球报》，2004 年 5 月 12 日。

[38] 但真正将安从疾病中……：罗姆尼，《逆转》，第 346 页。

[39] 于是他先去找安：出处同上，第 5 页。

[40] 罗伯特·加尔夫（Robert Garff），盐湖城组委会主席……：对罗伯特·加尔夫的采访，2007 年。

[41] “救世英雄”：约翰·鲍尔斯（John Powers），“哈布的罗姆尼接手盐湖城冬奥会”，《波士顿环球报》，1999 年 2 月 12 日。

[42] “米特拥有其父亲的……”：对罗伯特·加尔夫的采访。

[43] “我在寻找……”：对迈克尔·莱维特的采访，2007 年。

[44] 随着罗姆尼获胜的……：克里斯坦·莫尔顿（Kristen Moulton），“罗姆尼可能会掌管盐湖城组委会”，美联社，1999 年 2 月 10 日。

[45] “他们的寻找行动从未……”：丽萨·莱利·罗希（Lisa Riley Roche）和艾伦·爱德华兹（Alan Edwards），“盐湖城组委会的'救世英雄'是米特·罗姆尼”，《德瑟雷特新闻》，1999 年 2 月 11 日。

[46] 后来洪博培曾帮助……：托马斯·波尔（Thomas Burr），“州长支持麦凯恩竞选总统”，《盐湖城论坛》（The Salt Lake Tribune），2006 年 7 月 20 日。

[47] “由于罗姆尼之前……”：对迈克尔·莱维特的采访。

[48] “好好想想吧”：罗姆尼，《逆转》，第 6 页。

[49] 曾在 1994 年担任罗姆尼竞选顾问……：对里克·里德的采访，2011 年。

[50] “这纯属巧合”：对罗伯特·加尔夫的采访。

[51] “这可能会引起媒体过分关注……”：对罗姆尼同事的采访，2011 年。

[52] “我们当时正面临……”：鲍勃·盖伊，“大海捞针：谈在商业中保持道德勇气”，演讲，2003 年。

[53] 大卫·达勒桑德罗……：对大卫·达勒桑德罗的采访，2007 年。

[54]“如果不能成功……”：出处同上。

[55]“我认为他接手……”：约翰·鲍尔斯，“绝佳机会”，《波士顿环球杂志》(Boston Globe Magazine)，2002 年 2 月 3 日。

[56]“他喜欢处理各种紧急情况……”：出处同上。

[57]“感觉我们像是处于僵尸地带……”：巴纳斯，“罗姆尼全力投入奥运会中”。

[58]“我们任何时候都没有理由……”：盐湖城组委会新闻稿，“米特·罗姆尼就职演说”，1999 年 2 月 11 日。

[59] 长野市曾不断……：麦克·高瑞尔（Mike Gorrell)，“主办权是怎么来的：慷慨还是贿赂？”，《盐湖城论坛》，2003 年 10 月 26 日。

[60] 盐湖城则只送了……：琳达·范汀（Linda Fantin)，“共和党顶级战略家贿选 2002 冬奥会”，《盐湖城论坛》，2000 年 7 月 3 日。

[61] 且形式多样，让人咂舌……：2002 年冬奥会特别收藏，J. 威拉德·万豪图书馆（J. Willard Marriott Library)，犹他大学。

[62] 将奥运五环描绘成手铐的 T 恤……：杰瑞·斯潘格勒（Jerry Spangler)，“盐湖城组委会妨碍言论自由？”，《德瑟雷特新闻》，1999 年 6 月 9 日。

[63]“贴切地说……”：对大卫·达勒桑德罗的采访。

[64] 犹他州的一些人……：琳达·范汀，“亨茨曼攻击［冬奥会］筹资”，《盐湖城论坛》，1999 年 7 月 11 日。

[65] 犹他州几乎所有……：耶稣基督后期圣徒教会，“会长亨克雷在开拓祷告仪式中的致辞”，2001 年 7 月 28 日，http://www.ldschurchnews.com/articles/40269/PresHinckley speaksduring Pioneerdevotional.html。

[66] 犹他大学中加尔夫的档案文件……：罗伯特·海纳·加尔夫，J. 威拉德·万豪图书馆，特别收藏，犹他大学。

[67] 为了给冬奥会注资……：2002 年冬奥会特别收藏，J. 威拉德·万豪图书馆，犹他大学。

[68]“我们的主席是个……”：范汀，“亨茨曼攻击（冬奥会）筹资”。

[69] 为避免显得过度影响冬奥会……：对理查德·加尔夫（Richard Garff）的采访。

[70]“就只能把……”：鲍尔斯，“绝佳机会”；对弗雷泽·布洛克的采访，2007 年。

[71]“我们要冒被债权人清算……”：罗姆尼，《逆转》，第 109 页。

[72] 后来罗姆尼订了比萨……：出处同上，第 55 页。

[73]“米特极其坚决地……”：对琼·盖兹休的采访，2007 年。

[74]“我在那两周里吃的辣椒烧牛肉……”：对大卫·达勒桑德罗的采访。

[75] 当地一家报纸……：鲍尔斯，“绝佳机会”。

[76] 审查归档记录后……：2002 年冬奥会特别收藏，J. 威拉德·万豪图书馆，犹他大学。

[77] 最终提供给冬奥会的直接联邦资助……：对罗伯特·贝内特的采访，2007 年。

[78]“米特来之前大多数联邦资金……”：出处同上。

[79]“是的，我们缺少资金……”：对理查德·加尔夫的采访。

[80] 但弗雷泽·布洛克说……：对弗雷泽·布洛克的采访，2007 年。

[81]“贿选丑闻爆出后……”，罗姆尼，《逆转》，第 52 页。

[82]“国际奥委会的赞助……”：杰里·朗曼（Jeré Longman)，“潜在奥运赞助商认为有困难”，《纽约时报》，1999 年 1 月 21 日。

[83] 为自己担任“首席推销员”一角……：对弗雷泽·布洛克的采访。

[84] 罗姆尼计划从犹他州……：2002 年冬奥会特藏，J. 威拉德·万豪图书馆，犹他大学。

[85] 美国国家广播公司已经为……：“美国国家广播公司为盐湖城冬奥会登陆悉尼”，美国合众国际新闻社（United Press International)，1995 年 8 月 7 日。

[86]“最具影响力体育人物”：“体育新闻：最具影响力的 100 人”，《体育新闻》，1996 年 12 月 30 日。

[87]“作为盐湖城冬奥会的主要赞助商代表……”：对迪克·爱博索的采访，2007 年。

[88] 由于罗姆尼自身……：对弗雷泽·布洛克的采访。

[89]“这不是利益冲突……”：对米特·罗姆尼的采访。

[90] 加尔夫认为……：对理查德·加尔夫的采访。

[91] 可以确定的是，罗姆尼的商业介入……：麦克·高瑞尔，“罗姆尼掌管盐湖城组委会”，《盐湖城论坛》，1999 年 2 月 12 日。

[92]“他们让那些存在利益冲突的……”：对格伦·贝利的采访，2007 年。

[93] 罗姆尼快速出击……：罗姆尼，《逆转》，

第 29 页。

[94]“我们已经收集到不可否认的……”：对马克思·惠勒的采访，2007 年。

[95]“如果你要责备……”：对热巴斯·沙特克·欧文的采访，2007 年。

[96]“我们只是跟别人做一样……”：对理查德·加尔夫的采访。

[97] 但是罗姆尼还是禁止……：珍妮弗·图玛·库克（Jennifer ToomerCook），“韦尔奇和约翰逊没上荣誉墙”，《德瑟雷特新闻》，2001 年 12 月 8 日。

[98] 罗姆尼还劝韦尔奇为了冬奥会……：对托马斯·韦尔奇的采访，2007 年。

[99]“米特打电话来……”：对悉得莉·弗赖斯贝克的采访，2007 年。

[100]“托马斯有代表律师……”：对马克思·惠勒的采访。

[101] 然而即使指控被撤销……：罗姆尼，《逆转》，第 23 页。

[102]“米特希望……”：对托马斯·韦尔奇的采访。

[103] 政府的首席检察官……：对理查德·威迪斯的采访，2007 年。

[104]“他竭尽全力……”：对肯·布洛克的采访，2007 年。

[105] 罗姆尼是第一个批准……：黛布拉·罗森伯格，“城市杂谈”，《新闻周刊》，2002 年 2 月 8 日。

[106] 有一种别针将罗姆尼……：对肯·布洛克的采访。

[107]“你不想我们成为……”：出处同上。

[108]“极具毁灭性……”的角色：对洛基·安德森的采访，2007 年。

[109]“米特认为他是来……”：对理查德·加尔夫的采访。

[110]“我想知道……”：对莉莲·泰勒的采访，2007 年。

[111] 佩斯的组织制作了……：斯潘格勒，“盐湖城组委会妨碍言论自由？”

[112]“他到犹他州的第一天……”：对史蒂芬·佩斯的采访，2007 年。

[113] 罗姆尼尊重女同性恋的措施……：对琼·盖兹休的采访。

[114]“那个就业工作团（Job Corps）的学生……”：对特里·肖的采访，2007 年。

[115] 罗姆尼予以否认……：对米特·罗姆尼的采访。

[116]“许多负责公共安全的人……”：对彼特·道森的采访，2007 年。

[117] 米特·罗姆尼和助手匆匆……：伊冯·亚伯拉罕（Yvonne Abraham），“忠实信徒；助手紧推罗姆尼议程”，《波士顿环球报》，2003 年 3 月 30 日。

[118]“……战争的味道……”：罗姆尼，《逆转》，302。

[119] 距离 2002 年冬奥会仅有五个月……：出处同上，第 303 页。，

[120]“我想米特内心……”：鲍尔斯，“绝佳机会”。

[121] 谈到很多人……：“罗姆尼集结奥运工作人员”，美联社，2001 年 9 月 14 日。

[122]“最后……”：对热巴斯·沙特克·欧文的采访。

[123]“这一刻，将被作为关键时刻……”，罗姆尼，《逆转》，第 305 页。

[124] 盐湖城冬奥会成为国家……：“联邦调查局约谈唐·约翰逊（联邦调查局驻盐湖城首席特工）”，《反恐安全报告》（Counterterrorism and Security Reports），2001 年 9 月—10 月。

[125]“米特信誉好……”：对罗伯特·贝内特的采访。

[126] 麻烦的起因……：对 A. J. 巴托的采访、A. J. 巴托发来的邮件，2007 年。

[127] 这让六周后向犹他州……：斯蒂芬妮·埃贝特（Stephanie Ebbert）和乔安娜·外斯（Joanna Weiss），“奥运会门票被送给了立法员，而非 9·11 家庭”，《波士顿环球报》，2002 年 4 月 12 日。

[128]“他们的虚伪让我感到愤怒……”：对 A. J. 巴托的采访。

[129]“9·11 事件后人们情绪低沉了很多……”：鲍尔斯，“绝佳机会”。

[130] 国际奥委会官员曾争论……：对桑迪·鲍德温的采访，2007 年。

[131] 但他们最终还是同意了……：约翰·鲍尔斯，“点亮回忆；冬奥会，决心和复兴的象征”，《波士顿环球报》，2002 年 2 月 9 日。

[132]“德怀特·艾森豪威尔……”：出处同上。

[133]“经历了其通常会经历……”：出处同上。

[134] 赢得 34 枚奖牌……：维姬·米凯利斯（Vicki Michaelis），“奖牌闪耀美国”，《今日美国》（USA Today），2002 年 2 月 25 日；“冬奥会全球收看人数增加”，《纽约时报》，

2002 年 6 月 18 日。

[135] “有人说……”：对大卫·达勒桑德罗的采访。

[136] “那真是令人惊讶……”：勋伯格，“安·罗姆尼不设限”。

首席执行官当州长

[1] 冬奥会开幕前一年……：丽萨·莱利·罗希和小鲍勃·伯尼克（Bob Bernick, Jr.），“罗姆尼的公共服务”，《德瑟雷特新闻》，2001 年 8 月 20 日。

[2] “如果我的政见是综合性的……”：约翰·鲍尔斯，“绝佳机会”，《波士顿环球杂志》，2002 年 2 月 3 日。

[3] 朋友及其前首席……：出处同上。

[4] “我不希望……”：米特·罗姆尼给编辑的信，《盐湖城论坛报》，2001 年 7 月 11 日。

[5] 对于罗姆尼而言，马萨诸塞州……：拉瓦尔·韦伯（LaVarr Webb）和特德·威尔逊（Ted Wilson），“罗姆尼要竞选犹他州州长”，《德瑟雷特新闻》，2001 年 12 月 30 日。

[6] 罗姆尼说……：鲍尔斯，“绝佳机会”。

[7] “人们都准备离开……”：斯科特·赫尔曼（Scott Helman），“民主党积极分子转向罗姆尼”，《波士顿环球报》，2002 年 3 月 15 日。

[8] “我知道你现在为冬奥会的……”：对芭芭拉·安德森的采访，2007 年。

[9] 罗姆尼并未同意……：对凯瑞·希莉的采访，2007 年。

[10] “他就像是在水上行走……”：丹尼斯·罗姆博（Dennis Romboy），“米特声名鹊起”，《德瑟雷特新闻》，2002 年 2 月 28 日。

[11] “很明显……”：对马萨诸塞州共和党人的采访，2007 年。

[12] 然而，罗姆尼从来没……：对宴会厅预订事件知情人士的采访，2011 年。

[13] “非常担心”：格兰·约翰逊（Glen Johnson），“米特·罗姆尼的艰难决定”，《波士顿环球报》，2002 年 3 月 17 日。

[14] 新出炉的民意调查显示……：乔·巴顿菲尔德，“共和党一边倒——如果罗姆尼参选，斯威夫特的党内支持率将跌至 12%”，《波士顿前锋报》，2002 年 3 月 17 日。

[15] 这个拥有三个小孩的妈妈……：弗兰克·菲利普斯（Frank Phillips），“斯威夫特退出与罗姆尼的州长竞选，表示‘需要作出让步，’”《波士顿环球报》，2002 年 3 月 20 日。

[16] “为打消大家的疑虑”：出处同上。

[17] “与肯尼迪参议员的竞选让我明白……”：“封面故事”，新英格兰有线新闻网（New England Cable News），2002 年 10 月 31 日。

[18] ……个人为竞选投入了 630 万美元：弗兰克·菲利普斯和布莱恩·穆尼（Brian Mooney），“州长竞选可能创下纪录”，《波士顿环球报》，2006 年 6 月 10 日。

[19] 在评估了包括非裔美国人……：“米特·罗姆尼的竞选搭档为竞选去掉中间名”，美联社，2002 年 5 月 1 日。

[20] ……结盟明显只是：《波士顿环球报》特约撰稿人，“广播讲话节目细节让罗姆尼苦恼”，《波士顿环球报》，2002 年 4 月 14 日。

[21] “任何想要我出局……”：弗兰克·菲利普斯和瑞克·克莱恩（Rick Klein），“民主党申请禁止罗姆尼参选”。《波士顿环球报》，2002 年 6 月 8 日。

[22] 但很快……：出处同上。

[23] 在 2000 年共和党总统初选中选了乔治·W·布什而非约翰·麦凯恩……：对米特·罗姆尼的采访，2007 年。

[24] “完全可信”：州投票法委员会决议，2002 年 6 月 25 日。

[25] 且奥布莱恩本人也曾在之前……：斯蒂芬尼·阿尔伯特，“主要堕胎权利组织支持奥布莱恩”，《波士顿环球报》，2002 年 10 月 3 日。

[26] “我的立场并没改变”：弗兰克·菲利普斯，“共和党人罗姆尼获胜”，《波士顿环球报》，2002 年 4 月 7 日。

[27] “我尊重……”：出处同上。

[28] 安·罗姆尼也试图……：安和米特·罗姆尼，电视采访，www.you tube.com/watch?v=GKwVNUz52vo，2007 年。

[29] 2002 年 4 月，罗姆尼给当地全美堕胎权……：全美堕胎权利行动联盟调查问卷，2002 年 4 月 8 日。

[30] “我们为你致力于计划生育……”：共和党提倡堕胎合法化联盟给米特·罗姆尼的信，2002 年 10 月 2 日。

[31] “承诺保护……”：竞选传单，罗姆尼州长竞选团队，2002 年。

[32] 但罗姆尼很快就将自己与家庭决定划清界限……：瑞克·克莱恩，“罗姆尼家属签署反同性婚姻请愿书”，《波士顿环球报》，

2002 年 3 月 22 日。

[33] 罗姆尼并不支持……：《凸窗报》调查问卷，2002 年。

[34] 理查德·巴布森（Richard Babson），共和党同性恋……：对理查德·巴布森的采访，2007 年。

[35] 此外，罗姆尼像……：“不要拒绝罗姆尼，同性恋共和党人说”，《凸窗报》，2002 年 10 月 24 日。

[36] 罗姆尼的竞选团队还到场发放粉红传单：竞选传单，罗姆尼州长竞选团队，2002 年。

[37] “保护同居伴侣的既得权利……”：《凸窗报》调查问卷。

[38] 据一位参会人士讲，罗姆尼……：对参会人士和另一名会议知情人士的采访，2007 年。

[39] “在我很小的时候……”：《凸窗报》调查问卷。

[40] “开辟通往比肯山（Beacon Hill）的路”：斯科特·赫尔曼，“西部市郊的重要独立派”，《波士顿环球报》，2002 年 11 月 14 日。

[41] “微锁定”：斯科特·赫尔曼，“候选人斥巨资研究选民”，《波士顿环球报》，2007 年 7 月 19 日。

[42] 并坚称……：瑞克·克莱恩，“交易背后”，《波士顿环球报》，2002 年 10 月 2 日。

[43] “政府花招”：斯科特·赫尔曼，“罗姆尼最终发现‘无新增税项’承诺适合他”，《波士顿环球报》，2007 年 1 月 5 日。

[44] 考虑到需要在选举中争取……：对前助手的采访，2011 年。

[45] 竞选团队首先确保……：对罗姆尼前助手的采访，2011 年。

[46] “马萨诸塞州，”她说……：弗兰克·菲利普斯，“奥布莱恩代表民主党参选”，《波士顿环球报》，2002 年 9 月 18 日。

[47] “我认为广告让他”……：对迈克尔·墨菲的采访，2007 年。

[48] “迈克尔过来说”……：布莱恩·C. 穆尼（Brian C. Mooney），“罗姆尼军师走红政治‘秀’”，《波士顿环球报》，2005 年 6 月 12 日。

[49] 但那天罗姆尼及其顾问……：斯科特·利哈伊（Scot Lehigh），“关键时刻”，《波士顿环球报》，2002 年 11 月 6 日。

[50] “可能最后一场辩论”……：出处同上。

[51] “可耻、错误”：瑞克·克莱恩，“广告影射奥布莱恩丈夫与基金损失”，《波士顿环球报》，2002 年 10 月 21 日。

[52] “这是特德·肯尼迪的招数”……：对迈克尔·特拉法利尼的采访，2007 年。

[53] 罗姆尼的支持率一直在上升……：弗兰克·菲利普斯，“罗姆尼和奥布莱恩民调不分胜负”，《波士顿环球报》，2002 年 11 月 1 日。

[54] “我们采用了”……：弗兰克·菲利普斯，“罗姆尼驶向胜利”，《波士顿环球报》，2002 年 11 月 6 日。

[55] 欢庆胜利的罗姆尼……：大卫·加里诺（David Guarino），“罗姆尼打败奥布莱恩当选州长”，《波士顿前锋报》，2002 年 11 月 6 日。

[56] 宣誓就职几周后……：对现任和前任议员的采访，2011 年。

[57] “我通常的做法”：对安德烈·纽西弗罗的采访，2011 年。

[58] “纪念米特·罗姆尼”：马萨诸塞州参议院会议记录，州政府新闻处，2003 年 7 月 17 日。

[59] “我们可能交给了他”……：对罗伯特·博森的采访，2007 年。

[60] “马萨诸塞州最重要的”……：安东尼·弗林特（Anthony Flint），“开发问题考验下任州长”，《波士顿环球报》，2002 年 10 月 12 日。

[61] “拥护魔鬼辩论法的决策者”：对埃里克·A. 克里斯的采访，2007 年。

[62] 预算缺口从来没有……：斯科特·S. 格林伯格（Scott S. Greenberger），“罗姆尼总把自己塑造成预算英雄，但讲话泄露重要细节”，《波士顿环球报》，2005 年 10 月 24 日。

[63] 罗姆尼离任时……：对马萨诸塞州市政协会（Massachusetts Municipal Association）执行理事杰弗里·贝克威茨（Geoffrey Beckwith）的采访，2007 年。

[64] “城镇”……：对埃里克·菲恩斯多姆的采访，2007 年。

[65] “罗姆尼阻止了（广泛）增税”……：对芭芭拉·安德森的采访，2007 年。

[66] “半个世纪以来州政府最重要的重组”：瑞克·克莱恩，“下岗，罗姆尼预算出现新压力”，《波士顿环球报》，2003 年 2 月 27 日。

[67] 其政府记录显示，四年后……：埃里克·菲恩斯多姆的电子邮件，2007 年 4 月，来源：人力资源处数据。

[68] 比如，威尔德……：弗兰克·菲利普斯和彼特·J. 豪（Peter J. Howe），“政府内部交易损坏威尔德的局外人形象”，《波士顿环

球报》，1994 年 12 月 11 日。

[69] “威尔德真正对这栋楼里的人感到好奇”……：对托马斯·芬纳兰的采访，2007 年。

[70] “还记得理查德·尼克松”……：对民主党立法员的采访，2011 年。

[71] “我的增加工作岗位计划”……：布莱恩·C. 穆尼、斯蒂芬尼·阿尔伯特和斯科特·赫尔曼，“野心增大，改变立场”，《波士顿环球报》，2007 年 6 月 30 日。

[72] ……整个州的工作岗位减少约 20 万个……：美国劳工部统计数据，http:// www.bls.gov。

[73] ……全州新增净工作岗位不足……：对穆迪分析机构（Moody's Analytics）总经济师马克·赞迪（Mark Zandi）的采访，2007 年。

[74] 大约只增加了 1%：出处同上。

[75] 2004 年，自称是……：兰奇·金博尔，PPT 陈述，2006；对金博尔的采访，2007。

[76] 2006 年，百时美施贵宝公司……：马萨诸塞州住房和经济发展执行办公室数据，2011 年 8 月；www.bms.com/sustainability/worldwide_facilities/north_america/Pages/devens_massachusetts.aspx。

[77] ……不同寻常的团队协作精神……：史蒂芬·海斯特，“团队精神赢下百时美施贵宝公司”，《波士顿环球报》，2006 年 6 月 3 日。

[78] “他认为政府”……：对萨尔瓦托·迪马西的采访，2007 年。

[79] 比如 2005 年对多次醉驾……：斯科特·S. 格林伯格，“立法员加大醉驾惩罚”，《波士顿环球报》，2005 年 10 月 28 日。

[80] 2005 年资本收益税补缴事件……：拉斐尔·路易斯（Raphael Lewis），“立法员将撤销补税提案”，《波士顿环球报》，2005 年 12 月 2 日。

[81] “窘迫事件”：斯科特·赫尔曼，“窃听清真寺，罗姆尼建议”，《波士顿环球报》，2005 年 9 月 15 日。

[82] 但是罗姆尼承诺……：迈克尔·勒文森，“马萨诸塞州赈灾，罗姆尼温暖人心”，《波士顿环球报》，2005 年 9 月 11 日。

[83] “你是大人物”……：对目击者的采访，2011 年。

[84] 随后罗姆尼和阿莫鲁……：出处同上。

[85] “失望”：金伯利·阿特金斯（Kimberly Atkins），“收费公路管理局老大惹上大麻烦”，《波士顿前锋报》，2006 年 7 月 12 日。

[86] “在危急关头”……：对大卫·吕贝罗福的采访，2007 年。

[87] 托尼·金博尔（Tony Kimball），罗姆尼……：对托尼·金博尔的采访，2011 年。

[88] 罗姆尼到任前……：雪莱·墨菲（Shelley Murphy），“巴尔杰拒绝回答众议院小组问题”，《波士顿环球报》，2002 年 12 月 7 日。

[89] 2003 年 6 月……：雪莱·墨菲，“国家委员会审问，巴尔杰否认帮助兄弟”，《波士顿环球报》，2003 年 6 月 20 日。

[90] 第二天……：弗兰克·菲利普斯，“州长斥责巴尔杰，呼吁下台”，《波士顿环球报》，2003 年 6 月 4 日；雪莱·墨菲，“兄弟问题上，巴尔杰选择性失忆”，《波士顿环球报》，2002 年 12 月 4 日。

[91] 在理事会拒绝罗姆尼……：珍娜·罗素（Jenna Russell）和派翠克·海利（Patrick Healy），“马萨诸塞大学理事会拒绝州长，偏向巴尔杰”，《波士顿环球报》，2003 年 6 月 27 日。

[92] 巴尔杰的合同还有四年……：珍娜·罗素，“巴尔杰退出”，《波士顿环球报》，2003 年 8 月 7 日。

[93] 罗姆尼如此急切地发出逐客令……：弗兰克·菲利普斯，“公务员委员会新任主席辞职”，《波士顿环球报》，2003 年 8 月 29 日。

[94] “比尔，我很难受”……：对威廉·莫纳汉的采访，2007 年。

[95] 2007 年谈到那场诉讼时……：对米特·罗姆尼的采访。

[96] “最初那两年”……：对詹姆斯·瓦利的采访，2007 年。

[97] 但后来罗姆尼称记不起……：对米特·罗姆尼的采访。

[98] 我从来不要求”……：对罗伯特·特拉法利尼的采访，2007 年。

[99] “他逼得我们所有人”……：大卫·韦伯（David Weber），“罗姆尼离任，民主党独掌州府”，美联社，2007 年 1 月 4 日。

[100] “这种评审制度完全没有政治意义”：对拉尔夫·马丁的采访，2007 年。

[101] 2005 年 7 月，《波士顿环球报》对……：拉斐尔·路易斯，“罗姆尼的司法选派未偏向共和党”，《波士顿环球报》，2005 年 7 月 25 日。

[102] 他同样没有明显倾向……：马萨诸塞州竞选和政治财务办公室捐款记录分析，

2011 年。

[103] “我想要改变”……：对米特·罗姆尼的采访。

[104] ……八天里每天的平均工作时间……：西恩·墨菲（Sean Murphy）和康妮·佩吉（Connie Paige），“他是劳工部主管，州上每年付他 10.8 万美元。但安吉洛·巴欧洛潘做了些什么呢？”《波士顿环球报》，2005 年 4 月 3 日。

[105] 埃里克·菲恩斯多姆……：弗兰克·菲利普斯，“罗姆尼提名高级助手，只为养老金”，《波士顿环球报》，2006 年 11 月 22 日。

[106] “无根据政治攻击”：弗兰克·菲利普斯，“罗姆尼高级助手离开新岗位”，《波士顿环球报》，2006 年 11 月 24 日。

[107] 在州情咨文中，罗姆尼不下十次地提到了“改革”……：弗兰克·菲利普斯，“讲话引发民主党斗争”，《波士顿环球报》，2004 年 1 月 16 日。

[108] “非常简单，改革”……：米特·罗姆尼，州情咨文，2004 年 1 月 15 日，马萨诸塞州档案。

[109] ……他开始积极招募……：拉斐尔·路易斯、“罗姆尼举办招募活动”，《波士顿环球报》，2004 年 5 月 26 日。

[110] 民主党愤怒了：拉斐尔·路易斯，“州上缺少共和党”，《波士顿环球报》，2004 年 11 月 3 日。

[111] “我们应该让”……：对马萨诸塞州共和党人的采访，2007 年。

[112] 众议院 160 席仅占 21 席……：拉斐尔·路易斯，“共和党席位跌至 1867 年来最低”，《波士顿环球报》，2004 年 11 月 4 日。

[113] “他把他的个人名誉也押上了”……：路易斯，“州上缺少共和党”。

[114] “从今以后”……：琼·文洛奇（Joan Vennochi），“米特竞选”，《波士顿环球报》，2005 年 1 月 4 日。

[115] “整个大环境变了”：对罗伯特·特拉法利尼的采访。

[116] 那年 9 月……：“罗姆尼的重要时刻”，《波士顿环球报》社评，2004 年 9 月 2 日。

[117] 引起了这方面的讨论……：瑞克·克莱恩，“罗姆尼抨击克里，为爱荷华人上演预演秀”，《波士顿环球报》，2004 年 10 月 17 日。

[118] 实际上，罗姆尼……：对会议知情人士的采访，2007 年。

[119] 政治行动委员会后来筹集……：斯科特·赫尔曼，“罗姆尼会竞选 2008 吗？”《波士顿环球报》，2006 年 11 月 17 日。

[120] “……我不知道”……：对米特·罗姆尼的采访。

[121] ……在政治博弈中时机决定一切……：对共和党的采访，2007 年。

[122] 罗姆尼为一场可能到来的竞选展开了热火朝天的准备……：斯科特·赫尔曼和边克尔·勒文森，“罗姆尼竞选团队咨询摩门教领袖”，《波士顿环球报》，2006 年 10 月 19 日。

[123] “我们知道米特”……：托马斯·波尔，乔·贝尔德（Joe Baird）和佩吉·弗莱彻·斯坦科（Peggy Fletcher Stack），“罗姆尼好友因争论被指责”，《盐湖城论坛报》，2006 年 10 月 23 日。

[124] 2006 年年底的统计显示……：布莱恩·C. 穆尼，“06 年罗姆尼有 212 天不在马萨诸塞州”，《波士顿环球报》，2006 年 12 月 24 日。

[125] 2004 年 11 月 9 日……：斯科特·赫尔曼，“罗姆尼是怎样变成右派的”，《波士顿环球报》，2006 年 12 月 17 日。

[126] 2005 年 2 月 10 日……：帕姆·贝吕克（Pam Belluck），“马萨诸塞州州长反对干细胞研究”，《纽约时报》，2005 年 2 月 10 日。

[127] 一些科学家认为……：赫尔曼，“罗姆尼是怎样变成右派的”。

[128] “有证据显示”……：斯科特·S. 格林伯格和弗兰克·菲利普斯，“罗姆尼攻击干细胞”，《波士顿环球报》，2005 年 2 月 11 日。

[129] “很多人明明强烈反对”……：对米特·罗姆尼的采访。

[130] 在保守派间巡回演讲时……：赫尔曼，“罗姆尼是怎样变成右派的”。

[131] “当州长后觉悟提高”……：米特·罗姆尼，“我为什么否决避孕药”，《波士顿环球报》，2005 年 7 月 26 日。

[132] 提案支持者注意到……：赫尔曼，“罗姆尼是怎样变成右派的”。

[133] “堕胎药”：帕姆·贝吕克，“马萨诸塞州否决紧急避孕药议案”，《纽约时报》，2005 年 7 月 26 日。

[134] 2006 年，罗姆尼的助手……：美琪·马尔维希尔（Maggie Mulvihill）和金伯利·阿特金斯，“罗姆尼转变对堕胎和同性恋收

养的态度”，《波士顿前锋报》，2006 年 3 月 1 日。

[135] “他极易改变自己的立场” ……：对前顾问的采访，2011 年。

[136] 罗姆尼在 12 至 14 岁的青少年身上实施了这种教育……：赫尔曼，“罗姆尼是怎样变成右派的”。

[137] 他反对马萨诸塞州帮助起草的……：贝丝·戴利 (Beth Daley)，“马萨诸塞州退出电厂减排协议”，《波士顿环球报》，2005 年 12 月 15 日。

[138] 共和党“极端分子”：斯科特·赫尔曼“罗姆尼被 94 年的同性婚姻论调绊住”，《波士顿环球报》，2006 年 12 月 8 日。

[139] 罗姆尼斥责那些“激进主义法官”……：斯科特·赫尔曼，“罗姆尼批评最高法院法官的价值观”，《波士顿环球报》，2005 年 11 月 11 日。

[140] 他要求国会通过联邦同性……：拉斐尔·路易斯，“罗姆尼力劝联邦禁止同性婚姻‘实验’”，《波士顿环球报》，2004 年 6 月 23 日；弗兰克·菲利普斯和丽萨·万斯尼斯 (Lisa Wangsness)，“同性婚姻禁令向前推进”，《波士顿环球报》，2007 年 1 月 3 日。

[141] “宗教与教育分离派” ……：玛丽亚·克莱默 (Maria Cramer)，“广播节目轰炸同性婚姻”，《波士顿环球报》，2006 年 10 月 16 日。

[142] “有些真的……”：约翰·J. 莫纳汉，“罗姆尼讲话激怒同性恋父母”，《伍斯特电讯公报》(Worcester Telegram & Gazette)，2005 年 2 月 26 日。

[143] “东部的旧金山”：彼特·沃斯顿 (Peter Wallsten)，“运动家心中有个不一样的罗姆尼”，《洛杉矶时报》，2007 年 3 月 25 日。

[144] 他试图修改……：乔纳森·索尔兹曼 (Jonathan Saltzman)，“罗姆尼提案禁止收养”，《波士顿环球报》，2006 年 3 月 16 日。

[145] 不再提倡同性恋在军队……：丹·巴尔兹 (Dan Balz) 和夏伊拉荷·穆雷 (Shailagh Murray)，“马萨诸塞州州长右倾转变引发疑问”，《华盛顿邮报》，2006 年 12 月 21 日。

[146] ……罗姆尼感到不安……：“罗姆尼撤销州长青年同性恋委员会”，美联社，2006 年 7 月 21 日。

[147] “他给了这个全国独一无二的项目致命打击” ……：对大卫·拉方丹恩的采访，2011 年。

[148] “我站在站场的中心” ……：亚当·纳格尼，“有胜算的共和党人利用社会问题”，《纽约时报》，2007 年 3 月 3 日。

[149] “我知道有人喜欢揭老底” ……：对米特·罗姆尼的采访。

[150] 这名经常与罗姆尼发生冲突的自由派众议院议长……：斯科特·赫尔曼，“早餐会上演‘君子报仇，十年不晚’”，《波士顿环球报》，2006 年 3 月 20 日。

[151] “他在当州长初期” ……：对理查德·迪西的采访，2007 年。

[152] ……大多数选民……：丽萨·万斯尼斯，“选民后悔选了罗姆尼”，《波士顿环球报》，2006 年 12 月 26 日。

医疗改革者

[1] 2008 年 10 月一个阳光灿烂的午后……：对理查德·惠特尼的采访，2011 年。

[2] “怀疑主义者”：对托马斯·斯坦伯格的采访，2011 年。

[3] “那让我感到震惊……”：对米特·罗姆尼的采访，2011 年。

[4] “你能找到解决办法的”：米特·罗姆尼，“全民医保？我们说可以”，《华尔街日报》，2006 年 4 月 11 日。

[5] “于是我知道他正在努力工作……”：对托马斯·斯坦伯格的采访。

[6] “让我们两党再度合作……”：米特·罗姆尼，“我的马萨诸塞州医保改革计划”，《波士顿环球报》，2004 年 11 月 21 日。

[7] “这届政府一直不喜欢……”：本杰明·葛丹 (Benjamin Gedan)，“罗姆尼的医保方案受质疑”，《波士顿环球报》，2004 年 11 月 22 日。

[8] “我们（在华盛顿）已经基本陷入僵局了……”：本杰明·葛丹和斯科特·S. 格林伯格，“肯尼迪支持罗姆尼的计划”，《波士顿环球报》，2004 年 11 月 24 日。

[9] 在刊登专栏前，罗姆尼已经提前……：对斯泰西·萨克斯的采访，2011 年。

[10] 罗姆尼卫生与公共事业部的一等秘书……：罗纳德·普雷斯顿，“医疗改革：覆盖联邦未参保居民”，2004 年 5 月 3 日。

[11] “这造成了真正的伤害……”：对克里斯汀·弗格森的采访，2011 年。

[12] 结果让人……："联邦医疗"，PPT 陈述，马萨诸塞州档案，2005 年 2 月 28 日。

[13] 格鲁伯有一个专门用来……：对艾米·里斯奇可的采访，2011 年。

[14] "具有极其重要的意义"：对乔纳森·格鲁伯的采访，2011 年。

[15] "他们提出现实政治论……"：出处同上。

[16] "我们讨论了人们需要……"：对艾米·里斯奇可的采访。

[17] "会议室里的每个人……"：对提摩西·S. 墨菲的采访，2007 年。

[18] 20 世纪 90 代初……：斯图尔特·M. 巴特勒（Stuart M. Butler），"传统消费者选择医疗计划"（The Heritage Consumer Choice Health Plan），传统基金会，1992 年 3 月 5 日；罗伯特·E. 墨菲特（Robert E. Moffit），"个人自由、责任与强制参保令"，《卫生事务》（Health Affairs），1994 年 1 月。

[19] 前罗德岛州（Rhode Island）参议员……：《当前公平医疗和医疗渠道改革法案》（Health Equity and Access Reform Today Act），约翰·查菲和 20 位共同倡议者于 1993 年 11 月 23 日提出。

[20] "能谈谈对个人的要求吗？"：对安德鲁·德雷福斯和提摩西·S. 墨菲的采访，2011 年。

[21] "如果有人说'我有钱也不会……"：斯科特·S. 格林伯格，"罗姆尼拟对无保险群体罚款"，《波士顿环球报》，2005 年 6 月 22 日。

[22] "灵光乍现"：对提摩西·S. 墨菲的采访，2011 年。

[23] 州里的企业参保率高于全国平均水平：马萨诸塞州医疗财务与政策部（Massachusetts Division of Health Care Finance and Policy），"2007 年马萨诸塞州企业调查"。

[24] 同时，马萨诸塞州也是……：兰德尔·R. 巴乌布杰尔格（Randall R. Bovbjerg）、艾莉森·埃文斯·库拉尔（Alison Evans Cuellar）和约翰·霍拉汉（John Holahan），"市场竞争和非补偿医疗险"（Market Competition and Uncompensated Care Pools），城市研究所（Urban Institute），2000 年 3 月，http://www.urban.org/publications/309525.html。

[25] 另外，马萨诸塞州禁止保险公司……：雷顿·瓦亨汗（Leigh Wachenheim）和汉斯·雷达（Hans Leida），"保证险种和社区费率改革对个人保险市场的影响"，美国医疗保险计划（America's Health Insurance Plans），2007 年 7 月 10 日。

[26] 但罗姆尼 2003 年上任时……：多洛雷斯·孔（Dolores Kong），"贝肯山重开医疗辩论"，《波士顿环球报》，2005 年 5 月 1 日；对布鲁斯·布伦（Bruce Bullen）的采访，2011 年。

[27] 带头的是……：对杰克·康纳斯的采访，2011 年。

[28] 但萨索也面临阻碍……：对约翰·萨索的采访，2011 年。

[29] 奥唐纳告诫萨索……：对约瑟夫·奥唐纳和约翰·萨索的采访，2011 年。

[30] "我必须承认……"：米特·罗姆尼，"特德的制胜一击"，《波士顿环球报》，1995 年 1 月 30 日。

[31] 三人坐下后……：对约瑟夫·奥唐纳和约翰·萨索的采访，2011 年。

[32] "我们是在谈政策……"：对米特·罗姆尼的采访。

[33] 2005 年 1 月 14 日……：爱丽丝·戴姆伯勒（Alice Dembner）和瑞克·克莱恩，"马萨诸塞州与联邦政府就资助达成一致；阻止大量削减医疗补助配额"，《波士顿环球报》，2005 年 1 月 15 日。

[34] "我从来没有百分百的把握……"：对爱德华·肯尼迪（Edward Kennedy）的采访，2007 年。

[35] "一直有人下来说……"：对斯泰西·萨克斯的采访。

[36] 肯尼迪和他的工作人员都没……：出处同上。

[37] "一切并不顺利"：对米特·罗姆尼的采访。

[38] "罗姆尼知道他越少露面……"：对阿兰·麦克唐纳德的采访，2011 年。

[39] 2005 年 12 月初……：斯科特·S. 格林伯格，"肯尼迪助推马萨诸塞州医改"，《波士顿环球报》，2005 年 12 月 5 日。

[40] "然而，特拉法利尼和迪马西的僵局……"：对提摩西·S. 墨菲的采访，2011 年。

[41] "飞机在盘旋"……：出处同上。

[42] "州长居然星期六早上……"：对罗伯特·特拉法利尼的采访，2007 年。

[43] 大约两周后……：对萨尔瓦托·迪马西的采访，2007 年。

[44] 与此同时，一帮企业领导……：克里斯托弗·罗兰（Christopher Rowland），"医疗执行官成为州上新势力"，《波士顿环球报》，2006 年 3 月 13 日。

[45] 第二天晚上……：对罗伯特·特拉法利尼的采访，2011 年。

[46] “今天，马萨诸塞州就和这个国家……”：斯科特·赫尔曼，“马萨诸塞州医改法案要求强制参保”，《波士顿环球报》，2006 年 4 月 4 日。

[47] “我们的愿望实现了”：米特·罗姆尼，新闻发布会，2006 年 3 月 3 日。

[48] 估计为 4500 万美元……：赫尔曼，“马萨诸塞州医改法案要求强制参保”。

[49] “我并不介意”……：对罗伯特·特拉法利尼才采访，2011 年。

[50] 罗姆尼上台后，观众席上的数百名贵宾……：“签署经济型高品质责任性医疗险提供法案”，视频，波士顿城市有线电视办公室视频馆。

[51] 罗姆尼私下并不喜欢……：对罗姆尼前助手的采访，2011 年。

[52] “我不得不说……”：米特·罗姆尼，媒体采访，2006 年 4 月 12 日。

[53] “我们进行了一场试验……”：对米特·罗姆尼的采访。

[54] “我不知道……”：对迈克尔·莱维特的采访，2007 年。

[55] 2011 年《波士顿环球报》对大量……：布莱恩·C. 穆尼，“‘罗姆尼式医疗’———场基本可行的革命”，《波士顿环球报》，2011 年 6 月 26 日。

[56] 这在全国是最低的：“马萨诸塞州医保参保情况：2008—2010 马萨诸塞州医疗保险调查结果”，马萨诸塞州医疗财务与政策部，2010 年 12 月，http://www.mass.gov/Eeohhs2/docs/dhcfp/r/pubs/10/mhis_report_122010.pdf。

[57] 然而最近的美国人口普查数据……：美国人口普查局（U.S. Census Bureau），医疗保险历史记录表，www.census.gov/hhes/www/hlthins/data/historical/HIB_tables .html。

[58] 法律颁布后，越来越多的企业……：“马萨诸塞州企业调查 2010”，马萨诸塞州医疗财务与政策部，2011 年 7 月，http://www.mass.gov/Eeohhs2/docs/dhcfp/r/pubs/11/mes_results_2010.pdf。

[59] 2011 年 6 月的一份民意调查……：凯·拉扎尔（Kay Lazar），“医疗法支持率上升，民众对强制参保看法不一”，《波士顿环球报》，2011 年 6 月 5 日。

[60] “当特德·肯尼迪出现……”：米特·罗姆尼，出席国家评审协会（National Review Institute）会议，华盛顿特区，2007 年 1 月 27 日。

[61]（罗姆尼之后坚持……）：对米特·罗姆尼的采访，2007 年。

[62] 罗姆尼后来还批评……：大卫·S. 伯恩斯坦（David S. Bernstein），“罗姆尼再编书目，作品集”，《波士顿凤凰报》（Boston Phoenix），2011 年 2 月 10 日，http://thephoenix.com/Blogs/talkingpolitics。

[63] “全国很多评论家……”：马特·威瑟尔（Matt Viser），“罗姆尼表示支持马萨诸塞州法律；提出州医改启动计划”，《波士顿环球报》，2011 年 5 月 13 日。

[64] 罗姆尼列举说……：对米特·罗姆尼的采访。

[65] “巨大成就”：对布莱恩·吉尔摩的采访，2007 年。

[66] “我不会天真地以为……”：斯科特·赫尔曼，“雄心罗姆尼盛况离职；多样政绩：医疗计划、就业和费用升高”，《波士顿环球报》，2007 年 1 月 4 日。

[67] “事实上……”：对米特·罗姆尼的采访，2007 年。

[68] 2007 年 1 月 3 日晚……：安德烈·埃斯蒂斯（Andrea Estes）和斯科特·赫尔曼，“雄心罗姆尼盛况离职；任期结束，正式瞄准白宫”，《波士顿环球报》，2007 年 1 月 4 日。

竞选之路峰回路转

[1] “我不会改变我的信仰”：在丽思·卡尔顿酒店与道格·格罗斯、理查德·施旺和第三人面谈，2011 年。

[2] 困扰格罗斯的是：据罗姆尼的发言人埃里克·菲恩斯多姆所说，罗姆尼不愿讨论失败的总统竞选中出现的问题，“我无法找到比这更浪费时间的话题了。”与埃里克·菲恩斯多姆面谈，2011 年。

[3] 感觉——矫揉造作：2006 年米特·罗姆尼竞选的 PPT 演示。

[4] “乐观的保守派领袖”：出处同上。

[5] “由此得出的看法”：哈佛大学政治学院，《总统竞选：竞选经理人演讲》（Campaign for President: The Campaign Managers Speak）（马里兰州拉纳姆：罗曼和利特尔菲尔德出版公司，2009 年），第 17 页。还可参见“多

尔政治学院选后大会，”www.doleinstitute.org/documents/PostElection08Transcript1.pdf.

[6] 民意测验：《洛杉矶时报》/彭博社民意测验，在2006年7月5日的《热线》（The Hotline）中公布；盖洛普民意调查，2006年10月3日，盖洛普新闻服务。（作为比较，盖洛普民意调查显示，40%的美国民众认为这个国家还没有准备好接受一位非洲裔美国总统。）

[7] “您无需支付我任何酬劳”：与马克·戴摩思交谈，2011年。

[8] “……你真的知道……”：与理查德·兰德交谈，2011年。

[9] “罗姆尼同意他的想法……”：在兰德所写的书中将肯尼迪的演说纳入附录中，兰德将其介绍给罗姆尼。理查德·兰德的书名是《分裂的美利坚合众国：自由党和保守党在信仰和政治上的错误》（The Divided States of America: What Liberals and Conservatives Get Wrong About Faith and Politics）（纳什维尔，田纳西州：托马斯·尼尔森，2011年）。

[10] “……永远为你保留……”：与理查德·兰德和马克·戴蒙斯交谈。

[11] “投身于”：对罗姆尼助手的采访，2011年。

[12] “斯文加利”、“幕后操纵者”、“保护神”：对罗姆尼助手的采访，2011年。

[13] “正是在2002年……”：布莱恩·C.穆尼，“罗姆尼专家在政治‘娱乐业’的发展壮大”（Romney Guru Thrives in Political ‘Show Business’），《波士顿环球报》，2005年6月12日。

[14] “才华卓越”：米特·罗姆尼，《回旋：危机、领导力和奥运会》（华盛顿特区，莱格尼里出版社，2007年），第381页。

[15] “……一个反对堕胎的摩门教徒……”：约翰·J.米勒，“巨星米特——马萨诸塞州州长可能很快就会出现在你身边的（政治）剧院中”（Matinee Mitt—The Governor of Massachusetts May Soon Be Appearing in a (Political) Theater Near You），《国家评论》，2005年6月20日。

[16] 我退出：与罗姆尼助手的交谈，2011年。

[17] “迈克·墨菲成从小在……长大”：对道格·格罗斯的采访。

[18] “贝丝说：‘我不想做……’”：对罗姆尼助手的采访，2011年。

[19] “先胜……”：对罗姆尼助手的采访。迈尔斯不愿置评。

[20] 这一天结束时，罗姆尼……：斯科特·赫尔曼，“为了一个新的竞选活动，罗姆尼通过活动筹集了超过650万美元，”《波士顿环球报》，2007年1月7日。

[21] “那将会是场噩梦”：迈克尔·利文森，“最能花钱的罗姆尼很快就会资金短缺，”《波士顿环球报》，2007年10月15日。

[22] “贷款就是贷款”：斯科特·赫尔曼，“罗姆尼是竞选中资金储备最高的共和党人”，《波士顿环球报》，2007年4月3日。

[23] 实际上，罗姆尼最后为……：迈克尔·克拉尼奇，“罗姆尼不会拿回他的四千五百万美金，也就是说他不会寻求捐赠来偿还竞选贷款，”《波士顿环球报》，2008年7月17日。

[24] 布鲁斯·基奥：对布鲁斯·基奥的采访，2011年。

[25] “……该州去教堂做礼拜的人数在美国排倒数第二……”：佛兰克·纽波特，“密西西比州去教堂的人最多；弗蒙特州人最少，”www.gallup.com/ poll/125999/mississippians-go-church-most-vermonters-least.aspx。

[26] “……这正是……不断争吵的……”：对理查德·施旺的采访。

[27] 备忘录中指出……：南加利福尼亚州的顾问提供的罗姆尼竞选团队的战略备忘录。

[28] “……并不想解决这一问题”：对罗姆尼竞选团队助手的采访，2011年。

[29] 在他的演讲中，……：米特·罗姆尼发表演说，2007年2月14日。

[30] 他感觉好像每个人……：2011年对罗姆尼竞选团队助手的采访。ABC电视台/《华盛顿邮报》民意调查，引用自美联社。“国家总统竞选民意调查结果”，2007年2月28日。

[31] “大力支持”：罗姆尼和奥·布莱恩州长辩论，2002年10月30日。罗姆尼经常承认他已经“大力支持”，包括在2008年1月6日接受福克斯新闻频道采访时。

[32] 广告的分析报告……：尼尔森公司分析2008年总统竞选商业广告，应《波士顿环球报》要求制作了表格。

[33] “他不是一个不切实际的领袖……”：托马斯·博蒙特，“‘CEO’需要有效率的方法，”《得梅因纪事报》（Des Moines Register），2007年12月26日。

[34]“我们有大量数据……”对道格·格罗斯和赫卡比助手的采访，2011年。

[35]“等等，他还没死。”：哈佛政治学院，《总统竞选》，第65页。

[36]广告中罗姆尼说……：约翰·迪克森，“约翰·麦凯恩秘密反对罗姆尼的广告试映版，”《写字板》(Slate)。www.slate.com/id/2181005/.

[37]“我们的……在流失……”：对罗姆尼助手的采访，2011年；对卡斯特罗的采访，2011年。

[38]“……贝恩方式……”：对罗姆尼助手的采访，2011年。(斯图尔特·斯蒂文斯和拉斯·施里弗不愿置评)。

[39]“他是一个扭转乾坤的人”：对曼迪·弗兰彻的采访，2011年。

[40]“明显缺陷是缺乏……”：对沃伦·汤普金斯的采访，2011年。

[41]“这无疑是一个富有创造性的动力”：乔纳森·马丁，“打击罗姆尼竞选的冲突”，2007年11月14日，www.politico.com/news/stories/1107/6870.html.

[42]但罗姆尼投入了……：丽萨·汪斯尼斯(Lis Wangsness)，“罗姆尼今天渡过了爱荷华州共和党民意测验投票的所有难关，最大的竞争选手因怀疑活动的重要性退出，”《波士顿环球报》，2007年8月11日；托马斯·博蒙特，“赫卡比在胜利之后面临引诱选民的压力，”《得梅因纪事报》，2007年8月13日。赫卡比事实上得到第二的地位，但是《得梅因纪事报》所说的他的“胜利”证明了赫卡比的结果感觉上可能比罗姆尼的实际获胜更有意义。

[43]“鉴于他在每个问题上……”：史蒂夫·迪斯，2007年，WHO广播。

[44]“你在节目……”：史蒂夫·迪斯，2007年8月9日，WHO广播。

[45]“如果你观察……那些同心圆……”：对埃里克·沃尔森的采访，2011年。

[46]“我不认为……”：对史蒂夫·迪斯的采访，2011年。

[47]米克尔森用大部分的采访时间……：詹·米克尔森2007年8月2日采访罗姆尼。整个采访和未播出的片段被上传到线上的各种网站。

[48]“使罗姆尼失去了爱荷华中部……”：对詹·米克尔森的采访，2011年。

[49]“我可没办法将你们买过来”：丽萨·汪斯尼斯，“罗姆尼赢得在爱荷华州举行的民意测验投票；这位前州长在候选人中排名第二，”《波士顿环球报》，2007年8月12日。

[50]为什么不现在就宣布胜利……：对罗姆尼助手的采访，2011年。

[51]“如果你无法……”：2007年8月12日，米特·罗姆尼在“福克斯星期日新闻”(Fox News Sunday)中说。

[52]“有一点没意义”：大卫·耶普森(David Yepsen)，“共和党人对于选择表现冷漠”，《得梅因纪事报》，2007年8月12日，第302页。“作为一名基督徒”(As a Chirstian)：竞选记事本，“政治遮蔽了支持的讲坛”，《波士顿环球报》，2007年10月17日。

[53]“错误”：对理查德·兰德的采访。

[54]“不为任何宗教服务”：米特·罗姆尼在德克萨斯州休斯敦的宗教演说上，2007年12月6日。

[55]在罗姆尼演说几天之后：“宗教在共和党对手的舞台上占据了中央位置”，《纽约时报》，2007年12月12日。

[56]“我认为攻击别人信仰的做法……”：格伦·约翰逊，“罗姆尼：对宗教的攻击太过分了”，美联社，2007年12月12日。

[57]“为什么会突然关注赫卡比？”：斯图尔特·斯蒂文斯发给其他罗姆尼竞选团队的助手的电子邮件，刊登于《波士顿环球报》。

[58]“迈克·赫卡比一共批准了……”：罗姆尼竞选团队提出的广告，从未播放。

[59]考虑到这样的攻击……：对罗姆尼助手的采访，2011年。

[60]“选择：记录。”：迈克尔·利文森和萨莎·伊森博格，“罗姆尼和赫卡比对比，”《波士顿环球报》，2007年12月10日；玛丽亚·克莱默和玛丽亚·萨切蒂，“更多的移民为罗姆尼感到悲哀”，《波士顿环球报》，2007年12月5日。

[61]在爱荷华州的竞选活动结束时：2011年采访罗姆尼的助手。一千万美金是助手估计的；竞选资金记录没有准确反映在一个州到底花费了多少，因为很多的广告和顾问费用是通过在其他州的业务筹借的。

[62]“TrustHuckabee.com”：2011年采访帕特里克·戴维斯的采访。戴维斯安排一位共同执笔者窃听在爱荷华州竞选的一个电话。

[63] 罗姆尼的竞选回到了花岗岩州……：迈克尔·克拉尼奇，“当大多数人取道爱荷华州时，罗姆尼却转向新罕布什尔州”，《波士顿环球报》，2007 年 12 月 26 日。

[64] 但罗姆尼被……供给……：出处同上。

[65] “花岗岩州人们……”：“保守派要回家了”，《国家领袖》（新罕布什尔州），2007 年 12 月 26 日。

[66] “我知道……”：卡拉尼奇，“当大多数人取道爱荷华州时，罗姆尼却转向新罕布什尔州”。

[67] “我们即将面对……”：拜伦·约克（Byron York），“在赫卡比的胜利中”，《国家评论》，2008 年 1 月 4 日。

[68] “埃里克的引证显示了……”：对奇普·索特曼的采访，2011 年。

[69] “很多爱荷华州人……”：对理查德·施旺的采访。

[70] “如果我们早知道……”：哈佛政治研究院，《总统竞选》（Campaign for President），73—78 页；休·温布瑞纳（Hugh Winebrenner）和丹尼斯·J·戈登福德（Dennis J. Goldford），《爱荷华州选区党团会议：制造媒体事件》（The Iowa Precinct Caucuses:The Making of a Media Event），第三版，（爱荷华市：爱荷华大学出版社，2010），第 328 页。

[71] “民意调查人完全肯定……”：对贾德·格雷格的采访，2011 年。格雷格支持罗姆尼 2012 年总统竞选的助手。

[72] “他在……之间的旅途……”采访布鲁斯·基奥。

[73] “基奥给……发了一份备忘录……”：出处同上。

[74] “火箭滑车一样”：罗姆尼竞选团队的 PPT 演示，2006 年。

[75] “对于……，我很吃惊”：多尔政治研究院，选后会议记录，www.doleinstitute.org/documents/PostElection08Transcript1.pdf, 15.

[76] 但是朱利安尼却出人意料地进行了……：布莱恩·C. 穆尼，“危机向朱利安尼袭来的时候已做好了准备，”《波士顿环球报》，2008 年 11 月 7 日。

[77] “……鲁迪退出了在新罕布什尔州的宣传活动……”哈佛政治学院，《竞选总统》，第 61 页。

[78] “……总统不是专家……”：迈克尔·克拉尼奇，“罗姆尼认为合格的顾问是合理外交政策的关键”，《波士顿环球报》，2007 年 12 月 28 日；迈克尔·列文森（Michael Levenson），“罗姆尼从未见到父亲与金同行；罗姆尼说他从未看到父亲与金一起游行；维护比喻言论；故事被证据推翻”，《波士顿环球报》，2007 年 12 月 21 日。

[79] “华盛顿已经沦陷……”：对罗姆尼助手的采访的采访，2011 年。

[80] “米特不确定……”：对布鲁斯·基奥的采访。

[81] 当晚，投票结果：斯科特·赫尔曼和苏珊·米利根（Susan Milligan），“新罕布什尔州，克林顿助阵奥巴马；麦凯恩完胜罗姆尼”，《波士顿环球报》，2008 年 1 月 9 日。

[82] “唉，艾利克斯，世事难料……”：米特·罗姆尼发送给艾利克斯·卡斯特罗的邮件，2008 年 1 月 8 日。

[83] “我不会雇用说客……”：南卡罗来纳州食品店里一位摄影师拍到的罗姆尼与格伦·约翰逊的交谈；参见 www .youtube.com/watch?v=upGhWD4Bny0。

[84] “……工作很辛苦……”：珍妮弗·帕克（Jennifer Park），“米特在莱诺秀上继续保持良好表现”，政治重拳，ABC 新闻，http://abcnews.go.com/blogs/politics/2008/01/mitt keepsitc/。罗姆尼现身 2008 年 1 月 19 日的《今夜秀》。

[85] “事实上……”：哈佛政治学院，《竞选总统》，第 83 页。

[86] 州选举团队准备了一份：“条条大路通向佛罗里达”，PPT 报告，佛罗里达州罗姆尼竞选团队。

[87] “他们在房间里激烈地争论”：对曼迪·弗莱彻的采访。

[88] “我真的很关心……”：对萨莉·布拉德肖的采访，2011 年。

[89] “如果要归结……”：对萨莉·布拉德肖的采访。

[90] “罗姆尼州长希望确定……”：萨沙·伊森伯格和迈克尔·列文森，“麦凯恩指责罗姆尼要确定从伊拉克撤军的最后期限”，《波士顿环球报》，2008 年 1 月 27 日。

[91] “罗姆尼的表现在我们的掌控之中”：对麦凯恩助手的采访。

[92] 麦凯恩……战胜了罗姆尼：迈克尔·库柏和梅根·希（Megan Thee），“麦凯恩战胜罗姆尼赢得佛罗里达初选”，《纽约时报》，2008 年 1 月 29 日。

[93]“我当时太累了……”：对约翰·麦凯恩的采访，2011年。

[94]“我们还将继续……”：迈克尔·列文森和萨沙·伊森伯格，“罗姆尼赢得马萨诸塞州；赫卡比赢得南方”，《波士顿环球报》，2008年2月6日。

卷土重来

[1]“我对他的忠诚度绝对有信心……”对约翰·麦凯恩的采访，2011年。

[2]“于是，2008年5月……”：出处同上；麦凯恩的助手们也讲述过这次会面与午餐的具体情况 。

[3]“荣幸”：《汉尼提与考姆斯》(Hannity & Colmes)，福克斯新闻频道（Fox News Channel)，2008年3月11日。

[4]“马萨诸塞州墙头草……”：对麦凯恩助手的采访，2011年。

[5]“……对罗姆尼进行了彻底评估”：对麦凯恩助手的采访，2011年。

[6]“误入歧途”：哈佛大学政治学院，《总统竞选》(Campaign for President）马里兰州，兰哈姆：罗曼和利特尔菲尔德出版公司(Rowman and Littlefield)，2009年，第89-90页。

[7]“我们再不做点……”：出处同上，第90页。

[8]不过，兰德主要想说的……：对理查德·兰德的采访，2011年。

[9]“我从来没有一个战略师……”：对罗姆尼顾问的采访，2011年。

[10]“我认为，在竞选中有一件事情……”：格伦·约翰逊，“罗姆尼说自己在08年竞选中应该以经济为重点”，美联社，2010年3月24日。

[11]“实现自由与强大美国的议程”：米特·罗姆尼，《无可致歉：相信美国》(No Apology: Believe in America)纽约：圣马丁出版社(St. Martin's Press)，2010年，第265页，第269页，第301—305页。

[12]“对那些质疑候选人的人来说……”：萨沙·伊森伯格（Sasha Issenberg)，“罗姆尼在书中称自己是书呆子而非战士”，《波士顿环球报》，2010年3月2日。

[13]罗姆尼告诉与会者，在他们的帮助下……：丹·埃根（Dan Eggen）和T. W. 法尔南（T. W. Farnam)，“罗姆尼如今看上了一个奖品”，《华盛顿邮报》(The Washington Post)，2011年5月11日。

[14]“我所说的平民主义……”：伊森伯格，“罗姆尼在书中称自己是书呆子而非战士”。

[15]“我按照夫人的命令做了”：马特·维塞，“曾经西装革履的罗姆尼选择牛仔裤”，《波士顿环球报》，2011年6月8日。

[16]“刚在亚特兰大的汤米理发店修了头发”：马特·维塞，“罗姆尼停留亚特兰大参加商务会议和理发”，《波士顿环球报》，2011年3月2日。

[17]“公司也是人”：www.c-span.org/Events/GOP-Presidential-Hopefuls-Campaign-in-Iowa/10737423434-6/；艾什利·帕克(Ashley Parker)，“罗姆尼告诉愤怒质疑其税收政策的爱荷华州质问者说‘公司也是人’”，《纽约时报》，2011年8月11日。

[18]“点燃心中之火”：米特·罗姆尼，《逆转：危机、领导力与奥运会》(华盛顿特区：莱格尼里出版社，2004年)，第xxii页。

[19]“他依然还是……”：对戴恩·麦克布莱德的采访，2011年。

索　　引

图书在版编目（CIP）数据

真实的罗姆尼 /（美）克拉尼奇，（美）赫尔曼著；
荣丽亚，朱宪超译 . ——北京：中国民主法制出版社，2012.9
书名原文：The Real Romney
ISBN 978-7-5162-0166-4
Ⅰ. ①真… Ⅱ. ①克… ②赫… ③荣… Ⅲ. ①罗姆尼，M. —人物研究
Ⅳ. ① K837.127=6
中国版本图书馆 CIP 数据核字（2012）第 226829 号

图书出品人：肖启明
图 书 策 划：刘海涛
责 任 编 辑：胡玉莹　逯卫光　陈　曦　翟琰萍

书 名 / 真实的罗姆尼
ZHEN SHI DE LUO MU NI
作 者 / 迈克尔·克拉尼奇　斯科特·赫尔曼　著

出 版 · 发 行 / 中国民主法制出版社
地 址 / 北京市丰台区玉林里 7 号（100069）
电 话 / 63055259（总编室）　63057714（发行部）
传 真 / 63055259
E-mail：MZFZ@263.net
经 销 / 新华书店
开 本 / 16 开　710 毫米 ×1000 毫米
印 张 / 19　**字数** / 289 千字
版 本 / 2023 年 3 月第 2 次印刷
印 刷 / 涿州市荣升新创印刷有限公司

本书由哈珀·柯林斯出版集团授权出版
北京版权局著作权合同登记号
图字：01—2012—6926
书 号 / ISBN 978-7-5162-0166-4
定 价 / 76.00 元